KB254192

탈근대·탈중심의 로컬리티

탈근대·탈중심의 로컬리티

이 저서는 2007년 정부(교육과학기술부)의 재원으로 한국연구재단의
지원을 받아 수행된 연구임(KRF-2007-361-AL0001)

로컬리티 연구총서 2

탈근대·탈중심의 로컬리티

부산대학교 한국민족문화연구소 편

혜안

로컬에서 대안을 모색하다

탈근대/탈중심이라는 키워드가 연구자들 사이에서 회자된 지도 꽤나 지났다. 한쪽에서는 이미 식상하다는 표정을 내비치기도 한다. 그러나 탈근대 또는 탈중심의 문제를 담론에 그치지 않고 현실의 문제로 받아들이면 상황은 별로 달라진 것이 없다. 탈근대와 탈중심이 화두로 떠오르던 때의 문제의식은 여전히 지속되고 있으며, 명확한 해석이나 전망도 제시되고 있는 것 같지 않다. 여전히 탈근대와 탈중심은 유의미한 과제이고, 근대성과 중심성에 의해 배제되고 차별받아온 주체들, 즉 소수자와 로컬의 입장에서는 더욱 그러하다. 우리가 근대와 중심성에 대한 대안의 의미로 탈근대와 탈중심을 찾는다면 그 계기와 전망은 소수자와 로컬 현실이 당면한 문제의식에서 발견할 수 있다.

또한 그동안 한국사회에서 논의된 탈근대 또는 탈중심의 담론은 서구에서 유입된 이론들의 해석에 집착하면서, 한국 현실의 사회에서 배태된 문제들을 구체적으로 읽어내는 데는 소홀하였다. 담론과 현실이 괴리되었다는 말이다. 자신이 선 구체적인 자리를 생각하지 않는 추상적인 학문은 담론을 위한 담론에 머물기 쉽다. 그렇다고 해서 자신이 처한 구체적인 상황에만 집착하여 보편적인 논리와 비전을 제시하지 못하는 학문 역시 자가소비적인 한계를 벗지 못한다. 이제는 우리가 선 자리에서 보편적인 화두를 던질 필요가 있다. 근대의 국가중심성이 지닌 강력한 흡인력이 그 어느 곳보다 강하게 작동하고 있는 한국의 현실에서, 근대와 중심성이 야기한 병폐를 극복하는 보편적인 대안을 제시하려는 것이다.

이 책은 부산대학교 한국민족문화연구소 (HK)로컬리티의인문학 연구단이 내놓는 연구총서 제2호이다. 제1호에서 인문학의 새로운 지평으로서의 로컬리티 연구를 제창한 연구단은 그 구체적인 시도로 먼저 로컬의 시각에서 탈근대와 탈중심의 전망을 모색하고자 한다. 탈근대와 탈중심은 근대성과 중심주의에 대한 성찰에서 비롯한다. 근대성이 야기한 로컬의 병리를 문제삼아 출발한 로컬리티 연구는 근대성의 극복을 모색한다는 점에서 탈근대 담론에 일정정도 신세를 지며, 다양성과 소수성의 가치를 지향한다는 점에서 탈중심의 실천과 연결된다. 이론학과 실천학의 결합으로서의 로컬리톨로지(Localitology) 수립을 지향하는 연구단의 연구에, 탈근대는 이론적 틀에 대한 전망으로, 그리고 탈중심은 실천적 가치지향의 의미로 다가온다. 철학, 역사학, 정치학, 문학, 언어학 등 다양한 전공자가 참여하여 만든 이 책은, 제1부 로컬에서 탈근대의 대안을 찾다, 제2부 로컬에서 탈중심을 사유하다, 제3부 로컬리티에서 탈중심성을 읽다의 3부로 구성되어 있다.

제1부는 탈근대적 변환과 관련하여, 로컬에서 그 대안을 찾는다. 우선, 김석수의 글은 근대성을 넘어서려는 탈근대성의 기획은 곧

'지금, 여기'라는 시간과 장소의 살림이자, 진정한 몸의 살림이며, 모든 시간과 장소를 하나로 통일하고자 하는 보편성의 폭력에 대한 거부이자, 그런 기획을 감행하는 통일적 이성에 대한 거부라는 문제의식 아래, 모던과 포스트모던의 문제를 되짚고 있다. 나아가 시간과 장소의 살아있음에 관계하고자 하는 몸의 인문학을 '로컬리티 인문학'의 정립과 관련하여 모색한다.

　장세룡은, 르페브르와 푸코의 헤테로토피아 공간 개념을 통해서 공간과 시간의 관계를 검토한다. 이들의 헤테로토피아 공간은 정태성과 폐쇄성을 넘어 새로운 활력이 분출하는 민주적 정치공간을 모색하는 것이 공통적 지향임을 지적한다. 그러나 문제는 르페브르의 사회적 공간이 모색하는 유토피아 공간은 결국 어디에도 없는 공간이 될 가능성이 크고, 푸코의 정치 지리적 공간은 담론 공간의 성격이 강하여 사회적 실천을 담보하는 데 미흡할 가능성이 크다고 본다.

　이상봉의 글은, 국가공간으로 상징되는 근대적 공공공간에 대비되는 대안적 의미에서의 로컬공간에 주목한다. 즉, 중앙집권과 대의제의 공간인 국가공간에 대비되는 분권과 참여의 공간, 제도와 통치의 공간인 국가공간에 대비되는 일상과 거버넌스의 공간, 그리고 포섭과 배제의 공간인 국가공간에 대비되는 장소성과 저항정체성의 공간으로서의 로컬공간의 가능성을 제시하고 있다.

8

제2부는 로컬·로컬리티에 근거하여 탈중심을 사유한다.

신승환은 근대에 의한 현대체제 일반과 이를 극복하려는 탈근대 논의를 위한 해석학적 지평의 정초를 시도한다. 이를 위해, 여기서는 근대성의 특징 가운데 하나인 일원성과 동일성의 논의를 넘어서는 탈중심성이란 주제를 단초로 제시한다. 서구의 근대는 동일성과 일원성의 원리가 논쟁의 핵심을 이루며, 자신을 보편적 진리의 준거, 즉 중심부로 설정하면서, 서구근대 이외의 철학적 원리는 주변부로 설정된다는 점을 지적하고, 이에 따라 파생하는 주변부의 소외와 왜곡에 대한 극복이 필요함을 역설한다.

이명수의 글은 동아시아 근대의 중심주의를 성찰하고 탈중심의 전망을 모색한다. 특히 오랜 동아시아 기축적 문화중심주의로서 작동했던 중화주의의 이원론적 가치 인식을 지적하고, 우리 안의 옥시덴탈리즘의 기원이라 할 수 있는 이항적 사물 인식에 대하여 논하면서, 이 같은 인식 경계를 탈피하려는 일련의 노력들을 제시한다. 궁극적으로 주변, 하층 계급, 소수자 생성의 주요 요인인 중심적 인식 경계로부터 벗어나, 안과 밖, 중심과 주변, 동과 서를 유기적으로 연결해 보려는 탈중심적 노력을 요청한다.

배윤기의 글은, 유럽이 아메리카 대륙을 정복한 이래로 근대적 시선이 어떻게 로컬들을 탄생시키는가를 설명하고, 로컬 주체들이 자기 존재와 자기를 둘러싸고 있는 억압적 세계를 발견하고 진정한 인간적 관계들을 증진시킬 자기 자신의 시선을 구성할 방법들을 '역객관화'라는 인식과 실천의 전략을 통해 모색한다. 기본적으로 로컬의 개념을 물질적 장소뿐만 아니라 인간의 정신적 장소라는 곳으로 확장하여 논구하고 있다.

하용삼은, 니체 사상에서 이성중심주의에 대한 비판과 이에 대한 대안은 몸과 대지에 있다고 본다. 이러한 논의에 따라서 로컬리티는 이성적 공간의 동일성에 재단되지 않고, 몸과 대지처럼 다른 로컬과 상호관계하면서 끊임없이 생성된다. 니체사상에서 이성에 의해서 몸의 각 부분과 기능이 획일적으로 명령되지 않듯이, 국가와 중앙에 의해 로컬과 로컬리티가 획일적으로 지배되는 것이 아니다. 그는 생성하는 로컬은 중앙 대 지방의 대립에 고착되지 않고, 경계 짓기와 경계 풀기를 반복하여 중앙과 지방이 하나의 의미를 가진 다양성으로 구성된다고 파악한다.

제3부는 언어와 문학을 중심으로, 로컬리티에서 탈중심성의 단초를 읽어내고자 한다.

문재원은, 식민지 시기 향토담론에 내장되어 있는 향토=지방=조선으로 이어지는 관계역학에는 제국의 오리엔탈리즘이 빚어낸 식민지의 고착된 이미지와, 식민지 지배담론의 효과로 내면화된 식민지인의 착종된 의식과, 조선 고유의 '조선적인 것'이 존재하는 생활 현장 등 여러 겹의 공간적 질서가 겹쳐져 있었음을 지적한다. 이처럼 복합적으로 교차되는 시선들이 혼융되어 있던 '조선적인 것'에 대한 상상은 식민과 탈식민의 관념을 상상적으로 재구성할 수 있는 공간으로 확대한다고 밝히면서, 1930년대 재현된 향토공간에서 제국/식민, 중앙/지방, 중심과 탈중심의 역학을 읽어 내고자 한다.

신형기는 우선, 주변부가 분열의 장소임을 밝히고 주변부 모더니즘 소설 텍스트를 통해 분열적 위치의 기억을 읽고자 한다. 주변부 모더니즘은 지구적 당대성을 호흡하려 했지만, 그것은 역설적이게도 잔존하는 과거를 의식하지 않을 수 없게 하는 것이었다. 나아가 그는 모더니즘 문학의 위상을 민족주의 문학이나 프롤레타리아 문학과의 비교를 통해 드러내고자 하며, 모더니즘 소설텍스트들이 그려낸 불균등성의 소란들을 읽는 독법을 문제시 하고, 모더니티의 관철에 따른 혼종화의 의미와 가능성을 고찰한다.

차윤정은, 구조주의 언어이론의 근대적 특징이 로컬 언어 연구를 배제하고 그 가치를 정당하게 평가받지 못하게 만든 원인 중의 하나였음을 밝히고, 로컬 언어의 가치와 특징을 올바로 이해하기 위해서는 연구대상을 인간과 실세계로 확장시키고, 분석대상도 담화로 확대시켜야

함을 밝힌다. 그리고 연구방법론 역시 구조주의뿐만 아니라 언어와 인간, 사회, 문화를 함께 다룰 수 있는 사회언어학적 방법이 적용되어야 함을 제시하면서, 울릉도 로컬 언어의 어휘들을 환경, 문화, 인간과의 관련성 속에서 설명함으로써, 로컬 언어 연구 방법을 모색한다.

이 책은 근대성에 대한 성찰과 중심성에 대한 비판으로서의 탈근대 및 탈중심성의 의미를 천착하고자 했다. 그 결과에 대한 평가는 독자의 몫으로 남겨둔다. 하지만 로컬이 근대성과 중심성에 대한 비판의 근거가 되고, 로컬리티가 이를 보완하거나 대신할 대안적 가치를 제공할 것이라는 문제의식과 믿음이 지속되는 한, (HK)로컬리티의인문학 연구단의 탈근대·탈중심에 대한 모색은 계속될 것이며, 보다 나은 연구결과로 이어질 것이라는 점을 약속하며, 기대해 본다.

2010. 4.
부산대학교 한국민족문화연구소
(HK)로컬리티의인문학 연구단

목 차

제2부 로컬에서 탈중심을 사유하다

제3부 로컬리티에서 탈중심성을 읽다

제1부
로컬에서 탈근대의 대안을 찾다

Ⅰ. 21세기 사회에서 로컬리티와 인문학
―포스트모던 담론과 연계하여―

김 석 수

1. 시작하는 말

인간은 누구나 일정한 시간과 장소(loca)에서 살다간다. 시간도 장소도 없는 곳에서 우리는 도무지 살아갈 수 없다. 그러기에 시간과 장소는 인간의 삶의 기본 조건이다. 그러나 다른 한편 이 시간과 장소는 나의 한계와 부재의 근원이기도 하다. 우리가 간직하고 있는 시간과 장소 그 어디에서도 불멸을 기약할 수 없다. 그러기에 인간은 끝없이 시간과 장소에 도전하는 역사를 전개해왔다. 물론 우리가 극복할 수도 초월할 수도 없는 시간과 장소이기에, 이를 긍정하는 삶을 사는 자도 있다. 그렇지만 자유를 향해 끝없이 몸부림치는 자들은 이 한계의 틀을 정복하거나 극복하려고 노력해왔다.

이처럼 시간과 장소의 극복은 자유로 향하는 인간이 필히 거쳐야 할 과정이다. 헤겔의 주장처럼 '지금'과 '여기'는 '감각적 확신'의 단계로서 인간이 살아가기 위해서는 불가피하게 거쳐야 하지만, 자신의 온전한 자유 실현을 위해 이를 지양하지 않으면 안 된다.[1] 그동안 인간은

---

1) G. W. F. Hegel, *Phänomenologie des Geistes*, p.86, 임석진 옮김, 『정신현상학』 1권, 138쪽 재인용.

부단히 사라짐을 넘어 또 하나의 살아있음으로 이행하고자, 바로 이 시간과 장소에 내재되어 있는 부정성을 극복하고자 애써 왔다. 그런데 이 극복의 과정은 근대를 전후로 해서 볼 때 큰 차이가 존재한다. 근대 이전은 '여기', '지금'의 무상함을 초월적인 보편자로 향함으로써 극복하고자 하였다면, 근대 이후는 '여기', '지금'을 변형함으로써 극복하고자 하였다. 그러니까 근대 이전이든 이후든, 이들 모두는 '여기', '지금'을 긍정하기보다는 이를 부정하는(초월하거나 개조하는) 방식으로 자신의 자유와 해방의 자리를 마련하고자 하였다.

근대 이전의 사색하고 관조하는 이성이든, 근대 이후의 발명하고 제작하는 이성이든, 이들 이성은 늘 완전성과 영원성으로 향해 있었으며, 따라서 지구를 이탈하는 기획을 감행해왔다.[2] 이 기획의 한편에는 신학 내지는 형이상학이 자리하고 있었다면, 다른 한편에서는 과학기술이 자리하고 있었다. 인문학의 운명도 이와 궤를 같이해 왔다. 고전 인문학이 신학에 자리를 내준 이래로 인간의 존엄성과 권리가 유린되자 이를 극복하려는 움직임 속에서 근대 인문학이 탄생하였다. 사실 근대 인문학은 정신과학과 자연과학의 대립 속에서 출현한 것이 아니라 이들의 연대를 통해 출현하였다. 아니 자연과학적인 학문성에 기초하여 인문학이 정초되었다. 그러나 시간이 흐르면서 자연과학이 기술과 더불어 거대권력으로 출현함으로써 근대 인문학은 스스로의 위기를 초래하였다. 이것은 고전적 수사학이 르네상스 수사학을 거치면서 점차 과학화된 인문학에 포섭되는 과정과도 맥을 같이한다.

한편 이 세상의 시간과 장소에 머물며 살아가는 몸에 대해서도 마찬가지 경향이 존재하였다. 즉 근대 이전에는 인간의 육체가 저주의 대

---

2) 슬로터다이크는 이를 각기 '객관적 이성'과 '주관적 이성'의 빈곤 내지는 만용이라고 규정하고 있다(P. Sloterdijk, *Kritik der zynischen Vernunft*, Band II, pp.933~948).

상이, 이후에는 조작의 대상이 되는 경향이 강하였다. 그러므로 오늘의 '몸의 철학'은 신을 죽인 그 인간을 다시 죽이고자 한다. 즉, 현대의 '몸의 철학'은 몸을 저주한 신을 죽인 근대적 인간이 만들어낸 몸의 제작 문화를 비판하고 새로운 삶을 기획하고 있다. 바로 여기에 근대성을 넘어서려는 탈근대성의 기획이 자리하고 있다. 이것은 시간과 장소의 살림이자, 진정한 몸의 살림이다. 그것은 모든 시간과 장소를 하나로 통일하고자 하는 보편성의 폭력에 대한 거부이자, 그런 기획을 감행하는 통일적 이성에 대한 거부일 수밖에 없다. 즉, 그것은 개체성의 근원인 내 몸과 이 몸이 거주하며 살아가는 시간과 장소의 지켜냄이다. 당연히 그 길은 차이에 대한 긍정이자, 특이성에 대한 긍정이 아닐 수 없으며, 지금까지 시간과 장소를 이탈하기 위해 기획되어 온 '구성의 철학'을 해체하여 '생성의 무죄'(Unschuld des Werdens)를 선포하는 길이다.

　이런 맥락에서 탈근대주의자들은 '개념의 박물관(Begriffsmuseum)'을 격파하고, 모든 것이 살아 일어나는 '생기의 철학(Geschehensphilosophie)', 늘 차이가 거듭하여 일어나는 자리들을 긍정하는 '사건(événement)의 철학'3)을 개진하고자 한다. 그러므로 여기에는 누스(nous)와 힐레(hyle)가 이원화되어 어느 쪽이 다른 한쪽을 지배하는 중심주의가 거부되고, 이들이 함께 노니는 프쉬케(psyche)로서의 몸이 자리하고 있다. 이 프쉬케로서의 몸은 '사유하는 인간(homo sapiens)'이나 '노동하거나 제작하는 인간(homo laborans, homo faber)'에 자리하고 있는 거대주체를 거부한다.

---

3) 리오타르는 자리를 높은 자리와 낮은 자리로 차별화하고, 낮은 자리를 높은 자리에 포섭하며 올라가는 변증법 운동으로서의 지양(Aufheben)의 길보다는 이 자리에서 저 자리로 옮겨 다니며(déplacement) 표류하는(dérive) 철학을 추구하고자 하였다(J.-F. Lyotard, *Dérive à partir de Marx et Freud*, p.17, p.20; J.-F. Lyotard, *The Differene : Phrases in Dispute*, p.79).

포스트모던주의자들의 이와 같은 기획은 분명 모던의 부정성이 계속해서 확산·심화되고 있는 오늘날의 인간의 위기에 대한 근본 탈출구를 찾기 위함이다. 그러나 유감스럽게도 세상 현실은 이들이 기대하는 만큼 쉽게 따라주지 않는다. 오늘날 우리들의 삶을 압도적으로 지배해 들어오는 유전공학, 생명공학, 사이버공학은 이들의 저항담론을 무력하게 만들고 있다. 몸은 계속 조작되며, 자연적 장소와 시간은 가상적 장소와 시간으로 대치되어 가벼운 주체들(avata)의 범람으로 이어지고 있기도 하다. 특이성을 간직한 장소와 시간에서 몸을 지탱하고자 하는 다중(multitudo)은 모든 시간과 장소를 포섭해버리는 거대한 자본의 제국에 직면해 있다. 우리는 '여기', '지금'을 마음껏 긍정하며 자율공간에서 자율적 주체로서 살아가는 것 같지만, 사실은 보이지 않는 감시와 부드러운 전체주의에 포섭되어가고 있기도 하다. 또한 우리는 경계 너머로 마음껏 질주하며, 분쟁을 누리는 유목적이고 표류적인 삶을 살고 있는 것 같지만, 모든 것이 침범당하고 분쟁에 시달리는 삶을 살고 있기도 하다. 이로 인해 모든 장소와 시간의 선들이 지워지는 세계화의 프로그램 속에서 '지역'의 놀이들이 위기에 직면해 있다. 포스트모던 인문학의 놀이도 모던 인문학의 마력으로 되감겨 들어가는 아슬아슬함이 자리하고 있다. 민족주의 담론, 국가주의 담론은 이제 막을 내려야 한다고 주장하지만, 그 주장 속에 이미 탈민족, 탈국가라는 미명 아래 또 하나의 근대성이 재생산되고 있기도 하다.

이 글은 이와 같은 문제의식 아래서 모던과 포스트모던의 문제를 되짚어보고, 나아가 시간과 장소의 살아있음에 관계하고자 하는 몸의 인문학을 '로컬리티 인문학'의 정립과 관련하여 모색해보고자 한다. 이를 위하여 우선 포스트모던주의자들이 비판하는 모던에 대해서 재검토하고, 나아가 이를 기반으로 포스트모던 담론 안에 내재되어 있는 전망들을 점검해보고자 한다. 아울러 이와 같은 논의를 통해 로컬리티와 인문학의 관계 및 그 미래를 논의해보고자 한다.

2. 포스트모던 담론에 내재되어 있는 모던과 포스트모던

우리가 '탈근대'라는 개념으로 친숙하게 접하고 있는 이 용어의 어원은 '포스트모던(post-modern)'[4]에서 찾을 수 있을 것이다. 그러나 이 '포스트모던'이라는 용어를 '탈근대'로만 번역하는 것에는 논란의 여지가 있다. 왜냐하면 이것은 이미 '모던'에 대해 부정적인 함의를 지니고 출발하고 있기 때문이다. 그러나 포스트모더니즘에서 주장되는 '포스트'에는 모더니즘의 긍정성을 계승한다는 '후기모던'이라는 의미도 담겨 있으며, 모더니즘의 부정성을 해체하거나 극복한다는 '반(反)모던', '탈(脫)모던'이라는 의미도 담겨 있다. 모던을 계승하고자 한 하버마스에 비판적이었던 리오타르조차 "포스트모던은 분명히 근대(le moderne)의 한 부분이다"[5]고 주장하면서, 포스트모더니즘을 모더니즘의 지속적인 탄생으로 보고 있었다.[6]

그렇다면 이들이 말하는 '모던'이란 도대체 어떤 것인가? 우리는 이 '모던'을 '근대'로 번역하기도 하고 '현대'로 번역하기도 한다.[7] '근대'

---

4) 이 용어는 스페인 문학비평가 오니스(Federico de Onis)가 1934년경에 사용하면서 시작된 것으로 주장되고 있다(http : //ref.daum.net/item/11127277, 2008.05.04, 11 : 48).

5) 장-프랑수아 리오타르, 이현복 옮김, 「질문에 대한 답변 : 포스트모던이란 무엇인가」, 『지식인의 종언』, 문예출판사, 1994, 38쪽.

6) 윤평중, 『푸코와 하버마스를 넘어서-합리성과 사회비판』, 교보문고, 1998, 247~248쪽.

7) 크레이그(E. Craig)는 포스트모던과 상관되어 있는 '모던'을 20세기 전환기에 나타난 예술 사조를 가리키는 지엽적인 개념보다는 르네상스 이후 전개된 서구 문화 현상 일반에 관련된 개념으로 파악하고 있다(Edward Craig, *Encyclopedia of*

의 사전적 의미는 "얼마 지나지 않은 가까운 시대" 내지는 "중세와 현대의 중간"이라는 의미를 지니고 있다면, '현대'는 "지금의 시대"를 의미한다. 그러나 우리가 옛것을 새롭게 한다는 차원에서는 '근대화한다', '현대화한다'라고 흔히 주장한다. 이 경우 근대화나 현대화는 큰 차이가 없다. 하지만 시대적 구분으로서 고대, 중세, 근대, 현대라고 할 경우에는 이들 사이에 차이가 존재하고 있다. 그러면 '포스트모던'에 연관되어 있는 '모던'은 이 경우, 어디에 해당하는가? 이 양자에 다 걸려 있는 것 같다. 이것은 모던의 부정성을 비판할 때는 '근대'라는 특정 시기의 문제점에 관계하며, 모던의 긍정성을 살려내고자 할 때는 근대화든 현대화든 전통을 새롭게 하고자 하는 활동성에 관계한다.8) 그러므로 '모던'을 '근대'라고 번역하는 것도, '현대'라고 번역하는 것도 충분하지는 못한 것 같다. 따라서 '포스트모던'을 '탈근대', '탈현대'9)라고 번역하는 것도 충분하지는 못한 것 같다. '포스트'라는 단어까지 고민한다면 더 더욱 그러하다.

그러나 '모던'이 '근대'로 읽히든 '현대'로 읽히든, 한 가지 공통된 내용이 존재한다면, 그것은 전통 속에 내재되어 있는 억압과 구속을 벗어나고자 한다는 점이며, 또한 '포스트모던'이 '탈근대', '후기근대', '탈현대', '후기현대' 그 어느 것으로 표현되든, 이들에 공통된 점이 있다면 모던이 담고 있는 부정성을 극복하고자 한다는 점이다. 그렇다면 모던이 담고 있는 부정성이란 도대체 무엇인가? 사실 이 부정성은 이미 모던의 긍정성 속에 맹아(萌芽)로서 자리하고 있었다. 익히 알다시

Philosophy, vol.7, p.587; 장-프랑수아 리오타르, 앞의 책, 17~44쪽; 이진우 엮음, 『포스트모더니즘의 철학적 이해』, 서광사, 1993, 64~80쪽 참조).

8) 윤평중, 앞의 책, 176~179쪽; 앤소니 기든스 · 크리스토퍼 피어슨, 김형식 옮김, 『제3의 길 그 주장과 쟁점-기든스와의 대화』, 21세기북스, 1998, 110쪽.

9) W. Welsch, *Unsere postmoderne Moderne*, Weinheim, pp.3~7.

피 근대의 출현은 타자를 통해 살아가던 방식 속에 내재되어 있었던 자기 예속을 자각하고, 이로부터 자기를 주체로 정립하는 데 있었다. 이는 '한쪽 손에는 원리를, 다른 쪽 손에는 실험을 들고, 자연이 우리에게 전하는 것을 그저 받아들이지만 않고 이를 법관처럼 문책하는' 정신이기도 하다.10) 타자에 대한 믿음에 배반을 당한 근대적 주체는 타자를 의심하는 길로 이행하지 않을 수 없었고, 이 길은 타자를 나의 지배 아래 둘 때까지 쉴 수가 없었다. 그러므로 계몽은 미지의 타자에 대한 불안을 떨어낼 때까지 끝없이 의심을 하며, 그를 나의 소유로 전환시켜야 한다. 이성은 현실이 되어야 하고, 현실은 이성이 되지 않으면 안 된다.11)

그러나 이와 같은 과정은 자신 이외에 어느 누구도 믿을 수 없는 주체의 자기 절대화로 귀결되어 자기 속에 자기를 가두는 역설적 상황을 초래하게 된다. 계몽은 또 다시 신화로 역전하고 마는 것이다.12) 그로티우스(H. Grotius)가 '2×2=4라는 것은 신도 못 말린다'고 선언한 이후,13) 인간은 자신의 수학적 이성을 통하여 자신의 영광을 마련하였지만, 이내 모두가 수학적 틀 속에 갇혀 사물화의 길로 귀착된다. 근대 수학은 시간을 공간화하고 공간을 기술적 조작의 대상으로 만듦으로써 근대 산업화와 자본주의 시장의 논리를 뒷받침해주었다.14) 근대인들이 '만인 대 만인의 투쟁' 상태를 통제하기 위해 세운 질서도 수학의 계산 법칙이나 물리학의 역학 법칙에 기초하고 있었으며, 따라서 이들

---

10) I. Kant, *Kritik der reinen Vernunft*, W. Weischedel(Hrsg.), Band3, B XIII.

11) G. W. F. Hegel, *Grundlinien der Philosophie des Rechts*, in Hegel Werke Band 7, p.24.

12) J. Ritter und K. Gründer(Hrsg.), *Historisches Wörterbuch der Philosophie*, p.374; H. Caygill, A Kant Dictionary, p.377; M. Heidegger, "Die Zeit des Weldbildes", in *Holzweg*, pp.81~83.

13) Fritz Loos Hans-Ludwig Schreiber, "Recht, Gerechtigkeit", pp.259~260.

14) C. B. Macpherson, *The Political Theory of Progressive Individualism : Hobbes to Locke*, p.78.

질서체계는 자연독립적인 인공적 형태를 지니고 있었다.

이와 같은 상황은 우리가 오늘날 통상 '도덕'이나 '윤리'라고 하는 단어의 변천사를 고찰해보면 쉽게 알 수 있다. 원래 mores, ethos, sitte와 같은 단어는 일정한 시간과 장소에 터를 잡고 함께 살아가면서 형성된 관습이나 풍습과 같은 것이었다.[15] 따라서 전근대적인 공동체에서 유지된 규범이나 규율이라고 하는 것은 자연친화적이었다. 즉, 자연(physis)과 규범(nomos)이 미분화된 상태에 놓여 있었다. 그러나 근대인은 자연과 초자연에 예속되어 있었던 자신들의 억압의 역사를 벗어나기 위해 스스로를 법칙제정자로 여기는 단계에 이르고자 했다. 가령 칸트의 경우, 그는 인간의 지성을 법칙의 제정자, 이른바 입법자(Gesetzgeber)로 규정하였으며,[16] 인간의 자유를 이성 자신의 질서로부터 마련하고자 하였다. 즉, 그는 인간이 지켜야 할 규범적 질서를 실천이성의 선험적 원리로부터 마련하고자 하였다. 그에게서 윤리(Sitte)는 더 이상 시간과 장소에 연루되어 있는 전통적 관습이나 풍습이 아니었다.[17] 그의 자율의 원리는 자연과 규범, 존재와 당위의 구별 위에서 정립되었다.

그러나 헤겔은 존재와 당위를 분리하고, 자연과 규범을 분리한 근대적 사유 안에 자리하고 있는 분열 증세를 잘 목격하고 있었다. 그는 시간과 장소에 구속된 전통적 관습이나 풍습도 거부하지만, 그렇다고 이를 완전히 무시하는 근대적 '마음의 법칙(Gesetz des Herzens)'이나 '덕성(Tugend)'의 길도 거부하였다. 그는 자기의식에 자리하고 있는 '쾌락의 법칙'과 '마음(양심)의 법칙' 사이에, 즉 '세속의 길(Weltlauf)'과 '덕성'

---

15) sitte는 독일어 자리를 잡고 앉는다는 sitzen과 맥을 같이 하고 있다.

16) I. Kant, *Kritik der reinen Vernunft*, W. Weischedel(Hrsg.), Band 3, Darmstadt : Wissenschaftliche Buchgesellschaft, 1983, A127.

17) I. Kant, *Metaphysik der Sitten*, W. Weischedel(Hrsg.), Band 7, p.322.

의 길 사이에 모순이 발생하고 있음을 지적하였다. 근대는, 한편에서는 타자의 질서에 예속된 삶으로부터 주체의 자율성에 입각한 자유와 평등의 길을 마련해주었지만, 다른 한편에서는 주체들 사이의 끝없는 투쟁을 산출하였다. 이 와중에 새로운 중심으로 형성된 권력의 주체는 부르주아지들이었고, 이들은 자본과 능력을 기반으로 전통적 귀족을 쫓아내지만, 새로운 지배의 주체가 되었다.[18] 이들 주체가 중시하는 이성은 타자를 정복하고 소유하는 도구적이고 계산적인 이성이었다.[19] 바로 여기로부터 근대적 주체의 위기가 출현한 것이다. 광장(agora, forum)은 시장(mercatus, burgus)이 내몰리게 되고, 시간과 장소가 소유의 대상이 되어 값이 매겨지게 되었다.[20] 부르주아 권력층을 중심으로 형성된 근대적 민족국가들은 약소국들을 식민화하면서 근대화라는 이름 아래 지배를 정당화시켜 나갔다.

이처럼 모던 시대의 이런 흐름들은 강한 중심주의를 만들어내었다. 물론 근대가 이와 같은 상황에만 놓여 있었던 것은 아니었다. 가령 몽테뉴, 디드로, 볼테르, 몽테스키외, 루소 등 당시의 지식인들은 중심주의 폭력에 대해서 비판하였다.[21] 특히 셸링과 베르그손은 근대의 이성 중심주의, 생의 공간화와 사물화에 대해서 비판하였으며, 20세기 끝자락에 자리하고 있었던 니체는 대지(Erde)를 이탈하고자 한 근대의 계몽

---

18) 심지어 칸트조차도 시민을 경제적 자립도에 기초하여 능동시민과 수동시민으로 분류하고, 전자의 경우에만 투표권을 인정하였다(I. Kant, *Metaphysik der Sitten*, pp.433~434).

19) 길희성 외 지음, 『전통·근대·탈근대의 철학적 조명』, 철학과 현실사, 1999, 8쪽.

20) H. Arendt, *The Human Condition*, Chicago & London : The University of Chicago Press, 1979, p.69.

21) Michel Eyquem de Montaigne, *Essais*, pp.203~209; D. Diderot, *Supplément au voyage de Bougainville*(1772), pp.148~150; Montesquieu, *Mes pensées*, p.154; Jean Jeaques Rousseau, *Discours sur l'origine et les fondements de l'inégalité les hommes*, p.108.

주의적 이성과 주체철학에 대해서 강하게 비판하였다. 따라서 근대 안에 이미 근대의 부정성을 극복하고자 하는 몸부림이 자라나고 있었다. 그러나 이들의 목소리는 근대의 부정성을 극복하기에는 역부족이었다. 마르크시즘, 실존주의, 네오마르크시즘 그 어떤 것도 이것을 극복하기에는 한계가 있었다.

근대의 산물인 기존 자본주의나 사회주의에서 더 이상 희망을 찾을 수 없었던 새로운 혁명의 주체들은 근대가 낳은 긍정성은 계승하되 현대 속에 지속되고 있는 부정성은 극복하고자 하였다. 이러한 극복의 새로운 움직임이 프랑스를 중심으로 전개되었다. 그것이 이른바 현대의 포스트모더니즘의 정신과 연관되어 있는 포스트구조주의,[22] 스피노자-마르크스주의다. 이들은 모두 근대가 산출한 문제점뿐만 아니라 이것이 연장되어 현대화되고 있는 문제점들을 극복하는 데 집중하고 있다. 그렇다면 근대성의 연장으로 나타나는 현대성의 문제는 무엇인가? 익히 알다시피 현대사회는 전자공학, 유전공학, 생명공학 등이 주도하고 있는 사회이다. 이것들은 오늘의 사회를 죽은 존재를 복제하는 알케미(alchemy)의 시대에서 산 생명을 복제하는 알게니(algeny)의 시대로 옮겨놓고 있으며, 현실공간에서 가상공간으로 이행하도록 만들고 있다. 또한 이들은 오늘의 사회를 산업사회에서 정보사회로, 물질노동에서 비물질 노동으로, 생산사회에서 소비사회로 옮겨 놓고 있으며, 또한 실재보다는 기호나 이미지가 지배하는 사회로, '사유하는 인간'에서 '사유하는 기계'의 사회로 옮겨놓고 있다.

문제는 이런 시대적 흐름이 우리 인간의 존엄성과 삶의 가치에 긍정적으로 기여하는가에 달려 있다. 우리가 근대에 대해서 긍정성과 부정

---

22) 포스트구조주의는 20세기 후반의 시대정신 전반에 관련된 포스트모더니즘이라는 용어에 비해서 철학이나 사회과학과 관련된 개념이다(김욱동 엮음, 『포스트모더니즘과 포스트구조주의』, 현암사, 1991, 12~23쪽).

성을 이야기하듯이, 현대에 대해서도 마찬가지로 언급한다. 한편에서는 이런 흐름이 인간의 자유와 해방의 공간을 더 넓혀준다고 주장하는가 하면, 다른 한편에서는 우리 사회를 위험사회로 몰고 가고 있다고 지적한다. 흔히 이야기하듯이, 근대는 표준화, 중앙집중화, 대량화로 향해 있었다면, 현대는 다양화, 탈집중화(분산화, 유동화), 소량화로 이어지고 있다. 이런 경향은 근대가 남긴 문제점을 보완하기도 한다. 토플러는 여기에서 인간 사회의 희망을 본다.[23] 하지만 오늘의 이 현대성에 비판적인 사람들은 시간의 초고속화와 공간의 고밀도화로, 특히 자본의 지배력의 극대화로 인간의 삶이 총체적으로 위기에 직면할 것으로 보고 있기도 하다. 자신의 몸이 머물 장소와 시간으로부터 강제로 퇴출당하고,[24] 조작된 장소와 시간에서 부드러운 감시를 당하면서 더 철저하게 길들여져 감을 이들은 비판한다.

특히 오늘날 네트워크 사회에서는 디지털 영상이 실재보다 더 실재적인 힘을 지니고 있다. 따라서 힘을 따라 움직이는 개인들은 현실의 시간과 장소에 공을 들여 몸과 몸이 만나는 삶보다는 가상공간에서 익명적인 만남을 더 추구한다. 이 익명성은 거대 권력을 공격하는 적극성을 지닌 주체들이 출현할 수 있도록 해주지만, 반면에 자신들의 아픔과 기쁨이 묻어 있는 시간과 장소, 이른바 역사성과 사회성을 방기해버리는 가벼운 주체들로 전락하게 만들기도 한다. 이 사이버주체는 무연고적인 파편화된 자아로 퇴보하여 자기탐닉에 몰입하는 광적인 주체가 되기도 하며, 삶의 무의미성에 내맡겨져 몰락하는 주체가 되기

---

23) 기소르망(Guy Sorman)도 오늘날 세계인의 경제적 번영과 소통의 증대를 매우 긍정적으로 바라보고 있다(기 소르망, 『진보와 그의 적들』, 문학과 의식, 2001, 251~262쪽).

24) 스마트는 현대사회와 관련하여 자본에 떠밀려 장소와 시간을 배회하는 이주 노동자, 비정규직의 확산을 문제 삼는다(배리 스마트(B. Smart), 선광석 외 옮김, 『현대의 조건, 탈현대의 조건』, 현대미학사, 1995, 62~65쪽).

도 한다.[25] 이 주체는 기호와 이미지의 우리에 갇혀 사건을 사건으로서 경험하지 못한다.[26] 이 주체는 나이도 본적도 국적도 더 이상 묻지 않는 자유로운 해방의 주체이기도 하지만, 그 어디에도 머물지 못하는 주체가 되기도 한다. 그래서 이 주체는 기존의 경계와 영토를 허물어 버리고 탈영토화와 탈중심화를 추구함으로써 어디로나 달려갈 수 있지만, 그 어디에도 몸을 내려놓고 그 시간 그 장소를 사랑할 여유를 갖지 못한다. 다국적 기업으로 확산되는 제국의 시대는 장소와 시간을 지키고 경계 안에 머무는 국지적 사고, 국지적 언어, 국지적 학문은 존립할 수 없게 만든다. 이른바 네트워크 사회에는 사이버파시즘이 새로운 문제로 부각될 수 있다.[27] 네트는 자본을 간직한 채 세상 모든 시간과 장소를 침투하고 있으며, 주변부는 중심부로 더 강하게 빨려 들어가고 있기도 하다.

한편 이런 새로운 과학의 확장으로 인해, 오늘의 우리들은 현실 시간과 장소에서 발생하는 고통에 둔감해지고 있다. 인공지능의 발전과 더불어 인간 사유의 능력이 무력화되고 있으며, 기계와 인간 사이에 서로를 희생시키는 모순이 증폭하고 있다.[28] 슬로터다이크의 주장에 따르면 근대 휴머니즘 이후 오늘에 이르러 '사유하는 동물(Sapiens-Tier)'이 '사유하는 인간(Sapiens-Mensch)'으로 치달으면서, 오늘의 인간은 사유하는 자기마저 가축화(Verhaustierung)시켜버리는 불행에 직면해 있

---

25) 박찬국, 「근대성과 탈근대성, 그리고 사회변동」, 정보통신정책연구원 편, 『IT의 사회·문화적 영향 연구』 최종심포지엄자료집, 2004, 311쪽.

26) 보드리야르는 이 점과 관련하여 '걸프전은 일어나지 않았다'고 주장한다(장 보드리야르, 하태완 옮김, 『시뮬라시옹』, 민음사, 2004, 13~19쪽).

27) Hauke Brunkhorst, "Ist die Solidarität der Bürgergesellschaft globalisierbar?", in Hauke Brunkhorst und Matthias Kettner, *Globalisierung und Demokratie*, Frankfurt a.M. : Suhrkamp, 2000, p.285.

28) 장 보드리야르, 배영달 옮김, 『불가능한 교환』, 울력, 2001, 131~143쪽.

다.29) 그래서 이들 주체들은 소비의 욕망 체계에, 이미지와 기호의 코드계에 갇혀 역사성을 상실한 가벼운 주체로 전락하고 있다.30)

이른바 벡(Ulrich Beck)이 주장하는 것처럼 '위험사회(Risk Society)'가 도래하고 있기도 하다. 이러한 위험의 요소들은 국경을 넘어서 펼쳐지고 있기 때문에, 더 이상 근대적인 국민국가의 모델로는 풀기가 어려운 문제들이 되어가고 있다.31) 이 위험은 "가상 속에서 실재의 사라짐을, 정보 속에서 사건의 사라짐을, 인공지능 속에서 사유의 사라짐을, 교환의 세계 속에서 가치와 이데올로기의 사라짐"32)을 사람들이 의식하지 못한다는 사실에 관련되어 있다. 이것은 주관적 이성의 확대 심화 과정으로서 근대성의 연장이자 한없는 돌진이기도 하다. 그러나 벡은 전통사회를 깨트리고 나온 근대적 개인의 긍정적 기능이 이와 같이 다시 자기 구속으로 이어지는 불행을 성찰적 근대화를 통해 극복 가능한 것으로 보고 있다.33) 하지만 자유주의 문제점을 지적하는 테일러의 경우, 현대의 자율적 개인은 이기주의와 자기도취에 경도되어 불안한 사회를 야기하고 있음에 우려를 표명한다.34)

이처럼 오늘날 전개되고 있는 이러한 현상에는 양면성이 존재하고 있다. 포스트모더니즘과 관련해서도 상황은 마찬가지다. 한편에서는 오늘의 이 부정적인 현실에 포스트모더니즘이 기여하고 있다고 보는

---

29) P. Sloterdijk, *Regeln für den Menschenpark. Ein Antwortschreiben zu Heideggers Brief über den Humanismus*, Frankfurt a.M. : Suhrkamp, 1999, p.44.

30) 박찬국, 앞의 글, 309쪽.

31) 앤소니 기든스·울리히 벡·스콧 래쉬(S. Lash), 임현진 외 옮김, 『성찰적 근대화』, 한울, 1994, 27~30쪽.

32) 장 보르리야르, 앞의 책, 143쪽.

33) U. Beck and E. Beck-Gernheim, "Individualization and Precarious Freedoms", Paul Heelas, S. Lash & P. Moris ed., *Detraditionalization*, Oxford : Blackwell, 1996, pp.25~26.

34) C. Taylor, *The Ethics of Authenticity*, Havard, 1992, pp.1~12.

가하면, 다른 한편에서는 이 부정적 현실을 극복하는 데 포스트모더니즘적인 시각이 필요하다고 주장한다. 전자의 경우는 "즉물적 포스트모더니즘"에 해당한다면, 후자의 경우는 "저항적 포스트모더니즘"에 해당한다.[35] 전자는 오늘날의 자본주의 문화 현실에 대해서 비판적 거리를 유지하지 못하고 오히려 신자유주의 물결에 휩쓸려 들어가는 입장이라면, 후자는 오늘날 새롭게 부각되는 전체주의에 맞서는 입장이다. 포스트구조주의나 스피노자-마르크스주의는 후자의 입장에 서 있다. 이들은 지금까지 존재해왔던 전체주의적 흐름에 대해서 강한 문제 제기를 하고 있다.[36] 모던의 문제점을 극복하고 그 긍정성을 새롭게 발전시키려는 포스트구조주의와 스피노자-마르크스주의는 모더니즘 안에 내장되어 있었던 이성주의와 진보주의로부터 비롯되는 거대주체를 비판하고자 한다.[37] 그러니까 이들은 전근대사회의 "신(神)절대주의"를 격파한 근대 인문주의가 "인간절대주의"로 이어지는 것에 대해 비판하고자 한다.[38]

이들 사조의 공통된 점이 있다면, 더 이상 근대의 의식철학이나 노동경제학에 예속되지 않는 몸의 철학을 제창하고자 한다는 사실이다. 일반적으로 포스트구조주의에 속하는 것으로 불리는 입장들, 이른바 데리다의 해체론, 푸코의 계보학, 리오타르의 표류의 철학, 들뢰즈의 사건존재론 등 이들 모두는 기존의 의식의 거물이나 노동의 거물에 포섭되는 것을 거부한다. 이들은 특히 헤겔로부터 전개된 변증법적 틀 속에서 정립되는 '합(合)'의 폭력성을 비판한다. 이들에 의하면 헤겔의

---

35) 김영숙, 「포스트모더니즘, 어떻게 볼 것인가」, 제10회 한국철학자대회보, 『대중매체문화의 허위성과 진실성』, 1997, 191~195쪽.

36) E. Craig, 앞의 책, 587쪽.

37) 김혜숙 편, 『포스트모더니즘과 철학』, 이화여자대학교 출판부, 1995, 8쪽; 이상화, 「비판으로서의 철학 : 포스트모더니즘과 비판이론」, 128쪽.

38) 이진우 엮음, 『포스트모더니즘의 철학적 이해』, 서광사, 1993, 13~21쪽.

합에는 중심주의가 되살아나고 있으며, 그의 부정운동에는 차이가 붕괴된다. 특히 리오타르는 변증법적인 합(合)의 논리에 근거하고 있는 기존의 노동경제학을 욕망이 무한히 표류할 수 있는 욕망혁명의 학, 즉 '리비도 경제학(ékonomie libidinale)'으로 전환시키고자 한다.[39] 푸코 역시 근대의 부르주아적 주체든, 아니면 프롤레타리아적 주체든, 이들 주체는 모두 거대주체로서 우리를 감금하고 억압하는 주체이므로, 이런 휴머니즘적 인간은 죽어야 한다고 주장한다.[40] 그는 '몸의 역사'를 사건화하는 관점에서 기존의 거대주체론 모두를 격파하고자 한다. 들뢰즈의 사건존재론 역시 기존의 이원론을 거부하며, '기관 없는 몸'을 통하여 아리스토텔레스의 유기체론과 베이컨의 기계론 안에 내재되어 있는 폭력을 고발한다.[41] 나아가 그는 욕망기계, 전쟁기계로서의 몸을 통하여 '특이성', '개체성'을 살려내는 유목부족의 길을 추구한다.[42] 그래서 마르크스의 노동자계급에 근거하는 '적대의 정치학'보다는 다중(multitudo)에 근거하는 '차이의 정치학'을 추구하고자 한다.[43]

　한편 스피노자-마르크스주의자들, 이른바 알튀세르, 발리바르, 네그리 등에도 이와 같은 경향이 나타난다. 이들 역시 자연과 초자연, 정신과 물질, 실체와 양상, 이성과 자연을 분리하는 기존의 이원론을 비판한 스피노자의 입장을 새롭게 재구성하여, 헤겔의 변증법과 목적론에

---

39) J-F. Lyotard, *Libidinal Economy*, trans. Iain Hamilton Grant, London : Anthlone, 1993, p.104, p.244.

40) M. Foucault, *Les mots et les choses : une archéologie des sciences humanies*, p.338; 콜린 고든, 홍성민 옮김, 『권력과 지식-미셸 푸코와의 대담』, 나남출판, 1997, 88~89쪽; M. Foucault, *Politics, Philosophy, Culture : Interviews and Other Writings*, p.45.

41) 질 들뢰즈·펠릭스 가타리, 최명관 옮김, 『앙띠오이디푸스』, 민음사, 2000, 420쪽.

42) 질 들뢰즈, 『천개의 고원』, 새물결, 2003, 723쪽.

43) 질 들뢰즈, 위의 책, 901~902쪽.

내재되어 있는 전체주의를 문제시한다. 이들은 서로 일정한 차이를 지니고 있지만, 스피노자의 정동(affectus)의 이론이나 활력(potentia, puissiance)과 다중의 길에는 공감을 보낸다.44) 특히 네그리는 다중들이 이성에 갇히고 자본에 구속된 자신의 몸을 해방시킬 수 있는 정치, 이른바 상상력의 자유로운 연대로 "여기저기로 이동하고 자기의 장소를 자기 자신의 장소로 만드는" 에로스의 정치를 지향한다.45) 그의 에로스의 정치는 시간과 장소에서 일어나는 사건이 '이름 붙여지는 사물'이나 '이름 붙이는 행위'에 지배되는 것을 허용하지 않는다. 진정한 사건은 이 양자가 만나 살아가는 장소이자, '우리의 시간(카이로스)'과 '사물의 시간'이 만나는 '특이한 순간'이어야 한다.46) 이처럼 그는 자본에 무너지는 시간과 장소에 다시 생명을 불어넣고자 하며, 그 속에 머무는 몸을 자유롭게 하고자 한다. 그는 자본의 바깥에서 가난한 몸들이 연대하여 꼬뮨을 형성해서 살아가는 아우또노미아(autonomia)의 길을 택한다. 네그리는 '제국주의' 시대가 종말을 고하고, '제국'의 시대가 도래한다는 전제 아래서, 바로 이 제국 안에서 탈영토성과 탈중심성을 추구하며 주권과 자본으로부터 독립하여 권력(potestas)이 아니라 활력(potentia)의 길, '소수자 되기'의 길로 나아간다.47)

이상에서 보듯이 이들은 산 시간, 산 장소, 산 몸을 가진 '사건의 철학'을 개진하고자 한다. 이것이야말로 로컬리티의 인문학이 지향해야 할 길, 아니 인문학과 로컬리티가 만나야 할 길이 아닌가 싶다. 모던과

---

44) 김석수, 「'포스트' 시대의 바깥과 가난의 길」, 서강대학교 인문과학연구소 편, 『포스트모던 시대, 인문학과 인문교육의 새 지평』, 2008 참조.

45) 네그리, 정남영 옮김, 『혁명의 시간 : 나 자신에게 주는 아홉 개의 교훈』, 갈무리, 2004, 15쪽.

46) 네그리, 위의 책, 36쪽.

47) 안토니오 네그리·마이클 하트, 윤수종 옮김, 『제국』, 이학사, 2001, 405~406쪽.

포스트모던에서 독버섯처럼 자라나는 새로운 전체주의에 항거하여 지역의 시간과 장소를 지켜내고 지역의 몸들과 그들의 노동이 산 노동이 되는 길을 확보하는 것은 자율주의 운동이 아닐까 싶다. 이것은 곧 신자유주의 물결과 함께 우리 모두를 소용돌이로 빨아들이는 세계화의 부정성에 맞서는 자율공동체를 구성하는 길이어야 할 것이다. 더군다나 이 나라에 국가주의, 민족주의, 개발주의, 무력주의, 반공주의라는 미명하에 근대화프로젝트가 진행된 이후, 모든 주변 지역들이 서울이라는 중심으로 빨려 들어가는 오늘의 이 상황에서는, 이 길이 로컬리티의 인문학이 나아가야할 길이 아닐까 싶다.

3. 로컬리티와 인문학 – 시간, 장소, 몸과 연계하여

로컬리티는 시간과 장소, 그리고 그 속에 자리하는 몸으로 이루어진 지역성이다. 로컬리티는 중앙과 주변으로 차별화된, 그래서 근대라는 서울에 대비되는 전통(시골)으로서의 지방이 아니다.[48] 로컬리티는 단순한 물리적 공간을 넘어 사회문화적인 관계와 의미 등이 통합된 실체로서의 삶터이다.[49] 레비나스는 이와 같은 맥락에서 장소를 기하학적 공간이나 하이데거가 주장하는 세계의 구체적 환경(ambiance)에 앞서 의식이 출현하고 영혼이 거주하는 몸의 자리라고 주장한다.[50] 이 자리는 "집을 짓고 거주하며, 노동을 하여 자기를 긍정하고 자신의 독립성을 실현하기 위한 조건이다."[51] 우리가 일정 시간, 일정 장소에서 몸을

---

48) 유명기, 「'지방'의 의미를 찾아」, 경북대학교 인문과학연구소 편, 『'지방', 그 의미와 정체성을 찾아서』, 2003, 3쪽; 이정덕, 「'지방'의 의미구조」, 15, 17쪽.
49) 조경만, 「정치적, 문화적 아레나(arena)로서의 지역문화」, 위의 책, 7쪽.
50) 에마뉘엘 레비나스, 서동욱 옮김, 『존재에서 존재자로』, 민음사, 2003, 119쪽.
51) 강영안, 「해설 : 레비나스의 철학」, 에마뉘엘 레비나스, 『시간과 타자』, 문예출

가지고 거주하는 자리로서의 집(oikos) 역시 원래는 경제학(Ökonomie)적 활동과 생태학(Ökologie)적 활동 모두를 담고 있다.52) 즉, 집은 단순히 노동하고 작업하는 곳이 아니라 시간과 장소라는 운명에서 산 몸들이 행위하며 함께 살아가야 하는 자리이다. 로컬리티는 이런 집들이 존속할 수 있는 살림살이의 터가 되어야 한다.

우리가 로컬리티의 인문학을 세운다는 것은 중앙의 하부지역으로 규정되는 '지방'의 인문학이 아니라 자율성과 연대성에 입각하는 '지역'의 인문학을 세우는 것이며, 단순한 물리적이고 경제적인 공간으로서의 자리가 아니라 산 시간과 산 장소와 산 몸이 거주하는 자리를 만드는 것이다. 그것은 모던적 프로젝트든 포스트모던적 프로젝트든 이들이 앗아간 시간과 장소, 그 속에 잃어버린 몸을 되찾는 것이다. 이것은 사색하고 관조하면서 지상을 탈출하는 형이상학적이고 신학적인 집을 짓는 것도 아니고, 그렇다고 노동하고 제작하면서 지상을 개조하는 과학적이고 기술적인 집을 짓는 것도 아니다. 이것은 자연과 호흡하면서도 자연에 맹종하지도(관습/자연법) 군림하지도 않는(추상법, 도덕성/이성법), 그야말로 포르투나(fortuna)와 비르투스(virtus)가 조화된 새로운 몸의 자리여야 한다.

원래 인문학이 어떻게 하면 인간이 인간답게 살 수 있는지를 고민하는 학문이라면, 이 인문학은 당연히 시간을 살리고, 장소를 살리고, 그 속에 거주하는 몸을 살리는 인문학이지 않으면 안 될 것이다.53) 그러나 유감스럽게도 지난날의 인문학은 이와 같은 정신에 충실하지 못한

판사, 1996, 132쪽.

52) 이기상, 「이 땅에서 철학하기」, 이 땅에서 철학하기 편, 『탈중심 시대에서의 중심잡기』, 솔, 1999, 54쪽.

53) 강내희, 「몸, 글, 인문학」, 영남대학교 인문과학연구소 편, 『인문과학』, 2004, 28쪽.

면을 보여주었다. 고전적 인문학이든 근대적 인문학이든 이들 모두는 지상 이탈적이거나 지상 변형적인 형태를 지님으로써 인간을 저버린 인문학의 모습을 보여주었다.54) 고전적 인문학은 자기를 영원하게 해 줄 절대자를 찾아나서는 형이상학이나 신학이 되어야 했고, 근대적 인문학 역시 자기를 영원하게 만들기 위한 인문과학이 되어야 했다.55) 인간이 신과 과학기술에 예속되었듯이, 인문학 역시 신학과 과학에 예속되어야 했다.

그러나 이 와중에도 이 세상의 구체적인 삶에 관계하는 인문학이 없었던 것은 아니다. 그 대표적인 경우가 수사학을 근간으로 하는 인문학이었다. 사실 고대 그리스 수사학의 첫 활동무대는 법정과 민회로서 여기에서 전개된 수사학은 '설득하기(pisteis)'를 중시하였다. 이 수사학에는 이성적인 "알리기(docere)"와 감성적인 "울리기(movere)"가 담겨 있었다.56) 아리스토텔레스에 의하면 수사학은 연설가의 기품(ethos)과 청중의 감정(pathos)과 연설의 논리(logos)라는 삼박자가 잘 조화를 이루고 있어야 한다.57) 그러니까 수사학은 공동체 구성원들이 서로 감정을 나누면서 함께 할 에토스(ethos)를 고민하며 설득하는 것에 관계한다.58)

---

54) 김석수, 「21세기 사회, '소통' 인문학의 길을 찾아」, 서강대학교 인문과학연구소 편, 『포스트모던 시대, 인문학과 인문교육의 새 지평』, 2008, 40~44쪽 참조.

55) 김석수, 위의 글, 같은 쪽 참조.

56) 양태종, 「수사학의 오늘과 내일」, 한국독일어문학회 편, 『독일어문학』 제27집, 2004, 335쪽.

57) Jonathan Barnes, "Rhetoric and poetics", Jonathan Barnes ed., *The Cambridge Campanion to Aristotle*, pp.264~272.

58) Aristoteles, *Nikomachische Ethik*, 1094b, Hamburg : Felix Meiner, 1972, p.2. 이런 의미에서 수사학은 윤리학, 정치학과 밀접한 관련을 지니고 있다(이희용, 「철학적 해석학과 수사학의 내적 연관성」, 한국해석학회 편, 『해석학연구』 제19집, 2007, 5쪽; 한석환, 「수사학의 학적 위상」, 철학연구회 편, 『철학연구』 제67집, 2004, 8~9쪽).

따라서 수사학은 생활세계의 실천적 문제와 밀접하게 연관되어 있으며, 진위를 확실하게 결정짓는 과학(epistēmai)이 아니라 적합한가 하지 않은가에 관련된 개연성에 관계한다.[59] 따라서 수사학은 우리의 생활세계를 과학으로 재단하는 것을 원치 않는다. 수사학은 테오리아(theoria)보다는 실천(praxis)을 중시하며, 보편을 통해 특수를 포섭하는 '규정적 판단력'보다는 특수를 통해 보편을 함께 공감하는 '반성적 판단력'에 더 치중한다.[60] 그래서 가다머의 주장처럼 수사학은 각자의 특수한 체험과 선판단(Vorurteil)이 언어라는 매개를 통해 이해되고 공유되는 과정을 담고 있다.[61]

근대 르네상스 인문학은 바로 이 고전적 수사학을 비판적으로 계승하여, 인간이 머무는 이 지상의 시간과 장소를 저버린 중세의 신학을 비판하고, 바로 그 자리에 다시 인간이 머무는 구체적인 시간과 장소에 관계하는 수사학을 재건하고자 하였다. 그래서 르네상스 인문학의 대표자들인 페트라르카(Francesco Petrarca), 브루니(Leonardo Bruni) 등은 키케로의 고전 인문학을 수용하여 중세 논리학을 추방하고 그 자리에 수사학을 자리 잡게 함으로써 현실에서 도덕적 인격을 연마하는 것을 중시하게 되었다.[62] 이 당시 인문학은 말(verbum)과 사물(res)의 관계에 집중하여 사물을 이해하고 지혜를 얻는 것을 중시하였다. 그러므로 르네상스 인문학은 도덕철학과 수사학을 매우 중요하게 생각하였으며, 절대자로 향하는 삶보다는 인간 자신과 그 이웃으로 향하였다.

---

59) Aristoteles, *Rhetorik*, 1402b 15. 수사학은 앎과 행동 전체 영역에 관계하는 변증법과 달리 구체적이고 개별적인 사례들에 적용된다(한석환, 위의 글, 17쪽).

60) 수사학적 논증(Argumentation)은 논리적 증명(Beweis)과는 달리 논리적 보편성보다는 미감적 보편성을 추구한다.

61) Hans-Gerorg Gadamer, *Hermeneutik II*, Tübingen : J. C. B. Mohr(Paul Siebeck), 1986, p.273, p.466, p.499.

62) 김석수, 앞의 글, 41쪽 참조.

그러나 베이컨, 홉스, 데카르트 이후 전개된 근대 인문학은 수사학에 근거하고 있는 이들 인문학이 비과학적인 현란한 수사에 불과하다고 지적하면서 에피스테메(epistēme)로 나아가는 새로운 길을 모색하였다.[63] 이 길은 수학과 기하학, 그리고 자연과학의 방법에 입각하여, 즉 연역법과 귀납법에 입각하여 우리들이 머무는 시간과 장소, 그리고 그 속에 발화되는 생활언어를 압사시키는 길이자 수사학을 추방하는 길이었다.[64] 그래서 마침내 근대 인문학은 지식에 있어서 보편성과 필연성을 생명으로 여겼던 독일관념론의 "체계로서의 학문(Wissenschaft als System)"으로까지 이어져 나갔다. 근대 인문학의 이와 같은 경향은 타자에 대한 믿음에 상처를 입은 의심의 주체가 자연스럽게 밟는 길이기도 하였다. 이미 서두에서 언급하였듯이, 근대 인문학은 자연과학과 연대함으로써 휴머니즘을 완성하고자 하였다. 신학적 코드를 추방하고 수학적 코드로 무장한 근대 인문학은 실용성과 결합하면서 근대 자유주의 지배체제의 이데올로기가 되어갔다. 이것은 약소국을 지배하는 제국주의의 길이자, 보편성의 이름으로 특수성을 압살시키는 동일성의 폭력이 아닐 수 없다.

이처럼 근대성 안에 내장되어 있는 이성, 주체, 에피스테메, 사유, 감각경험, 체계, 보편성, 필연성과 같은 개념은 그야말로 개념(Begriff, concept, 잡아 쥠) 본래 역할에 충실하였다. 모든 타자를 "하나의 법, 하나의 방, 하나의 언어로 통일하는 학문"[65]을 세우지 않으면 견딜 수 없

---

63) 김석수, 위의 글, 43쪽 참조.

64) 물론 비코(Giambattista Vico)는 당시의 이런 흐름을 거부하고 수사학을 통해 생활공동체와 그 속에 작동하는 상식을 중시하고자 하였다. 그러나 당시의 주류 인문학은 자연적 태도에 판단중지(epoche)를 함으로써 불안을 떨쳐낼 수 있었다.

65) R. Descartes, *Meditations on First Philosophy*, p.180; R. Descartes, *Rules for the Direction of Mind*, p.1, p.10, p.14; R. Decartes, *Discourse on the Methode of Rightly Conducting the*

는 상태가 근대 인문학 안에서 자라나고 있었다. 여기에서는 각각의 시간, 각각의 장소, 그리고 그 속에 자리하고 있는 개체들의 소중함이 자리할 여지가 없다. 그래서 이런 근대성의 폭력을 비판하는 새로운 흐름들이 존재하였고, 그 대표적인 경우가 바로 생철학, 실존철학, 해석학이며, 이후에 이들을 새롭게 계승하고 비판적으로 발전시킨 형태가 바로 포스트구조주의, 스피노자-마르크스주의다. 이들 인문학에 대표적인 특징이 있다면, 그것은 아마도 인문학이 인문과학이 되려고 하면서 야기한, 이른바 인간 주체의 절대화에 대한 비판일 것이다. 이들은 타자를 내가 지배할 수 있는 사물화된 그것(es)으로만 파악하거나, 아니면 내가 한 없이 복종하기만 하는 당신(Sie)으로만 파악하는 것을 거부하고, 내가 말을 건네듯, 상대도 말은 건네는 너(du)로 파악하고자 한다.66) 이것은 주체와 대상의 관계가 아니라 주체와 주체의 관계, 서로주체가 되는 길이다. 타자를 법칙설정적(nomothetic) 관점에서 '설명'의 '대상'으로 처리하는 길을 넘어 개성기술적(ideographic) 관점에서 '이해'의 '주체'로 임하는 그 속에 몸의 인문학이 가능할 것이며,67) 또한 로컬리티로서의 인문학이 가능할 것이다.

근대의 과학성과 결합된 인문학의 운명은 부르주아지의 의식철학이든, 프롤레타리아의 노동철학이든 이들을 통해서 더 이상 근대성 안에 내장되어 있는 개체성의 소중함을 순수하게 살려내기 어렵다. 그것은 의식과 노동이 함께 하는 몸의 자리가 아니면 안 된다. 그리고 그 몸이 소중히 하는 시간과 장소를 인정하는 길이 아니면 안 된다. 헤겔의 주장처럼 학문이 진정한 학문이 되기 위해서는 이성과 현실, 사유와 존

Reason, p.82, pp.87~88.

66) H. G. Gadamer, *Wahrheit und Methode*, Tübingen, 1972, p.346.

67) G. H. Von Wright, *Explanation and Understanding*, Cornell University Press, 1971, pp. 4~5.

재, 의식과 노동이 화해(Versöhnung)를 통해 참된 생명으로서의 아들(Sohn)을 탄생시키는, 이른바 살아 움직이는 현실을 담아내어야 한다.[68] 학문은 "생명 자체를 내거는 만큼 심신 전부를 바치는" 현실 파악의 길이 되어야 한다.[69] 폴라니(M. Polanyi)가 주장하듯이, 학문은 '몸담고 있는 현실에 참여하는 인격적 지식이어야 하고, 거주를 통한 참여'여야 한다.[70] 따라서 장소를 통일하고, 시간을 통일하고, 몸을 통일하는 거대담론은 격파되어야 한다. 이런 맥락에서 볼 때, 앞 장에서 언급한 '차이와 충돌이 활성화되고 특이성들이 살아 움직이는 생성의 철학, 이른바 표류의 철학, 유목의 철학, 다중의 철학, 나아가 자본과 기술의 바깥에 자리하는 가난한 몸의 활력(potentia)에 근거하는 자율적 꼬뮨의 철학'은 분명히 의의를 지니고 있다.[71] 이들의 인문학은 기본적으로 시간, 장소, 몸을 긍정하는 로컬리티로서의 인문학을 추구한 입장이라고 볼 수 있을 것이다.

아렌트의 주장처럼 인문학은 시간과 장소를 지워버리는 이론적 인식(episteme)이 아니라 거기에 머물며 부단히 판단력을 통해 적용하며 사는 실천적 인식(phronesis)이어야 한다.[72] 네트워크로 구조화된 제국으로 이행하는 오늘날의 시대에서는 살아 있는 시간과 장소에 애써 나가서 몸과 몸이 만나는, 그래서 그 속에서 서로의 판단을 통해 서로의 시간과 장소, 그리고 몸을 소중히 하는 공동체적 의식이 위기에 처해 있다. 한 마디로 다자인(Dasein)이 디자인(Design)이 되어가고 있다.[73] 모던

---

68) G. W. F. Hegel, *Phänomenologie des Geistes*, pp.15~56, 임석진 옮김, 『정신현상학』, 40~96쪽 재인용.

69) 박종홍, 「우리의 현실과 철학-역사적인 이때의 한계상황」(1935), 열암기념사업회 편, 『朴鍾鴻全集』 1권, 민음사, 1998, 399쪽.

70) 강영안, 『인간의 얼굴을 가진 지식』, 소나무, 2002, 103쪽.

71) 김석수, 앞의 글, 44쪽.

72) H. Arendt, *Lectures on Kant's Political Philosophy*, p.28; 강영안, 앞의 책, 65쪽.

시대의 부정성을 내장하고 있는 포스트모던의 제국이 자본으로 모든 것을 포섭하여, 장소와 시간, 그 속에 몸을 가진 개인이 살아가는 생활세계를 거대체계에 식민화시키는 것을 막지 못하면, 수정궁으로 상징되는 아메리카니즘의 '역사' 시대에 우리는 갇힐 수밖에 없게 된다. 기존 인문학이 볼셰비즘, 파시즘, 아메리카니즘으로 귀착된 오늘의 이 현실에서, 역사 시대의 '마지막 인간'을 넘어 역사이후(Posthistorie)의 '새로운 인간(post-human)'을 향한 인문학이 가능하려면 그것은 '의사소통의 다원성과 쌍방향적·다방향적 상호성'에 입각하여 "응축 불가능한 장소(Ort)"들을 살려내어 그 속에서 연대하며 거품(Schäume)처럼 공명(共鳴)하는 지구공동체를 만드는 길일 것이다.74) 보드리야르의 주장처럼 이 인문학은 "사유의 특이성을, 언어의 특이성을, 대상과 이미지의 특이성을 자유롭게 허용하는 세계"75)를 살려내는 길일 것이다. 이것이야말로 로컬리티의 인문학의 과제가 아닐 수 없다.

4. 맺는말 – 로컬리티를 살리는 우리 인문학을 위하여

우리 현대 인문학의 경우는 로컬리티의 인문학의 관점에서 볼 때 빈곤하기 짝이 없다. 그동안 우리는 시간(역사)과 장소를 강탈당하고, 몸이 억압된 식민지 상황을 겪어야 했으며, 또한 한국전쟁(6·25)을 통해서 시간과 장소가 분열이 되고 몸이 동강나는 상태를 겪어야만 했다. 처절하리만큼 빈곤한 현실에서 살아남고자 안호상 철학자가 이론화한

---

73) Peter Sloterdijk, *Kritik der zynischen Vernunft*, Band I, Frankfurt a.M. : Suhrkamp, 1983, p.259.

74) 슬로터다이크, 「지구시대의 도전. 세계의 밀착에 대하여」, 한정선 교수의 대담 (2004.11.02) 내용, 철학문화연구소, 『철학과 현실』 제64권, 2005, 106~119쪽.

75) 장 보드리야르, 앞의 책, 143쪽.

일민주의(一民主義)는 이승만 정권에서부터 신군부 정권에 이르기까지 강한 결속의 원리로 작동하였다. 그는 우리 삼천만 겨레가 모두 기존의 다른 모든 주의를 "모조리 다 버리고, 오직 일민주의의 깃발 밑으로 모여야" 하며, "일민주의를 위하여 일하고 싸우며 또 죽을 각오를 해야 한다"[76]고 주장하였다. 조국근대화를 통해 압축 성장을 해야 했던 당시의 우리 현실은 국가주의, 민족주의, 반공주의, 무력주의를 기반으로 중앙집권적인 권력 체제를 구축하지 않을 수 없었다. 이로 인해, 개체들, 주변들, 약자들의 희생은 당연시 되었다.

우리의 학문 역시 이런 흐름들 속에서 강대국의 학문을 수입하여 그것에 기생하여 살아가는 권력들이 구축되어 갔다. 근대화 과정에서 학문 권력, 교육 권력이 서구 종속적인 현상을 보이면서 가뜩이나 잘려 나간 시간과 탈취당한 장소가 더 척박한 상태로 전락하였다. 근대화는 서울화이며, 서울화는 곧 발전이었다. 이 와중에 삶터인 '지역'이 버려진 '지방'으로 전락하였고, 지역의 시간과 장소는 값 매길 가치조차 없는 처량한 신세가 되었으며, 그곳에 머문 몸은 절망과 좌절을 경험하는 몸이 될 수밖에 없었다. 근대화 이후 중심주의 신화가 확대 심화된 한국 현실에서 중심주의와 학벌주의는 끈끈한 연대를 형성하고 있으며, 지역은 계속해서 지방으로 전락하고 있다. 시간의 고속화로 거리가 더 단축됨으로 인해 이러한 현상은 더욱 더 가속화되고 있다.

그러나 우리가 서구를 닮고자 노력하는 수입학이나 시비학을 통해서는 결코 그들을 넘어설 수 없듯이, 지역들이 서울을 닮고자 노력하는 것을 통해서는 결코 지방으로 전락하는 것을 막을 수 없다. 그것은 타자에 동화되는 신화적 삶이 안고 있는 본연의 한계일 수도 있다. 지역에 살고 있는 우리들은 지역의 시간이 지워질 수 없는 산 역사임을,

---

76) 안호상, 『일민주의의 본바탕』, 일민주의연구원, 1950, 23쪽.

지역의 공간이 응축될 수 없는 장소(Ort)임을, 지역의 거주하는 개인들이 물화될 수 없는 몸임을 입증해야 한다. 그래서 지역들 사이의 자율성과 연대성[77]의 원리를 통하여 열린 공동체, 부드러운 공동체를 만듦으로써[78] 서울이 또 하나의 지방이 되어 있는 오늘의 우리 현실을 극복해가야 할 것이다. 사실 서울의 인문학도 우리의 시간과 장소가 살아있는 몸들의 인문학이라고 보기 어렵다. 그 속에는 우리의 시간과 장소가 살아 숨쉬는 전통을 머금은 인문학이 소외되어 있으며, 수입학과 시비학이 권력의 축을 형성하고 있다. 안과 바깥이 우열이 있어서는 안 되는 이상, 바깥의 학문이 안으로 들어오지 않아야 한다는 법은 있을 수 없다. 문제는 바깥이 안으로 들어와 안을 삼켜버리는 데 있다.

이와 같은 우리 인문학의 비극은 개념이 현실과 호흡하는 적용[79]과 비판의 과정이 부재한 데 있다. 우리의 인문학은 이론우월주의가 현실을 압도해버림으로써 정체성 상실을 겪고 있다.[80] "몸은 이 땅에서 자라고, 이 땅에서 생명을 얻었지만, 정신은 몸과 분열되어 서구의 것에 덧씌워져 몸과 정신의 분열이 우리 인문학 안에 자리하고 있다."[81] 우리의 인문학은 "세계적 관점을 지니되 지역 주민으로 살라!(Think Globally, Act Locally!)"의 카프라 주문처럼, 지역의 시간과 장소를 이야기하는 수사학[82]을 통해 가장 지역적인 것이 세계적인 것이 될 수 있

---

77) Z. Bauman, *Modernity and Ambivalence*, Cambridge : Polity, 1991, p.238, p.262; 강수택, 「근대, 탈근대, 사회적 연대」, 한국사회학회 편, 『한국사회학』 제38집 5호, 2004, 17~19쪽.

78) 여기에 대한 자세한 논의는 김석수, 「21세기 사회와 시민자치-자율, 인정, 연대, 그리고 자치를 중심으로」 참조.

79) 가다머에 의하면 이해는 항상 적용된 것이며, 적용을 무시한 이해는 역사성과 전통을 떠난, 구체적인 시공간을 떠난 죽은 이해에 불과하다(H. G. Gadamer, 앞의 책, 5, 292쪽).

80) 보드리야르, 앞의 책, 178~179쪽.

81) 김석수, 앞의 글, 57쪽.

는 새로운 창조학을 마련해야 할 것이다. 이 창조학은 보편학에 주눅든 무력한 몸이 아니라 가난한 몸을 지니고 있지만, 그래서 가난하기에 더 특이성에 활력(potentia)을 불어넣는 자율공동체의 길이어야 할 것이다.[83] 그것은 거대 '국가장치'를 옹호하는 '국가과학'보다는 특이성으로 국가장치를 구멍 내는 '전쟁기계'에 참여하는 '유목과학'의 길이어야 할 것이다.[84] 21세기 인문학은 '사색하는 삶(vita contemplativa)'이든 '활동하는 삶(vita activa)'이든, 그 어느 한쪽이 중심을 차지하여 다른 한쪽을 주변으로 밀어내는 중심주의, 보편주의를 거부해야 할 것이며, 진정성이 묻어 있는 시간과 장소에서 거주하는 몸들로 구성된 로컬리티의 학문이어야 할 것이다.

참고문헌

강내희, 「몸, 글, 인문학」, 영남대학교 인문과학연구소 편, 『인문과학』, 2004.
강수택, 「근대, 탈근대, 사회적 연대」, 한국사회학회 편, 『한국사회학』 제38집 5호, 2004.
강영안, 「해설 : 레비나스의 철학」, 에마뉘엘 레비나스, 『시간과 타자』, 문예출판사, 1996.
강영안, 『인간의 얼굴을 가진 지식』, 소나무, 2002.
기 소르망, 『진보와 그의 적들』, 문학과의식, 2001.
길희성 외 지음, 『전통·근대·탈근대의 철학적 조명』, 철학과현실사, 1999.
김석수, 「'포스트' 시대의 바깥과 가난의 길」, 사회와철학연구회 편, 『사회와 철학』 제12호, 2006.
김석수, 「21세기 사회, '소통' 인문학의 길을 찾아」, 서강대학교 인문과학연구소

---

82) 박은진, 「수사학의 부활, 철학적 사유를 위하여!」, 철학문화연구소 편, 『철학과 현실』 제57호, 2003, 240~247쪽.

83) 조혜정, 『탈식민지 시대 지식인의 글 읽기와 삶 읽기』 3, 또하나의 문화, 1997, 30쪽.

84) 질 들뢰즈, 『천개의 고원』, 새물결, 2003, 690~718쪽.

편, 『포스트모던 시대, 인문학과 인문교육의 새 지평』, 2008.

김석수, 「21세기 사회와 시민자치-자율, 인정, 연대, 그리고 자치를 중심으로」, 사회와철학연구회 편, 『사회와 철학』 제14호, 2007.

김영숙, 「포스트모더니즘, 어떻게 볼 것인가」, 제10회 한국철학자대회보, 『대중매체문화의 허위성과 진실성』, 1997.

김욱동 엮음, 『포스트모더니즘과 포스트구조주의』, 현암사, 1991.

김혜숙 편, 『포스트모더니즘과 철학』, 이화여자대학교 출판부, 1995.

네그리, 정남영 옮김, 『혁명의 시간 : 나 자신에게 주는 아홉 개의 교훈』, 갈무리, 2004.

박은진, 「수사학의 부활, 철학적 사유를 위하여!」, 철학문화연구소 편, 『철학과 현실』 제57호, 2003.

박종홍, 「우리의 현실과 철학-역사적인 이때의 한계상황」(1935), 열암기념사업회 편, 『朴鍾鴻全集』 1권, 민음사, 1998.

박찬국, 「근대성과 탈근대성, 그리고 사회변동」, 정보통신정책연구원 편, 『IT의 사회·문화적 영향연구』 최종심포지엄 자료집, 2004.

배리 스마트(B. Smart), 설광석·박형준·권기돈 옮김, 『현대의 조건, 탈현대의 조건』, 현대미학사, 1995.

슬로터다이크, 「지구시대의 도전. 세계의 밀착에 대하여」, 한정선 교수의 대담(2004.11.02) 내용, 철학문화연구소, 『철학과현실』 제64권, 2005.

안토니오 네그리·마이클 하트, 윤수종 옮김, 『제국』, 이학사, 2001.

안호상, 『일민주의의 본바탕』, 일민주의연구원, 1950.

앤소니 기든스·울리히 벡·스콧 래쉬(S. Lash), 임현진·정준일 옮김, 『성찰적 근대화』, 한울, 1994.

앤소니 기든스·크리스토퍼 피어슨, 김형식 옮김, 『제3의 길 그 주장과 쟁점-기든스와의 대화』, 21세기북스, 1998.

양태종, 「수사학의 오늘과 내일」, 한국독일어문학회 편, 『독일어문학』 제27집, 2004.

에마뉘엘 레비나스, 서동욱 옮김, 『존재에서 존재자로』, 민음사, 2003.

유명기, 「'지방'의 의미를 찾아」, 경북대학교 인문과학연구소 편, 『'지방', 그 의미와 정체성을 찾아서』, 2003.

윤평준, 「왜 지금 여기서 포스트모던 논쟁인가」, 철학연구회 편, 『철학연구』

제33집, 1993.

이기상, 「이 땅에서 철학하기」, 이 땅에서 철학하기 편, 『탈중심 시대에서의 중심 잡기』(우리사상연구소 논총), 솔, 1999.

이상화, 「비판으로서의 철학 : 포스트모더니즘과 비판이론」, 김혜숙 편, 『포스트모더니즘과 철학』, 이화여자대학교 출판부, 1995.

이정덕, 「'지방'의 의미구조」, 경북대학교 인문과학연구소 편, 『'지방', 그 의미와 정체성을 찾아서』, 2003.

이진우 엮음, 『포스트모더니즘의 철학적 이해』, 서광사, 1993.

이희용, 「철학적 해석학과 수사학의 내적 연관성」, 한국해석학회 편, 『해석학연구』 제19집, 2007.

장 보드리야르, 배영달 옮김, 『불가능한 교환』, 울력, 2001.

장 보드리야르, 하태완 옮김, 『시뮬라시옹』, 민음사, 2004.

장-프랑수아 리오타르, 이현복 옮김, 「질문에 대한 답변 : 포스트모던이란 무엇인가」, 『지식인의 종언』, 文藝出版社, 1994.

조경만, 「정치적, 문화적 아레나(arena)로서의 지역문화」, 경북대학교 인문과학연구소 편, 『'지방', 그 의미와 정체성을 찾아서』, 2003.

질 들뢰즈, 『천개의 고원』, 새물결, 2003.

한석환, 「수사학의 학적 위상」, 철학연구회 편, 『철학연구』 제67집, 2004.

헤겔, 임석진 옮김, 『정신현상학』, 한길사, 2005.

Arendt, H., *Lectures on Kant's Political Philosophy*, edited with an interpretative essay by Ronald Beiner, Chicago : Chicago University Press, 1982.

Arendt, H., *The Human Condition*, Chicago & London : The University of Chicago Press, 1979.

Bauman, Z., *Modernity and Ambivalence*, Cambridge : Polity, 1991.

Beck, U., and Beck-Gernheim, E., "Individualization and Precarious Freedoms", Paul Heelas, S. Lash & P. Moris ed., *Detraditionalization*, Oxford : Blackwell, 1996.

Brunkhorst, Hauke, "Ist die Solidarität der Bürgergesellschaft globalisierbar?", in Hauke Brunkhorst und Matthias Kettner, *Globalisierung und Demokratie*, Frankfurt a.M. : Suhrkamp, 2000.

Caygill, H., *A Kant Dictionary*, Cambridge : Blackwell, 1995.

Craig, Edward, *Encyclopedia of Philosophy*, vol.7, New York ∶ Routledge, 1998.

Decartes, R., Discourse on the Methode of Rightly Conducting the Reason, Elizabeth S. Haldane and G. R. T. Ross trans., *The Philosophical Works of Descartes*, Vol.1, Cambridge University Press, 1979.

Diderot, D., *Supplément au voyage de Bougainville*(1772), Flammarion, 1972.

Foucault, M., *Les mots et les choses ∶ une archéologie des sciences humanies*, Paris ∶ Gallimard, 1966.

Foucault, M., *Politics, Philosophy, Culture ∶ Interviews and Other Writings*(1977-1984), ed. by L.D. Kritzman, New York ∶ Routledge, 1988.

Gadamer, H.-G., *Hermeneutik II, Hans-Georg Gesammelte Werke Band 2*, Tübingen ∶ J. C. B. Mohr(Paul Siebeck), 1986.

Gadamer, H.-G., *Wahrheit und Methode*, Tübingen, 1972.

Hegel, G. W. F., *Grundlinien der Philosophie des Rechts*, in Hegel Werke Band 7, Frankfurt a.M. ∶ Suhrkamp, 1970.

Hegel, G. W. F., *Phänomenologie des Geistes*, Hegel Werke Band 3, Frankfurt a.M. ∶ Suhrkamp, 1986.

Heidegger, M., "Die Zeit des Weldbildes", in *Holzweg*, Frankfurt a.M. ∶ Klostermann, 1972.

Kant, I., *Kritik der reinen Vernunft*, W. Weischedel(Hrsg.), Band 3, Darmstadt ∶ Wissenschaftliche Buchgesellschaft, 1983(이후 권수만 기록).

Kant, I., *Metaphysik der Sitten*, W. Weischedel(Hrsg.), Band 7.

Lyotard, J.-F., *Dérive à partir de Marx et Freud*, Paris ∶ Union Générale d'Editions, 1973.

Lyotard, J.-F., *Libidinal Economy*, trans. Iain Hamilton Grant, London ∶ Anthlone, 1993.

Lyotard, J.-F., *The Differene ∶ Phrases in Dispute*, trans. G. Van den Abbleele, Minneapolis ∶ University of Minnesota Press, 1st edn. 1983.

Macpherson, C. B., *The Political Theory of Progressive Individualism ∶ Hobbes to Locke*, London ∶ Oxford University Press, 1962.

Montaigne, Michel Eyquem de, *Essais*, Galimard ∶ La Pléiade, 1980.

Montesquieu, Mes pensées, in Montesquieu par lui-même, ed. Jean Starobinski, Paris, 1957.

Rittèr, J. und Gründer, K.(Hrsg.), *Historisches Wörterbuch der Philosophie*, Schwabe & Co

Ag · Verlag · Basel, 1998.

Rousseau, Jean Jeaques, *Discours sur l'origine et les fondements de l'inégalité les hommes*, Paris : Editions Sociales, 1977.

Schreiber, Fritz Loos Hans-Ludwig, "Recht, Gerechtigkeit", in Otto Brunner, Werner Conze, Reinhart Koselleck(Hrsg.), *Geschichtliche Grundbegriffe* Band 5, Stuttgart : Klett-Cotta 1990.

Sloterdijk, Peter, *Kritik der zynischen Vernunft* Band I, II, Frankfurt a.M. : Suhrkamp, 1983.

Sloterdijk, Peter, *Regeln für den Menschenpark. Ein Antwortschreiben zu Heideggers Brief über den Humanismus*, Frankfurt a.M. : Suhrkamp, 1999.

Taylor, C., *The Ethics of Authenticity*, Havard, 1992.

Von Wright, G. H., *Explanation and Understanding*, Cornell University Press, 1971.

Welsch, W., *Unsere postmoderne Moderne*, Weinheim, 1988.

Ⅱ. 헤테로토피아
: (탈)근대 공간 이해를 위한 시론

장 세 룡

1. 시작하는 말

　역사는 기본적으로 시간 가운데서 공간을 형성하고 배열하여 규정한 방식에 따라 영위되는 일상으로 구성된다. 그러나 현대 역사학은 시간중심의 역사인식에 집중하고, 공간은 자연적 소여로서 생성과 해체를 반복하는 과정적 존재로 받아들여, 독자적 의미를 보유한 확인과 성찰의 대상으로 삼지 않았다. 그 결과 대부분의 역사이론은 비공간적(aspatial)이다. 그러나 최근 역사학이 구체와 추상으로서 공간을 사유하려는 시도가 증가하고 있다. 예컨대 필립 에팅턴은 지리학자와 인류학자 및 사회학자가 참여한 장소와 공간에 대한 토론에서, 역사학이 '공간'을 성찰할 필요성을 강조하였다. 특히 게오르그 짐멜의, 의식과 사회적 경계선을 넘어 상호작용하는 이방인의 공간에 주목하는 사회지리학적 공간성 이론을 소개하면서, 아울러 앙리 르페브르(1901~1991)와 미셸 푸코(1926~1984)의 공간이론을 중요한 참고 지점으로 추천하였다.1)

---

1) Philip J. Ethington, "Placing the Past 'Groundwork' for a Spatial Theory of History", *Rethinking History* 11-4, 2007, pp.465~493.

현대에 장소와 공간을 성찰한 주요 사상가로는 마르틴 하이데거, 질 들뢰즈, 펠릭스 가타리, 자크 데리다, 뤼스 이리가레와 데이비드 하비 같은 인물을 들 수 있다.[2] 흥미롭게도 공간과 공간성에 관한 이론영역은 프랑스 학문의 전통에 가깝다. 19세기 후반 지리학자 비달(Vidal de la Blache)의 제자 갈루아(Lucien Gallois)의 영향을 받았던 뤼시앙 페브르의 학위논문은 프랑슈-콩테 지방의 역사, 사회경제 및 지리를 종합한 것이었고, 「역사학에 대한 지리학적 입문」(1925)은 편협한 지리적 결정론을 벗어났다는 평가를 받았다.[3] 이어서 페르낭 브로델은 유명한 학위논문에서 지중해 세계의 지리적 조건을 서술하며 '거의 움직이지 않는' 장기지속의 역사를 성찰한 것은 유명한 사실이다.[4] 한편 미셸 드 세르토는 일상생활과 장소를 후기 구조주의적 방법론을 적용하여 설명했고[5] 피에르 노라가 편집한 『기억의 장소』는 국민국가의 '기억 공간'에 관심을 증폭시키는 계기가 되었다.[6] '지도 만들기' 역시 국민국가 형성의 토대로서 지리적 장소와 공간에 관심을 촉발시켰고[7] 떠오

---

2) Edward S. Casey, *The Fate of Place : A Philosophical History*, Uni. of California Press, 1997. 공간을 사유한 역사는 오래 되었다. 근대에도 공간의 절대성과 상대성을 두고 피에르 가쌍디와 아이작 뉴튼이 존 로크와 라이프니츠에게 맞선 논쟁사가 있다. 그러나 18세기말 공간은 이론적 담론에서 사라지고 19세기에는 시간이 세계를 성찰하는 도구적 중심축으로 자리 잡았다.

3) Fernand Braudel, "Lucien Febvre(1886-1944)", *International Encyclopedia of Social Science*, New York : McMillan and the Free Press, 1972; P. Claval, "The Historical Dimension of French Geography", *Journal of Historical Geography* 10, 1984, pp.229~245.

4) Fernand Braudel, *La Méditerranée et le monde méditerranéen à l'époque de Philippe II*, 2tomes, Arman Colin, 1949, p.xiii.

5) Michel de Certeau, *L'invention du quotidien I. arts de faire*, Gallimard, 1980, 1990.

6) Pierre Nora dir., *Les lieux de mémoire*, 3tomes, 1984-92 : Gallimard, 1997. cf. Stephen Legg, "Contesting and Surviving Memory : Space, Nation, and Nostalgia in *Les Lieux de Mémoire*", *Environment and Planning D : Society and Space*, 23, 2005, pp.481~504.

7) 설혜심, 『지도 만드는 사람 : 근대 초 영국의 국토·역사·정체성』, 길, 2007.

르는 도시사 연구8)는 장소와 공간을 역사학이 이론적으로 성찰할 기초적 토대를 제공하기에 그 추이가 주목된다. 심지어 코젤렉조차도 '공간'을 사유한데서 보듯9) 역사학이 사회학과 인류학의 지평을 넘어, 인문지리학을 '전유'하며 공간을 성찰하고 있다.10)

역사가들이 '공간'에 주목하는 이유가 무엇인가? 지난 세기말 역사가들은 사회적 존재의 연속적 생성과 과학적 역사발전을 신뢰하던 역사주의의 몰락을 목격하고 다양한 탈토대주의적 전망을 모색하였다. '언어적 전환(linguistic turn)'과 '문화적 전환(cultural turn)'이 출현하고, '공간적 전환(spatial turn)'이 시도된 것도 그 현상의 일환이다. 국내에서도 앞의 두 전환을 기초로 삼아 포스트모던 역사학이 역사주의적 사

---

8) 민유기, 『도시이론과 프랑스 도시사 연구』, 심산, 2007.

9) Reinhart Koselleck, *Zeitshichten : Studien zur Historik*, Suhrkamf, 2003, pp.78~96. 필자는 코젤렉이 시간이란 문화의 산물이며, 사회-역사적 각도에서 다양한 세대들의 생애주기 안에서 검증되어야하는 상대적이며 관계적인 것이라고 말할 때 그 관계성에는 시간과 공간을 결합하여 검토하는 것이 불가피하다는 말로 이해한다. Koselleck, *The Practice of Conceptual History : Timing History, Spacing Concepts*, Todd Samuel Presner et al.,tr., Stanford U.P., 2002, p.106, p.128.

10) Yi-Fu Tuan, *Space and Place : The Perspective of Experience*, Uni. of Minnesota Press, 1977(『공간과 장소』, 대윤, 1995); J. A. Agnew and J. S. Duncan, *The Power of Place : Bring Together Geographical and Sociological Imagination*, Boston : Unwin Hyman, 1989; S. Feld and K. H. Basso, *Senses of Place*, Berkeley : School of American Research Press, 1996; J. E. Malpas, *Place and Experience : A Philosophical Topography*, Cambridge U.P., 1999; T. F. Gieryn, "A space for place in sociology", *Annual Reviews in Sociology* 26, 2000, pp.463~496; Mike Crang and Nigel Thrift (eds.), *Thinking Space*, Routledge, 2000; A. R. H. Baker, *Geography and History : Bring the Divide*, Cambridge U.P., 2003; S. M. Low and D. Lawrence-Zúñiga, *The Anthropology of Space and Place : Locating Culture*, Blackwell, 2003; T. Cresswell, *Place : A Short Introduction*, Blackwell, 2004; P. Hubbard, R. Kitchen and G. Vallentine, *Key Thinkers of Space and Place*, SAGE, 2004; Edwards S. Casey, *Earth-Mapping : Artist Reshaping Landscape*, Uni. of Minnesota Press, 2005.

고를 논리적 극단까지 검토하고, 역사적 진실의 불확실성과 모호함을 지적하며 역사학 내부에 첨예한 긴장을 제공한 것은 참으로 의미 깊은 작업이었다. 문제는 그것이 역사적 지식의 본질에 대한 인식론적 회의주의와 불가지론을 확산시켜 학문적 토대를 새롭게 정초해야할 상황으로 이끈 것이다. '공간적 전환'은 이런 상황을 재편성하려는 시도의 산물이다. 본래 포스트모던 역사학도 공간성의 경험 인식과 매우 밀접한 관계가 있다. 경험의 관계성 및 상징성에 주목하여 공간의 내용과 의미를 더욱 확장시켰고, 물질적이며 위계적이고 중심화된 관계를 넘어 담론적이고 해체적이며 탈중심화된 관계를 내포한 새로운 공간인식의 출현에 적극 기여했기 때문이다. 물론 국내의 포스트모던 역사학도 이론적 성찰에서 공간을 거론했지만 주로 가상공간(virtual space)에 주목했고, 그것도 재현의 재현이며 '시뮬라크르'에 불과한 역사적 지식의 불확실성을 강조하는데[11] 동원시켰을 뿐, 공간은 여전히 소홀히 다루어졌다.

본고는 지리적 물질 공간만이 아니라, 세계인식 공간의 다양한 변화를 역사인식 영역으로 끌어들이려는 '공간적 전환'의 한 양상을[12] 검토한다. 구체적으로는 신자본주의 지배공간의 경계에 저항을 실천하는 변혁적 유토피아 공간의 성립을 모색하는 르페브르의 '헤테로토피아(hétérotopie)' 공간[13]과, 주체적 이성이 타자를 만들어내는 근대 공간의

---

11) 김기봉, 『'역사란 무엇인가'를 넘어서 : E. H. 카의 모던 역사학에서 포스트 모던 열린 역사로』, 푸른역사, 2000; 김기봉 외, 『포스트모더니즘과 역사학』, 푸른역사, 2002; 김기봉, 「시뮬라크르 시대에서 역사란 무엇인가?」, 『한국언어문화』 25, 2004.6, 95~117쪽.

12) 국내에서 선구적 시도로는 다음의 저술 참조. 이진경, 『근대적 시·공간의 탄생』, 푸른숲, 2002; 『근대적 주거공간의 탄생』, 그린비, 2000.

13) Henri Lefebvre, *La révolution urbaine*, Gallimard, 1970; *The Urban Revolution*, Robert Bonono tr., The U. of Minnesota Press, 2003.

판옵틱한 성격을 인간의 몸을 중심으로 실증적이며 비판적으로 검토하는 푸코의 '헤테로토피아' 공간[14]을 접점지대로 삼아 비교 소개하며, 역사학과 공간이론의 관계를 성찰하고자 한다.

2. 앙리 르페브르의 변증법적 유토피아 공간

사회적 공간

공간에 대한 사유를 촉구하는 에팅턴의 문제제기는 시의적절하다. 그는 지금까지 역사학은 '죽은' 인간을 다루면서 시간에 초점을 맞추었지만, 이제 '살아 있는' 인간의 시간은 그와 달리 접근할 필요성을 강조한다.

경험적, 기억의 시간은 그것이 발생하는 것이기에 매우 현실적이다. 과거는 시간 '안'이 아니라 공간 '안'에서만 존재할 수 있다. 역사란 인간행동의 장소들을 표현하는 과거를 표상한다. 역사는 '시간 위에서 변화'하는 것이 아니라 도리어 공간을 통하여 변화하는 것을 고찰한다. 그러므로 과거에 대한 지식은 축자적으로 지도학 즉 대등한 공간시간에 색인된 역사의 장소를 지도그리기이다.[15]

이것은 역사적 지식은 서로 다른 규모에서 활동하며 맥락화, 일반화,

---

14) Michel Foucault, "Of Other Spaces", *Diacritics* 6, 1986, pp.22~27. 이 논문은 본래 1967년에 12분간 이루어진 방송강의이다. 방송이 나간 후 일단의 건축가들이 푸코에게 강의를 초청하였다. 그러나 푸코는 이것의 출판을 내켜하지 않다가 1984년 프랑스어 건축잡지 *Archtecture-Mouvement-Continuité*에 "Des Espaces Autres"이란 제목으로 게재되었고 영어로는 "Of Other Spaces" 또는 "Different Spaces"로 번역되었다.

15) Ethington, "Placing the Past 'Groundwork' for a Spatial Theory of History", p.466.

개별화하는데서 지도제작자의 지식과 비슷하다는 존 루이스 개디스의 견해를[16] 상기시킨다. 에팅턴은 결론에서, 공간을 사유하는 역사학이 '대화적 이성'을 '보편적, 지도그리기가 가능한 비판기준'에 고정시켜 '탈-토대적, 보편'에 도달을 목표로 삼기를 권고한다.[17] '공간적 전환'이 탈토대적 전망을 요청받는 배경은 무엇인가?

먼저 근대역사학이 국민국가와 계급국가를 정당화하면서 역사의 기념비적 시간을 강조한 시간중심의 역사인식에 매몰된 것을 반성하면서 출발하기 때문이다. 둘째, 공간은 층위가 매우 복잡하여 지적 인식체계로 포섭하기가 쉽지 않기 때문이다. 공간은 개인의 신체·재산·가정 같은 단순한 촉감공간의 개별적 삶의 미시적이고 중층적인 일상의 구체공간에서 이웃과 공동체로 구성된 국가공간, 전지구적 추상공간, 무한 우주공간까지 확장되고, 심지어 사이버공간에서 가상공간까지 존재한다.[18] 논리적으로, 역사가들은 시간은 자연적인 변화를 반복하여 측정 가능하므로, 시간 안에서만 존재의 변화가 가능한 토대로 판단했다. 그러나 실제로 변화를 추진하는 동력은 공간에서의 이종성과 차이성, 갈등과 모순에서 비롯되므로, 역사학은 공간 없이 사유할 수 없다. 이를 구현하려는 시도가 '공간적 전환'이다.

---

16) John Lewis Gaddis, *The Landscape of History*, Oxford U.P., 2002, 강규형 옮김, 『역사의 풍경; 역사가는 과거를 어떻게 그리는가?』, 에코리브르, 2004; Rob Kitchin and Martin Dodge, "Rethinking maps", *Progress in Human Geography* 31-3, 2007, pp.331~344.

17) P. J. Ethington, "The intellectual construction of 'social distance' : toward a recovery of Georg Simmel's social geometry", *Cybergeo*, electronic edition of *European Journal of Geography* article 30, http : //www.cybergeo.presse.fr/essoct/texte/socdis.htm; "Placing the Past 'Groundwork' for a Spatial Theory of History", p.480. 반론으로는 E. S. Casey, "Boundary, Place, and Event in the Spatiality of History", *Rethinking History* 11-4, 2007, pp.507~512.

18) Ali Madanipour, *Public and Private Spaces of the City*, Routledge, 2003, p.5.

'공간적 전환'의 수행에서 르페브르는 가장 폭넓은 지적 영향력을 끼친 공간이론가이다. 그의 공간이론은 경제적 번영의 산물로 독점자본주의가 강화되던 1960년대 말 고향인 남부 프랑스에서 공업단지와 신도시 개발로 출현하는 신자본주의 도시공간을 목격하고 '도시에서 살 권리'를 모색하면서 출발하였다. 그와 동시에 번영하던 공업지역이 쇠퇴하고 기업들이 새로운 장소로 이동하면서 실업이 급증하는 사회모순이 심화되고, 그 결과 다양한 사회적 소요가 발생하고 시민운동이 활성화되는 사회현실에서 공간의 재편성에 주목하였다. 이와 같이 도시와 지역 및 환경 문제를 단순한 물리적 현상이 아니라 사회적 관계와 그 과정의 속성으로 규정하며, 궁극적으로 자본운동의 모순과 연관된 사회적 공간 이론을 사유한 르페브르는 공간을 역사 및 사회과학적 인식 대상으로 부각시켜 공간 인식론을 혁신하였다.[19]

『도시혁명』은 르페브르가 도시에서 모순과 투쟁이란 변혁의 동력을 발견하는 도시주의를 선언하고 '헤테로토피아'를 견본으로 설정한 저술이다. 르페브르는 이 용어를 두 가지 방식으로 설명한다. 역사적으로 헤테로토피아는 주변부의 조건에서 '타자의 장소'로 공식화된다. 그런 사례는 16세기 도시 바깥에서 발견되는, 도시에서 배제된 동시에 도시에 뒤섞인 교환과 교역의 모호한 공간을 들 수 있다. 도시의 이종적 장소인 헤테로토피아는 '너른 마당이 있는 대상 숙소와 장터'일뿐 아니라 수레꾼, 무역업자, 용병 같이 신원이 의심스러운 하층민과 반(半)-유랑민이 넘쳐나는 장소이다. 이곳은 겉모습으로는 활동 구성원이 평등한 이소토피아(isotopia)이지만, 그렇다고 유토피아인 것은 아니다. 헤테

---

19) Lefebvre, *Le droit à la ville*, Anthropos, 1968; *Du rurale à la l'urbaine*, Anthropos, 1970, 2001. 르페브르는 1954년 박사학위논문에서 농촌공동체 변회를 먼저 검토한 이후에 도시공간연구로 전환하였다. Lefebvre, *La vallée de Campan-Étude de sociologie rurale*, PUF, 1963, 1990.

로토피아야말로 사회적 실천에서 타자를 포함하는 차이공간이며 타자
공간으로서, 3차원변증법(trialectics)을 통해서 갈등과 충돌로 '차이를 통
합'하여 유토피아를 출현시키는 공간이다.[20]

이 공간은 르페브르가 1960년대에 제시한 일상성 연구와 도시연구
를 1968년 5월 혁명을 겪으면서 의미를 더욱 확장한 공간이다. 1970년
대 들어서 르페브르는 일련의 저술에서 공간의 질서를 강조하는 형태
주의 공간론과 체계를 강조하는 구조주의 공간론을 넘어서, 공간의 문
화와 역사적 의미의 변증법적 탐구로 옮겨갔다. 그 출발점은 페르디낭
소쉬르, 자크 라캉, 레비-스트로스, 루이 알튀세르, 롤랑 바르트 등의
구조주의 이론들이 신체와 공간을 전체화하고 체계화한 결과, 구조의
변환은 물론이고 창조적 활동과 정치적 힘의 작용 가능성을 제거시켰
다는 비판이다.[21] 사회-공간의 변증법에 대한 강조는 자본주의 사회구
성체 인식에서 르페브르와 친연성을 고백하고, 마르크스주의 연구가
시간과 공간이 재현하는 방식에 주변적 역할을 부과했다고 비판하는[22]
니코스 풀란차스에게서도 목격할 수 있다.

시공간 모형의 변화 형식은 사회적 노동분업, 국가구조, 자본주의의
경제, 정치, 이념적 권력의 실천행위와 기법들이 가지는 물질성과 연관
되어 있으며 시간-공간을 신화적, 종교적, 철학적 혹은 경험적으로 재
현하는 진정한 토대이다.[23]

---

20) Lefebvre, *Urban revolution*, p.9, pp.37~38. 헤테로토피아를 '상호 혐오를 주는 공
간들'로 규정한 경우도 있다. *Espace et politique : Le droit à la ville II*, Anthropos,
1973, 2000, pp.207~208.

21) Lefebvre, *L'idéologie structuraliste*, Anthropos, 1971, pp.18~22,

22) Nicos Poulantzas, *L'État, le pouvoir, le socialism*, PUF, 1978, 박병영 옮김, 『국가, 권
력, 사회주의』, 백의, 1994, 64, 245~249쪽.

23) 위의 책, 26쪽.

여기서 보듯 '공간적 전환'을 수행하는 역사가는 물리적(지리) 공간에서 출발하여, 사회적(생산) 공간, 일상(문화) 공간, 인식론적(지식) 공간, 미학적(예술) 공간으로 탐색 전망을 확대하고 심화시키는 것이 가능하다.[24]

르페브르의 정치경제학적 공간은 유물론적 공간 개념에 그 뿌리가 있다. 이것은 마르크스를 헤겔주의자로 귀환시키면서 가능했다. 본래 헤겔은 독일 영역국가의 형태에서 역사의 합리성을 확인하고 공간을 물신화하는 공간주의적 존재론과 현상학에 선구적으로 주목했지만, 반헤겔주의자 마르크스는 역사발전단계론에서 보듯 반공간주의를 표상하고, 사회적 시간의 계기적 발전을 강조하며 혁명적 시간성에 초점을 맞추었다. 그러나 르페브르는 마르크스를 헤겔주의로 재해석하여 역사유물론과 공간을 결합할 토대를 모색했다.[25] 사실 마르크스는 자본주의 체제의 정치경제적 체계와 운동법칙을 밝혀 역사구조의 재현과 추상화를 이루었지만, 공간을 주택문제를 내포한 생산 장소의 총합 정도로만 받아들이고, 사회변화에서 공간구조의 중요성을 깊이 성찰하지는 않았다.

그러나 마르크스의 관점이 본래 공간이론과 무관한 것은 아니다. 자본과 노동이라는 생산측면의 모순과 조응시킨 소비측면의 교환가치와 이용가치 개념은 오늘날에도 공간이론에 유용하게 적용할 수 있다.[26] 과거의 정치경제학에서는 '공간의 부족'이 쟁점도 되지 못했지만, 마르크스는 『자본론』에서 이 문제를 자주 언급하였다.[27] 르페브르도 도시 중심에서 인구과밀과 공간부족을 지적하고, 이를 넘어서 사회적 공간

---

24) Daniel Brewer, "Lights in Space", *Eighteenth-Century Studies* 37-2, 2004, pp.171~186.
25) Henri Lefebvre, *La production de l'espace*, Anthropos, 1974, 2000, pp.29~33.
26) Lefebvre, *La production de l'espace*, pp.119~221.
27) 칼 마르크스, 김수행 옮김, 『자본론』 1권, 비봉출판사, 1990.

이 계급에 따라 할당되고 사회적 계획이 계급구조를 재생산하는 데 주목하였다. "오늘날은 이전보다 더 계급투쟁이 공간에 새겨진다", "공간은 경제적인 것이 정치적인 것으로 통합되기를 허용한다"[28]는 말이 바로 그것을 표현한다. 이 말은 공간의 정치경제학과 공간의 정치를 역사적으로 성찰하도록 이끈다.

　엄격한 의미의 마르크스주의 전통에서 공간은 상부구조의 일부분에 불과하다. 그러나 르페브르는 사회적 공간 그 자체를 생산력, 노동분업, 재산관계가 시작되는 곳이며 토대-구조-상부구조를 벗어나는 곳으로 받아들였다. 공간은 객관적이거나 중립적인 것이 아니고, 개인 및 집단적 주체의 사회정치적 점유와 지배의 산물이며, 때로는 중세도시처럼 모순의 산물이기도하다. 그러므로 모든 사회는 그 자신의 공간을 생산한다.[29] 여기서 생산이란 단순히 사물의 경제적 생산만이 아니라 더 큰 범위의 철학적 생산을 의미한다. "'작품'의 생산, 지식, 제도의 생산, 이 모든 것이 사회를 형성한다." 그런데 이 "사회적 공간은 사회화된 공간은 아니다."[30] 이 말은 공간이 과거에는 자연공간처럼 비사회적 공간이었다는 말이 아니라, 그것이 사회적 힘들에 의해서 생산되었다는 말이다. 르페브르의 공간은 경제적 공간인식을 넘어 철학적 사유의 산물이다. 르페브르가 근대세계에서 생산의 분석은, "'공간에서 사물의 생산'에서 '공간 그 자체의 생산'으로 통과"[31]를 보여준다고 말할 때, 공간은 이중적으로 고찰되어야 한다.

　르페브르의 공간은 사회적 생산물로서 사회적 공간이다. 이 공간은

---

28) Lefebvre, *La production de l'espace*, p.68, p.370.

29) Lefebvre, *La production de l'espace*, p.40, p.65; *Hegel. Marx, Nietzsche ou le royaume des ombres*, Paris : Casterman, 1975, p.52.

30) Lefebvre, *La production de l'espace*, p.220.

31) Lefebvre, *Le droit à la ville*, p.227.

물리적 사물만이 아니라, 인간의 사회적 행동과 일상을 배치하는 장소로서, 사회적인 지적 상상력과 의미와 전망이 부가된 3중의 개념으로 정의된다. 그 결과 공간은 우선 크게 3가지로 구분된다. '절대공간'은 자연, '역사적 공간'은 정치적 국가의 공간, '추상공간'은 자본주의의 정치경제학적 사유재산 공간이다.[32] 공간은 개별행동과 상호행동, 표상과 권력, 잠재적 폭력과 반란이 발생하는 물질적 장소인 동시에 지식과 의미의 담론 공간이다.[33] 르페브르는 자본주의 사회의 공간이 지배관계의 재생산에 개입하는 방식을 탐색하는 데서 출발하지만 거기서 그치지 않는다. 정치관료정적 지배공간인 '모순공간'의 '공간의 재현들'에 일상의 '재현공간들'이 권력 이념을 비판하며 공간적 실천을 감행하는 '대안공간'을 전망한 때문이다. 그것은 대중이 일상적 행위나 전망을 상식적 감각으로 반복하는 '지각공간', 전문 지식인들이 다양한 기호와 용어로 해독하는 기존 정치질서와 사회적 관계를 내면화하는 '인지공간', 그리고 공간과 대상을 상징과 심상으로 체험하며 동요하는 '체험공간'이 공간의 모순을 극복하기 위하여 저항공간을 형성하는 '차이공간'을 전망하는 것과 결합되어 있다.[34] '체험공간'은 예술과 문학의 창조적 상상력으로 접근되는 공간이며 대중적 '지각공간'이나 전문가와 자본가의 '인지공간'을 넘어서 양자 간에 균형설정력도 갖는

---

32) Lefebvre, *La fin de l'histoire : epilogomena*, Minuit, 1970 : Anthropos, 2001, p.106; *La production de l'espace*, pp.273~274. 절대공간, 역사적 공간, 추상공간은 자크 라캉이 말한 상상계, 실재계, 상징계와 유비할 수 있다. Derek Gregory, "Lefebvre, Lacan and the Production of Space", G. B. Benko and U. Strohmayer eds., *Geography, History and Social Science*, Kluwer, 1995, pp.15~44; Virginia Blum and Heidi Nast, "Where's the difference? The heterosexualization of alterity in Henri Lefebvre and Jacques Lacan", *Environment and Planning D : Society and Space* 14, 1996, pp.559~580.

33) Lefebvre, *La production de l'espace*, p.35, p.39, p.464.

34) Lefebvre, *Le manifeste différentialiste*, Gallimard, 1970, p.155; *La production de l'espace*, p.64.

공간이다. 이는 또한 저항과 전복을 통해서 일상의 소외를 극복하는 능동적 주체의 공간이며 차이가 실현되는 공간이다.

공간의 실천은 도시와 환경 같은 실존 체계, 또는 경제와 정치 체계만으로 정의할 수는 없다. 공간은 동종 공간의 이용을 둘러싼 다양한 집단들의 잠재적 활력 덕분에 극화 또는 극장화된다. 여기서 니체적 의미의 로고스와 안티-로고스 사이에 불균등한 투쟁이 벌어진다.[35] 결국 르페브르가 말하는 사회적 공간은 자본의 전지구적 지배전략에 동의하면서도 이를 거슬러 횡단하며 전복의 전략을 가시화하는 저항의 정치가 창조적으로 작용하는 국지적 복합공간이며 '도구적' 속성의 공간'이다.[36] 르페브르는 현대도시야말로 바로 그러한 가능성이 열린 공간으로 판단하였다.

공간성과 시간성의 관계

이와 같은 르페브르의 공간이론은 어떤 이론적 배경에서 도출되었는가? 르페브르는 기존의 시간중심 관념 가운데서도 대표적으로 베르그손(1859~1941)의 시공간 관념, 다시 말하면 시간의 공간화를 강력하게 비판하였다. 베르그손은 일선적 시간 연속과 '지속(durée)'을 구분하고 후자를 본질적으로 '더 이상 존재하지 않는 것을 존재하도록 만드는' 연속으로 규정하였다. 르페브르는 베르그손을 시간이란 생생한 지속의 영역이며 창조성·정신·의미·감정의 운반자요, 세계와 의식의 진정한 실재라고 인식한 인물로 평가한다. 베르그손의 관점을 범주화

---

35) Lefebvre, *La production de l'espace*, p.451.

36) Lefebvre, *La survie de capitalism, la production des rapports de production*, Anthropos, 1973, 2000; *La production de l'espace*, p.17, pp.42~43, 48~49. 주로 정신적인 공간개념 (추상, 심리, 지리)과 신체적으로 출발하는 공간지각(구체, 물질, 물리)은 대립될 수 있고, 르페브르는 후자를 저항의 장으로 삼는다.

하면 공간은 질과 대비되는 양, 의미와 대비되는 넓이를 지향하는 것
이며, 지속적으로 유동하는 시간의 흐름을 의미 없는 파편으로 분쇄하
고 시간을 물리적 차원으로 붕괴시키는 역할을 할 뿐이란 것이다.[37]

> 그것은 철학에 맞서는 과학으로……엄격하게 분리되었다. 공간과 시
> 간은 밀접하게 관련되므로 모든 죄를 공간에다 내팽개칠 수 없다. 베
> 르그손에게 공간화는 다름아닌 정신에 반대되는 물질 운동이다.[38]

이어서 르페브르는 베르그손의 공간 접근이 20세기에 게오르그 루
카치 같은 인물조차도 공간성을 오직 물리적 대상과 형태로 환원시키
도록 만들었을 뿐 아니라, 나아가서 공간성을 현상적 외관의 공간적
상호변이 가운데서 질서정연하고 재생산 가능한 서술과 경험적 규칙
성을 표현하는 지리학적 지식 정도로 축소시키는 데 기여하고 말았다
고 비판한다. 그러나 르페브르가 시간을 전적으로 무시한 것은 아니다.
역사적으로 우연적인 '상황'은 시간과 공간 모두 안에 위치한다거나,
시간과 공간은 서로 연계되어 형성되며 공간은 "세상에서 시간의 새겨
짐에 불과하다"라고 말할 때 시공간의 상호관계성 인식을 통해서 이론
을 확장시킨 것으로 판단할 수 있다.[39] 그 결과 최근 르페브르의 베르

---

37) Lefebvre, *La production de l'espace*, p.30, p.89. 시간과 공간에 대한 베르그손의 논의
　　는 다음을 참조. Henri Bergson, *Essai sur les donées immédiates de la conscience*, 1889,
　　최화 옮김, 『의식에 직접 주어진 것들에 관한 시론』, 아카넷, 2001; *Matiére et*
　　mémoire, 1896, 박종원 옮김, 『물질과 기억』, 아카넷, 2005; *L'Évolution créatrice*,
　　1907, 황수영 옮김, 『창조적 진화』, 아카넷, 2005; cf. Suzanne Guerlac, *Thinking*
　　in Time : An Introduction to Henri Bergson, Cornell U.P., 2006.

38) Gallia Burgel and M. Dezes, "An Interview with Henri Lefebvre", E. Kofman tr.,
　　Environment and Planning D : Society and Space 5, 1987, p.33.

39) Lefebvre, "L'urbanisme aujourd'hui. mythes et réalités", *Les Cahiers du centre d'études*
　　socialistes 72-3, 1967, p.10/ *Writings on Cities*, E. Kofman and E. Lebas eds & tr.,

그손 비판이 편견에 불과하다는 평가도 제기되었다. 르페브르가 말년 저술인 『일상생활비판』 제3권이나 『리듬분석』[40]에서, 베르그손을 직접 언급하지는 않았지만, 실제로는 이미 『공간의 생산』에서 개요를 제시한 강한 철학적 표명을 따라서 베르그손주의와 더불어 정리 작업을 했다는 전체 통찰적 진단이 바로 그런 경우이다.[41]

르페브르의 공간이론 형성에서 빼놓을 수 없는 사상가는 하이데거이다. 이는 미셸 푸코가 정치와 역사의 관계를 광기, 병원, 감옥의 역사 연구로 쟁점화하면서 공간성의 문제에 하이데거의 중요성을 강조한 것과[42] 접근한다. 초기에 르페브르는 하이데거 철학이 히틀러의 비밀경찰 스타일이라고 비판했지만,[43] 전후에는 사르트르의 실존주의를 주관주의적 관념론으로 규정하고, 주관성을 비판하는 하이데거의 공간이론에 관심을 가지기 시작했다.[44] 그러나 하이데거의 공간이론은 너무

Blackwell, 1996, p.12, p.16에서 재인용; Thomas Bender, "Theory, Experience, and the Motion of History", *Rethinking History* 11-4, 2007, p.496.

40) Henri Lefebvre, *Critique de la vie quotidienne III : De la modernité au modernisme : pour une metaphilosophie du quotidien*, L'Arche, 1981; H. Lefebvre & C. Régulier, *Élements de rhythmanalyse : Introduction à la connaissance des rhythmes*, Édition Syllepse, 1992.

41) Benjamin Fraser, "Toward a philosophy of the urban : Henri Lefebvre's uncomfortable application of Bergsonism", *Environment and Planning D : Society and Space* 26-2, 2008, pp.338~358.

42) Stuart Elden, *Mapping the Present : Heidegger, Foucault and the Project of a Spatial History*, London : Continuum, 2001, pp.112~119.

43) Lefebvre, *L'existentialisme*, Anthropos, 1946, 2001, pp.180~181. 르페브르는 히틀러 비판에 적극적이었고 그것을 선구적으로 일상생활 비판과 연결시켰다. Norbert Guterman & Lefebvre, *La conscience mystifiée* (1936), Syllepse, 1999; Lefebvre, *Le nationalisme contre les nations* (1937), Méridiens Klincksieck, 1988; *Hitler au pouvoir, les enseignements de cinq annés de fascisme en allemagne*, Paris : Bureau d'Édition, 1938.

44) 1965년 르페브르는 정책결정 행동(la politique)과 정치가 발생하는 준거틀(le politique)을 구분하고 하이데거를 정치적이기보다도 절충적인 인물로 규정하며 복권을 요청했다. Lefebvre, *Métaphilosophie*, Syllepse, 1965, 2001, p.126; Stuart

추상적이고 철학적이며, 물질적 실천의 조건과 연관성이 결핍되어 보완할 필요가 있었다. 더구나 하이데거는 존재이해에서 여전히 시간성을 우선시하였다. 비록 'Dasein(현존재)'에 공간성을 부여했지만, 공간은 상상적이고 이차적 요소에 불과한 것으로서, 거기에다 협소하며 계산적이며 수학적 의미를 가진 장소로 이해했다.[45] 르페브르는 이런 방식이, 데카르트가 존재를 연장과 실재로 구분하고 기하학을 직선과 평방근으로 축소시킬 수 있다고 판단하여, 공간을 양적 측정과 계산이 가능하며 숫자적인 것으로 연역하도록 전환시킨 것과 같다고 판단한다.[46] 일관되게, 데카르트 체계가 사회적으로 기술공학적인 관료정 지배체계를 산출했다고 비판하는[47] 르페브르는 기술공학적 자연 '지배'를 자연의 '전유'와 구분하고, 바로 이들이야말로 공간에 갈등을 일으키는 조건이라고 비판한다.

한편 현대의 공간은 과학기술이 작용하여 수축되는 것으로 보인다. 그러나 르페브르는 공간은 재주형될 뿐 수축된다고 보지는 않는다.[48] 공간은 자본이 영토화, 탈영토화, 재영토화하는 장소로 변화할 뿐이란 것이다. 지금까지 역사학은 역사발전이란 인간 주체가 일상 공간에서 시간의 진행과 결합하여 구조와 체계의 추상 공간으로 인식의 지평을

Elden, "Taking the Measure of the Beiträge : Heidegger, National Socialism and the Calculation of Political", *European Journal of Political Theory* 2-1, 2003, pp.35~56.

45) Martin Heidegger, *Sein und Zeit* (1927), Max Niemeyer Verlag, 1993, 이기상 옮김, 『존재와 시간』, 까치글방, 1998; *Being and Time*, J. Macquarrie and E. Robinson tr., Harper and Row, 1962, p.1, p.141, p.375, p.385, p.477; Didier Franck, *Heidegger et le problème de l'espace*, Minuit, 1986, pp.84~85.

46) Casey, *The Fate of Place*, pp.243~284; Jeff E. Malpas, *Heidegger's Topology : Being, Place, World*, MIT Press, 2006, pp.70~72.

47) Lefebvre, *La pensée marxist et la ville*, Tournai, 1972, p.152.

48) S. Kirsh, "The incredible shrinking world? Technology and the production of space", *Environment and Planning D : Society and Space* 13, 1995, pp.529~555.

확장하는 경향성이라고 생각했다. 그러나 지금은 그와 동시에 거꾸로 큰 공간으로의 흐름에 저항하면서 작은 공간으로 심지어 육체공간조차도 해체하여 미세한 단위 욕망의 공간으로까지 쪼개어 나가는 경향성까지도 확인한다. 르페브르를 계승한 데이비드 하비의 정치경제학은, 시공간 압축(time-spatial compression)[49]이란 말로 과거와는 다른 형식으로 전개되는 시공간 인식을 강조한다. 이 점에서 하비는 르페브르를 넘어 탈근대적 공간인식을 지향하는 셈이다.

르페브르는 공간과 시간의 관계를 어떻게 보는가? 그는 인간 경험의 시간성을 강조하는 칸트를 비판하고 사회이론에서 시간과 공간의 동반자 역할을 강조한다. "공간과 시간은 그들 스스로 다르지만 분리될 수 없는 것으로 나타나고 선언된다."[50] 그리고 공간은 관념론과 유물론의 균형, 사회적 구성체(생산양식)와 심리적 구성물(개념) 즉 물질적 구성물 및 심리적 구성물이란 방식으로 생산되고 여기에 생존 개념이 개입한다. 인간의 생물적·심리적 및 사회적 시간 규모의 리듬이 작용하는 사회적 생존 공간과 시간은 물질 및 심리적 구성물에 의존한다. 르페브르가 사회적 실천, 공간의 표상, 표상공간들이란 공간의 3차원성(triplicité)이 작용하는 공간변증법 개념[51]을 끌어낸 기초가 바로 여기 있다.

이렇게 보면 르페브르의 공간 개념에서 생성의 단초는 마르크스와

---

49) David Harvey, *The Condition of Postmodernity*, Blcakwell, 1989, 구동회·박영민 옮김, 『포스트모더니티의 조건』, 한울, 1995, 186, 282, 310쪽; *Spaces of Hope*, Edinburgh U.P., 2000, 최병두 외 옮김, 『희망의 공간 : 세계화, 신체, 유토피아』, 한울, 2001, 143~167쪽.

50) Lefebvre, *La production de l'espace*, p.204.

51) 이 공간 개념은 아직 제대로 해명되지는 않았다. Christian Schmid, "Henri Lefebvre's theory of the production of space : towards a three-dimensional dialectic", Kanishka Goonewardena et al eds., *Space, Difference, Everydaylife*, Routledge, 2008, p.43.

하이데거 사이에서 진행되었다.52) 르페브르는 철학적 전통에서 출발한 공간성에 관한 쟁점들을 정치경제학적 이론으로 조립하면서, 이 분석들을 현대 자본주의 세계 공간에로 전환시켜 적용했다. 그러므로 르페브르의 현대 공간이론은 하이데거를 마르크스주의적 전유하는 과정을 거쳐 출현했다. 예컨대 르페브르가 시(詩) 및 예술적인 것은 니체에서 끌어내지만,53) '공간의 시(詩)적 거주' 개념은 하이데거의 'wohnen(살다)' 개념을 의역한 것이다. 그렇지만 하이데거가 시골보다는 과학기술이 황폐화시킨 근대 자본주의 도시에만 주목했다면, 르페브르는 시골과 도시를 함께 성찰한 점이 다르다.

지금 하이데거는 우리에게 과학기술이 황폐화시킨 세계, 그것이 황폐를 통하여 다른 꿈으로, (아직 지각되지 않은) 다른 세계로 향하도록 이끈다는 것을 보여준다. 그는 우리에게 경제 또는 과학기술적 명령의 토대 위에 건축된 숙소는 기계의 언어가 시의 언어로부터 먼 것처럼 주거로부터 멀어진다고 경고한다. (그러나) 그는 '여기서 지금' 어떻게 건물과 도시를 건설할지 말하지 않는다.54)

그렇다면 르페브르의 공간은 역사학과 어떤 관계를 가지는가? 사회가 역사적으로 형성되듯, 공간도 역사적으로 형성된다. 공간과 시간은 상호 관련되고 의존한다. 마찬가지로 공간은 역사 및 사회적으로 형성된다. 사회·공간 및 시간은 서로 형태를 부여하고 형태를 가지게 만

---

52) Stuart Elden, "Between Marx and Heidegger : Politics, Philosophy and Lefebvre's *The Production of Space*", *Antipode* 36/2, 2004, pp.86~106; *Understanding Henri Lefebvre : Theory and Possible*, Continuum, 2004.

53) Lefebvre, *La production de l'espace*, p.162; *Nietzsche*, Syllepse, 1939, 2003, pp.104~105. 역사의 진보를 신뢰하는 모더니스트 르페브르는 니체의 '영원회귀' 개념에는 비판적 태도를 견지한다. pp.95~100.

54) Lefebvre, *Métaphilosophie*, p.288.

드는 관계이다. "사회적 관계, 구체적 추상은 오직 공간 안에서 공간을 통해서 실제의 존재를 가진다. 그들을 지탱하는 것이 공간이다."[55] 게다가 공간은 단순히 "수동적인 사회적 관계의 장소도 아니다."[56] 그러나 문제가 있다. 공간은 그 중요성에도 불구하고 시간성과 역사만큼 명료한 성찰의 대상이 아니기 때문이다. 공간의 생산에 관한 르페브르의 설명을 완성시키는 것은 일상의 리듬에 관한 분석, 다름 아닌 일상생활 리듬분석이다. 이는 공간 분석이 정태적 분석이 아닌 역사적 분석이고, 인간 신체를 통한 리듬에 관한 고찰까지 르페브르가 나아갔다는 말이다.[57] 삶의 리듬에 대한 분석 그것은 '생활세계의 식민화'에 대한 성찰[58]과 더불어 일상사 연구와 직결된다.

르페브르가 공간 생산의 역사를 제시하는 기획에서 공간개념은 단순한 분석대상이 아니다. 분석 그 자체의 구성요소인 분석의 도구로 배치된 것이다. 1871년 3월 파리코뮌 특히 1968년 5월 혁명을 다룬 저술은 장소와 경관을 분석의 중심으로 삼고 도시현상에서 실현되는 공간의 역사에 암시를 제공한다.[59] 공간의 역사 기획은 본래 정치적이다. "공간은 정치적이므로 공간의 정치가 있다."[60] 이 말은 정치 특히 민주정치 자체가 공간의 생산물로서 공간의 정치를 실현한다는 말로 해석 가능하다.[61] 아울러 르페브르는 자본주의 공간의 확장에 따른 세계화

---

55) Lefebvre, *La production de l'espace*, p.465.

56) Lefebvre, *La production de l'espace*, p.18.

57) Lefebvre, *La production de l'espace*, pp.236~238.

58) H. Lefebvre, *Critique de la vie quotidienne II. Fondements d'une sociologie de la quotidienneté*, L'Arche, 1961, pp.16~17; *La vie quotidienne dans le monde moderne*, Gallimard, 1968, 박정자 옮김, 『현대세계의 일상성』, 기파랑, 2005, 133, 153쪽.

59) Lefebvre, *La proclamation de la commune : 26 mars 1871*, Gallimard, 1965; *L'irruption : de Nanterre au sommet* (1968), Paris : Syllepse, 1998; *The Explosion : From Nanterre to the Summit*, Paris : Monthly Review Press, 1969.

60) Lefebvre, *La production de l'espace*, p.192.

(전지구화)를 예견하고 전지구적 정치경제 공간화를 검토하였다. 그의 목표는 국가주의 생산양식으로서 국가자본주의가 세계화를 명분 삼아서 자본축적 공간을 영토화하고, 지배적 사회관계의 재생산공간을 확장하는 탈영토화를 감행하고, 체제위기에 직면하면 공간을 폐쇄하는 재영토화 현상을 폭로하는 것이었다.

이와 같은 르페브르의 공간이론에서 로컬(local)이 설 자리가 있는가? 르페브르는 세계화가 불가피한 현상이라고 인정한다. 하지만 "세계화는 로컬을 폐지하지 않는다."[62] 공간이 정치의 핵심 구성요소라면 로컬 역시 정치경제가 발생하는 핵심 공간이다. 이때 로컬은 국가를 말하는가? 르페브르는 국가의 소멸을 기대하였기에, 이때 로컬은 국가단위의 로컬이 아니라 더욱 세분화되어 자주관리가 이루어지는 로컬이다. 로컬 공간과 장소의 정치, 풀뿌리 정치는 르페브르의 핵심 관심사였다.

3. 미셸 푸코의 이종적 공간

정치지리학적 공간

미셸 푸코 역시 철학자이며 역사가로서 공간의 중요성을 강조하고 "공간을 모든 형태의 공동체적 삶에서 근본적이며……모든 권력의 행사에서 근본적"[63]인 것으로 규정하였다. 비록 지형학적 언급이 모호하

---

61) Stuart Elden, "Rethinking the Polis : Implications of Heidegger's questioning the political", *Political Geography* 19-4, 2000, p.419; *Mapping the Present : Heidegger, Foucault and the Project of a Spatial History*, p.151.

62) Lefebvre, *La production de l'espace*, p.103(*Le mondial n'abolit pas le local*).

63) Michel Foucault, "Espace, savoir et pouvoir"(1982), P. Rabinow ed., *The Foucault Reader*, Pantheon Books, 1984, pp.239~256.

지만 사이드는 푸코가 (후기)구조주의자들 가운데서 자크 라캉이나 자크 데리다보다 더 '기표의 장소'에 주목하여 지리학적이라고 평가하였다.64) 이런 평가의 배경은 푸코가 다양한 역사적 탐구에서 지리학적 공간을 사유하며 역사학을 혁신했기 때문일 것이다. 근대의 주체가 이성의 이름으로 타자를 추방하여 배치하는 역사를 서술한『광기의 역사』(1961)는 푸코가 역사연구에서 일련의 공간화를 처음 사용한 저술이며, 과학적 지식과 제도적 실천 사이에서 어떤 공통 근거나 구조를 발견하려는 최초의 주요한 시도였다.『임상의학의 탄생』(1963)은 18세기 말~1850년 사이의 임상의학적 기록을 상세하게 검증하여, 질병에 관한 접근과 지각이 변화하면서 담론의 공식적 재배분이 발생하고, 근대의학이 병리학적 해부를 통해서 가깝고 친숙하며 자명한 신체 공간을 드러내고 질병을 특별한 방식으로 공간화한 것을 폭로한다. 그것은 지금은 친숙한 기하학을 따라서 경계선·용적·표면·통로가 그어진 공간이다.65) 공간을 가장 탁월하게 묘사한 저술은 구빈원·공장·학교·병영·병원이 감옥과 닮았음을 폭로하는『감시와 처벌』(1975)이다. 이것은 제레미 벤덤의『판옵티콘』불어판 서문에서도 표현하지만66) 근대 공간은 자연과 문화적 공간이라기보다는 정치-경제적 공간이라는 푸코의 전망을 집약하고 있다. 이 저술들의 공통점은 모두 몸

---

64) Edward Said, "The problem of textuality : two exemplary positions", *Critical Inquiry* 4, 1978, pp.673~714.

65) Foucault, *Histoire de la folie à l'âge classique*, Plon, 1961, 이규현 옮김,『광기의 역사』, 나남출판, 2003; *Naissance de la clinique*, PUF, 1963, 홍성민 옮김,『임상의학의 탄생 : 의학적 시선에 대한 고고학』, 이매진, 2006; Chris Philo, "The Birth of the Clinic : an unknown work of medical geography", *Area* 32-1, 2000, pp.11~19.

66) Foucault, *Surveiller et punir : naissance de la prison*, Gallimard, 1975, 오생근 옮김,『감시와 처벌 : 감옥의 역사』, 나남출판, 1994; "l'oeil du pouvoir", Jeremy Bentham, *La Panoptique*, Belfond, 1977.

의 역사와 공간의 역사를 결합시켜 생명권력(bio-pouvoir)의 전유와 포획
이 이루어지는 생명정치(bio-politique)를 담론적으로 검토하는 것이다.[67)]
여기서 권력의 성격은 여섯 가지로 구분된다. 소유의 요청, 종속의 요
청, 본질(속성)의 요청, 배치(양상)의 요청, 합법성의 요청 그리고 국지
화(localization)를 요청한다. 권력의 국지화는 단일 국가기구 안에 권력
의 미시물리학이 작동하도록 만드는 톱니바퀴 같은 다수 요소들을 말
한다. 그러나 푸코가 지향하는 국지화는 중심이 있는 국지화가 아니다.
중심이 없는 국지화 바로 그것이다.[68)]

　푸코의 공간 이해는 몸에서 출발하여 물리적 공간과 인식론 공간으
로 확장하고 다시 『성의 역사』에서 몸으로 돌아간다. 푸코가 근대공간
이 몸을 타자화시킨 것을 지적하면서 근대공간이론을 넘어서는 것은
잘 알려진 사실이지만, 르페브르도 몸을 공간으로 인정하면서 근대공
간이론을 확장하는 계기로 삼으려는 유사한 시도를 모색한 것은 참으
로 독특하다. 르페브르 역시 서양철학이 신체를 은유화하는 과정에서
인식 대상에서 포기한 것을 유감시하고 신체적 공간을 긍정하였다.[69)]
그러나 르페브르는 몸의 문제를 더 이상 강조하지 않았다.

---

67) Réal Fillon, "Moving beyond Biopower : Hardt and Negri's Post-Foucaldian Speculative
　　Philosophy of History", *History and Theory* 44-3, 2005, pp.47~72.

68) 푸코, 『감시와 처벌 : 감옥의 역사』, 56~58, 313~316, 322, 353, 356쪽. 이것은
　　질 들뢰즈가 요청하는 국지화이기도 하다. Gilles Deleuze, *Foucault*, Minuit, 1986,
　　허경 옮김, 『푸코』, 동문선, 2003, 50쪽.

69) Kirsten Simonsen, "Bodies, Sensations, Space and Time : The Contribution from Henri
　　Lefebvre", *Geografiska annaler series B. Human Geography*, 87/1, 2005, pp.1~14. "실천
　　적이고 살을 지닌 신체는 공간적 성질(균형, 불균형)과 활기찬 속성(지출, 절
　　약, 낭비)을 가지는 완전한 전체성"……"공간은 생리학적(성애적) 또는 사회
　　적(즐거움을 위하여 남겨둔 장소)으로 특별한 공간에서 욕구와 욕망의 엄격
　　한 국지화의 한계를 벗어나는 서로 다른 상징과 가치부여에 따라, 음악에 따
　　라서, 욕구와 욕망이 공통으로 탄생하는 모호한 성욕을 자극하는 장소이다."
　　Lefebvre, *La production de l'espace*, p.74, p.450.

푸코와 르페브르의 공간이론에서 접합점은 또 있다. 푸코의 공간이론 역시 출발은 르페브르처럼 베르그손 비판으로 시작한다. 이것은 시간적 상상력과 서사는 우월하고 공간적 상상력은 깊이가 얕은 천박한 것으로 평가받는 출발점에 베르그손이 서 있다는 평가인 것이다. "베르그손부터였던가? 그전부터였던가? 공간은 죽은 것, 고정된 것, 비변증법적인 것, 정지된 것으로 간주되었다. 반면에 시간은 풍요로움, 비옥함, 생생함, 변증법적인 것으로 간주되었다."[70] "아다시피 19세기를 사로잡았던 것은 역사였다. 발전과 지체, 위기와 순환, 영구 축적되는 과거, 죽은 자들의 압도적 우세와 세상을 위협하는 빙하작용 등의 주제……현 시대는 무엇보다 공간의 시대일 것이다."[71] 후자의 인용에서 푸코는 중세적 장소의 총체(ensemble of place)를 대체하고 끝없이 펼쳐지는 측량과 확장이 이루어지는 공간 '헤테로토피아'를 근대세계의 특징적 공간으로 요약한다.[72] 그것은 유토피아의 과학이 아니라 절대적 타자 공간의 과학이며, 실제 사회생활 공간인 '외부공간'에서 현장의 공간들 사이에 펼쳐지는 이종적(heterogeneous) 공간이다. 우리는 서로 환원불가능하고 절대로 포갤 수 없는 장소화(l'emplacement)[73]들을 묘사

---

70) Michel Foucault, "Questions on Geography", C. Gordon ed., *Power/Knowledge : Selected Interviews and Other Writings 1972-1977*, Pantheon Books, 1980, pp.63~77. 이러한 비판은 푸코를 가장 잘 이해한다는 평가를 받은 질 들뢰즈가 베르그손을 긍정하면서 출발하는 것과는 비교된다. 그 결과 들뢰즈의 공간은 실제적이지만 항상 행동적이지는 않다. Ian Buchanan and Gregg Lambert eds., *Deleuze and Space*, Edinburgh U.P., 2005, p.90, p.190.

71) http : //foucault.info/documents/heterotopia/foucault.heterotopia.fr.html Foucault, "Of Other Spaces", p.22.

72) Foucault, *Les Mots et les choses*, Gallimard, 1966, 이광래 옮김, 『말과 사물 : 인문과학의 고고학』, 민음사, 1987. 푸코는 이 말을 서문에서 처음 사용하였다.

73) 푸코는 추상적인 'espace(space)'와 좀 더 가깝고 주관적인 의미로 사용하는 'lieu(place)'를 함께 사용하지만 실제로는 특정장소를 말하는 'emplacement'를 더 선호하였다. 그러나 위의 논문에서는 'site'로 번역되어 본래 의미를 크게

하는 일련의 관계들 가운데서 살아가고, 공간성 위에서 전개되는 시간
성에 따라 다양한 형태로 변화한다.

또한 모든 문화, 모든 문명에는, 모든 사회의 토대에 존재하면서 형
성되는 장소인 실재 장소가 있다. 그것은 문화 안에서 발견할 수 있는
모든 다른 실재 장소화가 동시적으로 표현되고, 경쟁되며, 반전되는 일
종의 효과적으로 법규화된 유토피아로서 반(反)장소화와 같은 실재 장
소화이다.74)

이러한 실재장소는 유토피아와는 달리 서로 양립불가능한 온갖 형
식의 현장이 놓여지는 공간이다. 이 공간들은 기숙학교, 사우나, 정원,
도서관, 휴게실 같은 안정된 '일상공간'이든, 나름대로 권력에 대한 환
상을 제공하는 선박, 도박장과 매음굴 같은 '환타지 공간'이든, 불완전
한 실재공간이며 일상과 경쟁하고 일탈하는 묘지, 감옥 따위의 '반(反)-
공간'이든 막론하고 규범을 거부하면서도 온갖 기능을 행사하는 역동
적 사회이다. 이 공간들은 또 다른 한편으로는 보상(compensation)의 헤
테로토피아로서 절대적 '타자성의 공간'을 창출하고, 이것은 모든 '식
민지'가 작동하는 방식을 이해하도록 확장할 수 있기도 하다.75)
그러나 푸코는 헤테로토피아 공간의 틀을 분명한 경계를 설정하여
제시하지는 않았다. 푸코의 이런 태도는 광범한 학문분야 특히 사회학,

상실하였다. 최근 영어판에서는 'emplacement'를 그대로 두고 있다. Foucault,
"Diffrent Spaces", J. Faubion ed., *Aesthetics : the Essential Works 2*, London : Allen
Lane, 1998, pp.175~185.

74) Foucault, "Of Other Spaces", p.24.

75) Georges Teyssot, "Heterotopias and the History of Spaces", K. Michael Hays ed.,
Architiecture Theory since 1968, MIT Press, 2000, pp.298~310; Peter Johnson,
"Unravelling Foucault's 'different spaces'", *History of the Human Sciences*. 19-4, 2006,
pp.75~90.

인문지리학, 건축학에서 해석과 응용 방식을 두고 많은 갈등을 유발하
였다. 초기 공장·프리메이슨 집회소·풍경·환경시설·탈근대 도시
와 건물·인터넷 사이트 등이 구체적인 연구적용 대상으로 꼽혔지만[76]

---

76) 디즈니랜드 메인 스트리트 D. Phillips, "Consuming the West : Main Street, USA", *Space and Culture* 10, 2002, pp.29~41; 라스베이거스 건축물 S. Chaplin, "Heterotopia deserta : Las Vagas and Other Space", I. Borden & J. Rendall eds., *Intersections : Architectural Histories and Critical Theories*, Routledge, 2000; 엘 파소 국경 통제 박물관 E. Barrera, "Aliens in heterotopia : an intertextual reading of Border Control Museum", P. Vila ed., *Ethnography at the Border*, Uni. of Minnesota Press, 2003, pp.166~181; 카트만두의 불교기념비 B. M. Owens, "Monumentality, identity, and the State : local practice, world heritage, and heterotopia at Swayambhu, Nepal", *Anthropological Quarterly* 75, 2002, pp.269~316; 19세기 여자대학, M. Tamboukou, "Of other spaces : women's colledge at the turn of the century", *Gender, Place and Culture* 7, 2000, pp.247~263; 밴쿠버 공공도서관 L. Lees, "Ageographia, heterotopia, and Vancuver's new public library", *Environment and Planning D : Society and Space* 17, 1997, pp.69~86; 공장 P. M. Ahlbäck, *Energy, Heterotopia : George Orwell, Michel Foucault and the Twentieth Century Environmental Imagination*, Åbo Akademis Fölrag, 2001; 대안극장, M. Cheng, "Highways, L. A. : multiple communities in a heterolocus", *Theater Journal* 53, 2001, pp.429~454; 그리스-미국인 소설, Y. Kalogeras, "The 'other space' of greek america", *American Literary History* 10, 1998, pp.702~724; 사이버포르노 K. Jacobs, "Pornography in small place and other spaces", *Cultural Studies* 18, 2004, pp.67~83; 이스탄불의 포시즌즈 호텔 Z. Kezer, "If walls could talk : exploring the imensions of heterotopia at the Four Seasons Istanbul Hote", D. Arnold and A. Ballantyne eds., *Architecture as Experience : Radical Change in Spatial Pratice*, Routledge, 2004; 카프카의 저작, S. Bogumil, "Comparative literature, globalization and heterotopia", *Neohelicon* 28, 2001, pp.43~54; 요하네스버그의 '안전 공원' D. Hook and M. Vrdoljak, "Gated communities, heterotopia and a 'rights' of privilege : a 'heterotopology' of the South African security parks", *Gedforum* 33, 2002, pp.195~219; 세계자본주의 H. Wilke, *Heterotopia : Studien zur Krisis der Ordnung moderner Gesellschaften*, Suhrkamp, 2003; 미디어 기술 M. Jones, "Deconstructing the museum space with with cinema ideas", www.luciferjones. org.blog/writings/museum-as-media, 2004; 풍경 V. Guarassi, "Paradoxes of modern and postmodern geography : heterotopia of landscape and cartographic logic", C. Mina

결과는 모순과 대립이 적지 않았다. 데이비드 하비가 푸코의 헤테로토 피아가 헤테로토피아를 위한 헤테로토피아, 한마디로 말장난에 불과하 다고 비판한 이유도 여기 있다.[77] 도시의 탈근대 공간성에 주목하고 문화연구와 문화지리학에서 공간적 전환을 선도한 에드워드 소자도 1989년에는 푸코의 헤테로토피아 공간이 인지적 직관이나 현상학적 물질공간이 아니라, 르페브르가 말한 '경험공간'이며 모든 문화에서 사 회적으로 형성된 생생한 공간이고 구체적인 동시에 추상적인 사회적 실천의 아비투스 공간이라고 긍정적으로 평가하였다.[78] 그러나 조금 뒤에 와서는 "좌절감을 불러일으키도록 불완전하고, 엇갈리고, 일관성 이 없다"는 부정적인 평가를 내렸다. 그러한 소자가 로스엔젤레스를 탈근대 도시로 규정하고 푸코가 비판하는 판옵티콘적 시선으로 일별 하면서, 헤테로토피아의 사례로서 탈근대 소비주의와 다문화주의가 결 합한 보나벤투라 호텔을 들었다.[79] 과연 보나벤투라 호텔을 헤테로토 피아로 규정할 수 있는가? 도리어 그것은 전지구적 근대성의 지리적 변종이 출현한데 불과한 것이 아닐까?

'저항과 경계넘기(déborde)'는 헤테로토피아 공간을 성격 규정하면서

---

ed., *Postmodern Geography : Theory and Praxis*, Blackwell, 2001, pp.226~237; Katrien Jacobs, "Pornography in Small Places and Other Spaces", *Cultural Studies* 18-1, 2004, pp.67~83; 공항의 행정관리 Mark B. Salter, "Govermentalities of an Airport : Heterotopia and Confession", *International Political Sociology* 1-1, 2007, pp.49~66.

77) David Harvey, "Cosmopolitanism and the banality of geographical evils", *Public Culture* 12, 2000, p.538.

78) Edward W. Soja, *Postmodern Geographies*, London : Verso, 1993, 이무용 외 옮김, 『공 간과 비판사회이론』, 시각과 언어, 1997, 30쪽.

79) Edward W. Soja, "Heterotopologies : A Remembrance of Other Spaces in the Citadel-LA", Sophie Watson & Katherine Gibson eds., *Postmodern Cities and Spaces*, Blackwell, 1995, pp.13~35; E. W. Soja, *Thirdspace : Journey to Los Angeles and Other Real-and Imagined Places*, Blackwell, 1996, p.20, p.162.

가장 많이 거론되는 개념이다.[80] 이 점에서 헤테로토피아의 성격은 유토피아적 해방공간에서 '저항과 경계넘기'란 용어와 경쟁한다. 푸코의 유토피아는 완전히 질서잡힌 사회거나, 아니면 사회에 완전히 대립하는 비현실적 공간이기 때문이다.[81] 그러나 푸코의 헤테로토피아는 언어적 담론 공간의 성격이 강해서, 사회적 생산이란 실천공간을 모색하는 르페브르와는 좀 다르다. 그러나 구조주의를 비판하고 나선 르페브르이지만 그의 공간은 푸코의 후기구조주의적 공간과도 관련이 있다. 아래 인용은 푸코의 말일 것 같지만, 사실은 르페브르의 말이다.

> 공간은, 언어와 더불어 언어 안에서 주어지므로, 언어와 분리되어서 형성된다고 가정되지 않는다. 기호와 의미로 가득 채워진, 담론의 구분되지 않는 교차지점, 그것이 포함하는 어떤 것과도 동종인 그릇으로서 공간은 따라서 단순히 기능, 표명 및 연관성을 포함하는 것—그런 측면에서 밀접하게 닮은 담론으로, 생각된다. 기호는 구어적 기호의 체계(거기서 쓰여진 언어가 나오는) 이미 공간적 연계가 포함되는 연쇄 안에 본질적 연계를 구현하기 때문에, 스스로 자족적이다.[82]

그러나 이러한 유사성에도 불구하고 이들의 헤테로토피아는 같은 방향을 지향하지 않는다. 르페브르의 헤테로토피아도 푸코와 비슷하게 '장소 없음과 실재 장소', '반(半)-허구이며 반-실재', 폐쇄되면서도 개방, 집중되면서도 분산, 가깝고도 멀고, 현존하면서도 부재하는, 일상

---

80) Benjamin Genocchio, "Discourse, Discontinuity, Difference : The Question of 'Other' Spaces", Sophie Watson & Katherine Gibson eds., *Postmodern Cities and Spaces*, Blackwell, 1995, p.38.

81) Foucault, "The Thought of Outside", J. Faubion ed., *Aesthetics : the Essential Works 2*, London : Allen Lane, 1998, pp.349~364.

82) Lefebvre, *La production de l'espace*, p.160.

과 정반대되는 역설적이고도 모순되는 공간이다. 그러나 이 공간은 동종화와 합리성에 저항하며 자본주의적 공간화를 관통하는 핵심적인 도시공간이며, 발생적으로 차이를 '통합'하는 공간이다. "대비, 대립, 겹쳐놓음, 병렬이 분리와 시공간적 거리를 대체하는"[83] 여기는 중심의 창조와 파괴가 연속되는 잠재력의 공간이다. 도시 사회의 이러한 창조적 잠재력은 어떤 거대한 전시공간에서 가장 분명히 목격할 수 있다. 그런 장소화의 보기로 르페브르는 캐나다 몬트리올을 "일상성이 축제로 흡수되는 거대 도시의 변화된 장으로부터 일어난 덧없는 도시"로 든다.[84] 엄격한 계획, '상징, 정보 및 놀이'의 억압 과정을 통해서 동종성을 부과하는 공간의 정치로서 도시주의를 비판하면서, 르페브르는 이 질서를 파괴하는 휴일, 축제와 기념일 같이 '행복하지만 어디에도 없는' 유토피아적 희망의 변혁 공간을 조명한다. 다른 말로 푸코의 헤테로토피아 공간이 가지는 회의주의적 비관과 달리, 르페브르는 도시 내부에 지금은 드러나지 않지만 최종적으로 달성해야 하는 빛나는 혁명적 '잠세태(virtualité)'에 깊이 낙관하며, 유토피아를 지향하는 점에서 여전히 근대성의 공간이다. 이것은 푸코가 말하기를 피하려던 것을 도리어 포함하므로 지향점이 같은 공간이 아니다.[85] 푸코의 헤테로토피아는 병원, 학교, 군대, 감옥과 같이 권력과 지식의 미시물리학이 작동하는 근대성의 공간을 넘어선다.

공간의 배치(dispositif)와 시간

푸코는 『말과 사물』(1966)에서 전개한 '에피스테메(épistémè)' 개념을,

---

83) Lefebvre, *The Urban Revolution*, p.125.

84) Lefebvre, *The Urban Revolution*, p.131.

85) Lefebvre, *The Urban Revolution*, pp.97~103; S. Elden, *Mapping the Present : Heidegger, Foucault and the Project of a Spatial History*, p.118.

『감시와 처벌』(1975)에서 그 자체로는 일반적인 '배치' 개념을 '담론적 배치' 개념으로 확장하였다.[86] 통상 하이데거의 'Gestell(골격)' 개념과 연관되는 이 개념은, 헤테로토피아 개념과 대비된다. 푸코의 헤테로토피아는 어떤 공간인가? 정도의 차이는 있지만 일상의 생존이라고 할 수 있는 어린이들의 놀이, 휴일, 축제, 매음굴, 감옥, 보호시설, 묘지, 선박 등의 공간이지만, 어떤 약속과 희망, 원초적 저항과 해방 공간이 아니라 근본적으로 혼란스런 공간이다.[87] 이 공간의 특징은 바로 현재 '우리 자신에게서 끌어내어' 위치를 측정(repérage)하고 지도를 작성한 공간이란 점이다. 그러나 이 친숙한 공간은 끊임없이 차이를 전개하고 도전한다. 순수하고 완전한 형태의 헤테로토피아는 없다. 다만 서로 상호관계를 가지고 반향하며 아메바처럼 끝없이 다르게 조합하고 기능하며, 서로 충돌하며 더 혼란스런 시공간 단위를 만들어가는 관계를 가지는 헤테로토피아만 있을 뿐이다. 물론 르페브르의 헤테로토피아도 이런 측면을 가진다. 그러나 푸코의 헤테로토피아는 르페브르나 하비와 달리 '희망의 공간'과 필연적인 관계를 맺지 않는다.[88] 폴 벤느가 확인하듯 '회의주의자'[89] 푸코의 공간은 유토피아적 구조들이나 자극의 바깥에서 또는 맞서면서 생각하기 때문이다.

전체적으로 보면 푸코는 헤테로피아를 사회의 거친 벼랑 끝에 위치

---

86) 푸코, 『말과 사물 : 인문과학의 고고학』, 19쪽; 『감시와 처벌 : 감옥의 역사』, 216～218쪽.

87) Foucault, "Of Other Spaces", pp.25～26; P. Johnson, "Unravelling Foucault's 'different spaces'", p.84.

88) 본래 유토피아는 과정적인데도 불구하고, 하비가 이해하는 르페브르적 공간의 유토피아가 정태적이라는 비판. Ruth Levitas, "For Utopia : the (Limits of the) Utopian Function in late Capitalist Society", *Critical Review of International Social and Political Philosophy* 3-2. 3, 2000, pp.25～43; "On dialectical utopianism", *History of the Human Sciences* 16-1, 2003, pp.137～150.

89) Paul Veyne, *Foucault*, Albin Michel, 2008, p.9.

하면서 양립불가능한 장소들이 병존하면서 불일치하는 공간, 바로 거기서 사회를 무의식적으로 전진시키는 공간으로 특별한 지위를 부여하는 듯하다. 타자 공간으로서 헤테로토피아의 문제점은 그것이 지배공간과 경계넘기 공간으로 손쉽게 구분된다는 점이다. 여기서 의문이 생긴다. 과연 누구의 타자이며, 누구와 차이있는 공간인가? 푸코가 말하는 절대타자는 숨겨진 사회구조의 타자란 말인가? 절대타자의 공간이란 결국 상대적인 것에 불과하지 않은가? 푸코도 이런 문제점을 알았던 것 같다. 그는 『말과 사물』에서 헤테로토피아는 "그것이 언어를 비밀리에 손상시키고 이름짓기 불가능하게 만들기 때문에 혼란스럽다"고 자인한다.[90] 이 점에서 헤테로토피아는 실제공간보다는 관념공간에 더 가깝지만[91] 공간은 어떤 형식의 공동체적 삶에서든 근본적이고, 어떤 권력의 행사에서든 근본적이란 말에서 정치지리학적 성찰을 시도했다고 평가할 수 있다.

  이것은 르페브르의 공간이 모순의 논리, 부정의 변증법, 또는 유토피아적 공식을 통한 판옵티콘을 생각한다면, 푸코는 끊임없이 혼란스럽고 도전받는 현실의 감옥을 생각하는 것으로 비교가능하다. 헤테로토피아와 감옥은 과연 어떤 관계인가? 감옥과 보호시설은 죄수를 감시하면서도 범죄를 발생시키고, 광인을 해방하면서도 도덕적으로 수감하는 모호하고 모순된 공간이다. 이곳들은 도덕적 의도에도 불구하고 매혹의 원천, 비밀스런 쾌락의 금지된 장소, 사드 후작의 요새, 지하감옥, 지하저장실, 수도원의 심상을 가장 강력하게 반영하는 상상의 풍경이다. 헤테로토피아는 유토피아를 손상시키는 상호관계적 양상을 지닌다. 푸코는 '환영 또는 환각'의 장소인 매음굴과 대비되는 '보상'의 헤

---

90) 푸코, 『말과 사물 : 인문과학의 고고학』, 14~15쪽.

91) Genocchio, "Discourse, Discontinuity, Difference : The Question of 'Other' Space", p.43.

테로토피아를 예시하는 사례로서 모든 생활이 규제된 파라과이의 예수회 식민지를 언급한다. 이 유토피아는 현존하는 군대막사, 수도원, 학교 등의 선구적 형태이다. 헤테로토피아 공간은 또한 언어로만 발생할 수 있는 '불가능한' 또는 '사고불가능한' 공간을 생산하는 것이 가능하다. 이러한 무질서는 반(半)현실, 반(半)상상이라기보다는 완전한 상상의 영역, '다수의 가능한 질서의 파편들이 서로 분리되어서 반짝이는' 공간을 자극한다. 여기에는 허구를 통해서 사고할 필요를 자극한 모리스 블랑쇼와 레이몽 루쎌의 영향을 많이 목격할 수 있다.[92]

그러나 의문이 있다. 만일 그 공간에 이종성이 강화되면 공간 내부의 불화와 갈등을 피할 수 없지 않은가? 이런 결론을 피하려면 사회 전체에서 '차이공간'의 '기능'도 검토해야한다. 헤테로토피아는 "나머지 모든 공간과의 관계 안에서 '기능'해야" 한다.[93] 그럼에도 헤테로토피아는 본질적으로 폐쇄적이라는 평가가 제기되었다. 아룬 살단하는 푸코의 헤테로토피아가 실제로는 일종의 지리적 구조주의 또는 기능주의라고 비판적으로 평가한다.[94] 헤테로토피아의 기능이 타자성을 통해서 주류 사회의 이기심을 반영하므로, 헤테로토피아가 사회의 '시간성'을 공급하는 통시적 차원이 생겨난다는 것이다. 헤테로토피아는 사회를 역동적 평형 체계(사우나, 모텔방, 식민지, 박물관, 묘지)로 생산할 뿐 아니라, 새로운 방식의 공간 조직(벤덤의 판옵티콘, 테마파크)의 확산을 통하여 전지구적 변화를 요구한다. 따라서 그것은

시간의 편린(découpages du temps)과 가장 자주 관련된다.-그것은 그들

---

92) Focault, *Raymond Roussel*, Gallimard, 1964, 1992.

93) Foucault, "Of Other Spaces", p.27.

94) Arun· Saldanha, "Heterotopia and structuralism", *Environment and Planning A* : 40, 2008, p.2084.

이 균형잡힌 대칭을 위하여 이종적 시간이라고 말할 수 있는 것을 열어준다. 헤테로토피아는 인간이 그들의 전통적 시간과 일종의 절대적 단절점(rupture absolue)에 도달할 때 최대한의 능력으로 기능하기 시작한다.[95]

알튀세주의자 도렌 매쉬도 구조주의, 심지어 후기구조주의에서도 역사적 공시성과 통시성이 자주 폐쇄적이고 정태적이라고 헤테로토피아를 빗대어 비판적으로 평가하였다.[96] 물론 헤테로토피아의 이종적 장소와 시간은 복잡한 형상이며 심지어 관성의 산물일 수도 있다. 아룬 살단하가 헤테로토피아를 근대성의 초월적 공간이며 반인간주의적 구조주의 공간이라고 본 것은, 매쉬와는 입장이 다르면서도 동일한 결론에 도달하는 셈이다.[97] 사실 헤테로토피아 공간이 전통적 기억과 단절을 가속화할수록, 공간의 특수성이 근대성을 혁신하는 형식으로 결합하는 특징을 가진다. 이것은 헤테로토피아의 특정 현장이 '절대적 차이' 공간이 될 수 없다는 말이다. 예컨대 매음굴을 헤테로토피아 공간이라 해도 그것은 결국 근대적 법률, 도덕, 가정생활, 사업, 성적특질 등 사회전반의 문제와 연관되어 있다. 모든 현장은 '반(反)현장'을 가지고 다른 장소들과 관련되어 시간의 편린과 더불어 변화한다. 그러나 푸코도 구조주의가 실제로는 "시간을 거부하지 않으며, 우리가 시간 혹은 역사라고 부르는 것을 어떤 방식으로든 다루긴 다룬다"[98]고 자인하는 점에서, 구조주의의 반시간적 공간/구조 개념과 반공간적 역사 개념을 통해서 헤테로토피아 공간을 사유하는 것 같지는 않다.

『지식의 고고학』은 푸코의 저술 가운데서 방법론을 가장 많이 표명

---

95) Foucault, "Of Other Spaces", p.26.

96) Doreen Massey, *For Space*, Sage, 2005, p.39.

97) Saldanha, "Heterotopia and structuralism", p.2085.

98) Foucault, "Of Other Spaces", p.26.

한 저술이다. 그럼에도 여전히 이전 저술의 방향과 마찬가지로 '일관성 있는 서술'이나 엄격한 이론적 견본을 제시하는 것을 거부한다.[99] 이 저술은 소극적으로는 이전의 저술에 대한 일종의 정화과정이고, 적극적으로는 미궁을 향한 모험을 계속한 것이다.[100] 그 이유는 경제, 의학, 문법과 자연사적 담론을 통합하고 구분하면서, 역사적이며 고고학적 방법으로 반복해서 대비하기 때문이다. 심리학적 견본, 시대정신의 견본, 생물학적 견본, 신학적 또는 미학적 견본과 같이 담론의 다양성을 위축시키는 유토피아적 방법론을 거부하며 어떤 중심에도 특권을 부여하지 않고 불연속·전위·변환·파열·절단되고 흩어진 탈중심을 제시한다.[101] 이것은 푸코의 역사 개념이 비목적론, 비객관주의, 비본질주의적이도록 이끌었다. 그 점에서 푸코의 차이 공간 헤테로토피아는 푸코가 '목적'으로 삼는 공간은 아니다.[102]

역사가는 푸코의 공간이론을 어떻게 수용할 수 있을까? 고대사가 폴 벤느는 푸코의 담론에는 상대적으로 말해진 것이 아니라 말해지지 않은 것, 희소한 것에 초점을 맞추는 '희소성의 법칙'이 작용한다고 지적하였다.[103] 사회적 조건, 집단심성, 세계관이 아니라, 대상의 출현, 특

---

99) Foucault, *L'Archéologie du savoir*, Gallimard, 1969, 이정우 옮김, 『지식의 고고학』, 민음사, 2000, 27~32쪽.

100) H. Dreyfus & P. Rabinow, *Michel Foucault : Beyond Structuralism and Hermeneutics*, Harvester Press, 1982, p.106; M. Hannah, "Foucault on theorizing specificity", *Environment and Planning D : Society and Space*. 11, 1993, p.354; "Formations of Foucault in Anglo-American geography : an archaeological sketch", J. W. Crampton and Stuart Elden eds., *Space, Knowledge and Power*, Ashgate, Aldershot, Hants, 2007, pp.86~87.

101) T. Flynn, Sartre, *Foucault and Historical Reason : A Poststructuralist Mapping of History*, vol.2, Uni. of Chicago Press, 2005, pp.13~17.

102) Peter Johnson, "Foucault's Social Combat", *Environment and Planning D : Society and Space* 26, 2008, p.623.

103) Paul Veyne, *Comment on écrit l'histoire*, Éditions du Seuil, 1971, 1978, p.386, pp.400~

수한 언명 스타일, 개념의 조직, 다양한 전략이나 선택지점의 상호연관
성에 주목하고 이들 형식의 공간 및 관계적 기능을 설명한다는 것이
다. 폴 벤느는 푸코를 '역사적 유명론자' 또는 '역사적 실증주의자'로
규정하였고, 푸코가 어떤 목표, 목적 및 물질적 원인의 존재를 상정하
지 않고 역사적 실천을 객관적으로 분석한다고 평가했다. 어떤 측면에
서 푸코의 유명론에는 집단화된 국가와 같은 것을 개체로 축소시키는,
또한 일련의 과정의 충격 또는 '결과의 구성'에 초점을 맞추는 '방법론
적 개인주의' 측면이 있다. 그 결과 개인 및 사회의 물질적 역할을 강
조하면서 역사적 현실을 공간화 하였지만[104] 이론적 뿌리가 빈약하고
지리학적 유물론이 결핍되었으며 공간적 특수성이 결여되었다는 평가
도 받는다. 그러나 그것이 특수한 존재론을 포용하는 상상의 가설적
공간, 사회적 삶의 파편화된 '로컬'을 도출할 여지를 제공한 것은 인정
된다.[105]

푸코의 정치지리학이 담론적으로 제시한 헤테로토피아 개념은 초-
언어적인 사회적 실천을 고찰하는 문제에서 개념적으로 모호한 측면
이 있다. 이 점에서 포스트 마르크스주의자 에른스트 라클라우와 샹탈
무페가 헤게모니 창출 전략에서는, 모든 사회적 공간이 '사회적 실천
의 언어적 양상과 행동적 양상'의 존재론적 차이를 넘어 의미 즉 담론
적 성격의 창조에 종사하므로, '모든 공간성의 위기는……모든 표현의
궁극적 불가능성'과 동등하다는 관점을 제시한 것은 참고할 만하다.[106]

401, 이상길 · 김현경 옮김, 『역사를 어떻게 쓰는가?』, 새물결, 2004, 454, 472~
    473쪽.

104) Stephen Legg, *Spaces of Colonialism : Dehli's Urban Governmentalities*, Blackwell, 2007,
    p.40.

105) C. Philo, "Foucault's Geography", *Environment and Planning D : Society and Space* no.10,
    1992, pp.137~161.

106) E. Laclau and Chantal Mouffe, *Hegemony and Socialist Strategy : Towards a Radical*

그러나 막상 이들의 헤게모니 공간 개념은, 한 사회가 특정한 행동 양식에 헌신하는 집단들로 구성되고, 개인 각자는 마치 사물의 자연적 질서인 듯 보이는 고유한 장소에서 기존의 사회적 통치 질서에 귀속된다는 비판을[107] 받기에 이른다. 그 결과 여기서는 고유한 창조적 역동성으로서 로컬리티를 인정하는 로컬의 자리를 찾기가 쉽지 않다. 다른 전망이 없을까? 자크 랑시에르는 인간들을 공동체(국가)로 결집시켜 동의를 조직하고 각자에게 자리와 기능을 분배시켜, '비거나 보충할 곳이 부재하는' 충만함이 원리로 작용하는 분할된 공간 조직—감성의 분할—을 '치안(police)'이라고 규정한다. 그리고 치안의 질서 공간을 가로질러 평등과 해방을 모색하는 해체 작업(정치)에서 치안과 정치가 맞부딪치는 테두리, 가장자리, 경계 공간을 '정치적인 것(du politique)'이라고 이름 붙인다.[108] 필자는 이 정치공간들이 로컬공간을 포함할 수도 있고, 여기서 담론의 추상성, 헤게모니적 실천의 폐쇄성을 넘어 실천공간이 부단히 열릴 가능성이 확장되리라 기대한다.

Democratic Politics, Verso, 1985, pp.78~79, p.107, 김성기 옮김, 『사회변혁과 헤게모니』, 터, 1990; "Post-Marxism without Apologies", E. Laclau ed., *New Reflections on the Revolution of Our Time*, Verso, 1987, pp.97~132; Martin Müller, "Reconsidering the Concept of Discourse for the Field of Critical Geopolitics : towards Discourse as Language and Practice", *Political Geography* 27, 2008, pp.329~332.

107) Mustafa Dikeç, "Space, politics, and the political", *Environment and Planning D : Society and Space* 23, 2005, p.174.

108) Jacques Rancières, *La partage du sensible : esthétique et politique*, La Fabrique-Éditions, 2000, 오윤성 옮김, 『감성의 분할 : 미학과 정치』, 도서출판 b, 2008; *Aux bords du politique*, Gallimard, 1998, 2004, 양창렬 옮김, 『정치적인 것의 가장자리에서』, 길, 2008.

4. 맺는말

역사이론이 공간이론을 어떻게 전유할 것인가? 이 논문은 지리학적 정보체계(GIS) 이용이 역사서술을 크게 변화시킬 것이라고 확신하는 저술이 나오는 분위기를 소개하면서[109] 공간이론 이해에 기본적인 르페브르와 푸코의 헤테로토피아 공간 개념을 통해서 공간과 시간의 관계를 검토하였다. 그러나 공간은 중요성에도 불구하고 반복되는 시간성만큼 명료한 성찰 대상이 아니라서 이론적 틀을 확인하기 어렵다.

공간을 사회적 생산물로 규정하는 르페브르는 역사주의를 비판하면서도 시간과 경험의 다르지만 분리될 수 없는 동반자적 역할을 강조하였다. 그리고 관념론과 유물론, 사회적 구성체(생산양식)와 심리적 구성물(개념) 즉 물질적 구성물과 심리적 구성물의 균형을 생산하고 여기에 생존 개념을 개입시켰다. 인간의 생물적, 심리적 및 사회적 시간 규모의 리듬이 작용하는 사회적 생존 공간과 시간은 물질 및 심리적 구성물에 의존한다. 르페브르의 공간은 도시를 중심으로 사회적 실천, 공간의 표상, 표상공간들이란 3차원성의 공간변증법이 작용하는 일상생활 리듬분석의 공간이다. 여기서 르페브르의 헤테로토피아는 도시주의 현실 비판에도 불구하고 유토피아 공간의 성격을 지니고, 데이비드 하비를 비롯한 공간의 정치경제학적 이해를 모색하는 자들 역시 이를 계승한다.

한편 푸코의 헤테로토피아 공간은 어떤 중심에도 특권을 부여하지 않고 불연속성 · 전위 · 변환 · 파열 · 절단되고 흩어진 탈중심의 공간이며, 이것은 푸코의 역사 개념이 비목적론적, 비객관주의적, 비본질주의적이도록 이끌었다. 벤느는 푸코가 서술하는 역사는 철저하게 회의적

---

109) Anne Kelly Knowles ed., *Placing History : How Maps, Spatial Data, and GIS Are Changing Historical Scholarship*, ESRI Press, 2008, pp.1~17.

이고 실증적이며 관계적인 차원을 목격하고, 모든 것이 상호 의존하는 '관계들의 총체'이며, 여기에는 '이종성의 논리'가 작용하는 것을 확인하였다. 아울러 푸코는 '최우선'의 것이 존재한다는 감각을 피하고 '상호연관성'을 포용하여, 기존에 다양하게 각인된 방법론과 개념화를 파괴하기 위해서, 서로 다른 공간을 방법론적으로 구성하는 '배치' 개념을 요청하였다.

이들의 헤테로토피아 공간은 정태성과 폐쇄성을 넘어 새로운 활력이 분출하는 장소의 정치, 다시 말하면 민주적 정치공간을 모색하는 것은 공통적 지향점이다. 그러나 문제점이 있다. 르페브르의 사회적 공간은 국가가 소멸되고 '자주관리'가 실현되는 유토피아 공간을 모색하지만, 결국 어디에도 없는 공간이 될 가능성이 크다. 그런가하면 푸코의 정치지리적 공간은 담론 공간의 성격이 강하여 사회적 실천을 담보하는데 미흡할 가능성이 크다.

참고문헌

민유기, 『도시이론과 프랑스 도시사 연구』, 심산, 2007.
설혜심, 『지도 만드는 사람 : 근대 초 영국의 국토·역사·정체성』, 길, 2007.
이진경, 『근대적 주거공간의 탄생』, 그린비, 2000.
이진경, 『근대적 시·공간의 탄생』, 푸른숲, 2002.
칼 마르크스, 김수행 옮김, 『자본론』, 비봉출판사, 1990.

Ali Madanipour, *Public and Private Spaces of the City*, Routledge, 2003.
Anne Kelly Knowles ed., *Placing History : How Maps, Spatial Data, and GIS Are Changing Historical Scholarship*, ESRI Press, 2008.
Arun Saldanha, "Heterotopia and structuralism", *Environment and Planning A* : 40, 2008.
Benjamin Fraser, "Toward a philosophy of the urban : Henri Lefebvre's uncomfortable application of Bergsonism", *Environment and Planning D : Society and Space*, 2008.

Benjamin Genocchio, "Discourse, Discontinuity, Difference : The Question of 'Other' Spaces", Sophie Watson & Katherine Gibson eds., *Postmodern Cities and Spaces*, Blackwell, 1995.

C. Philo, "Foucault's Geography", *Environment and Planning D, Society and Space*, no. 10, 1992.

Christian Schmid, "Henri Lefebvre's theory of the production of space : towards a three-dimensional dialectic", Kanishka Goonewardena *et al* eds., *Space, Difference, Everydaylife*, Routledge, 2008.

David Harvey, *The Condition of Postmodernity*, Blcakwell, 1989.

David Harvey, *Spaces of Hope*, Edinburgh U.P., 2000.

Didier Franck, *Heidegger et le problème de l'espace*, Minuit, 1986.

Doreen Massey, *For Space*, Sage, 2005.

E. Kofman and E. Lebas eds & tr. *Writings on Cities*, Blackwell, 1996.

E. Laclau and Chantal Mouffe, *Hegemony and Socialist Strategy : Towards a Radical Democratic Politics*, Verso, 1985.

E. Laclau and Chantal Mouffe, "Post-Marxism without Apologies", E. Laclau ed., *New Reflections on the Revolution of Our Time*, Verso, 1987.

Edward S. Casey, *The Fate of Place : A Philosophical History*, Uni. of California Press, 1997.

Edwards S. Casey, *Earth-Mapping : Artist Reshaping Landscape*, Uni. of Minnesota Press, 2005.

E. S. Casey, "Boundary, Place, and Event in the Spatiality of History", *Rethinking History*, 2007.

Edward W. Soja, *Postmodern Geographies*, London : Verso, 1993.

Edward W. Soja, "Heterotopologies : A Remembrance of Other Spaces in the Citadel-LA", Sophie Watson & Katherine Gibson eds., *Postmodern Cities and Spaces*, Blackwell, 1995.

E. W. Soja, *Thirdspace : Journey to Los Angeles and Other Real-and Imagined Places*, Blackwell, 1996.

Georges Teyssot, "Heterotopias and the History of Spaces", K. Michael Hays ed., *Architiecture Theory since 1968*, MIT Press, 2000.

Gilles Deleuze, *Foucault*, Minuit, 1986.

H. Dreyfus & P. Rabinow, *Michel Foucault : Beyond Structuralism and Hermeneutics*, Harvester Press, 1982.

H. Lefebvre & C. Régulier, *Élements de rhythmanalyse : Introduction à la connaissance des rhythmes*, Édition Syllepse, 1992.

H. Lefebvre, *Critique de la vie quotidienne II. Fondements d'une sociologie de la quotidienneté*, L'Arche, 1961.

H. Lefebvre, "L'urbanisme aujourd'hui. mythes et réalités", *Les Cahiers du centre d'études socialistes*, 1967.

H. Lefebvre, *La vie quotidienne dans le monde moderne*, Gallimard, 1968.

H. Lefebvre, *Le droit à la ville*, Anthropos, 1968.

H. Lefebvre, *Le manifeste différentialiste*, Gallimard, 1970.

H. Lefebvre, *La révolution urbaine*, Gallimard, 1970.

H. Lefebvre, *Du rurale à la l'urbaine*, Anthropos, 1970, 2001.

H. Lefebvre, *La pensée marxist et la ville*, Tournai, 1972.

H. Lefebvre, *Espace et politique : Le droit à la ville II*, Anthropos, 1973, 2000.

H. Lefebvre, *La survie de capitalism, la production des rapports de production*, Anthropos, 1973, 2000.

H. Lefebvre, *Critique de la vie quotidienne III : De la modernité au modernisme : pour une metaphilosophie du quotidien*, L'Arche, 1981.

H. Lefebvre, *L'irruption : de Nanterre au sommet* (1968), Paris : Syllepse, 1998.

H. Lefebvre, *La production de l'espace*, Anthropos, 2000.

H. Lefebvre, *La fin de l'histoire : epilogomena*, Anthropos, 2001.

H. Lefebvre, *The Urban Revolution*, Robert Bonono tr.,The U. of Minnesota Press, 2003.

Ian Buchanan and Gregg Lambert eds., *Deleuze and Space*, Edinburgh U.P., 2005.

J. E. Malpas, *Place and Experience : A Philosophical Topography*, Cambridge U.P., 1999.

J. W. Crampton and Stuart Elden eds., *Space, Knowledge and Power*, Ashgate, Aldershot, Hants, 2007.

Jacques Rancières, *Aux bords du politique*, Gallimard, 1998, 2004.

Jacques Rancières, *La partage du sensible : esthétique et politique*, La Fabrique-Éditions,

2000.

Jeff E. Malpas, *Heidegger's Topology : Being, Place, World*, MIT Press, 2006.

Kirsten Simonsen, "Bodies, Sensations, Space and Time : The Contribution from Henri Lefebvre", *Geografiska annaler series B. Human Geography*, 2005.

Martin Müller, "Reconsidering the Concept of Discourse for the Field of Critical Geopolitics : towards Discourse as Language and Practice", *Political Geography* 27, 2008.

Michel de Certeau, *L'invention du quotidien I. arts de faire*, Gallimard, 1990.

M. Foucault, *Histoire de la folie à l'âge classique*, Plon, 1961.

M. Foucault, *Naissance de la clinique*, PUF, 1963.

M. Foucault, *Les Mots et les choses*, Gallimard, 1968.

M. Foucault, *L'Archéologie du savoir*, Gallimard, 1969.

M. Foucault, *Surveiller et punir : naissance de la prison*, Gallimard, 1975.

M. Foucault, "l'oeil du pouvoir", Jeremy Bentham, *La Panoptique*, Belfond, 1977.

M. Foucault, "Questions on Geography", C. Gordon ed., *Power/Knowledge : Selected Interviews and Other Writings 1972-1977*, Pantheon Books, 1980.

M. Foucault, "Espace, savoir et pouvoir"(1982) P. Rabinow ed., *The Foucault Reader*, Pantheon Books, 1984.

M. Foucault, "Of Other Spaces", *Diacritics* 6, 1986.

M. Foucault, "The Thought of Outside", J. Faubion ed., *Aesthetics : the Essential Works* 2, London : Allen Lane, 1998.

M. Foucault, "Diffrent Spaces", J. Faubion ed., *Aesthetics : the Essential Works* 2, London : Allen Lane, 1998.

M. Foucault, "On dialectical utopianism", *History of the Human Sciences* 16-1, 2003.

Mike Crang and Nigel Thrift eds., *Thinking Space*, Routledge, 2000.

Mustafa Dikeç, "Space, politics, and the political", *Environment and Planning D, Society and Space* 23, 2005.

Nicos Poulantzas, *L'État, le pouvoir, le socialism*, PUF, 1978.

P. Claval, "The Historical Dimension of French Geography", *Journal of Historical Geography* 10, 1984.

Paul Veyne, *Comment on écrit l'histoire*, Éditions du Seuil, 1971, 1978.

Paul Veyne, *Foucault*, Albin Michel, 2008.

Peter Johnson, "Unravelling Foucault's 'different spaces'", *History of the Human Sciences* 19-4, 2006.

Peter Johnson, "Foucault's Social Combat", *Environment and Planning D, Society and Space* 26, 2008.

Philip J. Ethington, "Placing the Past" 'Groundwork' for a Spatial Theory of History", *Rethinking History*, 2007.

Pierre Nora dir., *Les lieux de mémoire*, 3tomes, 1984-92 : Gallimard, 1997.

S. M. Low and D. Lawrence-Zúñiga, *The Anthropology of Space and Place : Locating Culture*, Blackwell, 2003.

Stephen Legg, "Contesting and Surviving Memory : Space, Nation, and Nostalgia in Les Lieux de Mémoire", *Environment and Planning D : Society and Space* 23, 2005.

Stuart Elden, *Mapping the Present : Heidegger, Foucault and the Project of a Spatial History*, Continuum, 2001.

Stuart Elden, *Understanding Henri Lefebvre : Theory and Possible*, Continuum, 2004.

T. Cresswell, *Place : A Short Introduction*, Blackwell, 2004.

T. Flynn, Sartre, *Foucault and Historical Reason : A Poststructuralist Mapping of History*, vol.2, Uni. of Chicago Press, 2005.

Thomas Bender, "Theory, Experience, and the Motion of History", *Rethinking History*, 2007.

V. Guarassi, "Paradoxes of modern and postmodern geography : heterotopia of landscape and cartographic logic", C. Mina ed., *Postmodern Geography : Theory and Praxis*, Blackwell, 2001.

Ⅲ. 대안적 공공공간으로서의 로컬의 전망

이 상 봉

1. 시작하는 말

근대성에 대한 극복이든 아니면 성찰 또는 계승이든, 한국사회에서도 다양한 분야에서 이른바 '탈근대'에 관한 논의가 진행되고 있다. 이성에 대한 신뢰, 합리주의, 인간주의, 진보와 해방 등의 핵심 가치를 지향하며 출발한 계몽주의적 근대성이 물질화, 권력화, 법칙화, 비인간화 등의 부정적인 결과로 이어지면서, 이를 보완하거나 극복할 대안 마련이 필요했기 때문일 것이다. 근대성을 구성하는 여러 가지 요소들 가운데 특히 정치적인 측면에 주목하면, 근대성은 국민국가라는 공간을 중심으로 제도화 되었다고 할 수 있다. 즉, 내부적 동질성과 대외적 배타성을 특징으로 하는 주권국가들로 세계가 구성되었고, 그 과정에서 지방은 국가의 하부단위로 포섭되거나 배제되어졌던 것이다.

이러한 국민국가 중심의 근대적 공간구조가 최근 들어 급격한 변환을 겪고 있다. IT기술의 발달에 따라 근대적 시·공간 개념에 근본적인 변화가 나타나는데다, 신자유주의적 글로벌화의 확산에 따른 국민국가 경계의 약화와, 국가 내부의 분권화의 진전에 따른 로컬공간의 자율성 증대가 동시에 진행되면서, 이른바 공공공간이 중층화·다원화 되고 있는 것이다.

글로컬라이제이션(Glocalization), 즉 글로벌화와 로컬화의 동시진행으로 표현되는 이러한 공공공간의 변화를 로컬공간의 입장에서 바라보면 어떤 해석과 전망이 가능한가? 이것이 이 글을 쓰게 된 출발점이다. 기존의 글로벌화와 탈근대를 바라보는 시선은 대체로 글로벌적 시각과 국가적 시각이 주류를 이루어 왔다. 즉, 국민국가 경계를 넘어서는 글로벌 질서의 형성 가능성과 국민국가의 지속이라는 쟁점이 논의의 중심이 되어온 것이다. 하지만 탈근대가 지향하는 바와 글로벌화의 전개양상을 유심히 살펴보면, 로컬공간이 새로운 대안적 공간으로 자리매김 될 가능성 또한 발견된다.[1] 로컬공간은 더 이상 단순한 공동체(community)의 의미나 국가 하부의 행정기관 정도로 머물지 않으며, 상대적이지만 내부적으로 완결된 하나의 사회구성체, 즉 정부-시장-주민의 관계를 바탕으로 사회·정치적 작용이 완결되는 단위인 것이다. 특히 근대성에 대한 성찰에서 비롯된 탈근대성의 관점에서 로컬공간을 바라볼 경우, 중앙/지방, 주체/타자, 체제/일상, 공간/장소와 같이, 근대성의 이분법적 중심-주변구조 속에서 배제되거나 묻혀버렸던 다양한 가치들이 로컬에 내재해 있다는 점에서 로컬공간은 '성찰적 자본주의'의 기반이 되기도 한다.[2]

로컬공간이 복합적인 사회구성체인 만큼, 공간단위로서의 로컬공간의 의미 또한 지리, 경제, 문화, 정치 공간 등의 다양한 측면에서 분석되어질 수 있다.[3] 하지만 이 글에서는 국가공간으로 상징되는 근대적

---

1) 이와 관련하여 스코트(A. Scott)는 로컬이 새로운 종류의 사회적 공동체, 그리고 시민권과 민주주의의 실천적 이슈에의 새로운 접근을 위한 기본적 틀이 된다고 강조한다. Scott, A., *Regions and the World Economy : The Coming Shape of Global Production, Competition and Political Order*, Oxford, U.P., p.11, 1998.

2) Stoper, M., *The Regional World : Territorial Development in A Global Economy*, Guilford, New York, 1997.

3) 지리학과 같은 공간 중심적 연구에서는 로컬이나 로컬리티가 개념적·조작적

공공공간에 대비되는 대안적 의미에서의 로컬공간에 주목한다. 즉, 중앙집권과 대의제의 공간인 국가공간에 대비되는 분권과 참여의 공간, 제도와 통치의 공간인 국가공간에 대비되는 일상과 거버넌스의 공간, 그리고 포섭과 배제의 공간인 국가공간에 대비되는 장소성과 저항정체성의 공간으로서의 로컬공간의 가능성을 제시하고자 한다. 이 글은 기존의 민주주의 또는 지방정치 관련 논의들에서 산발적으로 제시되고 있는 로컬공간의 의미를 정리하고, 앞으로의 로컬공간에 대한 연구 방향을 모색한다는 점에서 일종의 시론적 성격을 지닌다.

2. 공공공간의 중층화·네트워크화

근대성과 국민국가

근대의 계몽주의적 기획은 국민국가라는 공공공간의 형성과 발전을 통해 제도화 되었다고 볼 수 있다. 즉, 국민국가는 근대성의 제도화에 있어 핵심적인 부분을 차지하며, 특히 정치, 경제, 문화적 공간단위의 측면에서 근대성의 전형적인 특징을 이루었다. 이러한 경향은 근대성의 확장과 함께 점차 일반화되어 갔으며, 학문 분야에서도 국민국가는 표준적인 분석단위로 자리매김 했다. 국민국가 중심의 시각에 대한 비판으로 세계체제를 분석단위로 보고자 하는 '세계체제론'이 등장하기도 하지만,[4] 전체적으로 볼 때 역사가들은 국가사를, 경제학자는 국민

분석단위가 될 수 있으며, 경제적인 측면에서도 로컬은 세계경제를 구성하는 영토단위로서 그 중요성이 제고되고 있다. 특히 조절이론에서는 로컬을 포스트포드주의적 경제체제의 제도가 구축될 수 있는 유효한 장으로서 이해하거나, 지역을 새롭게 형성되고 있는 세계경제질서에서 모터로서 평가한다. 최병두, 『근대적 공간의 한계』, 삼인, 2002a, 135~141쪽.

4) 이매뉴얼 월러스틴, 이광근 옮김, 『세계체제분석』, 당대, 2005, 48쪽.

경제를, 정치학자는 국민국가의 정치구조를, 사회학자는 민족사회를 주된 분석대상으로 삼고 있었다.

근대성이 국민국가를 단위로 제도화되는 과정은 정치(민주주의/자유주의), 경제(자본주의), 문화(민족문화) 등의 제 측면에서 각기 또는 상호관계 속에서 설명 가능하다.5) 우선 정치적인 측면에서, 근대국가는 근대성의 기획의 산물이다. 홉스에서 루소에 이르는 사회계약론의 전통은 이성적으로 사고하고 합리적으로 행위하는 개인에서 출발해, 어떻게 사회질서를 제도화할 것인가에 대해 고민하였다. 그에 대한 해답으로 나온 것이 국민을 구성하는 개인(시민)들을 새로운 정치질서의 주권자로 등장시키는 근대 국가이론이었으며, 이러한 이론을 현실화한 사건 가운데 대표적인 것이 프랑스혁명이었다. 이처럼 새로운 정치공동체로서의 국민국가 형성, 즉 국민(nation)6)과 국가(state)가 결합되는 과정에서 매개변수가 되는 것이 민주주의이다.7) 국민국가가 형성되는

---

5) 스미스(A. D. Smith)는 근대성의 도래를 보여주는 '세 개의 혁명' 즉, 경제통합, 행정적 통제, 문화적 조정에 대한 대응으로서 국민국가의 형성을 설명한다. Smith, A. D., *Theories of Nationalism*, 2nd edn, New York : Holmes & Meier, 1986, p.152.

6) 혁명 초기에 시에예스(E. Sieyès)는 국민과 대표의 동일화를 가능케 하기 위해 다양한 개인들을 하나의 국민으로 추상화했다. 그가 사고하는 국민은 제3신분에 의해 표상되는 동질적인 사회집단이었다. 그는 인간들의 동질화가 하나로서의 전체 인민 그리고 국민적 결합의 첫 번째 조건이라고 적고 있다. 무엇보다도 국민의 동질성은 '공통의 법률과 공통의 대표'에 의해서 확보되는 것이었다(홍태영, 『국민국가의 정치학』, 후마니타스, 2002, 87쪽에서 재인용).

7) 민주주의의 매개역할은 세 가지 축을 통해 이해된다. 그것은 민주주의의 근대적인 주체를 형성하는 작업(시민권), 민주주의를 구체적으로 실현하는 방식(민주주의 형태, 국민주권의 제도화), 사회와 국가의 관계설정 방식(대의제)이며, 이는 프랑스혁명 이후 지속적으로 이데올로기적 정치투쟁의 쟁점이 되었던 문제들—국민/시민의 권리, 국민/인민주권, 대표—과 직접적으로 관련된다. 위의 책, 34~35쪽.

과정은 군주권에서 국가주권으로 권력의 중심이 이동하는 과정이자 국민을 민주주의 시대에 적합한 이성을 가진 시민으로 만들어내는 작업이며, 그 중심에 국가가 자리하고 있다. 절대주의 시대의 국왕에서부터 프랑스혁명 시기 일반의지의 표상이라는 입법부의 절대권력, 그리고 기조(F. Guizot)의 '이성의 주권론' 등은 끊임없이 다른 형태를 통해 드러나는 강한 국가의 모습을 나타내고 있다. 이런 역사적 사실의 근저에는, 국왕=국가, 혹은 의회=국가=인민, 혹은 인민의 자리에 이성을 대치시키는 형태로 국가를 사회조직화의 중심에 둔다는 논리가 작동하고 있다. 즉, 그 중심에 있는 국가를 통해 군주주권, 인민주권 그리고 이성의 주권이 실현된다는 것이다.

정치적인 면에서 새로운 정치질서의 주체이자 주권자로 등장한 국민은 동일한 방식으로 경제영역인 자본주의 사회의 자본-임노동 관계 속에서 독립된 계약의 주체로 확립된다. 자본가들은 한편으로 내부적으로 통합된 국가단위의 넓은 시장을 필요로 하면서, 다른 한편으로는 복수의 국가가 존재하는 상황 또한 필요로 하였다. 여러 국가들이 경쟁적으로 존재할 경우, 자본가들은 특정 국가와 협조함으로써 이득을 얻을 수 있을 뿐만 아니라, 자본에 적대적인 국가들을 피해 우호적인 국가들로 도망갈 수 있었다. 즉, 광범위한 분업체계 내부에 다수의 국가들이 경쟁적으로 존재하는 상황만이 이럴 가능성을 보장해 주었다. 요컨대, 근대 세계체제는 보편주의와 반보편주의 양자의 동시적인 전파와 실행을 그 체제구조의 중심적 특징으로 삼았다. 이 대립적인 양극은 핵심부-주변부의 기축적인 분업만큼이나 근대 세계체제에서 근본적인 것이다.[8]

왕정시대의 주권자였던 왕을 대신해 등장한 국민(nation)은, 이론적으

---

8) 월러스틴, 앞의 책, 110쪽.

로는 공통의 이해와 전망을 가지고, 한정되고 통일된 영토적 단위에서 출발한 정치적이고 개방적인 개념이었다. 하지만 실제로 국민을 형성하는 과정에서는 다양한 하부단위들을 포섭할 필요가 있었고, 이에 따라 하부단위의 신화, 기억, 상징 등 다양한 속성들을 취하거나 배제하면서 동질화시켜 나갔다. 이 과정에서 국민은 유기체적인 개념으로서 사회적 위계를 담게 되었으며, 인종적이고 문화적인 개념으로 이해되기 시작했다고 볼 수 있다. 이처럼 근대국가에서의 국민 개념에는 인종적·문화적 요소와 같은 비정치적인 요소와, 동일한 권리와 책임을 갖는 구성원이라는 정치적 의미가 혼재되어 있다. 국민의 본질적인 측면을 전자에 둔다면 국가는 인위체로서 민족의 특수한 이념을 구현하기 위한 도구적 성격을 가지며, 반면에 후자의 요소를 강조하면 국가는 보편적 질서의 담지자가 된다. 특히 인종적·문화적 요구는 일반적인 의사결정과정 속에서 매개되고 인정되는 한에서만 국가에 의해 수용된다. 근대국가 이전 시대에는 문화적 제도가 세계종교처럼 다수의 사회에 퍼져 있거나 아니면 특정 지역을 중심으로 로컬화되어 있었지만, 근대 국민국가의 출현으로 이러한 세계성과 로컬성이라는 두 차원의 중간 정도의 규모로 문화적 제도와 정체성이 창조되었고, 이에 근거한 문화적 하부구조가 점차 발전하면서 국가단위의 단일한 문화적 전통이 확산되었다.

이와 같은 정치, 경제, 문화적 맥락에서 형성된 근대 국민국가체제는 이전 체제와는 다른 뚜렷한 특징을 형성하게 된다. 그 대표적인 것이 영토적 통합성과 문화적 단일성이다. 우선, 근대국가는 영토성과 이에 근거한 주권성을 가진다. 국민국가와 그 확장으로서의 제국주의는 그 내부와 외부의 변증법에 의한 영역적 지배에 근거해 왔다. 이와 관련하여 베버(M. Weber)는 국가에 대한 매우 간략한 정의에서, "주어진 영토 내에서 물리적 힘의 정당한 사용에 대한 독점권을 주장하는 인간

공동체"라고 파악하고, 이 공동의 권력이 일단 한번 성립되고 나면, 그 권위는 동의로부터가 아니라 힘으로부터 나온다고 설명한다.[9] 여기서 국민국가의 경계는 자연적으로 형성된 것이 아니라 역사적, 정치적으로 형성된 산물이다. 국민국가 경계내의 국민 구성은 매우 복잡하지만, 이들을 묶는 공통의 끈이 바로 정치적 경계와 문화적 경계를 일치시키려는 의지이다. 이러한 논리에서는 제도로서의 국가와 국민은 구별되지 않는다. 그런데 국가와 국민은 다른 것이다. 시민공동체로서의 국민은 국가와 계약을 체결한 주체로서 그 권리와 의무가 동등한 시민 개인들의 총체를 말한다. 이러한 입장은 프랑스 공화주의적 국민주의가 갖는 특징이다. 이에 비해 민족공동체로서의 국민이란 혈통, 문화, 언어와 같이 과거로부터 물려받은 특징과 공통된 성격을 갖는 것으로 간주되는 개인들의 총체이다. 이러한 개념은 특히 독일 국민주의의 특징을 이룬다.[10]

이와 함께, 국민국가체제의 또 다른 특징으로 들 수 있는 것이 포섭과 배제의 구조이다. 대다수 근대국민국가는 그 기원에서부터 구성원들의 고유한 역사적, 문화적 정체성을 부인하고 지배적 사회집단의 이해와 정체성에 부합하도록 건설되었다. 민족이 아니라 국가가 근대라는 시기에 국민국가를 창출했다. 일단 한 국가의 영토적 통제 아래 민족이 형성되면, 이들은 역사를 공유하게 되어 사회문화적 유대도 만들어 간다. 그러나 국민국가에서 내부의 사회, 문화, 영토적 이해가 불균등하게 대표되면, 지배적 사회집단들의 이해나 정체성과 충돌하는 집단들의 이해나 정체성은 포섭되거나 배제되게 된다. 이러한 현상은 공간 단위 또는 층위로서의 국가와 로컬 관계에도 적용된다. 즉, 국가는

---

9) Weber, M., "Politics as vocation", in H. H. Gerth and C. W. Mills, *From Max Weber*, London : Routledge & Kegan Paul, 1970, p.78.

10) 마르티니엘로, 마르코, 윤진 옮김, 『현대사회와 다문화주의』, 한울, 2002, 23쪽.

국가의 재정운영의 통일성을 위해 조세와 금융부문을 체계화하고, 국내질서를 유지하기 위해 중앙집중식 행정구조를 구축해 나가면서 로컬을 철저히 중앙의 통제 하에 예속시켰다.

퍼거슨(J. Ferguson)과 굽타(A. Gupta)는 이런 민족국가의 통합과정을 수직성(verticality)과 포위성(encompassment)이라는 공간적 이미지로 설명한다. 근대 민족문화가 결국 민족 내부의 중심적 지배적 문화임을 감안하면, 로컬문화가 근대적 민족문화 속으로 동질화되고 통합된다는 것은 로컬문화의 소멸이 아니라 그것의 새로운 재배치를 의미한다. 다시 말해, 중심과 주변의 이분법적 논리에 따라 로컬리티와 로컬문화는 '주변'으로 귀속되거나 지방으로 정형화되는 것이다. 여기서 로컬은 "진보에서 낙오된 후진성의 장, 도시와 산업적 자본주의 문명의 역동성과 대립되는 시골적 정체성의 장, 보편적·과학적 합리성에 대립되는 특수주의적 문화 영역, 마지막으로 정치적 근대성의 형식인 민족국가의 완전한 실현의 장애"로 인식되고 만다. 즉, 로컬리티는 근대성 속에서 중심과의 대칭적 관계 속에 놓이게 되면서 항상 중심에 미달하는 주변으로 폄하되는 것이다.[11]

탈근대와 공공공간의 중층화

자본의 초국가적 활동과 IT기술의 획기적 발전은 국민국가의 경계를 넘나드는 다양한 상호관계를 심화시켰고, 이는 글로벌화와 로컬화의 동시 진행이라는 이른바 공간단위의 재영역화를 초래했다. 즉, 주권, 영토, 국민의 삼위일체로 이루어진 국민국가 시스템이 한편으로는 글로벌화의 진행과 함께 그 권력과 기능이 약화 또는 변화되어가고 있

---

11) 김용규, 「로컬리티의 문화정치학과 비판적 로컬리티 연구」, 『한국민족문화』 32, 부산대학교 한국민족문화연구소, 2008, 47쪽.

을 뿐 아니라, 다른 한편으로는 로컬화의 진행에 따라 국민국가 내부
의 지역적인 문제에 대해서도 실질적인 권력독점이 위협받고 있다. 국
민국가 단위의 위와 아래에서 진행되는 이러한 변화는 공간이 지닌 규
정력 자체에 대한 인식의 변화[12)]와 함께 현실적인 공공공간단위들의
존재방식을 변화시켰다. 글로벌화나 로컬화는 우선 국가단위의 경계를
모호하게 하고, 국가의 자율성을 제한하며, 기존에 국가가 가지고 있던
권력을 수많은 로컬, 지역, 글로벌 기관들에 나누어 준다. 이러한 과정
은 기존 국민국가의 영토성을 탈영토화하여, 새로운 복합적 층위로 공
공공간을 재영역화하는 것으로 설명할 수 있다.[13)]

이러한 변화의 과정 속에서 국민국가의 장래(강화, 후퇴, 혹은 변환)
에 대한 문제가 중요한 쟁점으로 등장했다. 여기에는 근대국가란 원래
특정한 역사적 상황 속에서 생겨난 산물이며 따라서 새로운 상황에서
는 다른 대안적인 사회조직 형태에 그 자리를 물려줄 수 있을 것이라
는 점도 포함된다. 즉, '국가와 사회의 관계를 비롯한 공공공간에 대한
그동안 논의에서 일종의 준거 틀이 되어 왔던 국민국가가 더 이상 적
합한 공공공간으로서의 역할을 하지 못할 경우 어떤 대안이 있을 수
있는가?'가 논의의 핵심이 된다. 국민국가를 초월한 새로운 권력관계
의 출현에 주목하여 앞으로는 권력이론이 국가이론을 대체하게 될 것
이라는 최근의 논의는 이러한 흐름을 잘 반영하고 있다. 새로운 권력

---

12) 글로벌화는 국민국가라는 지리적 스케일에서 벗어나는 탈영역화를 야기하며,
글로벌적 상호작용의 범위, 강도, 속도의 증가는 로컬과 지구 사이의 연계를
심화시켜 극히 로컬적인 사안이 엄청난 글로벌적 결과를 불러일으킨다. 카스
텔(M. Castells) 등에 의해 제시된 유동공간(space of flows)과 장소공간(space of
places)은 이러한 변화를 잘 설명하고 있다. Castells, M., *The Rise of the Network
Society*, Blackwell, Oxford, 1996, pp.423~428.

13) 이상봉, 「탈근대, 공간의 재영역화와 로컬·로컬리티」, 『한국민족문화』 32, 부
산대학교 한국민족문화연구소, 2008, 18~19쪽.

관계에서 작동하는 권력블록은 이제 단일체가 아니며 국가적 공간에 의해 제약되지도 않는다. 기존의 지방권력의 존재방식에 있어서 지방의 권력관계와 국가적 층위에서 제도화된 중앙권력이 중첩되어 나타났던 것과 같은 방식으로, 글로벌 네트워크 속에 열려진 국민국가의 권력은 이제 사회의 특정한 권력블록을 나타내면서 동시에 글로벌 권력블록의 이해관계와 논리에도 종속되거나 영향을 받는다.[14]

이처럼 새로운 공공공간의 존재방식은 중층성과 다원성을 특정으로 하며, 국민국가는 이제 그 가운데 하나일 뿐이다. 국민국가의 핵심 기능은 초국가적 및 국가 하위의 통치 기제에 정당성을 부여하고 그 책임성을 보장하는 것이 될 것이다. 국민국가는 의사결정 능력을 보유하고 있지만, 권력과 대항권력으로 구성된 다원적 네트워크의 일부가 되었다. 국가는 혼자서는 무력하기 그지없으며, 다수의 원천들에서 기인하는 법적 집행력을 가진 권위와 영향력으로 구성된 좀 더 광범위한 체계에 의존한다.[15] 이처럼 글로벌화와 로컬화에 진행에 따른 공공공간 재영역화의 의미는, 국민국가의 종언이나 약화를 초래한다고 단순히 규정되기보다는, 점차 중층화, 다원화되고 있는 공간구조에 대응하여 재편성되는 과정에 있다고 보아야 할 것이다. 새롭게 편성되어지고 있는 공공공간은 이전과는 다른 속성을 지닐 것이다. 새로운 공공공간은 끊임없이 변화하는 다양한 변수들을 고정적인 정체성의 공간 안에 가두어버리는 국민국가체제와는 달리, 문화적 차이를 승인하면서도 그것의 정치적 함의를 무력화시키거나 관리하려고 할 것이다. 즉, 문화와

---

14) 무력한 국민국가를 초월한 새로운 권력관계들은 특정한 정체성에 기반하여 지구적 차원의 도구적 네트워크를 통제할 수 있는 역량으로 이해되거나, 또는 지구적 네트워크의 관점에서 초국가적인 도구적 목표에 그 어떤 정체성도 굴복시킬 수 있는 역량으로 보아야 한다. Castells, M., *The power of Identity*, Blackwell, Oxford, 1997, p.305.

15) *Ibid.*, p.304.

정치 및 경제를 분할하고, 문화에는 잡종적인 차이와 그 정체성을 허용하면서도, 정치에 대해서는 일원적이고 법적인 세계표준을 강요하는 것이 그것이다.[16]

로컬의 입장에서 공공공간의 재영역화를 바라보면, 이는 특정 로컬 내에서의 흐름과 네트워크가 강화되는 것을 의미하는 것으로, 국가의 역할축소와 함께 새로운 공공공간으로서의 로컬의 역할이 강화되는 것으로 이해할 수 있다. 강상중과 요시미 순야에 따르면, 경합하는 중층적 공공공간은 4가지 차원, 즉 횡으로 네오 내셔날리즘(단일성)과 차이를 포함한 네트워크(다양성)의 축과, 종으로 전지구적 통치(글로벌)와 장소에 뿌리내린 운동(로컬)의 축으로 나누어진다.[17] 오늘날 로컬적인 공공공간과 글로벌적 공공공간의 동시적인 세력 확대는 그 중간에 있는 국가적 공공공간의 약화에 대한 위와 아래로부터의 반응이라 할 수 있다. 글로벌공간은 국민 혹은 로컬공간의 통합을 강제하기도 하고, 그것을 내부에서 무너뜨리기도 할 것이며, 국가공간은 다양한 로컬공간을 더 이상 내부에 가두어 둘 수 없을 것이다. 나아가 로컬공간은 국가공간을 뛰어 넘어 직접 글로벌 공간에 접속되어 갈 것이다.

예를 들어 도시는 초국가적 네트워크 안에서 점점 더 여러 개의 상이한 공간이 충돌하고 상호 침투하며 균열을 일으키기도 하는 혼종의 공간이 될 것이다. 이제까지 국가공간의 관점에서 주변이나 특수로 파악되었던, 로컬공간이 가진 보편성과 특수성을 다시 바라보게 하는 것이 공공공간 재영역화의 중요한 의미 가운데 하나이다. 글로벌화의 강력한 파고에 의해 국가의 규정력이 약화되면서, 로컬은 자신을 옥죄던 국가중심성에서 벗어날 수 있게 되었다. 하지만, 글로벌 자본의 직접적

---

16) 강상중·요시미 순야, 임성모·김경원 옮김, 『세계화의 원근법』, 이산, 2004, 55쪽.

17) 위의 책, 71쪽.

침투가 로컬을 더욱 유린할 가능성 또한 매우 크다. 이러한 글로벌화의 폭력에도 대항하기 위해서는, 로컬이 세계적 네트워크 체제의 기본 단위(node)가 되는 개방적인 네트워크 체제, 즉 트랜스 로컬리티의 가능성이 모색될 필요가 있다. 로컬이 중심이 되어 월경적인 교류의 중층적 네트워크를 형성하고, 그 분권화를 국가가 뒷받침하는 동시에 국가주권을 상호 공유하는 시스템을 구축해 나가는 것이다.

3. 분권과 참여의 공간

대의제 민주주의의 한계

근대의 정치원리로서의 민주주의는 국민국가라는 공공공간을 주된 단위로 한 대의제 민주주의의 형태로 작동하고 있다. 따라서 참여의 부재 또는 대표의 불균등성에 따른 정당성이나 대표성의 문제는 국민국가의 주권성과 기능에 대한 위기이면서 동시에 민주주의의 위기로 여겨져 다양한 형태의 대안적 민주주의가 제기되고 있다. 민주주의에서 주권자인 국민이 정치에 참여하는 방식은 매우 중요하다. 근대 국민국가의 형성과정에서 정착된 대의제 민주주의는 선거를 통해 선출된 대표자에 의해 권력이 행사되는 간접민주주의의 방식을 취한다. 여기에는, 민주주의의 원리인 인민주권의 실현을 위해서는 직접 민주주의가 바람직하지만, 규모, 운영방법 등 현실적인 문제점으로 인해 대의제가 불가피하다는 점이 작용하였다.[18]

---

18) 이와 관련해 베버는 직접민주주의가 규모와 관료제라는 해결하기 힘든 문제 때문에 근대사회의 조건 위에서는 불가능하다고 생각했다. 터너, 브라이언, 최우영 옮김, 『막스베버-근대성과 탈근대성의 역사사회학』, 백산서당, 2005, 308쪽. 또한 고대 플라톤과 아리스토텔레스가 말하는 민주주의가 구성원 전

하지만 그 형성과정에 주목할 경우, 대의제 민주주의의 성립에는 단순히 규모나 운영의 문제만이 아니라 근대의 기획에 관철된 사유체계, 즉 주체와 타자를 이분법적으로 분리하여 이성의 이름으로 타자를 대변하고 계몽한다는 정치적 원리가 작동하고 있음을 알 수 있다. 대의제의 형성에는 영토의 광대함과 거대인구라는 물리적 이유만이 아니라, 근대 자본주의의 특징인 노동 분업에 따른 정치(공적영역)와 경제(사적영역)의 분리라는 점도 작용하였다. 이와 관련해 시에예스(E. Sieyès)는 "사회적 국가의 공통된 이익과 조건은 통치를 하나의 특수한 직업으로 만들 것을 요구한다."고 주장하면서 아무리 좁은 국가에서조차 정치적 결합의 목적을 달성하기 위해 가장 좋은 수단은 '대의제 헌법'이라고 결론짓고 있으며, 밀(J. S. Mill)은 계몽된 소수가 다수에 책무를 갖는 대의제를 주창하면서, 의원들이 유권자들로부터 구분되는 특징은 심사숙고할 여유를 갖고 정책결정에 필요한 전문정보를 수집하는 전문적인 역할에 있다고 보았다.[19]

좀더 구체적으로 살펴보면, 대의제는 프랑스혁명 이후 공화정과 제정을 오가면서, 이른바 '이성'과 '수'의 갈등 속에서 제도화되었다. '이성'에 의해 표상되는 자유주의와 '수'에 의해 표상된 인민주권 원리의 충돌은 제한선거권과 보통선거권이라는 정치적 쟁점을 통해 표출되었으며, 정치체제와 관련해서는 입헌군주제와 공화국의 대립으로 현실화되었다. 프랑스대혁명이 억압적인 봉건적 구조들로부터 개인을 해방시켰지만, 그 이후 이러한 해방된 개인에서 출발해 국가를 형성하는 과정에서 계몽주의자들은 고민에 빠졌다. '이성'에 대한 신뢰를 바탕으로

체가 회합해서 토의할 수 있는 소규모 단위에서 가능하다고 본 것 역시 이러한 맥락에서 이해될 수 있다. 주성수·정상호 편저, 『민주주의 대 민주주의』, 아르케, 2006, 32쪽.

19) 위의 책, 14쪽.

이성에 의한 통치를 실현하고자 했던 계몽주의자들은 통제하기 힘든 개인들의 의지에 권력을 내맡겨 둘 수 없었던 것이다. 여기서 대의제의 원리는 주권자인 인민의 다양한 견해들을 어떻게 국가권력으로 대표할 것인가의 문제가 아니라, 국가이성을 바탕으로 한 국가권력이 인민들을 계몽하면서 사회를 조직해 가야 하는 원리로 전환된다. 이성의 강조, 즉 이성에 의한 계몽을 강조하는 자유주의가 정치적 평등과 인민주권의 원칙에 위배된다면, 수의 강조, 즉 계몽되지 않는 대중에 의한 민주주의는 전체주의로 이어져 오히려 자유를 억압할 수 있다는 딜레마적인 상황을 경험하면서, 대의제 민주주의는 근대를 대표하는 정치원리로 자리매김하게 된다.

이러한 과정을 거쳐 19세기 말~20세기에 접어들면, 민주주의는 독특한 현대의 형태인 절차적(형식적) 민주주의를 확립하게 된다. 절차적 민주주의에 있어서는 정치적 결정을 행하는 대표자들을 공정하게 선출하고, 그들의 권력행사를 견제할 수 있는 제도적 장치, 즉 공정선거, 보통선거권, 양심과 표현의 자유, 집회 결사의 자유, 정부에 반대할 수 있는 권리, 선거에 의한 정부교체 등의 절차에 관한 규칙이 매우 중요하다. 이러한 대의제 민주주의에서 국민의 지배라는 민주주의의 근원적 의미는 실제로 국민이 지배하는 것이 아니라, 국민이 자신들을 지배할 사람을 승인하거나 거절할 기회를 갖는다는 것을 의미할 뿐이다.

이처럼 대의제 민주주의는 보통선거를 바탕으로 한 '수에 의한 민주주의', 즉 공화정을 실현하는 기제로 만들어졌지만, 그 이면에는 이른바 '은폐된 인두세'를 통해 피지배 대중을 주변화시키고 있으며, 사실상은 주권자인 국민의 실질적 정치참여가 없는 소수의 정치가에 의한 정치를 정당화하는 논리로 작동하고 있다. 현실에서 나타난 대의제 민주주의는 정치참여를 주로 선거에서의 투표 참여로 국한시켜 이해했으며, 이 경우 정치참여는 대의정부 구성을 위한 메커니즘에 지나지 않는다. 게다가 보통선거 실시에 대한 요구를 중심으로 정치참여에 대한 욕구가 분출하던 20세기 초를 지나, 이러한 선거를 통한 정치참여마저 현저히 줄어드는 이른바 '탈정치화'의 상황을 맞이하게 되면, 대의제 민주주의는 그 정당성과 기능의 측면에서 심각한 위기에 직면하게 된다.

따라서 '현존하는 민주주의', 즉 국민국가와 결합한 대의제 민주주의를 전제로 한 다양한 대안적 민주주의의 형태들이 제시되게 되는데, 그 가운데 대표적이라 할 수 있는 것이 참여(풀뿌리)민주주의, 결사민주주의, 심의민주주의 등이다. 이러한 논의들은 말 그대로 각기 대의제 민주주의가 노정한 결함, 즉 참여부재와 불균등, 형식적 절차주의라는 현상에서 그 대안의 단초를 찾으려고 하고 있다.

국가단위의 대의제 민주주의가 드러내는 한계는 대의제라는 대표방식과 국가라는 정치단위의 문제로 나누어 살펴볼 수 있다. 우선 대표방식, 즉 누구에 의해 무엇을 대표할 것인가라는 문제와 관련하여, 정치가 이루어지는 공공공간을 국가에 의한 공적(서비스)영역으로 좁혀가면서 정당 등 제도적 장치에 의한 대표에 치중했던 대의제의 대표방식은, 1960년대 후반 이후 서유럽에서 활발히 전개된 이른바 '신사회운동'이 제기한 환경, 젠더 등의 다양한 일상의 쟁점이 표출되자, 이들 쟁점을 정치영역으로 받아들이는데 성공하지 못했다. 이처럼 정치공간에서의 쟁점과 일상의 쟁점이 괴리되면서, 정치공간은 소수의 엘리트에 의해 지배되면서, 한편으로는 대표되지 못하고 소외되는 사람들이 증가되고 다른 한편으로는 대표 원리를 통해 사회적 갈등을 조정·통합한다는 정치의 제1차적인 기능수행 역시 어려워지는 상황이 발생한다. 이러한 기능저하는 국가라는 정치공동체 단위가 지닌 통합력에도 균열을 일으키고 있다. 앞서 살펴본 바대로 국가공간은 이제 중층적인 공공공간들 가운데 하나로 그 위상이 상대화되고 있다. 토플러가 주장한 바와 같이, 종래 공공공간의 기본 단위였던 국가는 지역의 특수성 때문에 중앙정부가 다루기 힘든 문제를 지방중심의 공동체로 그 권한을 이양하고, 국가단위에서 감당하기 힘든 큰 문제들은 국제규모의 조직에 그 해결을 이관하는 추세의 강화에 의해 그 권력이 위축되게 된다.[20] 기존의 대의제 민주주의에 대한 대안적 민주주의를 모색함에 있어 이러한 공간단위의 변화를 감안하지 않는다면, 그 대안은 국가단위 대의제 민주주의의 연명을 위한 미봉책의 대안에 거치거나, 아니면 현실성을 결여한 담론 차원의 급진적인 제안에 머무를 가능성이 크다.

대안적 민주주의와 로컬공간

우선, 유력한 대안적 민주주의의 하나인 참여 민주주의에 대해 살펴보자. 현실 정치에서 지방분권화와 함께 다양한 형태의 참여 민주주의가 대두하게 된 것은 대의제 민주주의가 시민의 정치적 참여와 인민주권의 원리를 제대로 실현하지 못했다는 비판에서 비롯된다. 1960년대 신좌파 운동으로부터 본격화되기 시작한 현대적 참여민주주의 이론은 자유주의에 대한 마르크스주의적 비판에 기초하여 참여민주주의 형태를 탐색하기 시작한 맥퍼슨에서 출발하여, 1970년대의 페이트만, 다알, 클레이머, 1980년대의 바버와 굴드 그리고 1990년대의 바하라하와 보트위닉을 거치면서 이론적 정교화의 과정을 거쳤다.[21] 이들의 참여민주주의 이론은 직장, 학교, 행정, 환경 등 다양한 삶의 영역에서 분출하고 있던 집단적 불만과 소외감의 해소 기제로서의 '참여'에 주목하여, 참여를 단순히 대의정부 구성을 위한 메커니즘으로 국한시켜 이해했

---

20) Toffler, A., *The Third Wave*, New, York : William Morrow & Co, 1980, p.349.

21) 이에 관해서는, 김비환, 『포스트모던 시대의 정치와 문화』, 박영사, 2005, 178쪽 참조.

던 대의제 민주주의 이론에 중대한 도전을 가했다.

그것이 국가단위의 대의제 민주주의가 드러낸 결함을 기능적으로 보완하기 위한 것이든,22) 아니면 행위주체 또는 사회적 존재로서의 개인의 본질에 근거한 존재론적 추론의 결과이든,23) 참여 민주주의는 규모 또는 단위의 측면에서 로컬공간과 밀접한 관련을 맺고 있다. 우선, 참여에 필요한 덕성 있는 시민은 로컬단위에서 양성되어져야 한다는 논의가 있다. 지역사회의 당면문제에 대한 참여는 교육적 효과가 뛰어나기 때문에, 국가단위 정치에의 참여를 최종 목표로 삼는 논의에서도, 참여에 필요한 자질들은 로컬수준에서 먼저 계발될 필요가 있다는 점이 지적되고 있다. 로컬수준에서 자신의 삶에 직접적으로 영향을 미치는 일상의 문제들의 해결에 직접 참여할 기회를 가지게 되면 그 학습효과가 좀 더 큰 단위로 이어진다는 것이다. 이와 관련하여 콜(G. D. H. Cole)은 "개인들이 근대정치의 거대한 메커니즘을 통제할 수 없는 이유는 사회가 너무 거대해서라기보다는 더 작은 단위 결사에서 자치의 기본 원리들을 배울 기회가 없었기 때문"이라고 본다.24)

로컬을 참여민주주의를 위한 교육의 장으로 보는 논의와는 별도로, 참여민주주의의 장으로서의 로컬공간의 적극적인 의미는 새로운 공공영역, 즉 민주적 공론장의 창출과 관련되어 있다. 참여와 토의가 이루어지는 공론장으로서의 공공영역에 대해 논의하기 위해서는 잠깐 하버마스(J. Habermas)의 주장을 참고할 필요가 있다. 하버마스에 따르면, 근대 초에 출현한 '부르주아 공공영역'은 계몽사상의 이성에 대한 신

---

22) 밀은 지역수준에서의 참여를 통하지 않고서는 국가수준에서의 보통선거권과 정치참여는 별로 의미가 없다고 지적한다. 위의 책, 164쪽.
23) 참여 민주주의자들은 참여 민주주의의 사상적 원천을 주로 공화주의에서 찾고자 한다. 위의 책, 204~206쪽.
24) 위의 책, 186쪽에서 재인용.

뢰에 기반한 것으로, 일반적인 정치적 관심사항이 논쟁되는 열린 공간이었다. 그러나 이러한 공공영역에 시장과 상품관계가 침투하면서 '이성'은 '소비'로 변형되게 되고, 그 결과 공공영역은 기술적 정보와 상대적 역학관계에서 우위에 있는 기업과 관료와 같은 대규모조직에 의해 조작되게 된다. 공공영역을 조작의 공간으로 바꾸어버리는 이러한 왜곡에 대하여, 『공공성의 구조전환』(1961)에서 아직 고갈되지 않은 '비판적 공개성'의 잠재력을 발굴하여 그것을 '조작적 공개성'이라는 추세에 대항시킨다는 처방을 내린 하버마스는, 『사실성과 타당성』(1992)에 와서 거대 조직인 행정 시스템과 경제시스템으로부터 상대적인 자율성을 유지하는 '자율적 공공권(시민포럼, 시민운동, 자원봉사단체 등)'을 중시하는 대안을 제시한다.[25] 공공영역의 이상적 형태를 합의를 형성해가기 위한 토의의 공간으로 파악하는 하버마스는 초기의 '부르주아 공공권'에 대한 주목에서 나중에 '자율적 공공권'의 강조로 그 중점을 전환하였지만, 국가라는 단위와 이성중심주의의 연장이라는 한계를 넘어서지는 않는다.

여기서 하버마스가 말하는 부르주아 공공영역은 절대주의 공권력과 교회와 같은 문화적 권위에 대항하면서 나타났지만, 그 이면에 로컬이나 하층민과 같은 보다 열등한 공공영역을 억압하고 배제하는 등질적인 공간으로 상정되고 있다. 따라서 이성과 합의를 강조하는 하버마스의 주장은 다양성과 차이를 억압한다는 점에서 리오타르와 같은 포스트모던 이론가들의 줄기찬 비판의 대상이 된다. 이들은 '공약 가능한

---

25) 정치적 공공성을 담당하는 것은 이미 조직화된 집단의 구성원이 아니라 자발적으로 결사에 모인 모든 개인이라는 하버마스의 전환은, 이성을 공공적으로 사용하기에는 지나치게 두터워진 조직에 대한 재인식과 함께, 1960년대 말 이후 진행된 대항문화 및 신사회운동에 대해 인식하게 되었기 때문이다. 사이토 준이치, 윤대석 · 류수연 · 윤미란 옮김, 『민주적 공공성』, 이음, 2009, 52쪽 참조.

것'의 형성을 강조하는 하버마스의 주장에 대해 '공약 불가능한 것'의 창출과 발견을 주장하면서, 제도적인 의사소통의 양식에서 벗어나 맥락에 따른 복수의 양식(토의, 수사, 이야기, 인사말 등)에 대해 인식하는 것이 중요하다는 점을 역설한다.[26]

하버마스의 논의가 기존의 국가단위의 틀 내에서 '합리적 의사소통 방식'을 추구함으로써 대의제 민주주의의 당면위기에 대응하고자 한다면, 한편에서는 통합유럽이나 국제레짐과 같은 트랜스내셔날한 공동체에서 그 대안을 찾는 시도도 있으며, 또 다른 한편에서는 로컬차원의 데모스를 창조 또는 부흥함으로써 위기에 빠진 민주주의를 구하려는 논자도 있다. 그리고 기존의 제도적 장치 속에서 정치공동체의 단위나 주체의 변화를 통해 위기에 대응하는 이 같은 입장과 달리, 위기를 새로운 기회로 삼아 제도화된 공공영역이 아닌 비제도적 시민사회에 주목하여 이를 '하위(sub) 정치'나,[27] '민주주의의 제2의 회로'라는[28] 새로운 영역으로 제시하려는 시도들도 있다. 여기서 주목할 점은 정치가 이루어지는 공공영역을 이성과 제도에 의해 작동되는 의사결정과정으로 제약해온 대의제 민주주의와는 달리, 로컬공간은 일상생활에서 드러난 모순과 갈등을 주민 스스로 해결하려는 '실질적 참여'를 지향한다는 점이다. 로컬단위의 공간시스템은 국가단위의 관리시스템이 지닌 한계, 즉 시스템의 거대화와 불투명화, 지나친 전문화와 규제, 주민의 관여를 억제하려는 경향을 극복할 수 있다는 점에서 공통의 문제를 처리하기 위한 최적의 시스템으로 기능한다. 신변의 문제를 적은 노력으로 정치적으로 해결할 수 있는 장을 가지는 것은 매우 중요하다. 로컬

---

26) 위의 책, 57쪽.

27) Beck, U., *The Reinvention of Politics*, Polity Press, 1997, pp.94~109.

28) 篠原一, 『市民も政治學 : 討議デモクラシーとは何か』, 岩波書店, 2004, 108쪽.

공간은 그 공간에 함께 거주함으로써 발생하는 다양한 공통문제 처리를 위한 시스템을 중요한 구성요소로 하여 성립한다. 로컬공간을 사람들이 태어나서 성장하는 현장으로 본다면 육아나 교육, 돌봄(care) 등은 매우 중요한 공공의 문제이다.[29]

인간주체에 있어 제1차적인 공공공간은 '생명의 보장'을 위한 다양한 활동이 타자와의 사이에서 이루어지는 공간이다. 거기에는 의·식·주와 관계된 활동은 물론이고, 낳고, 기르고, 늙고, 병들고, 죽는 것에 관계된 모든 활동도 포함된다. 중층적 공간단위로서의 로컬공간은 이에 부합하는 공간이다. 나아가 인간주체에게는 이 같은 생명의 보장과는 다른 위상도 있다. 그 하나는 '주체가 타자와 공유하는 세계'에 관련되는 것이다. 그것에 대응하는 공공성의 차원은 공통의 세계가 어떠해야 하는가를 둘러싼 의견, 특히 규범의 타당성(정의)에 대한 판단을 서로 교환하는 의사소통이다. 집합적인 의사결정을 회피할 수 없는 이 차원에서는, 당면한 합의를 형성하는 것이 주된 목적이며, 국가적 공공공간은 이에 부합한다. 더 나아가 주체에게 요구되는 공공성은 이러한 생명의 보장이나 공통의 세계에 대한 규범적 합의만으로 끝나지 않는다. 새로운 가치나 삶의 양식을 표현하는 것과 관계된 '미래의 세계에 대한 제시'가 이루어지는 담론의 공공공간이 필요하며,[30] 이는 국가공간을 넘어서는 새로운 공공공간의 창출과 부합한다. 대안적 공공공간이란 기존의 국가적 공공공간을 대체할 그 무언가라기 보다는 중층화하는 공공공간의 변환 속에서 각 층위간의 새로운 자리매김과 관계 맺기로 보아야 한다.

---

29) 森岡清志, 『地域の社會學』, 有斐閣, 2008, 57쪽.

30) 그것은 '윤리로서의 정치'라고 할 만한 요소도 포함할 것이다. 이는 푸코가 '도덕규범'과 대비되는 의미에서 '윤리(존재의 기술이라고 부른다)'라고 부르는 것이다. 사이토 준이치, 앞의 책, 117쪽.

4. 생활정치와 거버넌스의 공간

생활정치와 풀뿌리 민주주의

앞서 살펴본 공공공간의 '단위'와 밀접하게 관련되면서, 주체와 운영원리 측면에서의 새로운 대안적 정치원리를 창출하고자 하는 논의가 이루어지고 있다.[31] 바로 '생활(일상)정치'와 '거버넌스'에 대한 관심이 그것이다.

앞서 간략하게 언급한 바 있지만, 근대성의 부정적인 결과에 대한 성찰과 함께 다양한 사회적 요구가 분출되면서, 대의제 민주주의에 바탕을 둔 국가의 기능은 크게 약화되었다. 즉, 다원화된 정체성들을 바탕으로 시민사회가 중심이 되어 국민국가에 대해 새로운 요구들을 계속 던지지만, 국민국가는 이러한 요구들에 대해 제대로 대응하지 못하고 무기력해지게 된다.[32] 이러한 위기상황에 직면한 국민국가가 대응하는 방식 가운데 하나가 국가권력의 일부를 로컬에 나누어 주는 이른바 분권화이다. 정치가 일상생활로부터 유리되면서 발생한 참여의 부재와 그에 따른 정당성의 위기를 해소하기 위해, 일상생활의 문제를 관리하는 책임을 로컬 단위에서 맡도록 허용한다는 의미이다. 그러나

---

31) 달마이어는 근대적 대표성 원리의 제약성을 탈피할 수 있는 보완책으로 실질적 참여의 기초가 되는 공공영역의 필요성을 강조하고 있다. 홍원표, 「정치적 탈근대성과 정치공동체 : 배제, 과잉, 균형의 정치」, 『한국정치학회보』 31-1, 한국정치학회, 1997, 23쪽. 또한 이와 관련하여, 페이트만(Pateman)은 '정치적인 것(the political)'을 국가정부 및 지역정부에 국한시키지 않고, 생활의 일상 수준까지-최소한 그 가능성에 있어서- 확대시킴으로써 인간의 일상생활과 정치를 결합시켜줄 수 있는 참여민주주의 정치이론을 제시하고 있다. 김비환, 앞의 책, 191~194쪽.

32) 이러한 상황을 하버마스는 '정당성 위기'라고 불렀고, 리처드 세네트는 민주주의 시민권의 초석인 '공인(public man)의 몰락'이라고 불렀다. Castells, *Ibid.*, p.271.

일단 권력의 분권화가 진행되면, 로컬정부는 자신의 주민과 지역에 관계된 문제들에 대해 주도권을 장악할 수 있고, 나아가 국민국가를 넘어 글로벌 시스템의 변화에 대응한 발전전략을 직접 추구하게 되면서 자신들의 모체였던 국민국가와 경쟁하는 상황에도 이르게 된다.

이처럼 분권화나 참여 민주주의는 국가권력이나 대의제 민주주의의 기능 약화에 대한 보완의 의미로 진행된 측면이 적지 않다. 하지만, 다른 한편에서는 참여와 분권을 기존의 대의제 국민국가체제를 극복하기 위한 대안적 정치원리로 인식하려는 경향이 나타나며, 그 구체적인 형태의 하나가 풀뿌리 민주주의이다. 풀뿌리 민주주의 역시 분권을 주장하지만, 그것은 실현을 위한 전제일 뿐 궁극적으로는 대의제 민주주의의 극복을 과제로 삼는다. 지금 당장 현실의 대의제 민주주의를 완전히 대체하기 보다는 적어도 또 하나의 대안적인 질서를 지향한다는 의미에서 그러하다.

풀뿌리 민주주의에서는 대의제 민주주의에서 배제되거나 소외되어 온 서벌턴이나 생활인이 자기 목소리를 주장하며 정치의 주체로 등장한다. 이들은 자신들의 발언권을 상실케 했던 기존의 제도적 정치공간과는 다른 생활공간을 새로운 공공공간으로 만들어나간다. 풀뿌리민주주의는 생활(자)정치, 즉 매일 매일의 일상에서 드러나는 모순과 갈등을 생활자로서의 시민 스스로가 해결해나가면서, 이를 통해 그 존재성을 회복하려는 포괄적인 삶의 정치인 것이다. 여기서 생활자 시민이라는 말에는 자신의 문제를 자신의 생활과 분리된 외부의 장치에 의존해 해결하려는 것이 아니라, 자신이 살고 있는 일상생활의 장에서 이루어지는 실천 활동을 통해 해결하려는 의지가 포함되어 있다.[33] 이처럼 풀뿌리민주주의는 정치와 경제, 사회라는 영역을 따로따로 구분하지

---

33) 요코다 카쓰미, 나일경 옮김, 『어리석은 나라의 부드러우면서도 강한 시민』, 논형, 2004, 104쪽.

않고 총체적인 삶의 변화를 지향하며, 제도화된 틀만이 아니라 그 틀로 제한되지 않는 운동의 정치를 강조한다는 점에서, 주민발안이나 주민투표와 같은 대의제 민주주의에 기반한 참여민주주의와는 차이가 있다.

이처럼 생활정치로서의 로컬공간의 의미를 고려할 경우, 친밀권(親密圈) 개념에 주목해 볼 필요가 있다. 공공성에 관한 선도적인 연구자인 아렌트(H. Arendt)는 친밀권을 '사회적인 것'의 위력, 그 획일주의의 힘에 저항하기 위한 공간, 즉 잃어버린 공공적 공간의 '대상(代償)공간'으로 파악한다. 공공권이 사람들 '사이'에 존재하는 공통의 문제에 대한 관심에 의해 성립하는 데 반해, 친밀권은 구체적인 타자의 삶이나 생명에 대한 배려에 의해 형성·유지된다는 점에서 본질적으로 차이가 난다. 하지만 친밀권은 새로운 공공권 창출의 계기가 될 수 있다. 1990년대 후반부터 각지의 로컬공간에서 일어나고 있는 풀뿌리 민주주의를 위한 실천들은 그 대부분은 주민들 사이의 '대화의 친밀성'에서부터 시작된 것이다. 친밀권의 공공성은 기존의 문화적 코드를 재생산하기 십상인 '시민적 공공성'의 의사소통으로부터 구별된다. 타자에 대한 완전한 이해를 포기하는 것, 타자가 타자로서 존재하는 것을 긍정하는 것, 관심을 기울이면서도 일정한 거리를 두는 것, 친밀권은 그러한 타자와의 느슨한 관계의 지속도 가능하게 한다.[34]

체제 또는 제도에 대비되는 의미에서의 일상에 주목하려는 풀뿌리 민주주의의 경향은 포스트모더니즘의 흐름과 상통한다. 혁명적 정치에서 생활의 정치로, 노동과 생산의 담론에서 여가와 소비의 담론으로, 정치담론에서 문화담론으로의 전환을 지향하는 포스트모던적 질서는 체계의 메커니즘에 의해 식민화된 생활세계의 복권에 중요한 의미를

---

34) 사이토 준이치, 앞의 책, 110쪽.

부여한다. 현대사회의 권력현상을 분석하기 위해서는 권력을 중앙집권적 국가권력으로 규정하기보다 사회의 풀뿌리 수준에서 작용하는 힘의 관계로 개념화하고, 이와 같은 로컬공간에서 작용하는 권력과 저항의 역학관계, 특히 시민의 일상적인 행동양식과 태도, 그들의 행위, 그들의 신체에 작용하는 권력의 전술과 전략에 분석의 초점을 두어야 한다는 것이다.[35] 근대적 의미의 정치영역, 즉 공적영역과 사적영역의 엄격한 분리에 기반한 공적영역으로서의 정치는 현대사회의 다양한 문제들을 제대로 담아내지 못한다. 현대사회를 살고 있는 사람들의 집합적 행위의 대부분은 일상의 경험과 관계된 것이라는 점에서는 정치 이전의 문제이며, 기존의 정치적 틀로 담아낼 수 없다는 점에서는 정치를 넘어선(meta-political) 문제이다. 따라서 정치적 영역이나 정치의 위상변화를 통해 이러한 문제들을 담아내야 한다. 즉, 일상적인 영역과 미시정치의 영역으로 정치적인 영역을 확산시켜가야 한다.

이와 관련하여 제임슨(F. Jameson)은, 포스트모던적 현상 가운데 가장 의미심장한 것 가운데 하나가 다양한 소집단적, 비계급적, 정치적 실천 행위와 같은 '미시정치의 등장'이라고 주장한다.[36] 또한 '미시정치'는

---

35) 이는 푸코가 말하는 '미시권력'과 상통하며, 국가는 일련의 권력관계의 그물망 위에 존재하는 상부구조이며, 실제로 인간의 육체를 규제하는 것은 사회 전체에 퍼져 있는 섬세한 권력의 그물망일 뿐이다. 여기서 생활세계는 국가와 자본이라는 수직적인 거대권력과 개인에게 수평적으로 작용하는 다양한 일상적 권력이 교차하는 공간이다. 오재환, 「일상 생활의 구조와 생활정치」, 『사회조사연구』 11-1, 부산대학교 사회조사연구소, 1996, 98쪽.

36) 하지만 제임슨은 신사회운동의 등장이 계급이나 계급갈등의 소멸을 의미하지는 않는다고 본다. 그는 신사회운동이 체제 자체가 만들어 낸 체제의 새로운 단위인가? 아니면 체제에 저항할 새로운 역사의 대리인인가? 라는 질문을 던지면서, 신사회운동과 같은 부분적이고 제한된 운동을 통해 적극적인 정치 참여를 하면서 동시에 총체적이고 체계적인 사회이론을 지속적으로 개발하는 것이 가능하다고 보기 때문에 둘 중 하나를 선택할 필요는 없다고 본다 (홀, 앞의 책, 295~297쪽).

이른바 '문화정치'에 주목한다. 문화는 예술적, 시적 표현과 같이 일상생활의 모든 실천들에 내면화되어 있으므로 거시정치에서의 국가, 계급, 이익집단과 같은 개념적 매개를 필요로 하지 않는다. 대신 끊임없이 변화하면서 균형적인 관계를 만들어내는 관계망, 즉 '차이와 동일성', '사적영역과 공적영역', '시민사회와 국가' 등의 이항적 대립관계를 넘어서 작동하는 다차원적 관계망에 주목한다.[37]

참여를 기반으로 한 생활정치가 대안적 정치의 장을 여는 가능성을 가진다면, 이러한 생활정치가 이루어지는 일차적인 토대는 로컬공간에서 이루어지는 자치에서 찾을 수 있다. 일반적으로 공동체의 규모가 커질수록 참여를 통한 정치과정에 장애가 될 수 있다.[38] 즉, 총회를 통한 의사결정의 범위를 넘게 되어 대의원을 선출하는 순간, 그 대의원들은 풀뿌리와 분리된 대표자들로 전화할 수 있다는 것이다. 브라질 뽀르뚜알레그리의 '참여예산제'나 일본 가나가와 네트의 '대리인 운동' 등 대표적인 풀뿌리 정치운동의 주창자들은 대의원을 선출된 공직자라는 고전적인 의미의 대표자가 아니라 주민의 감시와 통제를 받는 대리인에 불과한 것으로 규정함으로써 대의제와 참여제의 상호모순을 해결하려 하고 있다. 추첨[39]을 통한 대의원 선정이나 기간 제한[40] 등

---

37) 이성화, 「포스트모더니즘과 미시정치학-푸코의 계보학」, 『한국정치학회보』 28-1, 한국정치학회, 1994, 347쪽.

38) 뽀르뚜알레그리에서의 경험에 의하면, 5만 명 이하의 주민이 사는 지구(地區)의 참여율이 5만 명에서 15만 명의 주민이 사는 지구들보다 4배 더 높게 나타난다. 그레·생또메, 김택현 옮김, 『뽀르뚜알레그리 새로운 민주주의의 희망』, 박종철출판사, 2005, 128쪽.

39) 추첨은 대중들의 회의체와 더불어 아테네식 직접민주주의의 제2의 기둥이다. 고대 아테네에서는 필요한 7백 개의 직무 중에서 약 6백 개가 추첨으로 충원되었으며, 당시 이러한 방식은 선거보다 더 민주적이라고 간주되었다. 마리옹 그레와 이브 생또메는 추첨방식으로 상원의원을 임명한다면 엘리트에 의한 배타적 대표성 독점을 해결할 수 있을 것이라고 주장한다. 위의 책, 203쪽.

은 그 구체적인 방법의 하나이며, 그것이 실현되기 위해서는 쟁점의 공유와 대표하는 자와 대표되는 자 간의 인접성이 요구된다. 이 점에서 보면, 로컬공간에서 이루어지는 정치는 국가공간과는 달리 생활의 영역과 정치적 대표 사이의 직접적인 연계가 존재한다. 선출된 관리들은 누가 누군지 알려져 있으며 인격적 기반에 근거하여 통제될 수 있다. 또한 생활세계는 관리보다는 자치가 중요한 문제가 되며, 따라서 집권이 아니라 결정권을 분산시키는 분권이 중요한 문제가 된다. 분권은 참가의 기회를 확대시키며, 참가기회는 자치능력을 키우기 때문이다.

로컬 거버넌스

기존의 국가중심의 대의민주주의 틀 내에서 이루어진 지방정치는 중앙정치와 마찬가지의 통치방식, 즉 선출직 관리자와 시민 일반간의 선거를 통한 정치적 연대에 의해 작동하였다. 하지만 주체와 쟁점영역에 있어서의 대안추구는 새로운 공동체 운영원리의 모색으로 이어진다. 즉, 전통적인 지방정치에서 정부와 주민간의 정치적 합의를 기초로 한 거시적 통치구조가 중요했다면, 이른바 '로컬 거버넌스'의 지방정치에서는 분야별로 인력, 노하우, 자본, 기술, 서비스 등을 동원하고 조정하는 파편화된 미시적 통치구조가 중요해진다.[41] 앞서 살펴본 공공공간의 재영역화와 관련해 보자면, 글로벌화는 로컬이라는 공공공간의

---

40) 일본의 '가나가와 네트'는 의원직이 특권화 하는 것을 막기 위해 의원 임기를 2기(8년)으로 제한하고 있다. 2003년 현재 가나가와 네트 소속 지방의원 수는 현(縣)의회를 포함해 16개 자치단체 28개 선거구에 44명이 있다. 요코다, 앞의 책, 180~187쪽.

41) 조명래, 「지구화, 거버넌스, 지방정치」, 『도시연구』 8, 한국도시연구소, 2002, 219쪽.

상대적 위상뿐만 아니라 그 통치방식과 계급적 성향에도 심대한 변화를 초래하며, 그 변화는 거버넌스라는 새로운 통치방식(운영원리)을 매개로 나타나는 것이다.

거버넌스의 원리는 사회체계를 거시적으로 구성하는 국가의 방식과 시장의 방식, 지구적인 방식과 지방적인 방식, 전체적인 방식과 개별적인 방식을 통합하면서 미시적으로는 다자간 조정 협력의 파트너십을 달성하는 방식을 주로 활용한다. 이 같은 원리에 기반한 거버넌스는 국가와 사회 간의 분리를 바탕으로 하던 기존의 국가주도적 체계를 허물고, 국가, 시장, 시민사회 전 영역의 행위자들이 수평적으로 결합하면서 상호 조율하는 네트워크 체계를 만들어 내는 데 중요한 특징을 가지고 있다. 거버넌스에서는, 기존의 국가 또는 시장 주도적 통치체제와 대비되는 의미에서, 시민사회영역이 상대적으로 중요한 의미를 지니며, 특히, 푸트남(R. D. Putnam) 등에 의해 '사회적 자본'이라는 용어로 개념화된 지역사회의 사회제도적 인프라가 강조된다. 사회적 자본이란 신뢰와 호의적 연대의 창출 네트워크와 같은 제도적 하부구조를 의미하며, 인적 물리적 하부구조에 대한 투자를 보완하고 전통적인 지역사회에 기반한 자원을 동원할 수 있도록 한다. 새로운 '지역르네상스'를 불러오고 있는 사회적 자본은 지역에 기초한 행동 관습과 규칙, 나아가 좀 더 일단의 제도들을 포괄하는 지역 특정적 자산으로 간주된다. 이러한 점에서 사회적 자본은 "지역 수준에서 가장 잘 발달할 수 있다. 왜냐하면 규칙적인 신뢰 형성이 시간 경과에 따라서도 지속될 수 있는 수준이기 때문이다."[42)]

펑(A. Fung)과 라이트(E. O. Wright)는 거버넌스의 구조와 프로세스의 다양성을 설명하면서, 기존의 톱-다운형 정치구조에서 참가형구조로,

---

42) Morgan, K., "The learning region : institutions, innovation and regional renewal", *Regional Studies* vol.33, 1997, p.501.

그리고 적대정치(adversary politics)에서 협동정치의 프로세스로의 전환이 필요함을 주장하고, 이를 임파워-참가형 거버넌스(empowered participatory governance)라는 형태로 제시하고 있다.43) 이들은 여기서, 기존의 국가단위의 대의제 방식, 즉 적대정치의 통치방식에서는 잘 조직된 이익단체나 엘리트가 조직되지 않은 약자나 일반시민에 비해 큰 영향력을 발휘할 수밖에 없으며, 임파워-참가형 거버넌스는 로컬레벨에서 잘 작동한다고 본다. 인파워-참가형의 조직은 로컬적 지식이나 거리 레벨의 실무가 및 관리자를 망라한 문제해결의 촉진자로서의 능력을 필요로 한다. 거버넌스를 외치기는 쉽지만, 참가하는 다양한 주체들, 특히 일반시민이나 조직되지 않은 약자의 실질적 영향력이 확보되지 않으면, 그것은 보여주기 위한, 형식적 합리화를 위한 제도에 그치기 쉽다. 전문지식이 부족한 일반시민이나 조직되지 않은 약자들이 자유롭게 참가하여 심의할 수 있는 일상정치의 영역이야말로 거버넌스의 공간이라 할 것이다.

국가-시장-시민사회 간의 통합적 조절체계로서의 거버넌스는 전지구화와 로컬화의 동시적 전개 속에서 로컬공간의 단위에서부터 국가적, 초국가적 단위 모두에 걸쳐 작동한다는 데 또 다른 특징이 있다.44) 거버넌스의 이 같은 특징은 글로벌화의 진전에 따라 기존에 국가가 행하던 역할과 기능이 한편으로는 글로벌 차원과 로컬 차원으로 분산(국가의 공동화)되고, 다른 한편으로는 국가 부문에서 비국가(시민사회) 부

---

43) Fung, A. & Wright, E. O. eds., *Deeping Democracy : Institutional Innovation in Empowered Participatory Governance*, London and New York : Verso, 2003, p.262.

44) 메타 거버넌스는 범지구적 일상과정을 미시적인 차원에서부터 거시적인 차원을 통합·조정하는 기제들의 전체적인 구성으로 작동한다. 이러한 메타 거버넌스 중에서 지방적 스케일로 작동하는 것이 로컬 거버넌스이며, 이는 지방적 스케일에서 국가-시장-시민사회가 상호 조율되는 메조 거버넌스에 해당한다. 조명래, 앞의 글, 216쪽.

문으로 수평적으로 확산(탈국가화)되는 변화로 인해, 근대사회를 구성해 왔던 제도적 조절자들 간의 권력관계 전반이 거시적으로 재조직된 데 따른 결과이다. 여기서, 시민사회가 일상의 활동이 전개되는 로컬공간을 주된 배경으로 한다면 시장은 자본 활동의 글로벌화에 의해 마련된 초국가적 공간을 주된 배경으로 한다. 이 점에서 시민사회 영역과 사회적 자본의 중요성을 강조하는 거버넌스는 로컬공간 친화적이다. 또한 글로벌화의 진전에 의해 국가의 역할이 위축되게 되면 일차적으로 로컬의 시민사회가 그 대안적인 정치의 공간으로 모색되게 된다.

5. 장소성과 저항정체성의 공간

장소성과 혼종성

공공공간의 중층화와 다원화가 진행되고 있는 탈근대적 공간의 변화를 카스텔(M. Castells)은 '유동공간(space of flows)'과 '장소공간(space of places)'의 개념을 통해 설명한다.[45] 여기서 자본과 기술, 인적자원 등의 국가간 이동과 교류의 확대를 바탕으로 형성되는 유동공간이 탈영역적인 특징을 가지는 데 비해, 장소공간은 특정 장소가 가지는 영역성, 정체성, 고유성을 나타낸다. 탈근대적 공간 변화의 특징은 유동공간을 중심으로 동질성이 확산되면서도, 특정 장소의 고유성이 작용하여 동질성 속의 차이를 만들어 낸다는 것이다. 이러한 두 공간적 논리의 분리는 사회를 지배하는 메커니즘으로 작동한다. 특징적인 것은 오늘날 권력, 부, 정보를 집중시키는 가장 지배적인 과정들은 유동공간을 중심

---

45) Castells, *Ibid*., pp.423~428.

으로 조직되지만, 가장 인간적인 경험과 의미는 여전히 장소 공간, 즉 사회적 의미가 구성될 수 있고 정치적 참여와 통제가 이루어질 수 있는 로컬공간에 기반을 두고 있다는 것이다.

글로벌화의 진전과 함께 유동공간의 확산, 즉 공간의 유동성이 가속화될수록 사람들이 느끼는 공간적 정체성은 일상생활이 이루어지는 로컬공간의 장소를 중심으로 복귀하는 경향 또한 두드러지고 있다. 유동공간이 장소가 지닌 특성들을 포섭하고 등질화시켜 나가는 반대편에서 로컬공간은 새로운 정체성의 기반으로 새롭게 자리매김 되고 있다는 의미이다. 여기서 정체성의 공간으로서의 로컬공간은 국민국가 체제의 하부에 위치하는 단순한 행정적 단위나 공공서비스 공급을 위한 기능적 단위가 아니며, 자율적인 주체들의 삶이 이루어지는 상대적으로 독립된 자기완결적인 단위(사회구성체)로 인식된다. 국가나 글로벌적 유동공간과 같은 거시적이고 추상적인 공간에서는 체계나 구조의 힘이 크게 작용한다.

이에 비해 일상생활이 이루어지는 미시적이고 구체적인 공간인 로컬공간에서는 개체의 존재가 확인되고 또한 상호 간에 호명이 허용된다. 앞서 살펴본 바와 같이, 탈근대적 공간의 주요 특징을 탈중심화나 탈구조화로 본다면, 로컬공간은 탈근대적 공간으로서의 가능성을 내재하고 있다. 물론 글로벌한 자본과 권력의 강력한 힘에 의해 로컬공간은 또 다시 수동적으로 포섭·배제되어질 가능성이 매우 크다는 점은 부정하기 힘들다. 다만, 여기서 가능성에 주목하는 것은 신자유주의적 글로벌화의 힘이 강력하고 폭력적인 만큼 그 대안을 찾는 노력도 절실하게 요구되어진다는 의미에서이다.

개인의 국민적 정체성이 국가적 경험과 상황 속에서 형성되듯이, 로컬 정체성도 로컬적 경험과 상황을 반영한다. 즉, 일정한 지리적·사회적 공간으로서의 로컬은 거기에 살고 있는 주민들로 하여금 지역을 매

개로 사고와 행위에 일정한 경향성을 갖게 하는 이른바 '로컬 정체성'
을 갖게 한다. 여기서 로컬 정체성이란 특정 로컬의 지리적 입지와 같
은 환경적 조건, 역사적 경험이나 전통, 그리고 주민들 간의 사회적 관
계 등이 복합적으로 작용하면서, 전체적으로 다른 로컬과 대비 또는
경쟁하는 과정에서 만들어진다. 로컬이 상대적으로 자기완결적인 단위
가 된다는 의미는, 로컬정체성이 한편으로는 전체(국가 또는 글로벌)와
의 관계에서 기능적으로 분화된 특정 로컬의 공간적 특성을 반영하면
서, 다른 한편으로는 내부적인 계급구조나 권력관계 등 다양한 사회적
관계가 발현된 결과라는 의미이다.

  국가공간 또는 국민적 정체성이 포섭과 배제의 메커니즘을 통한 대
내적 동일성과 대외적 배타성을 중요한 특징으로 하며 '상상의 정체
성'으로서의 추상성을 나타낸다면, 로컬공간 또는 로컬 정체성은 구체
적인 장소를 기반으로 한 장소성을 잘 드러내며, 국가공간의 폐쇄성과
동일성에 대비되는 개방성과 혼종성의 가능성을 지닌다. 대부분의 국
가들은 이중 혹은 다중시민권을 허용하지 않고, 자국의 성원권을 배타
적인 것으로 간주한다. 역사적으로 볼 때, 국민적 정체성은 정치적 공
동체의 일원으로 인정받는다는 의미의 시민권(국적)이라는 권리와 연
관되어 인식되어져 왔다. 시민권은 보통 출생시 부여되는 귀속적 자격
이라는 점에서 신분관계의 한 형태이고, 시민권을 특정한 혈통에 근거
하는 것으로 바라보는 전통은 여전히 지속되고 있다. 이러한 점에서
시민권은 민족적 정체감과 동일시되기도 하고, 국민주의라는 '상상적
공동체'의 관념과도 결합된다.46)

---

46) 노만 테빗(Norman Tebbit)의 악명높은 '크리켓 테스트'는 한 국가의 시민권이
    일련의 법적 권리들이라기보다는 오히려 국민적 정체성의 상징으로 인식될
    수 있음을 보여주는 일례이다. 피어슨 크리스토퍼, 박형신·이택면 옮김, 『근
    대국가의 이해』, 일신사, 1998, 193쪽.

이에 비해 로컬 공간의 성원권인 주민권은 유동적이고 개방적이다. 시민권의 취득에 매우 엄격한 나라들에 있어서도, 같은 지역에 거주함으로써 주어지는 주민권은 대부분 개방되어 있다. 이러한 개방성에도 불구하고 로컬정체성이 그 의미를 지닐 수 있는 것은, 거기에 '상상의 공동체'로서의 국민성에 결여되어 있는 장소성과 현장성이 강하게 작동하고 있기 때문이다.

이러한 로컬 정체성의 특징을 문화적 글로벌화 현상과 연결시켜 보면, 글로벌적 등질화의 파고 속에서 과연 로컬문화의 정체성이 유지될 수 있을 것인가? 라는 문제가 제기된다. 문화적 제국주의론자의 주장에 따르면, 거대 자본과 결합된 외래문화의 강력한 충격이 결국 로컬 고유의 문화를 파괴하고 동화시켜 나갈 것으로 본다. 이러한 주장을 현실적으로 무시하기 힘든 것이 사실이지만, 각각의 로컬이 이에 대응하는 방식, 즉 로컬적인 맥락이 외래의 문화를 토착화시키는 작용을 고려한다면, 다른 결과나 해석도 가능해진다. 오늘날 글로벌하게 이루어지는 문화교류는 종래의 중심/주변 도식이나 생산/소비 도식만으로는 파악할 수 없는, 다양한 차원의 문화가 이접적(disjunctive)으로 중첩되는 혼종성의 장을 형성하고 있다. 문화적 글로벌화란 각 문화의 고유성을 중심으로 문화가 통합되거나 재편되는 것이 아니라, 각각의 고유문화라는 개념 자체가 서로 섞이면서 중층적으로 분화하는 것으로 볼 수 있다.

이와 같은 문화적 혼종 현상은 로컬공간이 지닌 개방성에 의해 더욱 촉진된다. 글로벌 네트워크 체제의 기본단위를 이루고 있는 로컬공간은 글로벌한 스케일과 국지적 스케일을 넘나들며 다른 로컬과 관계를 맺고 있으며, 여기서는 지리적 근접성보다 연결성과 상대적 위상이 관계형성의 중요한 요소로 작용한다. 다양한 문화가 지닌 장소성과 정체성이 충돌하는 '차이의 공간'이자 '혼종의 공간'으로서의 로컬공간의 특성을 잘 드러내는 것이 바로 디아스포라적 공간이다. 브라(A. Brah)는, 디아스포라와 경계 또는 위치의 정치학이 오늘날 인간, 재화, 정보, 문화, 자본의 초국가적인 이동을 역사적으로 다시 파악할 때 관건이 되는 개념이라는 인식에 입각해서, 디아스포라적인 공간을 단지 국경을 넘어 이동하는 사람들과 그 자손의 문제로서만이 아니라, 토착민으로 간주되는 사람들까지 포함한 혼성적 사회공간의 문제로 제시하고 있다. 디아스포라적인 공간은 단지 이동과 이산의 공간이 아니라, 이동이나 이산과 정착이나 응집의 동적인 관계성을 포함한 중층적이고 매개적인 공간인 것이다.47)

디아스포라적 공간으로서의 로컬공간은 국민국가적 동일성에 포섭되지 않은 혼종성과 차이를 그대로 품고 있다. 일반적으로 디아스포라적인 공간이라고 말할 때, 그것은 일단 기원의 땅과 공간적으로 분리되어 있으면서도 심상적으로는 어떤 식으로든 유대를 계속 가지고 있는 상태를 가리킨다. 디아스포라적 공간에 적극적 의미를 부여하는 것은 이곳(타향)에 거주함으로써 그곳(조국)으로의 연계나 연대가 상정되는 것이지, 단지 하나의 단절된 기원이 조국에 있다는 것은 아니다. 여기서 특정 로컬에서 현지인과 어울려 살아가는 이산인의 현실적인 삶에 주목할 때, 뿌리나 국적의 관점에서만 디아스포라의 복합성을 읽어내려는 기존 논의의 한계를 극복하고, 디아스포라적 공간 자체가 지닌 진정한 의미를 읽어낼 수 있다. 이를 재일코리안의 문제에 적용시켜 보자면, 이제 재일코리안은 자신이 살고 있는 일본의 지역사회에서 일정한 장소 정체성을 지역민과 공유하는 것과, 자신이 살고 있는 곳과 무관한 한국인으로서의 국민적 정체성을 구분할 수 있게 되고, 정체성의 충돌로 인해 심각하게 고민하지 않고도 이를 양립시킬 수도 있게

---

47) Brah, A., *Cartographies of Diaspora : contesting identities*, Routledge, 1997; 강상중 · 요시미, 앞의 책, 194쪽.

된다. 개인이 지닌 정체성은 중층적이며, 로컬 정체성 또한 혼종성을 품고 있기 때문이다.

저항 정체성

로컬공간의 정치, 특히 로컬에 기반한 사회운동은 신자유주의적 글로벌화의 일방적인 전개에 대한 저항의 중요한 원천이 되고 있다. 글로벌한 자본의 논리는 국민국가의 경계를 넘어 일상생활이 이루어지는 로컬현장에까지 바로 영향을 미치고 있는데 반해, 그동안 울타리가 되어 왔던 국민국가는 이에 효과적으로 대응하지 못하고 있는 상황에서, 사람들은 자아인식과 자율적 조직의 원천인 로컬리티(locality)의 기초 위에서 이에 대응할 필요성을 느끼게 되기 때문이다. 즉, 전지구적 범위로 세계가 새롭게 구조화되는 와중에서 사람들은 정체성의 혼란을 겪게 되고, 이를 극복하기 위해 정체성의 단위는 더욱더 로컬화되어 자신이 처한 환경과 경험에 바탕을 둔 실지(實地) 또는 장소의 정체성이 강조되는 역설이 출현하는 것이다. 카스텔은 이러한 정체성을 방어적인 정체성, 즉 "미지의 통제 불가능한 것들에 대한 예측 불가능성에 대항하여 사람들이 방어벽을 쌓는 기지(既知)의 정체성이다."라고 해석한다.[48]

저항의 공동체로서의 로컬공간을 통해 사람들은 신자유주의적 글로벌화가 만들어 내는 유동공간의 탈장소적 논리에 대항하여 자신의 장소와 정체성을 방어한다. 사람들은 시공을 압착하고 초월하는 초시간적 기억이 역사적 기억을 해체하고, 가상현실이 장소성의 가치를 위협하는 글로벌화의 흐름에 저항하면서, 경험에 근거한 역사적 기억과 자신들의 장소가 지닌 가치의 진실성을 주장한다. 이처럼 로컬공간은 한

---

48) Castells, *Ibid.*, 1997, p.61.

편으로는 분권화된 국가권력의 발현으로 자본의 논리가 그대로 관철되는 현장이지만, 다른 한편으로는 시민사회를 중심으로 새로운 문화적 정체성, 즉 국민국가 전체의 정체성과는 차별화되는 로컬 정체성이 형성되는 곳이기도 하다.

신자유주의적 글로벌화가 확산되고 심화될수록, 그 과정에서 표출되는 문제들을 극복하기 위한 대안적 논리도 적극적으로 모색되어지고 있다. 여러 측면에서 제시되고 있는 대안들 가운데 로컬공간과 관련하여 주목할 만한 흐름이 바로 '장소의 정치' 또는 '정체성의 정치'에 대한 관심이다. 장소의 정치 또는 정체성의 정치는 정치적 관심영역과 지향점에 있어 기존의 정치와는 다른 새로운 대안적 논리를 제시한다. 여기서 장소는 사회적 관계, 특히 사회적 힘의 교차나 그 힘 관계의 산물로 정의되며, 특정집단이 장소를 정의하고 그 장소의 의미를 지배함으로써 그곳의 사람들을 지배할 수 있게 된다. 장소의 정치는 일상적 경험과 구체적 실천에 기초하여 생활세계를 둘러싼 이해의 응집에 기초한 삶의 정치를 통해 정체성을 되찾고자 하는 운동이다. 이러한 정치에서 장소는 글로벌화의 과정 속에서의 주체적 관점과 위상의 중요성을 고찰할 수 있도록 하며 또한 체계화된 지배적 권력에 도전할 수 있는 정당성과 역량을 제공하는 것으로 인식된다.[49]

장소의 개념은 정체성 상실에 대한 비판적 대안으로도 재구성되고 있다. 특히 최근의 장소에 관한 연구는 포스트모던 철학 및 사회이론과 결합하면서 새로운 의미를 추가하고 있다. 예를 들어, 장소의 정체성에 관한 연구는 장소가 만들어내는 차이 또는 특수성에 기초하여, '차이'와 '타자'에 대한 이해를 강조한다. 장소에 근거한 차이는 한편으로 지배적 권력에 의해 생산되거나 재생산되지만, 다른 한편으로 이

---

49) 최병두, 앞의 책, 2002a, 207쪽.

러한 권력에 저항할 수 있는 힘 또한 제공한다. 여기서 장소성 회복을 위한 실천으로서의 장소정체성에 대한 강조와 장소감의 의도적 배양, 즉 특정 이해집단이 자신의 이해관계를 실현시키기 위해 장소 정체성을 조작하는 행위는 명확히 구분되어야 한다. 로컬적인 것은 글로벌화에 대한 저항의 터전으로 중요하지만, 그것은 로컬이 억압과 차별을 없애는 해방의 비전을 제시할 수 있을 때 가능하다. 딜릭(A. Dirlik)은 이러한 로컬에 대한 새로운 관심을 '비판적 로컬리즘'으로 명명한다. 비판적 로컬리즘은 과거의 공동체에 대한 낭만적 향수나 새로운 종류의 헤게모니 지향적 갈망 혹은 현재를 과거 속에 가두는 역사주의에 근거한 로컬리즘에서 벗어나, 과거의 관점에서 현재를 비판적으로 평가하면서도, 과거를 평가하는 경우에는 근대성으로부터 제공받은 비판적 관점을 견지하는 태도를 가진다.[50)

새로운 대안적 정치로서의 장소의 정치는 로컬공간과 같은 국지적인 위치에서의 실천을 강조한다. 대안적 정치공간으로서의 로컬정치란 글로벌화와 탈근대에 대한 성찰을 통해 그것이 로컬공간에 미치는 영향을 이해하고, 이에 대응할 수 있는 자율적인 실천 방식을 찾아나가는 것으로 볼 수 있다. 이러한 로컬공간 단위의 실천은 글로벌화라는 거대하고 위협적인 흐름에 효과적으로 대응하기 위해서는, 국가단위의 거시적인 대응보다는 '지금, 여기'라는 현장에서 체감할 수 있는 위기의식을 바탕으로 한, 즉각적이고 현실적인 대응이 필요하다는 인식에서 비롯되었다고 볼 수 있다. '지금, 여기'의 일상에 바탕을 둔 저항적 실천의 예는 여성운동, 환경운동, 공동체운동 등에서 발견할 수 있다.[51) 이러한 운동들은 일상의 문제를 해결하는 활동을 통해 저항 또

---

50) 딜릭, 아리프, 설준규·정남영 옮김, 『전지구적 자본주의에 눈뜨기』, 창작과 비평사, 1998, 141쪽.
51) 인도 북부의 '나무 끌어안는 여성들'에서 마낄라도라 산업단지의 여성들까지,

는 해방의 의제를 제기하고 있는데, 여기서 일상의 문제들이란 글로벌 자본과 권력이 세계 모든 지역의 일상적인 삶에 침투함으로써 제기된 것이다. 일상의 삶에서 비롯된 다양하고 구체적인 실천운동들을 기존의 구조적이고 추상적인 저항운동에 종속시킨다면 이는 결국 해방을 추구하는 과정에서 지역에서 발휘되는 창조성을 가로막겠다는 것에 다름 아니다. 저항의 문화는 미리 정의되어 있기보다는 지역 공동체의 온존성과 생존을 위한 투쟁의 과정에서 출현하기 마련이다. 로컬적인 것에 기반한 정치전략은 로컬적인 것에 관한 이상적이거나 이론적인 관념보다는 현재의 구체적인 상황을 출발점으로 삼아야 한다.

'로컬-국가-지역-글로벌의 중층적 층위로 공간단위가 재영역화되는 상황에서, 과연 공간단위의 층위 또는 스케일에 따라 사람들이 체감하는 정체성의 차이는 존재하는가?'라는 질문은 저항 정체성의 근원으로서의 로컬 정체성의 의미를 확인하는 질문으로도 여겨진다. 이와 관련한 하나의 조사결과를 소개하면, 노리스(P. Norris)는 1990~1995년과 1995~1997년에 수행된 세계가치조사의 자료를 재가공하여 분석한 자료를 통해, 단지 15%의 사람만이 1차적 정체성으로서 자신들이 살고 있는 대륙이나 세계에 가깝다고 느끼고 있고, 순수한 코스모폴리탄, 즉 배타적으로 대륙 또는 세계 정체성을 나타내는 사람은 단지 2%에 불과했으며, 약 38%의 사람들은 국가를 영토적 정체성의 1차적 원천인 것으로 고려하지만, 가장 널리 확산된 1차적 영토정체성은 로컬(지역/지방)이라는 점을 밝히고 있다. 그리고 순수한 지역주의자, 즉 자신들의 지역이나 지방에 대해서만 동일시하는 사람들은 응답자 중 약 20%에 달해 순수 코스모폴리탄에 비해 10배나 더 높은 수치를 나타내고

캔자스주와 미국에서 분리되기를 원하는 캔자스 서부의 군(郡)들이나 생활공동체를 통해 자본주의 질서를 거스르는 일본 생활클럽운동의 '언페이드 워크' 등은 좋은 사례이다.

있다.[52]

6. 맺는말

이상에서 탈근대 공공공간의 재영역화, 즉 근대 국민국가 중심의 체제가 약화되고 공간단위가 중층화·다원화되는 상황에서 로컬공간이 지닌 대안적 공간으로서의 가능성을 고찰해 보았다. 고찰된 내용을 정리하자면 다음과 같다.

우선 제2장에서는, 국민국가의 약화와 더불어 진행되고 있는 새로운 공공공간의 존재방식은 중층성과 다원성을 바탕으로 단위들 간의 교류와 네트워크가 강화되는 특징을 나타내며, 이는 로컬공간의 역할과 의미가 강화되는 가능성을 지님을 서술하였다.

제3장에서는, 국가중심의 대의제 민주주의가 그 정당성과 기능에 있어 위기에 직면하면서, 이를 극복하기 위해 제시되고 있는 대안적 민주주의의 형태들, 즉 참여(직접) 민주주의, 결사민주주의, 심의민주주의가 공간단위의 측면에서 로컬공간과 밀접한 관련을 갖고 있음을 밝혔다.

제4장에서는, 공공공간의 주체와 운영원리의 측면에서 새로운 대안적 정치원리를 찾고자 하는 시도로서, '생활정치'와 '거버넌스' 논의가 가진 의의를 로컬공간의 관점에서 고찰하였다. 포스트모던적 정치원리는 체계의 메커니즘에 의해 식민화된 생활세계의 복권에 중요한 의미를 부여하고 있으며, 대안적 정치로서의 가능성을 여는 생활정치가 이루어지는 토대는 일차적으로 로컬공간에서 찾을 수 있다는 점과, 로컬공간에서 이루어지는 정치는 생활의 영역과 정치적 대표 사이에 직접

---

52) Castells, *Ibid.*, 1997, p.272.

적인 연계가 존재한다는 점에서 대의제의 한계를 극복하는 의미가 확인된다. 또한 국가-시장-시민사회 영역 간의 통합적 조절체계로서의 거버넌스는 사회적 자본이나 시민사회 영역의 역할 증대를 주요 특징으로 하며, 여기서 시민사회는 일상의 활동이 전개되는 로컬공간을 주된 배경으로 한다는 점에서 로컬 시민사회가 대안적 정치공간으로서의 가능성을 지님을 고찰하였다.

제5장에서는 장소성과 저항 정체성의 공간으로서의 로컬공간의 의미를 살펴보았는데, 먼저 글로벌화의 진행과 함께 공간의 유동성과 등질화가 가속화될수록, 사람들이 느끼는 공간적 정체성은 로컬공간의 장소를 중심으로 복귀하는 경향이 두드러짐을 고찰하였다. 국가공간이 포섭과 배제의 메커니즘을 통해 대내적 동일성과 대외적 배타성, 그리고 상상의 정체성이라는 특징을 지녔다면, 로컬공간은 이에 대비되는 개방성과 혼종성, 그리고 장소 정체성이라는 특징을 지니며, 이 점에서 로컬공간은 탈중심화, 탈구조화를 지향하는 탈근대적 공간으로서의 가능성을 지니고 있음을 밝혔다. 또한 로컬공간은 신자유주의적 글로벌화의 일방적인 전개에 대항하는 저항의 원천이 되고 있다. 국민국가가 효과적으로 대응하지 못하는 상황에서, 사람들은 자아인식과 자율적 조직의 원천인 로컬리티의 기초 위에서 이에 대응할 필요성을 느끼게 되기 때문이며, 여기서 저항 정체성의 바탕이 되는 장소의 정치는 자율성, 차이와 타자에 대한 이해, 국지적 실천을 강조한다는 점에서, 역시 대안적 정치로서의 가능성을 지님을 밝혔다.

글로컬라이제이션이라는 용어의 유행이 나타내듯, 학계나 사회적으로 글로벌화와 함께 로컬에 대한 관심도 증대하고 있다. 일반적으로 '로컬화'라고 표현되는 이러한 관심은 두 가지 의미를 내포하고 있는 것 같다. 그 하나는 국가권력의 분산으로서의 로컬에 대한 관심이다. 근대적 국가중심성의 원리가 한계를 드러내면서 제기되기 시작한 분권화 논의가 그것이다. 이러한 분권화의 논의는 최근의 탈근대 담론과 연결되면서, 단순히 국가중심성이나 대의제 민주주의를 보완하는 의미에 그치지 않고, 새로운 정치원리나 대안적 정치체제에 대한 모색으로까지 이어지고 있다. 근대의 국가중심성이 야기한 문제를 근대적인 제도나 틀 속에서 해결한다는 것은 한계를 지닐 수밖에 없다. 로컬공간이 대안적 공공공간으로서 가능성을 지닌다는 의미는 새로운 시각과 제도적 틀을 제공할 수 있기 때문이다. 다른 하나는 탈근대 신자유주의적 글로벌화의 흐름과 관련된 로컬화이다. 여기서 로컬은 위기와 가능성의 두 가지 측면에 직면한다. 국가라는 울타리에서 벗어나 직접 글로벌화의 파고를 맞이하게 된 로컬은, 한편에서는 글로벌 자본주의라는 더욱 강력한 논리에 새롭게 포섭되어 자본의 구미에 맞게 재역영화될 가능성이 다분한 반면, 다른 한편에서는 로컬공간이 글로벌화가 지향하는 유동성과 동질화라는 가치에 대치되는 장소정체성과 자율성, 고유성을 품고 있다는 점에서 저항 정체성의 기반이 되기도 한다. 글로벌화를 추동하는 힘이 자본이고 이것이 시장의 기능을 더욱 강화시켜 나간다면, 로컬화는 시민사회 영역에 의해 지지되면서 민주주의에 기반한 시민사회영역을 더욱 강화시켜 나갈 것이기 때문이다.

참고문헌

강상중 · 요시미 순야, 임성모 · 김경원 옮김, 『세계화의 원근법』, 이산, 2004.
그레, 마리옹 · 생또메, 이브, 김택현 옮김, 『뽀루뚜알레그리 새로운 민주주의의 희망』, 박종철출판사, 2005.
김비환, 『포스트모던 시대의 정치와 문화』, 박영사, 2005.
김용규, 「로컬리티의 문화정치학과 비판적 로컬리티 연구」, 『한국민족문화』 32, 부산대학교 한국민족문화연구소, 2008.
딜릭, 아리프, 설준규 · 정남영 옮김, 『전지구적 자본주의에 눈뜨기』, 창작과비평사, 1998.

마르티니엘로, 마르코, 윤진 옮김,『현대사회와 다문화주의』, 한울, 2002.
박춘서,「하버마스 공론영역 개념의 의미 변천 고찰」,『경남지역연구』9, 경남대
　　　　학교 경남지역문제연구원, 2003.
사이토 준이치, 윤대석·류수연·윤미란 옮김,『민주적 공공성』, 이음, 2009.
오재환,「일상생활의 구조와 생활정치」,『사회조사연구』11-1, 부산대학교 사회
　　　　조사연구소, 1996.
요코다 카쓰미, 나일경 옮김,『어리석은 나라의 부드러우면서도 강한 시민』,
　　　　논형, 2004.
월러스틴, 이매뉴얼, 이광근 옮김,『세계체제분석』, 당대, 2005.
이상봉,「탈근대, 공간의 재영역화와 로컬·로컬리티」,『한국민족문화』32, 부
　　　　산대학교 한국민족문화연구소, 2008.
이성화,「포스트모더니즘과 미시정치학-푸코의 계보학」,『한국정치학회보』
　　　　28-1, 한국정치학회, 1994.
조명래,「지구화, 거버넌스, 지방정치」,『도시연구』8, 한국도시연구소, 2002.
조명래,「자치시대 지역주의의 양상과 쟁점-신지역주의와 지역 민주주의의 문
　　　　제를 중심으로-」,『한국지역개발학회지』 18-2, 한국지역개발학회,
　　　　2006.
주성수·정상호 편저,『민주주의 대 민주주의』, 아르케, 2006.
최병두,『근대적 공간의 한계』, 삼인, 2002a.
최병두,「새로운 지역지리학과 세계화시대 지역발전」,『한국지역지리학회지』
　　　　8-2, 한국지역지리학회, 2002b.
카스텔, 마뉴엘, 정병순 옮김,『정체성 권력』, 한울, 2008.
터너, 브라이언, 최우영 옮김,『막스베버-근대성과 탈근대성의 역사사회학』, 백
　　　　산서당, 2005.
피어슨, 크리스토퍼, 박형신·이택면 옮김,『근대국가의 이해』, 일신사, 1998.
홀, 스튜어드, 전효관·김수진 외 옮김,『모더니티의 미래』, 현실문화연구, 2000.
홍원표,「정치적 탈근대성과 정치공동체 : 배제, 과잉, 균형의 정치」,『한국정치
　　　　학회보』 31-1, 한국정치학회, 1997.
홍태영,『국민국가의 정치학』, 후마니타스, 2002.

篠原一,『市民も政治學 : 討議デモクラシーとは何か』, 岩波書店, 2004.

森岡淸志, 『地域の社會學』, 有斐閣, 2008.

Brah, A., *Cartographies of Diaspora : contesting identities*, Routledge, 1997.

Beck, U., *The Reinvention of Politics*, Polity Press, 1997.

Castells, M., *The Rise of the Network Society*, Blackwell, Oxford, 1996.

Castells, M., *The power of Identity*, Blackwell, Oxford, 1997.

Fung, A. & Wright, E. O. eds, *Deeping Democracy : Institutional Innovation in Empowered Participatory Governance*, London and New York : Verso, 2003.

Morgan, K., "The learning region : institutions, innovation and regional renewal", *Regional Studies* vol.33, 1997.

Scott, A., *Regions and the World Economy : The Coming Shape of Global Production, Competition and Political Order*, Oxford, U.P., 1998.

Smith, A. D., *Theories of Nationalism*, 2nd edn, New York : Holmes & Meier, 1986.

Stoper, M., *The Regional World : Territorial Development in A Global Economy*, Guilford, New York, 1997.

Toffler, A., *The Third Wave*, New, York : William Morrow & Co, 1980.

Weber, M., "Politics as vocation", in H. H. Gerth and C. W. Mills, *From Max Weber*, London : Routledge & Kegan Paul, 1970.

제2부
로컬에서 탈중심을 사유하다

Ⅰ. 탈중심성 논의의 철학적 지평

신 승 환

1. 시작하는 말

이 글은 근대에 의한 현대 체제 일반과 그를 극복하려는 탈근대 논의를 위한 해석학적 지평을 정초하려는 시도를 담고 있다. 그것을 여기서는 근대성의 특징 가운데 하나인 일원성과 동일성의 논의를 넘어서는 탈중심성이란 주제를 단초로 제시하고 있다. 서구의 근대는 자신의 철학적 원리를 보편적인 진리의 준거로 주장한다. 여기에는 동일성과 일원성의 원리가 논쟁의 핵심을 이루게 된다. 자신을 보편적 진리의 준거로 설정할 때, 서구는 불가피하게 중심부로 설정되며, 서구 근대 이외의 철학적 원리는 주변부로 설정되기에 이르는 것이다. 이에 따라 파생하는 주변부의 소외와 왜곡 현상과 이에 대한 극복의 논의가 핵심 주제인 것이다.[1]

근대의 기획은 일차적으로 중세 체제의 해체와 이에 따른 전통 철학과의 대결에서 시작되었다. 종교개혁과 신세계와의 만남에 따른 정치 사회, 경제적 변화에 대한 철학적 대응이 덧붙여져 이루어진 기획이

---

[1] 이러한 문제의식에 따라 기술된 이 글은 논의의 성격상 서구 근대의 특성과 이에 대한 극복의 철학적 원리에 대해 일반적인 논의의 지평을 제시한다는 성격을 지닌다. 이 논의에 함께 하고, 귀중한 논평을 제시해준 부산대학교 '(HK)로컬리티의인문학' 연구진에게 감사드린다.

근대성을 이루는 주제가 된다. 이러한 변화된 시대상에서 계몽의 원리는 이를 해석할 준거로, 나아가 이성의 원리를 소유한 모든 존재의 주인인 인간에 의한 기획과 진보의 원리로 설정되었다. 실로 계몽의 원리를 소유한 근대인은 자연과 존재의 주인으로 세계와 역사를 기획하고 실행할 존재로 화려하게 등장하게 된 것이다. 유럽에 의한 근대의 외적 성공은 이제 전 세계의 기준과 원형이 되었으며, 마침내 전 세계의 운명이 되었다.

한국은 구한말 일본을 통해 유럽의 근대와 만나게 된다. 1876년 강화도조약은 일본의 역사적 경험을 재현한 사건이다. 일본은 미국의 페리 제독에 의해 서구에 문화를 개방한 1859년 이후 서구화를 시대적 당위로 설정하며, 동아시아 세계에서 가장 먼저 서구의 근대를 재현하고자 했다. 지금 우리가 쓰는 근대의 용어들, 특히 근대 학술 용어의 대부분은 일본에서 번역하고 수용한 것임은 잘 알려진 사실이다. 강화도조약을 통해 우리가 만난 근대는 일본을 통해 수용되고 변형되고 재현된 근대였다. 이후 근대는 우리의 시대적 과제가 되고 숙명이 되었으며, 우리의 모든 것이 되었다.

그로부터 130여 년 동안 우리는 갑오경장과 동학농민혁명을, 일제 식민지 시기와 해방공간, 그 이후 근대화를 시대적 사명으로 설정하고 달려왔다. 그럼에도 그 근대는 1963년 한일협정 이래 산업화와 공업화를 의미했으며, 서구화와 미국식 근대를 우리 안에 설정하려는 오리엔탈리즘으로 귀결되었다. 미국 문화의 수입과 경제성장의 시기, "잘 살아보세"와 "과학기술의 생활화", 선진국이 되고자 했던 목표는 그것이 일본을 통한 것이든 또는 미국의 근대이든 서구화와 근대화를 향한 길이었으며, 우리의 문화를 포기하고 그 자리에 근대와 근대성을 달성하려는 노력으로 귀결되었다.

구한말 조선의 지식인들이 서구의 근대와 마주하면서 겪었던 정신적 당혹감과 그를 표현한 이른바 '동도서기(東道西器)'의 명제는 근대의 충격이 얼마나 대단했는지를 극명하게 드러낸다. 그럼에도 이러한 반응은 최소한의 저항에 지나지 않았다. 그 이후의 맹목적 근대화 과정은 물론, 동도서기란 명제에 담긴 근대성에 대한 몰이해가 이를 잘 보여주고 있다. 근대의 기술문명은 그를 가능하게 했던 근대의 시대정신과 철학적 사유의 틀을 떠나서는 생각할 수없는 것이다. 자연과 세계를 해석하고, 이를 이해하고 실천하는 철학을 제외한 단순한 기술문명이란 애초에 있을 수 없는 개념이 아닌가.

우리에게 근대란 무엇인가. 홉스봄이 말했듯이 19세기 이래 근대의 역사는 제국주의의 시대이며, 과학기술과 정치적 혁명의 시대, 자본에 의해 지배되던 시대였다.[2] 그것은 근대의 완성이면서 다른 한편 근대가 극단으로 이루어진 시대이다. 지금 우리는 그 근대의 원리가 과잉으로 작동하는 시대를 살고 있다.

2. 근대와 철학적 중심주의

'근대(近代 : modern)'란 말의 어원은 '새로운 시대'를 의미한다.

이 말은 19세기에 이르러 르네상스 시기를 거치면서 이루어진 문화적 전환을 그 이전 시대와 구분하여 사용한 것이다. 15세기 이래 지속적으로 이루어진 르네상스의 문화, 예술 변화와 스콜라 철학의 붕괴에 따른 새로운 철학적 조류, 수학적 세계관에 따른 산업혁명과 과학·기술혁명 등의 변화가 동시대적으로 일어나면서 초래된 새로운 시대의

---

2) 에릭 홉스봄, 정도영 옮김,『자본의 시대』, 한길사, 1998; 정도영·차명수 옮김, 『혁명의 시대』, 한길사, 1998; 김동택 옮김,『제국의 시대』, 한길사, 1998, 3부작 참조.

모습이다. 이러한 시대상은 인류가 이제껏 보지 못했던 엄청난 변화를 포괄하는 개념이다.[3]

이러한 15세기 이래의 시대상을 철학적으로 성찰하고, 해체되는 보편성을 대체할 새로운 철학적 사유체계를 제시하려는 노력들이 모여 근대라는 새로운 시대정신(modernity)을 형성하게 된다. 또한 이 근대성이 18세기 이래 정치와 사회, 문화와 경제, 학문 등 인간 삶의 전 영역에 걸쳐 구체적으로 실현된 계기가 이른바 계몽주의 근대이다. 정치경제와 문화는 철학적 사유체제와 밀접하게 연관되어 있음이 가장 분명하게 드러나는 시대는 무엇보다도 유럽의 근대일 것이다. 역사적이며 정치경제적 변화가 철학의 변화에 영향을 미쳤으며, 반대로 철학의 변화가 이러한 체제를 바꾸는 인식의 틀로 작용한 것이 또한 근대의 역사이다.

이 근대의 특징은 무엇보다 먼저 인간을 타자와 구별된 단독자, 나누어질 수 없는 개체(Individual)로 이해한 데에 있다. 개체로서의 자의식은 근대의 체계를 형성하는 데 매우 중요한 토대로 작용한다. 이때 관건이 되는 것은 자신만의 인식과 도덕의 판단 기준이다. 근대는 개체 인간으로서의 고유한 권리에 대한 인식과 함께, 그것을 보증할 보편 이성의 추구, 나아가 주체가 지닌 합리적 이성의 보편성을 준거로 성립되었다. 이 주체 중심의 인간 이해는 이성 개념을 변화시키는 원인이 되었다. 근대의 이성은 더 이상 신적 이성, 존재론적 이성이 아니라 인간의 이성으로 이해된다. 이성을 지닌 개체로서의 인간은 철학의 주체, 사유와 인식, 판단의 주체이다. 또한 그에 근거하여 행위의 주체로 자리하게 된다.

후기 근대에 이르러 이러한 근대의 인간상은 절정에 이르게 된다.

---

3) 근대성 논의에 대해서는 「근대」, 『우리말 철학사전3-감각 · 근대 · 개인』, 지식산업사, 2003, 119~145쪽 참조.

과학·기술이 모든 진리의 준거점이 되고 자본주의적 세계관이 무한히 확대된 후기 근대라는 시대는 근대성이 분명히 실현된 시기이다. 따라서 이때의 인간은 진리를 추구하는 인간이거나 완성을 향한 존재가 아닌, 계몽주의적 시민이 근대성에 의해 구현된 과학·기술과 자본주의의 원리를 실현하고, 그 혜택을 누리는 존재로 이해된다.

또 다른 근대의 특징은 자연이해의 변화에서 찾을 수 있다. 근대의 사유체계는 자연을 계산하고 제작하는 가능성을 제공한다. 그 원리에 따라 인간은 자연과 사물을 소유하고 장악하게 된다. 이때 자연은 이러한 처리 가능성의 대상에 지나지 않게 된다. 그것은 고대 철학에서 형성된 수학적 세계관이 기계론적 세계관으로 구현됨으로써 가능하게 된 것이다. 이 세계관은 자연을 결정론과 인과율에 따라 이해한다.

자연에 대한 수학적이며 과학적 이해에 따라 근대의 특성인 기계론적 세계관은 물론 산업혁명 이래 과학적 세계관이라 이름하는 체계가 형성되기에 이른다. 이러한 세계관에서 인간은 모든 실재를 규정하고 장악하는 중심으로 자리한다.[4]

근대성은 이러한 인간중심주의를 바탕으로 하여 인간과 자연, 유럽과 제3세계, 이성과 감성, 남성과 여성 등의 대척점에서 모든 실재를 이분법적으로 구별하기에 이른다. 근대는 철저한 중심부의 사고로 주변부를 소외시키는 체제이다. 이러한 이분법은 영혼과 육체, 주체와 객체, 정신과 물질을 구분하였으며, 나아가 개체와 전체를 구분함으로써 중심부 이외의 것을 타자화한다.

근대적 이성이해

---

4) 이러한 근대적 세계 이해의 문제에 대해서는 M. Heidegger, "Die Zeit des Weltbildes", in *Holzwege*, Frankfurt/M, 1950 참조.

근대는 이성에 대한 이해에 있어서 커다란 전환을 이룩하였다. 서구 철학의 전통은 이성으로 설정된 'logos'에 대한 이해와 변용의 역사로 이해할 수 있다. 이미 B.C. 300년경 헤라클레이토스(Herakleitos)는 세계의 근원을 이 'logos'로 설정하였으며, 플라톤 역시 'Idea'에 대한 이해와 회상을 'logos'를 통해 설명하고 있음은 익히 알려진 바와 같다. 문제는 이러한 'logos' 이해의 패러다임이 근대에 이르러 인식하는 이성, 계산하는 이성, 자연과 타자를 이해하고 인식하는 이성으로 전환되면서 생겨난다. 이러한 이성중심의 사고는 근대에 이르러 인간중심주의에 따라 이성의 근거와 내적 원리를 새롭게 규정하였다. 그것은 일차적으로 신적 본성, 또는 '자연의 빛(lumen naturale)'으로 이해되던 이성이 인간의 이성(ratio humana)으로 이해되었다는 의미이다. 또한 그 이성은 선험 이성이든 경험 이성이든 존재론적 이성에서 인식론적 이성으로, 계몽주의 혁명 이래 실천적 이성으로 이해되기에 이른다. 도덕성역시 이성의 원리를 행위적으로 실천할 때의 규준을 의미하게 되었다.

이성에 대한 이해 변화는 근대 초기의 지식 형태 변화에 이어 마침내 17세기 이래 현재의 학문체계까지 변화시키기에 이른다. 수학적 방법론과 '명석 판명한 지각'을 지식의 기준으로 생각하던 근대적 진리 이해는 모든 것을 분류하고 검증하며 실증하는 체계로 완성된다.

이 같은 학문 이해는 마침내 19세기에 이르러 그 방법론의 관점에 따라 학문(scientia)을 '과학'으로 이해하는 사고를 형성하였다. 근대 합리성의 기획은 존재자의 이해를 근거율에 따라 설정한다.[5] 이러한 근거율이 사물을 "계산하고, 수용하며, 처리하는" 이성으로 작용한다. 이러한 이성이해가 근대에 이르러 학문을 과학으로 정립시키게 된 것이

---

5) 이에 대한 비판으로는 M. Heidegger, Vom Wesen des Grundes(1929), *Wegmarken*, Frankfurt/M, 1967 참조. 또한 M. 프랑크, 최신한 옮김, 『현대의 조건』, 책세상, 2002, 65쪽 이하.

다. 근거율의 지배가 현대 과학·기술의 본질이다.[6] 이러한 변화에 따라 학문과 지식의 내용 역시 변화하게 된다. 자연과 타자에 대한 이해로서의 지식이 근대에 이르러 그에 대한 지배와 관리의 힘을 의미하기에 이르렀다.[7]

이와 같은 학문 패러다임은 근대정신에 근거한 체계이다. 인식 이성에 따른 비판과 판단의 기준 문제, 주체가 지닌 이중성, 자신의 기준과 그를 넘어서는 타당성 담보라는 문제에서 그들은 보편 이성의 원리를 기준으로 제시한다. 이에 따라 실재를 보편 이성의 원리에 상응하게 만드는 일원성과 동일성의 원리가 확립되었다.

하이데거는 서양적-유럽적 사유는 동일성의 원리에 기반하고 있다고 말한다. 파르메니데스의 정식 '동일한 것은 사유이며 또한 존재'라는 명제를 해명하면서 그는 서구 사유란 존재를 하나의 동일성에 의해, 나아가 이러한 동일성의 특성에 의해 규정되고 있다는 것으로 이해한다.[8] 그것이 근대의 합리성이 지니는 의미이다. 인식론의 철학은 자연을 포함한 존재자와의 관계를 인식 주체와 객체라는 이분법적 도식에 의해 이해한다. 결국 근대의 합리성이란 원리는 인식론적 이원론과 존재론적 동일성의 원리로 자리하게 되었다.

나아가 근대의 철학은 중세 스콜라철학에서 존재론적이며 신적인 특성과 연관지어 이해하였던 이성의 원리를 인식론적 관점에서 정의하게 된다. 이것은 명석판명한 인식의 문제에 몰두했던 데카르트의 도식에서 명백히 드러난다. "생각한다. 그러므로 존재한다(cogito, ergo sum)"란 명제는 존재론적 이성 이해가 인식의 정합성을 보증하는 원리

---

6) M. 프랑크, 위의 책, 67쪽.

7) 자연에 대한 지식은 자연을 정복하고 지배하는 힘이다. F. Bacon, *Norum Organum*, 1620, 제1권 3.

8) M. Heidegger, *Identität und Differenz*, Pfullingen, 1957, S.13～15.

로 전환하였음을 보여준다. 칸트 역시 존재자의 인식을 위해 이성의
범위와 한계를 규정하기 위한 철학 작업을 전개하였다. 그것은 형이상
학의 정립 가능성을 위한 인간 이성의 권한과 한계를 선험적으로 규정
하기 위한 철학적 작업을 의미한다. 그의 저서『순수이성비판(*Kritik der
reinen Vernunft*)』(1781)과『실천이성비판(*Kritik der praktischen Vernunft*)』(1788)
은 이성의 범주를 규명한 저서이면서, 이를 바탕으로 한 계몽의 원리
를 위한 토대를 다진 작품이기도 하다. 그래서 칸트의 철학은 이성의
원리에 근거한 세계 이해와 세계 정립의 가능성을 논의할 수 있게 된
다. 이처럼 계몽주의는 인간을 이성적 존재로 설정하며, 이에 근거한
역사와 세계에서의 인간중심과 진보의 원리를 제시하고 있는 것이다.
그것은 세계 정립의 근거로서 보편적 원리로 작동한다.

　서구 철학적 전통에서 이해되는 이성은 이성의 대상을 인간의 이해
에 재현하는 기능을 지닌다. 그러기에 이성중심주의는 다른 말로 인간
중심주의로 이해된다. 이성중심주의적 사고는 궁극적으로는 인간중심
적 담론을 형성하였으며, 그러기에 르네상스 이래 근대의 휴머니즘
(Humanism)은 결국 유럽적 인간중심의 담론에 지나지 않게 된다. 나아
가 이러한 이성이 유럽 근대의 이성과 합리성으로 자리할 때는 필연적
으로 유럽중심주의로 드러나게 된다. 계몽주의 이래 역사가 이를 잘
보여주고 있다. 이에 대해 하이데거는 근대철학의 종말은 존재론을 인
간에 대한 철학으로 환원시킨 휴머니즘에서 기인했음을 비판하고 있
다.9)

　이런 맥락에서 윌러스틴 역시 이러한 유럽의 성취와 유럽 중심의 담
론이 "체계화하는 신화"로서 인간주의적인 보편주의와 인종차별주의
를 만들어내었다고 비판한다.10) 이는 주체중심, 이성중심의 역사, 세계

---

9) M. Heidegger, "Brief über den Humanismus"/ *Wegmarken*, Frankfurt/M, 1976.
10) I. Willerstein, *Unthinking Social Science*, Cambridge, 1991, p.51 참조.

에 보편의 준거를 제시하려 했던 서구 근대의 기획이 빚어낸 결과를 규정한 것으로 이해할 수 있다. 근대 유럽이 말하는 보편성은 결국 배제와 차별의 보편성으로 귀결되었다. 그러기에 사이드는 이러한 보편주의를 '불쾌한 보편주의'라 이름하기도 한다.

계몽주의 근대

근대의 정신은 마침내 18세기에 이르러 '계몽주의'라 이름하는 시대를 열었다. 그것은 이성이 모든 것의 중심에 자리하는 문화와 사회 체계를 의미한다. 여기서 이성은 인간의 오성이며, 합리적 이성이다. 이성의 보편성은 문화와 사회의 원리이며 토대로 작용한다. 또한 개인 사이의 관계는 이러한 합리성에 의해 유지되며, 개인의 의지는 보편적 입법 원리에 종속된다.

계몽주의는 근대에서 이루어진 사유 구조의 변화가 구체적으로 프랑스혁명(1789)이란 사건을 거치면서 계몽의 원리로 유럽에 퍼져가면서 이루어진다. 근대의 혁명은 계몽주의 시기에 이르러 새로운 전환과 완성에 이르게 된다. 사실 계몽주의는 16세기 이래 이루어진 근대정신을 전 유럽에 확산시키는 계기가 된 사건이다. 이로써 근대는 계몽주의 근대라 이름할 수 있는 새로운 시대로 접어들게 되고, 근대의 정신이 전 세계를 장악하게 되는 사건의 터전이 완성된다.

현대를 규정하는 가장 강력한 세 가지 사회문화체계는 여기서 형성된다. 산업혁명과 자연과학혁명의 결과로 산출된 과학·기술주의, 자유로운 도시인 계층에 의해 주도된 경제체계가 구현된 자본주의, 여기에 계몽주의적 이념이 결합하여 탄생한 정치적인 민주주의는 결국 근대정신이 구체화되고 현실 안에 성취된 결과이다.

근대성으로 이름된 이러한 체계는 마침내 19세기 이래 제국주의적 과정을 거치면서 세계의 보편 기준으로 작동하기에 이르렀다. 근대 계몽주의의 보편성과 동일성은 결국 일원성의 원리에 따라 다원적 세계를 부정하기에 이른다. 이때의 보편성은 차이를 무시하는 억압의 기제로 기능하는 것이다. 유럽적 보편성은 유럽 이외의 것, 이성의 보편성으로 이성 이외의 것을 억압하게 되고, 결국 그것들이 소외현상을 낳게 된다. 이 보편성과 일원성은 전체성으로, 개체성과 다원성을 부정함으로써 원초적으로 차이와 주변부에 대한 억압을 내포하고 있다.

다원성을 무시하며 개체를 억압하는 보편성은 이러한 의미에서 전혀 보편적이지 않은 차별의 보편성으로 작동하는 것이다. 이것이 유럽적 보편성으로 세계사를 읽는 순간 발생하는 문제이다. 유럽적 기준, 담론의 세계화는 유럽중심주의라는 보편의 옷을 입고 세계화하는 과정에서 수많은 역기능들이 발생한다. 계몽의 원리는 진보와 해방, 개인의 인권과 자유에 기반한 승리의 역사이다. 그것은 자연에 대한 인간의 승리이며 비이성적이며 비합리적인 모든 것에 대한 이성의 승리를 의미한다. 여기서 배제된 이성 이외의 것, 비합리적인 것들은 광기와 야만으로, 비계몽과 미개란 이름으로 단죄되기에 이른다. 비유럽권의 비합리성은 그들이 궁극적으로 유럽에서만 예외적으로 꽃피워진 이성의 원리를 내재화하지 못하였기 때문이다.

예를 들어 폴란드 사회학자 지그문트 바우만은 공포를 길들이고자 한 '근대의 기획'은 임시방편에 불과했음을 고백한다.[11] 칸트는 이성의 준칙에 따른 보편적 입법의 원리는 물론 이에 근거한 도덕이성을 정립하고자 했다. 계몽은 이 기획을 합리성과 보편이란 이름으로 세계에 전파했지만, 그것은 결국 배제와 차별, 억압의 구도로 드러나게 되었다. 그것은 다만 차이를 배제한 차별의 것, 서구의 특수한 입법 준칙을

---

11) 지그문트 바우만, 함규진 옮김, 『유동하는 공포』, 산책자, 2009.

억압과 강요를 통한 보편으로 거짓 정립된 것에 그쳤다는 인식이다. 그래서 근대에서 비롯된 합리성의 문화는 비합리성, 광기, 마술, 신비, 신화를 억압하였다. 그럼에도 이러한 노력은 헛된 시도에 그치게 될 뿐이다. 이러한 영역의 배제는 오히려 더 큰 광기와 폭력 야만을 낳았음을 우리는 역사에서 수없이 목격하게 된다.

유럽중심주의

막스 베버(M. Weber)는 그의 주저『프로테스탄티즘의 윤리와 자본주의의 정신(*Die Protestantische Ethik und der Geist des Kapitalismus*)』(1905) 서문에서 "보편적인 의의와 가치를 지닌……문화적 현상이 서구문명에서 그리고 오직 서구문명에서만 나타난 사실"에 대해 질문한다. 그는 근대적 과학과 학문체제는 물론이고 인쇄술과 법률제도, 자본주의와 관료제도 등을 비롯한 모든 합리적이고 체계적이며 전문화된 문화는 오직 서구에서만 존재한다고 단정한 뒤, 그 이유에 대해 질문하고 있다.

비록 많은 기술과 발명들이 중국과 인도를 비롯한 나라에서 유래되었을지라도 그것은 유럽만의 합리성의 문화를 거쳐서야 비로소 올바른 의미를 지니게 되었다고 단정한다. 그래서 유럽에서만이 가능했던 이성의 원리와 합리성의 문화에 대한 그의 질문은 곧장 유럽적 보편주의와 유럽우월적 사고로 확대된다. 유럽의 문화와 유럽의 철학, 이성의 문화만이 세계사적 보편성을 담지하는 것이다.

칸트 역시『계몽이란 무엇인가』에서 계몽정신을 "자신에서 비롯된 미성숙함을 벗어나는 것"이라고 정의한다.[12] 그것은 이성의 원리를 내재화할 때 가능한 것임은 말할 필요가 없다. 그럼에도 그것은 스피박

---

12) I. Kant, "Beantwortung der Frage : Was ist Aufklärung?"(1783), in *Was ist Aufklärung?*, hrsg. E. Bahr, Stuttgart, Reclam 1974, S.9∼22, S.9.

이 논증했듯이 분명 유럽의 계몽정신에만 한정된 것이기도 하다.[13]

유럽의 근대와 계몽주의는 자신의 문화와 철학적 원리를 보편적이며 합리적인 것으로 설정한 뒤, 유럽 이외의 세계와 철학을 타자화시켰다. 그들은 근대란 서구적 자기정체성을 보편화하는 가운데 제국주의와 식민주의의 야만과 폭력을 저질렀다. 지난 300여 년에 이르는 역사적 경험은 우리로 하여금 이러한 중심주의와 계몽주의가 지닌 야만성을 폭로하고 있다. 서구 근대의 기획과 합리성에 기반한 보편성의 주장은 끊임없이 타자에 대한 폭력성을 증폭시켰다. 그들에게 있어 타자란 "중세와 르네상스 시대에 '그들'과 '우리'의 경계선은 문화와 자연, 인간과 괴물, 기독교와 우상숭배자를 가르는 선으로 표상"된 것이다. 타자는 서구의 근대적 관점에서 볼 때 그것은 다만 "지연된 우리"일 뿐이다.[14] 이러한 타자화는 서구 이외의 문화뿐 아니라 이성의 타자, 인간의 타자, 주체의 타자를 설정하기 때문이다.

그러기에 근대적 중심주의는 타자를 소외시키고 억압함으로써 수많은 역기능을 초래한다. 주체를 통한 객체의 설정과 이성의 원리, 과학과 기술을 통한 자연의 지배, 계몽의 기획을 통한 비합리성의 통제는 허구의 기획에 그치고 말았다. 이성에의 절대적 확신을 통해 문화에서 야만과 폭력을 배제하려 했던 근대의 기획은 역사에서 보듯이 역설적으로 타자에 대한 폭력으로 작동하기에 이른 것이다. 하버마스의 말처럼 근대의 기획은 '미완성의 기획'이 아니라,[15] 결코 성공할 수 없는 기획이었다.

---

13) Gayatri Spivak, *A Critique of Postcolonial Reason. Toward a History of the Vanishing Present*, 1999, 태혜숙·박미선 옮김, 『포스트식민 이성 비판』, 갈무리, 2005, 제1부 참조.

14) Mondher Kilani, *L'Invention de l'Autre*, Payot, 1994, pp.19~20, 조현범, 『문명과 야만, 타자의 시선으로 본 19세기 조선』, 책세상, 2006, 166쪽 재인용.

15) J. Habermas, Die Moderne -ein unvollendetes Projekt, *Kleine Politische Schriften* Ⅰ~Ⅳ, Frankfurt/M, 1981, s.44~464.

3. 유럽적 보편주의와 오리엔탈리즘

월러스틴은 유럽적 보편주의가 민주주의와 문명의 충돌 담론,
신자유주의적 경제원리로 제시되고 있다고 말한다.16)

그것은 민주주의가 인권을 옹호하고 이를 보증하는 유일한 체제라
는 담론으로, 또한 서구문명이 보편적 가치와 진리에 기반해 있으며
그러기에 다른 문화보다 우월하다는 생각으로, 시장경제의 유일성과
보편성을 주장하는 신화로 작동하고 있다는 비판이다. 그것은 16세기
이래 근대세계체제에 의해 성립된 보편주의의 담론이며, 이에 기반한
제국주의적인 역사와 그에 대한 저항과 투쟁이 현재 세계의 핵심적인
이데올로기 투쟁이라는 인식의 근거가 되고 있다. 이러한 유럽 중심적
보편주의는 "불평등하고 비민주적인 세계체제를 유지하고자 하는 유
럽적 보편주의 세력에……굴복"하도록 요구하는 초특수주의적 입장으
로 귀결된다.

그것은 "고대 그리스·로마 세계에 뿌리를 두고 있는 유럽 '문명'만
이 자본주의 세계체제에서 흥성한 관습, 규범, 관행의 잡탕에 붙이는
포괄적인 용어인 '근대성(modernity)'을 산출"할 수 있었다는 인식이다.
근대성은 진정한 보편적 가치들, 즉 보편주의의 구현이며, "윤리적 선
이자 역사적 필연"이다. 그러기에 비유럽의 문명은 근대성과 유럽적
보편주의를 향해 나아가야 하며, 유럽 이외의 지역은 "유럽 세력의 강
요 없이는 근대성의 일정한 변형으로 변모할 수 없"는 것이다.17) 월러
스틴은 여기서 인권과 민주주의란 개념, 보편적 가치와 진리에 기초한
서구문명의 우월성, 시장에 대한 복종의 불가피성을 자명한 관념으로

---

16) 이매뉴얼 월러스틴, 김재오 옮김, 『유럽적 보편주의 : 권력의 레토릭』, 창비,
　　2006, 8~10쪽.
17) 위의 책, 64~65쪽.

제시하는 것은 결코 자명한 것이 아니라고 말한다. 그것은 반성과 성찰, 주의깊은 분석과 해명을 요구하는 복합적인 관념이다. 제국주의와 식민주의는 "자본축적이나 자원·영토의 탈취에만 그치지 않고 어떤 의미에서는 그보다 훨씬 강대한 힘의 원천이 된 담론의 체계와 결부"되어 있다.[18] 그것은 문화적 헤게모니를 넘어 철학과 사유 일반에까지 지배적 담론으로 작용하는 것이다. 그러기에 중심주의의 극복과 탈중심성의 담론은 정치·경제는 물론 철학의 영역에까지 확대하여 다루어야 할 것이다.

여기서 월러스틴은 "보편주의를 주장하는 것만큼 자민족중심주의적이고 특수주의적인 것은 없다"는 역설적인 논제를 제시한다.[19] 그것은 보편이란 주장이 언제나 문화의 특수성과 지역성에 근거하여 정립된 것이기에 그러하다. 여기서 우리는 인간으로서 지니는 본질적 보편성 자체를 거부할 이유는 없다. 이러한 보편성의 거부는 다원적 문화 사이의 소통과 만남을 가능하게 하는 근본 토대를 거부하는 것으로 오독될 가능성이 상존한다. 그러기에 우리는 보편과 특수의 문제, 인간의 보편성 주장이 지니는 형이상학적 지평에 대해서는 진지하게 해석학적 고찰을 거쳐 제시해야할 것이다. 그것은 결코 선험적인 어떤 것이거나 자신의 종교나 신념, 또는 특정한 철학적 판단과 이념에 의해 주어지는 것일 수는 없다.

유럽적 보편체계의 문제점

하나, 자본주의 세계경제는 오늘날 세계의 보편적 체제로 기능하고 있다. 그럼에도 자본주의는 그 형성 과정에서 그리고 그 작동 기제에

---

18) 강상중, 앞의 책, 186쪽.
19) I. 월러스틴, 앞의 책, 75쪽.

서 보듯이 유럽의 역사적 경험의 결과이며, 인간의 경제적 욕구에 대한 가장 무이념적인 충족 기제로 작동하고 있다. 그것은 결코 보편적이지도 않고, 역사에서 오래된 어떤 체제도 아니며, 더욱이 미래의 부동적 위치를 점하는 체제도 아니다. 다만 19세기 이래 유럽 자본주의 체제의 승리와 이어지는 현대세계의 체제가 자본주의의 보편성이란 환상을 초래하고 있을 뿐이다. 자본주의 경제체제는 군사적·기술적 역량을 통하여 세계를 통합하고 19세기에 이르러 전 지구적 보편성을 증명하기에 이르렀다. 그럼에도 그것은 독창적인 인식론에 근거한 역사의 한켠에서 드러난 특수한 체제이다. 그 특수한 지식구조를 해명하고 이를 넘어설 지적 대안이 요구된다.

여기서 월러스틴은 자본주의 체제를 포함하여 오리엔탈리즘을 극복하기 위해서는 보편화해야할 인식과 분석의 필요성과 특수주의적 뿌리를 지켜야할 필요성 사이의 긴장을 언급한다. 이 둘 사이에서 "일종의 끊임없는 변증법적 교환 속에서 우리의 특수한 것을 보편화하면서 동시에 우리의 보편적인 것을 특수화할 필요가 있고, 이를 통해 새로운 종합에도 다가"가야 함을 역설한다.[20] 그것은 하나의 지적 모험이며, 자본주의 체제에 의해 획일화한 세계, 자본의 이름으로 이루어지는 야만과 폭력을 벗어나는 길이기도 하다.

지오바니 아리기는 근대 이래 두 차례에 걸친 세계 패권이동을 분석하면서 유럽이 세계의 중심으로 자리한 배경을 해명하고 있다.[21] 이를 통해 우리는 현대세계가 처한 체계에 대해 명확히 이해할 수 있으며, 나아가 유럽중심주의와 근대성의 우위가 역사적 결과물, 그것도 식민지 지배를 통한 결과, '우연히 주운 황금사과'임을 인식할 수 있다. 유

---

20) 위의 책, 90쪽.

21) 지오바니 아리기 외, *Chaos and Governance in the Modern World System*, 1999, 최홍주 옮김, 『체계론으로 보는 세계사』, 모티브북, 2008.

럽의 근대가 주장하는 이성의 원리나 유럽예외주의 또는 유럽우월적 문화론은 역사적 결과에 지나지 않는다. 이성은 보편적인 것이지만 근대에서 정초된 이성은 서구 철학의 역사를 떠나서는 생명을 지니지 못하며, 합리성의 문화는 이성이해의 도식에 따라 달리 이해될 것이기 때문이다.

16세기 네덜란드에서 영국으로의 패권이동과 영국에서 미국으로의 패권이동 가운데 비유럽 세계는 커다란 제국주의적 폭력을 경험하게 된다. 이제 미국패권과 자본주의 체제의 전환이란 이행의 시기에 필요한 것은 무엇일까. 그 이전의 패권이동이 제국주의적 폭력으로 드러났다면 지금은 그 자리에 계급과 소득격차에서 주어지는 불평등함의 문제가 자리하고 있다.[22] 이때 요구되는 사회경제적 원리에 대한 노력은 물론 필요하지만, 이를 넘어서는 사유의 틀과 해석학적 원리에 대한 성찰은 그 이상으로 중요할 것이다.

그러기에 지금 필요한 것은 진정한 의미의 탈중심적 중심성의 원리이며, 이를 위한 철학적 원리의 정립일 것이다. 이를 통해 역사와 세계에 대한 해석, 자연과 인간 이해의 틀을 근거지우고, 이에 바탕으로 하여 탈중심적이며 탈근대적 체제를 위한 원리를 제시해야할 것이다. 탈근대적 탈중심성 담론이 이러한 한계를 벗어나지 못한다면 그것은 근대성의 이면이며 역전된 근대성에 지나지 않게 된다. 서구를 대신하는 또 다른 보편성이란 무의미한 논의이며 중심성을 전제한다는 측면에서 근대의 또 다른 얼굴이기 때문이다. 그것은 서세동점 이후 동아시아의 역사에서 저질러졌던 오류를 반복하는 것이다.[23]

---

22) 이러한 이행의 시기에 필요한 명제를 아리기는 5가지로 제시하고 있다. 위의 책, 430~457쪽 참조.

23) 일본의 근대화 논의나 정한론에 담긴 사고, 2차 세계대전 당시의 대동아공영론은 물론이고, 오늘날 거론되는 동아시아적 가치란 담론은 이러한 오류의

둘, 학문의 문제

월러스틴은 유럽적 보편주의의 또 다른 현상으로 과학적 보편주의에 대해 언급하고 있다. 그것은 "과학적 보편주의와 매순간 모든 현상을 지배하는 객관적 법칙에 관한 주장"이다. "1945년 이후에 과학적 보편주의는 거의 상대가 없을 정도로 의심할 여지없는 서구 보편주의의 가장 유력한 형태가 된" 것이다.[24] 이것은 이미 앞에서 보았듯이 유럽의 근대가 이룩한 세 가지 체제 가운데 하나인 과학·기술의 얼굴이다. 오늘날 근대의 학문은 과학으로 환원되고 있다. 19세기 이래의 과학은 유럽적 보편주의의 중대한 양식 가운데 하나로서 사회적 수용이라는 관점에서 엄청난 강점을 지니고 있다. 그 원리는 지식 생산체계에 그치는 것이 아니라, 지식의 내용은 물론, 그에 따른 체제 전체와 관련된다.

과학은 대학과 교육, 그에 기반한 문화체제 일반과 우리의 인식구조와 세계이해, 그를 위한 해석학적 원리에까지 가장 강력하게 영향을 미치고 있는 것이다. 과학은 자연과 인간에 대한 이해는 물론 세계와 역사, 정치와 경제 체계에서 자신의 원리를 보편적 진리란 이름으로 전파하고 있다. 우리는 과학으로 세계를 보며 과학의 원리에 따라 우리의 이해체계 전체를 구성하고 있는 것이다.[25] 오늘날 철학을 비롯한 학문일반은 과학이 되고자하는 열망에 사로잡혀 있으며, 그것이 이 시

대표적 모습일 것이다. 이에 대해서는 강상중, 이경덕·임성모 옮김, 『오리엔탈리즘을 넘어서』, 이산, 2004, 180쪽, "탈근대의 가능성으로서 서구 이외의 지정문화를 서구라는 특권적인 문화의 지위로까지 끌어올리거나 '보편주의'의 문화가 몸담을 또 하나의 장으로 특권화함으로써 서구중심주의를 해체하려는 시도 자체가 의문시되고 있다." 참조.

24) I. 월러스틴, 앞의 책, 93~94쪽.

25) 이러한 문제에 대해선 신승환, 「학문」, 『우리말철학사전』 5, 지식산업사, 2007, 319~350쪽 참조.

대 학문이 가장 큰 문제이기도 하다.

과연 근대의 학문은 서구에서만 가능한 것일까? 예를 들어 하이데거는 『철학—그것은 무엇인가(*Was ist das —die Philosophie?*)』(1955, 강연)에서 '서양적-유럽적 철학이란 표현'은 사실상 동어반복이라고 말한다. 그 이유는 "철학이란 본질적으로 그리스적이기 때문이며, 오직 그리스 정신문화만을 요구하는 그런 것"이기 때문이다. 그 이유는, 철학이란 존재자의 존재란 무엇인가라고 물었던 그리스-유럽적 사유의 역사에서야 가능한 개념이기 때문이다. 철학이 모든 학문의 근거란 주장에 미루어볼 때, 이 말이 어떤 의미를 지니는지는 명확하다.[26]

근대의 학문체계가 보편적으로 작동할 때의 문제는 학문과 권력의 관계일 것이다. 그것은 서구 중심의 이론이 얼마나 제국주의적이며 동아시아 전통과 역사철학적 성찰을 배제하고 억압하는지에서도 극명하게 드러난다. 근대 계몽주의적 학문이 초역사성과 세계 보편성에 기반한 서구중심주의와 서구의 역사에서 이해된 이성에 바탕한 학문이라면 이를 벗어나는 학문의 해석학적 구성 원리가 요구된다.

근대 이후 우리 학문의 자리는 수입 학문에 그친 것이 사실이며, 그것은 지금도 진행 중에 있다. 서구의 충격과 우리의 반응은 실재를 이해하는 패러다임을 바꾸어 놓았다. 그것은 우리 역사와 현실, 삶의 자리에 근거한 학문이 아니라, 서구의 패러다임으로 이해하는 학적체계를 성립시킨 것이다.

예를 들어 코헨(Paul A. Cohen)은 근대성 내지 근대화란 역사적 전제에 따라 중국사를 해석할 때 생기는 문제에 대해 심층적으로 분석하고 있다.[27] 중국을 포함한 동아시아의 역사를 유럽의 역사적 경험과 유럽

---

26) M. 하이데거, *Einleitung in die Philosophie*, 1996, 이기상·김재철 옮김, 『철학입문』, 까치글방, 2006 참조.

27) P. Cohen, *Discovering History in China*, Columbia Univ. Press, 1984, 이남희 옮김, 『학

근대란 기준으로 해석할 때 그 문화는 결코 계몽의 역사나 근대적 이성의 원리를 드러내지 못하는 미숙한 역사에 지나지 않게 된다. 오늘날 동아시아 역사를 근대화와 근대성이란 관점에서 해석할 때 필연적으로 잘못된 해석, 폭력적 왜곡이 발생할 수밖에 없게 됨을 이 책은 잘 보여주고 있다. 식민지 근대화론이나 자본주의 맹아론은 그런 의미에서 근대화의 패러다임에 갇힌, 서구중심주의의 동아시아적 변형에 지나지 않는다. 그러기에 학문제국주의적 관점을 벗어나 우리의 현재를 성찰하는 해석학적 작업은 탈중심성의 학문을 위해서는 무엇보다 필요한 관점이다. 여기서 거론되는 학문제국주의의 문제는 우리에게는 여전히 커다란 무게로 남아있는 과제인 것이 사실이다.

탈근대적 학문은 단순히 포스트모던적 학문을 의미하지 않는다. 그것은 단순히 보편적 진리의 가능성을 거부하거나, 서구 본질주의 철학에 대한 해체를 지향하는 것이 아니다. 오히려 그것은 해석학적이며 역사철학적 관점에서 정립되는 학문체계를 의미한다. 오늘날 이러한 성찰없이 거론되는 진화생물학적 통섭담론이나, 학제간 연구에 대한 일방적 추종은 또 다른 의미에서의 학문제국주의적 사고에 지나지 않는다.[28)]

근대성의 내면화와 오리엔탈리즘

문의 제국주의』, 산해, 2003.

28) 윌슨의 통섭 담론은 실재에 대한 흩어진 접근 방법의 통합이란 측면에서 정당성을 지님에도 불구하고, 형이상학적으로 반성되지 아니한 진화생물학에 근거한 관점의 통합을 역설하고 있다. 과연 이러한 사실에 대한 진정한 반성을 거친 뒤 통섭을 논의하는지 너무도 궁금하다. 이 역시 우리가 지닌 학문제국주의의 단면은 남김없이 보여주고 있지 않은가. 이에 대해서는 신승환, 「통합학문의 꿈-통섭의 의미와 한계」, 『비평』 17, 생각의 나무, 2007, 282~296쪽 참조.

근대성은 서구중심주의와 서구문화에 획일적으로 적응됨으로써 수 많은 역기능들이 생겨나게 된다. 교육에서, 학문에서, 나아가 사회와 문화 일반에서 근대성은 보편적 기준이며, 우월한 철학적 원리이며, 비 유럽 세계를 근대화시키고 계몽시키는 준거로 작동한다. 이러한 근대 성의 내면화가 우리에게는 오리엔탈리즘으로 작동하고 있다.

오리엔탈리즘이란 일차적으로 "근본적으로 동양이 서양보다 약자라 는 이유로 동양에 강요되는 정치적 원리"를 의미한다.[29] 그럼에도 그 것은 나아가 우리의 세계 해석의 잣대, 철학적 원리는 물론 문화와 사 회체계 전체를 왜곡시키기에 더 큰 문제를 야기한다. 오리엔탈리즘을 내면화함으로써 우리는 피해자이면서 또한 타자에 대한 가해자로 자 리하게 되는 것이다. 문화적으로 우리가 지닌 우월감과 열등감은 이러 한 오리엔탈리즘의 역기능일 뿐이다.

이것은 다양성을 인정하지 않고, 소수를 차별하는 사고에서도 나타 난다. 차이의 존재론은 다른 사람의 존재론적 지평을 그 자체로 인정 하는 것이며, 다른 이데올로기, 신념체계, 그의 존재론적 지평 전체를 거부하지 않는 것이다. 지금 우리가 지닌 사회적 약자와 소외계층, 노 동자에 대한 배제와 억압은 물론이고, 순종이 아닌 계층에 대한 억압 은 차이를 인정하지 않는 중심주의의 산물이며, 오리엔탈리즘이 내면 화된 결과일 뿐이다. 서구에 대한 턱없는 열정과 서구문화의 우월성에 대한 내면화가 그 이외의 타자에 대한 어처구니없는 우월의식으로 드 러나고 있다. 오늘날 거론되는 다문화 사회란 사실 이런 현실에 대한 구차한 인정으로밖에는 이해되지 않는다.

오늘날 거론되는 민족주의 담론은 오리엔탈리즘의 내면화에 따른 논의이기도 하다. 올바른 민족의식과 민족주의는 분명 필요한 것이며,

---

29) E. Said, *Orientalism*, 2003, p.204.

우리의 역사에서 보듯이 긍정적으로 작용한 것이 사실이다. 열린 민족주의는 차이를 인정하고 탈중심적 중심성의 원리에서 정립될 때 필요한 것이기도 하다. 오늘날 일부에서 거론되는 "민족주의는 반역이다"는 명제, 탈민족주의 담론은 서구의 경험과 서구 근대의 역사에서 기인한 것이다. 민족이 근대에 와서 형성되었다고 외치는 그들의 담론은 우리의 역사적 경험을 반성하지 않는 또 다른 의미의 학문제국주의적 사고에 지나지 않는다. 분명 민족주의가 타자에 대한 배제와 억압으로 작용할 때 그것은 위험하며, 민족주의와 국가주의가 빚어내는 역기능이 동아시아 사회만큼 극명하게 드러나는 곳도 존재하지 않을 것이다. 그럼에도 민족주의의 허구를 비판하고, 근대와 민족주의를 연결지어 정의하는 작업은 서구의 경험이지 우리의 것은 아니다. 이러한 역사적 경험과 우리의 현재를 무시한 탈민족 담론은 허상에 지나지 않는다.

　오리엔탈리즘에 대한 반발이 옥시덴탈리즘으로 이어지는 것은 또 다른 오리엔탈리즘, 오리엔탈리즘이 내재화된 결과일 뿐이기 때문이다.[30] 그래서 월러스틴은 옥시덴탈리즘을 "반유럽중심적 유럽중심주의"라고 이름한다.[31]

　그것은 유럽중심주의에 대한 근거를 반성하는 대신 "유럽인들이 근대세계에 부과하는 지적인 틀의 규정을 전적으로 받아들이는" 것이기 때문이다. 그래서 오늘날 오리엔탈리즘에 대항하여 우리 민족의 것, "우리 것은 좋은 것이여!" 따위의 말, 자문화우월주의는 거울처럼 내면화된 오리엔탈리즘을 극명하게 보여주는 표징으로 이해된다. 근대극복의 문제가 다시금 '동아시아적 가치' 회복으로 연결되는 것은 헛된 노력에 지나지 않는다. 탈중심성 담론이 지역성에 대한 단순한 가치회복

---

30) E. Said, *Orientalism*, p.328, "오리엔탈리즘에 대한 해답은 옥시덴탈리즘이 아니다."

31) I. 월러스틴, 앞의 책, 88쪽.

으로 환원되어서는 안될 것이다. 그것은 또 다른 중심성이 될 것이기 때문이다. 그러기에 1830년 이래 세계패권의 전환과 이러한 원인에 대한 분석에 기대어 동아시아적 가치를 중심에 자리매김하는 또 다른 종류의 보편주의나 옥시덴탈리즘을 제시하는 오류를 범해서는 안 될 것이다.

오리엔탈리즘은 "근대의 지배적·위압적인 지식의 체계"에서 생겨났다. 그러기에 탈오리엔탈리즘은 그와 같은 지식체계는 물론 정치와 경제, 문화 일반과 권력의 실천 사이에 상호작용을 해명하는 가운데 새롭게 구성되는 지적이며 정치적인 실천일 것이다.[32] 오리엔탈리즘은 초월적인 주체인 서구에 의해 자의적으로 표상되고 창조된 문화적 장치와 담론 체계이다. 그러기에 서구문화 일반에 특권적 지위를 보증하는 동시에 다른 담론의 가능성을 배제하고 은폐하기에 문제를 야기한다. 우리가 문제삼아야할 중심주의의 문제는 이러한 오리엔탈리즘을 넘어 근대의 지식과 철학체계 일반은 물론 그에 근거한 정치·경제와 역사의 경험 전체에 대한 해명으로 이어져야할 것이다.

이런 의미에서 18세기 이래 이어져온 이성중심주의적 근대성과 유럽우월주의, 이에 결부된 인간중심주의 전체에 대한 반성이 요구된다. 그것은 타자의 존재성을 수용하면서, 타자의 문화일반과 타자의 체계 전체를 배제하거나 억압하지 않는 새로운 문화에 대한 논의로 확대되어야 할 것이다. 문제는 이를 위한 철학적 원리를 제시하는 데 있을 것이다. 분명한 것은 그것이 또 다른 가치와 문화를 대안으로 제시하는 것일 수 없으며, 다원적 다원성의 것일 수도 없다는 사실이다.

---

32) 강상중, 앞의 책, 187쪽.

4. 근대성 극복과 탈중심성

플라톤 이래 서구 철학은 존재의 동일성과 일원성에 근거한
사유틀로 형성된다.

플라톤주의로 완성에 이른 서구 철학의 기획을 해체하려는 니체 이
래의 포스트모더니즘은 이러한 일원성과 동일성에 대한 반발을 의미
한다. 포스트모더니즘을 특징짓는 다원성과 탈중심성, 해체론은 이러
한 철학적 역사에 기반하고 있다. 그럼에도 문예적이며 철학적 사조로
등장한 포스트모더니즘은 다원성과 탈중심성에 대한 대안 없는 해체
에 머물고 말았다. 지금 포스트모더니즘이 아닌 탈근대를 기획하는 우
리에게 필요한 것은 탈중심의 중심성, 탈영역성, 탈중심의 다원성일 것
이다. 그것은 다원적 실재가 소통하는 원리를 정립하는 것이며 차이가
차이로 유지되면서 차이의 보편성을 정립하는 것이다.

근대의 기획을 완성하려는 하버마스의 철학은 서구 전통철학의 기
반 위에 서 있다. 그는 여전히 플라톤 이래의 로고스(logos)에서 유래한
이성의 보편성과 이성의 정합성을 확신한다. 다만 그 이성은 중세에서
보듯이 신적인 것도, 칸트에서처럼 형이상학의 근거이거나 선험적인
어떤 것도 아니며, 헤겔에서 보듯이 세계와 역사를 구현하는 절대정신
의 이성도 아니다.

하버마스의 탈근대 담론은 근대체계에 대한 수정과 보완을 의미한
다. 그러한 하버마스의 기획을 넘어 근대의 가치, 근대의 패러다임과
철학 전체를 문제시하면서 이루어지는 극복이 요구된다. 근대는 인간
의 보편성에 기초한 인권과 이성의 문제를 유럽적 경험과 역사를 통해
인식이성과 계몽의 이성으로, 유럽중심적 인간과 인권으로 환원시켰
다. 그것은 보편의 특수화이며, 유럽의 역사와 철학을 통한 구체화에
지나지 않는다. 이성과 인권은 분명 보편적 원리임에도 서구의 근대에

의해 정형화되고 규범화되었다. 이를 새롭게 수용하면서 서구 근대체계의 한계를 넘어서는 데 탈근대의 해석학적 원리가 주어질 것이다. 서구 근대에 이르러 형상화된 자본주의와 과학·기술주의는 물론 정치적 민주주의조차 우리의 역사적 경험과 철학적 원리에 의해 새롭게 해석되어야 할 것이다. 서구 근대의 내재화를 넘어 그 정당성을 수용하면서도 이를 극복하고 넘어서는 감내와 초월적 극복의 사유가 요구된다.

> 서구 철학을 이성중심주의로 규정하고 이에 대한 비판과 교정의
> 노력은 현대철학의 본질적 특성이다.[33]

이미 클라게가 그리고 J. 데리다가 서구 철학을 '로고스중심주의(logocentrism)'로 규정하고 비판했지만 이것은 이러한 철학 조류를 명제화한 것에 지나지 않는다. 이성의 종말, 이성의 죽음은 이미 진부한 표현이 되고 있다. 문제가 되는 것은 이성중심주의에 의해 소외되는 인간의 다른 지성적 능력 때문일 것이다. 감성과 영성, 초월성은 근대의 이성이해 도식에 의해 열등한 것이거나 심지어 반(反)진리의 영역으로 간주되어 배제되기에 이르렀다. 두 번째 문제는 이성은 자연을 비롯한 이성의 대상을 타자화한다는 데 있다. 이러한 객체화와 타자화는 이성을 지닌 주체와 객체란 도식(subject-object-schema)을 설정하는 데서 문제를 야기한다. 타자는 자신의 존재론적 성격을 상실하고 다만 이성적 주체의 대상이 되고, 마침내 객체화를 통해 사물화되기에 이른다. 이러한 근대 이성은 수학적 세계관과 결합함으로써 세계를 기계론적이며 양화하는 체계를 성립하였다.[34] 이에 덧붙여 말해야할 더 큰 문제는

---

33) 만프레트 프랑크, 최신한 옮김, 『현대의 조건』, 책세상, 2002, 제2장 참조.
34) 이에 대한 대표적 비판으로 Th. Adorno, *Dialektik der Aufklärung*, 1949 참조.

근대에서 이해된 일면적 인식 이성, 계산하는 이성은 이성 자체의 능력인 숙고하고 성찰하는 이성을 배제한다는 데서 생긴다.[35]

근대 이성 이해는 서구의 철학적 역사와 그 존재역운을 통해 귀결된 필연적 결과이다.[36] 하이데거의 비판에서 보듯이 이러한 존재 역사의 귀결은 서구문화를 니힐리즘(Nihilism)으로 나타나게 된다. 하이데거는 자신의 철학을 존재론적으로 전개하던 가운데 근대의 문제에 대해 비판하고, 이에 대한 극복의 문제를 해명하였다. 이러한 근대성의 비판과 그 존재론은 우리에게 근대 극복의 문제에 중요한 사유의 단초를 제시할 것이다.[37] 그것은 유럽 근대와 근대성에서 드러난 존재 역사의 귀결이며, 그렇게 이해된 이성은 서구의 고유한 역사적 경험에 따른 결과라는 사실이다. 인간이 지닌 지성적 특성으로써 이성은 분명 보편적이지만, 그것의 현상과 드러남은 역사적 경험과 과정을 떠나서는 이해되지 않는다. 보편과 특수의 상관관계와 역사적 과정에의 성찰 없는

---

35) 동아시아 철학에서는 천명(天命)을 일컬어 성(性)이라 이름했다. "天命之謂性 率性之謂道 修道之謂敎"를 말하는 『중용(中庸)』의 글귀는 인간의 지성적 능력이 근대이성 이해와 얼마나 큰 차이가 있는지 잘 보여주고 있다. 동아시아 전통에서 이해한 지성은 인성론적 특성을 배제하고서는 이해되지 않는다. 지성은 근대의 인식이성과는 달리 천명과 인성의 본질적 특성과 연관되어 이해된다. 그럼에도 근대이성 이해의 도식에서는 이러한 지성 이해는 어디에서도 자리할 곳이 없게 된다. 이러한 근대이성은 다만 자연과 타자화된 사물에 대한 이성이며, 인간이 지닌 타자에 대한 지식과 지배의 힘을 제공하는 능력으로 이해될 뿐이다.

36) M. Heidegger, *Zur Sache des Denkens*, Tübingen, 1976.

37) 이를 위한 철학적 원리는 존재자와 존재의 존재론적 차이에 대한 사유를 통해 해석학적으로 제시될 것이라 확신한다. 그것은 존재하는 모든 것은 존재를 통해 드러나지만, 그 존재는 존재자적으로 존재하지 않으며 오히려 무(無)로서 이해되는 원리를 말한다. 이것은 하이데거에 의해 주어진 근대성 극복의 단초이면서 그를 넘어서는 해석학적 원리를 의미한다. 이에 대한 사유는 여전히 진행 중에 있다.

해석학적 정립 시도는 여전히 근대철학의 맥락에 잠겨 있다. 보편적으로 설정된 근대 이성은 차이의 해석학을 알지 못하기에 다만 학문제국주의와 문화중심주의의 오류에 머무르게 된다.

근대화를 산업화로 이해하고 규정된 것은 2차세계대전 이후
트루먼 대통령 시대에 이루어진 전후 복구사업과 무관하지 않다.

유럽에 대한 지원은 물론 냉전시대의 대립 구도에서 이른바 제3세계에 대한 지원을 근대화로 이름하였다. 이때의 근대화는 우월한 서구의 과학기술문명을 전파하고 착근하는 것이면서, 그 이면에 담겨있는 근대의 철학적 원리를 보편의 이름으로 설정한다. 그것은 한편으로 유럽과 그 후손이기도 한 미국문화의 우월성을 제기하는 것이다. 이러한 승리는 정치·경제는 말할 것도 문화 일반을 넘어 궁극적으로는 철학적 원리로까지 확대되었다. 이후의 역사적 경험은 탈식민화(Decolonizing)의 노력에도 불구하고 문화적 영역에서는 여전히 유럽적 보편주의와 유럽우월주의가 힘을 떨치고 있는 것이다.

유럽우월주의는 다양한 경로를 통해 주어진다. 문화결정론과 환경결정론은 가벼운 정도이지만 정작 문제가 되는 것은 합리성과 고대 그리스 문화에서 드러나는 인간중심의 사고에 기반하고 있다는 가정은 결정적으로 유럽예외주의의 신화를 성립시키게 된다. 중심부로 설정된 유럽과 주변부인 비유럽 세계, 이성과 비이성, 문화와 야만, 계몽과 계몽의 대상이란 이분법을 공고화하기에 이른다.

5. 탈중심성의 철학적 원리

중심주의 극복의 문제

인간의 역사를 진보의 관점에서 고찰한다면, 그것은 자신을 억압하고 소외시키는 모든 잘못됨에서 벗어나기 위한 투쟁의 역사이며 해방의 역사로 이해할 수 있다. 그것은 무지에서 벗어나기 위한 앎의 역사이며, 인간의 권리를 불가침의 어떤 것으로 설정하는 가치정립의 역사이며, 다른 한편 타자의 생명과 권리를 인정하는 승인의 역사이기도 하다. 그래서 역사는 온갖 종류의 야만과 폭력, 억압과 무지를 벗어나고자 한 진보의 과정이었다.

그것이 오늘날에는 자본과 과학·기술에 대한 투쟁으로 드러나게 된 것은 역사의 역설일 것이다. 자본주의와 과학·기술주의는 자연에 대한 이해의 변화에서 주어진다. 자연을 인간의 원의와 풍요로움을 위한 대상으로 이해하고 자본으로 환원한 자본주의는 근대가 시작된 배경이며 근대 전체를 관통하는 가장 중요한 주제어일 것이다.

나아가 자연의 억압과 두려움을 벗어나고자 하며, 자연을 대상화하고 물화(reification)하여 이해하는 수학적 세계관이 성립된 17세기 이래의 근대성은 과학·기술주의를 성립시켰다. 그것은 자연에 대한 지식을 객체화하여 이해함으로써 학문을 과학으로 환원시키며, 그 지식을 적용하는 기술문명을 낳았다. 이러한 과학·기술 문명과 그에 따른 산업화야말로 근대의 가장 두드러진 특징이 아닌가.

철학을 포함한 모든 학문이 스스로 과학이 되고자 하는 것이 근대의 가장 큰 신화일 것이다. 그것도 잘못된. 이러한 근대의 일면성이 오늘날 또 다른 억압으로 작용하고 있다. 아도르노가 『계몽의 변증법』에서 비판했듯이 근대의 산업화는 물화하고 양화하는 사유를 낳았다. 근대

가 다시금 억압이 될 때 그 근대를 벗어나는 것은 인간의 역사에서 보
듯이 이 시대 학문하는 이들의 가장 중요한 과제일 것이다. 그 근대는
유럽의 역사에서 이해된 이성의 원리를 보편으로 제시하며, 유럽이 지
닌 이성과 합리성이 세계사의 승리, 자연에 대한 인간의 우월함과 역
사의 승리를 속단했다. 끝없이 펼쳐지는 역사의 개선 행진과 유럽중심
주의는 이제 다시금 폭력이 되고 야만이 되어 우리에게 다가왔다. 제
국주의 시대가 보여주는 폭력은 근대 이성의 자기전개가 지니는 한계
와 역기능을 남김없이 보여주고 있다.

그러기에 근대성 극복의 문제는 이성이해의 전환 없이는 불가능할
것이다.[38] 하버마스는 그러한 이성을 인간이 지닌 근본적인 의사소통
성에서 찾고 있다. 이성의 합리성은 의사소통적 이성이며, 이러한 보편
적이며 근본적인 이성의 원리에 근거하여 하나의 공동체는 물론 주체
와 타자의 소통이 가능해진다. 이제 주체와 타자의 존재론적 근거는
물론 공동체의 존재 역시 이러한 의사소통적 이성에 기반하여 정립될
수 있게 된다. 그럼에도 하버마스의 기획은 근대의 우월함을 전제하며
근대 이성의 정합성을 부정하지 않는다. 나아가 의사소통적 이성은 존
재론적 지반을 지니고 있지 못하다는 데 치명적인 문제가 자리한다.
이성의 자명함과 보편성은 과연 어떠한 원리에서 가능한지, 그 인간학
적 전제와 존재론적 근거가 설명되어 있지 못하다는 것이다. 이러한
한계에서 필요한 것은 이성의 자명함과 보편성을 인간의 존재 전체,
생명체로서 인간이 지닌 원리, 생명성에 근거하여 밝혀야 할 것이다.
이것은 생명성에 근거한 탈근대적 이성으로 정립할 수 있다.

탈근대적 이성의 해석학적 지평을 잠정적으로 생명체로서 인간이

---

38) 서구 전통철학적 이성이해에 대한 비판과 이에 대한 극복은 포스트모던 조류
    이래 현대철학의 가장 중요한 주제이다. 또한 탈중심성 논의를 위해서도 반
    드시 거론해야할 주제이다. 여기서는 다만 언급하는 정도로 그칠 것이다.

지니는 근원적 공통성으로써 생명성이란 원리에서 찾고자 한다. 생명성에 대한 해석학적 성찰은 이성을 다만 인식이성과 도구적 이성으로 이해했던 서구 근대의 철학적 패러다임에 대한 극복의 모색 가운데 하나로 작동할 수 있을 것이다. 이러한 관점에서 생명철학의 원리를 원용할 때 탈근대성 내지 탈근대적 이성 이해의 지평을 논의할 수 있을 것이다.[39]

분명한 것은 우리는 지금 명확한 이행의 시기를 살고 있다는 점이다. 이럴 때 지금 이 자리의 지식인에게는 우리의 현재를 해명하고 이해할 수 있는 지식의 사유틀을 창출하는 지상 과제가 주어져 있다. 그 현재는 역사의 경험에서 주어진 것이며 미래에의 결단이 현재화하는 자리일 것이다. 이를 위한 해석학적 원리가 탈중심적이며, 근대 이후의 원리로 작동할 것이다. 우리의 현재는 보편적이면서 특수하며, 특수함 가운데에서도 보편적일 것이다.

지금 우리에게는 이러한 근대성의 극복과 근대 이성의 중심성을 밝히는 것이 시대적 과제일 것이다. 그것은 유럽에서 거론되는 근대 이후의 사고, 포스트모더니즘을 근대 이후나 반근대로 이해하지 않고 근대의 정당함을 수용하면서, 근대의 모순을 감내하면서, 근대를 벗어나

---

39) 여기서 이 논의를 적극적으로 전개하기에는 지면의 제약이 따른다. 다만 탈중심성 논의가 일반적인 철학적 원리에서 제시되고 이러한 문제의식을 공유할 때, 연구자들을 중심으로 그 극복의 단초에 대한 토론과 대결이 뒤따를 것이라 기대한다. 그러한 철학적 만남의 자리에서 논의의 단초를 위해 이러한 생각을 제시하고자 한다. "로컬리티의 인문학"은 근본적으로 우리 스스로 이러한 철학적 모색을 제시하지 못한다면 불가능할 것이기 때문이다. 이를 위해 부족하지만 졸고, 「포이에시스적 자연이해와 근대성 극복」, 『하이데거연구』 4, 1999, 173~204쪽; 「'생명 해석'의 철학과 탈형이상학적 사유틀」, 『생명과 더불어 철학하기』, 철학과현실사, 2000, 15~40쪽; 「생명과학시대 인간의 자기이해를 위한 해석학적 지평」, 『인간연구』 6, 2004, 5~27쪽; 『생명과학과 생명윤리』, 서울대교구생명위원회 편, 2008 등 참조.

는 근대의 초월적 극복의 과제이다. 그 작업은 근대의 정당함을 수용하면서도 그 모순을 넘어서는 것이며, 근대를 넘어(trans-modern) 근대 이후의 시대를 사유하는 탈근대를 지향한다. 그 원리 가운데 하나를 여기서는 탈중심성, 다원적 중심성으로 제시해보고자 한다.

탈근대성의 탈중심성

탈중심성은 인간의 존재성에 대한 성찰에서 주어진다. 몸을 지닌 존재로서 인간은 자기중심성을 지니지만, 그러한 몸적 조건을 넘어서고자 하는 인간은 또 다른 한편 자신의 중심성을 넘어서 존재하고자 한다. 인간은 생물학적 존재이기에, 그에서 주어지는 조건과 한계, 그 매개를 통해 존재하는 것이 사실이다. 그럼에도 문화적이며 철학적 존재로서의 인간은 그러한 모순과 한계를 넘어서는 층위를 지니며, 자신의 존재성에 따른 매개를 통해 이를 극복하고자 한다. 이런 관점에서 탈중심성은 이중적으로 이해된다. 자신의 존재와 중심성에 자리할 수밖에 없으면서 관계적 존재로서 타자의 존재와 타자의 중심성을 받아들여야하는 이중성을 의미한다. 그것은 자신에서 비롯되는 일원성의 원리를 유지하면서 다원성을 수용할 수 있음, 나의 중심성을 보면서도 타자의 중심성을 수용하는 것을 의미한다.

이러한 이중적 의미의 중심성, 중심성과 탈중심성의 상호성을 전제하지 않는 현장성(locality)은 무의미할 것이다. 탈중심적 현장성과 자기중심적 현장성이 상호작용하는 원리를 정립할 수 있을 때 그것은 탈근대성의 중요한 원리로 기능할 수 있을 것이다.

탈중심성의 인문학은 이러한 현재에 자리한다. 그것은 다시금 이러한 이중성을 고찰하는 것이며, 자신의 존재성과 타자성에 대한 성찰이다. 또한 현재에 대한 성찰이 인문학이기에, 인문학의 자리인 "지금 여기(hic et nunc)"는 탈중심성의 성찰을 위한 중요한 터전임은 분명하다. 그럼에도 그 현재는 역사의 경험과 결과는 물론 미래와 초월을 현재화하는 가운데 이루어질 것이다. 그러기에 현재는 역사와 초월이 현재화하는 결단의 현재인 것이다.

오늘날 중심주의의 문제와 그에 따른 오리엔탈리즘이나 문화·학문 제국주의적 관점의 핵심에는 근대성에 대한 이해와 정당성 주장이 자리하고 있다. 서구기독교 문명이 지닌 근대성으로 나아가지 못하고, 그 문명에 담긴 이성의 원리, 합리성이 결여된 비서구 문명은 유럽문화의 타자로서 끊임없이 소외되고 왜곡되며 자신의 존재론적 정당성과 타당성을 확증받지 못한다. 지식과 학문은 권력으로 작동하고 있다. 유럽 근대의 보편성 주장은 문화적 제국주의로 작동할 뿐 아니라, 비유럽 세계의 해석학적 원리를 지배함으로써 끊임없이 변형된 형태로 자신의 중심성을 확인하고 있다.

이에 대해 월러스틴은 유럽적 보편주의를 넘어서는 보편적 보편주의를 대안으로 제시한다. 그것은 "보편적인 것과 특수한 것 모두를 역사화하며, 이른바 과학적인 것과 인문학적인 것을 단일한 인식론으로 재통합하고 약자에 대한 강자의 '개입'을 위한 모든 정당화 근거들을 고도로 객관적이고 지극히 회의적인 시선으로 바라볼 수 있도록" 한다고 말한다.[40] 그래서 지식인들이 "거짓된 가치중립성의 족쇄를 벗고", 이러한 "이행의 시기에 실제로 의미있는 역할"을 해야 한다고 말한다. 그래서 "모든 지식의 재통합에 대한 희망을 유지시켜줄 유일한 인식론"으로 '배제되지 않은 중도'론을 제기한다.[41] 그러한 보편적 보편주

---

40) I. 월러스틴, 앞의 책, 138쪽.
41) 위의 책, 141쪽. 그것은 새로운 종류의 위계적 불평등의 세계를 넘어 "그 이행의 시기에 세계체제를 분석"하려고 노력하면서 가능한 대안을 제시하는 역사적이며 윤리적 선택을 명확히 하는 가운데 "우리가 선택하고자 하는 정치적

의는 다수의 보편주의이며, 다원적 중심성을 의미하는 것이기도 하다.

그것은 다만 서구 근대의 거부나 근대성과는 다른 원리의 제시가 아니라, 근대화의 역사적 경험과 폭력성에 대한 성찰과 감내를 통한 초월적 극복으로 주어져야할 것이다. 여기서의 철학적 원리는 존재론적 차이의 철학이 지닌 원리를 원용할 수 있을 것이다. 다양한 존재자의 드러남이 존재에 의한 것이기에 그것은 동일성과 차이를 지닌다. 동일성과 차이는 다만 같음과 다름이 아니라 같으면서 다르고 다르면서 같은, 존재드러남의 특성이다. 이러한 논의로는 M. 하이데거에 의해 제시된 이래 이에 대해 철학적 작업을 전개하는 일련의 철학을 거론할 수 있다.

그것은 또한 우리의 현재, 인문학의 조건인 "지금 여기서"의 현재성을 성찰하는 가운데에서 시작될 것이다. 그것은 탈근대적 중심성은 다원적 실재들이 자신의 중심성을 유지하면서 서로가 중심이 되는 다원적 중심성이며, 다원적 탈중심성을 의미한다. 다원적 실재들의 중심성은 그 실재가 자리한 현재, 그 실재의 '지금 여기'에서 시작되며 그 현재가 중심이 되는 원리에 자리하기 때문이다. 탈근대의 논의는 이러한 문제의식에 근거하여 탈중심성의 원리와 함께 사유될 때 정당하게 드러날 수 있을 것이다.

참고문헌

강상중, 이경덕·임성모 옮김, 『오리엔탈리즘을 넘어서』, 이산, 1997.

신승환, 「통합학문의 꿈-통섭의 의미와 한계」, 『비평』 17, 비평이론학회, 2007.12.

우리말사상연구소, 「학문」, 『우리말 철학사전』 5, 지식산업사, 2007.

조현범, 『문명과 야만, 타자의 시선으로 본 19세기 조선』, 책세상, 2006.

진로들의 가능성을 조명하는 일"을 지속하는 것이기도 하다(위의 책, 146쪽).

E. Hobsbawm, 정도영 옮김, 『자본의 시대』, 한길사, 1998.

E. Hobsbawm, 정도영·차명수 옮김, 『혁명의 시대』, 한길사, 1998.

E. Hobsbawm, 김동택 옮김, 『제국의 시대』, 한길사, 1998.

F. Bacon, *Norum Organum*, 진석용 옮김, 『신기관-자연의 해석과 자연지배에 관한 잠언』, 한길사, 2001.

G. Arrighi et al., *Chaos and Governance in the Modern World System*, 최홍주 옮김, 『체계론으로 보는 세계사』, 모티브북, 2008.

G. Spivak, *A Critique of Postcolonial Reason. Toward a History of the Vanishing Present*, 태혜숙·박미선 옮김, 『포스트식민 이성 비판』, 갈무리, 2005.

I. Kant, "Beantwortung der Frage : Was ist Aufklärung?", *Was ist Aufklärung?*, hrsg. E. Bahr, Stuttgart : Reclam, 1974.

I. Wallerstein, *Unthinking Social Science*, Cambridge, 1991.

I. Wallerstein, 김재오 옮김, 『유럽적 보편주의 : 권력의 레토릭』, 창비, 2006.

J. Habermas, "Die Moderne—ein unvollendetes Project", *Kleine Politlsche Schriften Ⅰ-Ⅳ*, Frankfurt/M., 1981.

M. Frank, 최신한 옮김, 『현대의 조건』, 책세상, 2002.

M. Heidegger, *Einleitung in die Philosophie*, 이기상·김재철 옮김, 『철학입문』, 까치글방, 2006.

M. Heidegger, "Die Zeit des Weldbildes", *Holzweg*, Frankfurt/M., 1950.

M. Heidegger, *Identität und Differenz*, Pfullingen, 1957

M. Heidegger, "Vom Wesen des Grundes", *Wegmarken*, Frankfurt/M., 1967.

M. Heidegger, "Brief über den Humanismus", *Wegmarken*, Frankfurt/M., 1976.

M. Heidegger, *Zur Sache des Denkens*, Tübingen, 1976.

P. Cohen, *Discovering History in China : American Historical Writing on the Recent Chinese Past*, Columbia Univ. Press, 1984, 이남희 옮김, 『학문의 제국주의-오리엔탈리즘과 중국사』, 산해, 2003.

Z. Bauman, 함규진 옮김, 『유동하는 공포』, 산책자, 2009.

Ⅱ. 동아시아 근대 탈중심의 모색

이 명 수

1. 시작하는 말

1996년 초였을 것이다. 김영삼 정부 시절 '세계화'라는 또 하나 한국 판 대서사가 시작되었다. 미디어를 통해 시간과 공간의 구별이 무색한 점을 비평하여, 마셜 맥루언(Herbert Marshall Mcluhan, 1911~1980)이 쓴 '지구촌(global village)'이라는 말은 들었어도, 또한 70년대 종합무역의 컨셉에서 나온 '국제화'라는 말도 들었지만, '세계화'란 말은 귀에 거슬렸다. 그러면서 그 용어는 졸지에 미디어를 타고 퍼져나갔다. 문민정부는 상품의 세계 수준의 표준화, 국제수준의 자본주의의 달성을 목적으로, 일정부분 이를 추세화하려는 전략을 쓰고 있었던 것으로 보이지만 이도 역시 음으로 양으로 '중심주의'에 쏠린, 근대기에 밀려든 추세의 연장선에서 이해하지 않으면 안 되는 것이었다.

'세계화'이든 '전구화', '전지구화', '국제화'이든 용어의 함의(含意) 역시 실은 글로벌라이제이션에 별다르지 않다. 또 다른 중심주의의 표현이어서 19세기 동아시아[1] 근대에 있었던, 밀려오는 서구의 '힘'과 그

---

1) 동아시아 지역의 명칭은 서구의 중심이 영국일 때는 극동(Far East)으로, 제2차 세계대전 후 미국이 헤게모니를 장악하고 나서는 '동아시아'로 불렀다. 그런 데 1970년대 중반 이후 미국이 아시아 대륙 연안의 성장하는 지역에서 헤게 모니를 관철하기 위해 동-동남아시아를 재평가하면서 아시아-태평양이란 어

속성상 유사함이 있다. 지금의 글로벌라이제이션이 지역을 속박하여 통합하기도 하지만, 그만큼 분화시킴으로써 양극화를 조장하는 요소가 없지 않고,[2] 거기에는 보이지 않는 힘의 중심이 있음을 느낄 수 있을 것이다.

그런데 동아시아인들도 역시 본디 글로벌라이제이션에 많은 관심을 갖고 있었다. 이는 중국의 천하주의가 대표적인 경우다. '중국'이라는

휘가 주목받게 되었다고 한다(백영서, 「동아시아 근대화와 사회문화 변동」, 『동아연구』 46권, 2004, 114~115쪽, 「오리엔탈리즘과 동아시아, 근대 동아시아의 '타자화'와 저항의 논리」, 『우리안의 보편성』, 한울아카데미, 2006, 164쪽에서 재인용). 현재 논의되고 있는 동아시아 담론에 대한 대표적인 논의를 보자면, 첫째 아시아란 실체하지 않는 신화에 불과한 인식론적 개념이자 생각이기 때문에 정확히 구획할 수 없는 모호하고 임의적인 범주에 불과한 것으로 생각하는 것이고, 둘째 동아시아를 지역성에 기반을 둔 실제적인 지역권으로 상정하고 이 지역을 묶을 수 있는 본질적인 범주가 무엇인가를 추구하는 논의이며, 셋째 서구가 생산한 동아시아는 서구가 만든 타자이므로 서구가 갖지 않은 동아시아성을 다시 주체화하여 근대정신의 대안으로 볼 수 있다는 논의이고, 넷째 탈냉전 시대에 한반도의 적대적 분단 상태를 해소하고 민중적 성격을 지닌 지역 연대로서 '동아시아 담론'이 필요하다는 관점이며, 다섯째 상상적 담론으로서의 동아시아 정체성이나 혹은 지역권이라는 담론을 비판하면서 동아시아에 대한 연구는 상황적이고 역사적이어야 한다는 관점이 있다(이철승, 「'동아시아 담론'과 중심주의의 문제」, 『중국학보』 제52집, 한국중국학회, 2005, 505~506쪽 참조). 아리프 딜릭은 "아시아는 지리적이지 문화적이지 않다"(Arif Dirlik, 「역사와 대립되는 문화인가?-동아시아 정체성의 정치학」, 『발견으로서 동아시아』, 문학과 지성사, 2000, 102쪽 참조)라고 하여, 아시아 또는 동아시아에 관한 정의를 잘 정리해준다. 논자는, 여기에 소개된 담론과 무관하지 않게 '한국, 일본, 중국을 묶는 지리학 또는 지정학적 의미'로 "동아시아" 용어를 쓰되, 그럼에도 불구하고 근대 '중심주의'와 관련해서는 문화적인 측면, '동아시아적 정체성'을 전적으로 단절하지 않는 개념으로 쓰고자 한다. 동아시아 근대는 '중화' 문화권 개념으로부터 완전히 자유롭게 '중심'의 논의가 진행된 것은 아니기 때문이다.

2) 지그문트 바우만, 김동택 옮김, 『지구화, 야누스의 두 얼굴』, 한길사, 2003, 15쪽 참조.

특수성이 오히려 '하늘 아래 모든 것(All under the Heaven)'이고 '보편'
이라는 다소 괴상한 세계주의가 있었던 것이다. 간헐적으로는 '대일통
(大一統)'이나 '대동(大同)' 이상이 곁들여 표방되면서, 그런 중심주의
우산 아래 한국도 덩달아 거의 '반만년의 역사(?)'를 살아왔다. 기타 아
시아인들도 '중화(中華)'가 세계의 중심이라는 전근대적 관념에 젖으면
서 지내기도 하였다.

  중심주의에 도취된 중국은 오랜 동안 '천명'이라는 신화 속에 쿠데
타 정권의 변화를 숙명으로 덮어 왔다. 그리하여 거의 전제국가의 질
서, 기준, 가치에 매달리다 숱하게 외부 세력에 의한 상처의 역사 경험
으로 근대를 맞는다. 여기에 한국은 그야말로 "Bad size, Bad place"의 취
약한 지정학적 존재로 남아 일부 실학 사상가나 관리들에 의한 근대적
사유가 진행되기는 하였지만, 끝내 '순환 시간'의 타성을 시원스럽게
떨치지는 못하였다.

  서세동점(西勢東漸)의 강요된 근대에 이르러서도 중국은 모든 면에
걸쳐 동아시아의 중심임을 자처하고 부분적으로 서양의 존재를 각성,
인식하는 면모를 보였고, 한국은 중화중심주의를 현실적으로 활용하면
서 자기중심의 견지와 서구 중심에 대한 심각한 고민 없이 식민의 세
월을 경험하기에 이른다. 이에 반하여 일본은 메이지 유신(1868~1912)
이후 자기중심을 유지하면서 중화중심권의 문명의 틀에서 벗어나 유
럽적 중심주의에 눈을 돌려 근대 자본주의의 길로 들어서는 순발력을
발휘하였다.

  본 논문은 이 같은 점에 유의하여 동아시아, 한국, 중국, 일본의 근
대기에 나타난 '중심'의 문제, '타자' 인식의 양태, 그리고 중심주의 사
고에 내재한 이항 대립적 요소와 그 극복 등에 관하여 성찰하고자 한
다.

2. 기축적 문화 중심주의

'중심'은 조어(造語) 과정상 '중화'라는 기축문화[3]에서 나온 것으로 문명의 보편성, 정체성, 영토의 중앙을 뜻한다. 『설문(說文)』에 의하면 '중(中)'이란 '내(內)'이고 '內'란 '입(入, 들다)'이며, 入이란 內(안으로 운동)이다. 中이란 바깥과 구별하는 용어이고 '치우침'과 구별하는 것이기도 하며 역시 합의(合宜), 마땅한 조합(調合)의 의미를 나타내기도 한다. 이 글자는 '口'(국, 口(구)가 구별됨)와 'ㅣ'(곤)을 따르는데 아래에서 위로 통하는 것으로 회의(會意) 문자이다. 아래에서 위로 통함은 가운데서 곧게 이끌어 위로 향하거나 아래로 향하는 것으로 모두 그 안에 들어가는 것이다.[4]

따라서 어떤 구역의 중앙 지점에 머물러 곧게 직선 운동하는 것을 의미한다고 볼 수 있다. 이런 의미는 거북의 등이나 짐승의 뼈에 새겨 놓은 기록에서 찾을 수 있다. '중(中)'은 고대인의 원초적 문자 표현의 한 형태인 갑골문에 태양이, 그 위치를 측정하는 막대의 정중앙을 지나는 모습을 나타낸다. 이 같은 맥락에서 방대한 공간과 복잡한 종족들 사이에서 나름의 공간 개념을 파악해온 상(商) 왕실은 일찌감치 자신들을 '공간의 중심'으로 선언한다.[5] 자신들을 종교적, 공간적, 정치

---

3) 중국문명과 관련한 기축적(基軸的) 정체성 추구의 중심주의는, 세계사의 중심이 유럽 지역이라는 설(헤겔, 마르크스, 랑케), 아랍지역이라는 설과 중국이라는 설이 있다. 그리고 근대 서구와 일본의 등장에 주목해야 하는데, 일본(왜구, 무장상선)은 스페인 포르투갈, 네덜란드의 과학기술을 수용하고 명-조선질서를 침략해서(임진왜란, 정유재란) 세력역전을 추구하지만 여전히 막강한 중심부 명(明)과 조선에 밀려서 실패한 후에 영국의 동진(東進)을 기다리는데, 이후 서세동점(西勢東漸)은 시작되고 중심으로부터 소수자 문제 등을 발생시킨다(박병섭, 「세계사와 한국사에서 근대성, 자유주의 그리고 소수자들」, 『범한철학』 45집, 범한철학회, 2007년 여름, 216~217쪽 참조).

4) 段玉裁, 『說文解字注』 一篇上 四十, 上海古籍出版社, 20쪽.

적 중심으로 여긴 것이다. 이를 잘 나타내주는 것이 '중상(中商)'이다. 갑골문을 통해 볼 때 상(商) 왕실은 사방을 단순한 공간적 특성에서 인식하고 있는 것이 아니라 신적(神的) 존재의 영역에서 파악하려는 태도를 보인다. 왕이 동서남북의 땅을 공간적으로 나눈 뒤 그 공간을 관리하는 신적 존재들의 정체성을 우주의 모형인 갑골 조각 위에 새겨놓음으로써 동서남북의 방향이 단순한 공간에 불과하지 않음을 선언한다. '중상'의 중(中)은 단순한 공간적 중심이 아닌 원시종교적·우주론적 측면을 함축한다. 그리하여 '중상'은 사방 신에 둘러싸인 '중심(中心)으로서 상(商)'을 의미한다.6) 시간이 흐름에 따라 사방에 대한 지리적 방향성으로 인식의 전환이 일어나고 사방의 방(方) 대신 토(土)를 사용해 동서남북의 공간을 토지와 영토의 개념으로 파악하기도 한다.

그리고 중국인의 '중심'관에는 '중국'이 있는데, 이는 서주 시대의 『시경』에 등장하고 있지만 금문(金文) 기록들을 통해 '중국'의 어휘가 서주 시대에는 아직 등장하지 않는 것으로 파악되나 '중국' 명칭이 담고 있는 의미, 즉 중국인들이 자신들을 '중심된 국가'로 스스로 인식하고 있는 심리적 뿌리는 B.C. 1250~B.C. 1046년에 걸쳐 존재했던 상(商) 왕실이 자신들의 존재를 우주론적인 측면에서 강화하기 위해 전용어휘를 설정하고 이를 갑골의 점복 행위를 반복함으로써 제의(祭儀)를 통한 성별화(聖別化)를 진행한 데 있다. 이로써 자신들을 중심으로 인식하고 있는 중국 문화 특유의 '중심론'의 내면이 이 은대(殷代)로부터 배양되기 시작했다. 상족을 통해 중원에 등장한 중국 역사의 주체들은 위상 강화를 위해, 중상(中商), 천읍상(天邑商), 대읍상(大邑商) 등의 어휘를 설정해 자신들이 단순히 공간의 중심이 아닌 우주의 중심에 거주하고

---

5) 김경일, 「갑골문을 통해 본 '中國' 명칭의 문화적 기원」, 『중국학보』 53집, 한국중국학회, 2006, 28쪽 참조.

6) 위의 글, 31쪽 참조.

있다는 인식론적 중심론을 출발시킨 것으로 보인다. 즉 갑골문 특유의 상형성을 근거로 한, 문자를 배경으로 '우주적 중앙'으로서의 수사적 형태소인 '중'이나 '천읍'을 앞에 놓고 자신들의 주거 공간인 '상(商)'을 수식하도록 설계해 낸 중심론의 조어 심리는 후대에 '중'과 '국'을 연결해 '중국'이라는 명칭을 재현해 낼 수 있는 문화적 근거로 간주될 수 있는 것이다.[7]

그런데 이 같은 '중심'은 B.C. 1046년 상족을 멸망시키고 중원의 통치권을 확보한 주족(周族)에 이어지고, 공자도 이런 '중심'의 전승과 '주족' 중심의 문명주의를 상정한 것으로 보인다. 이는 그가 "은나라는 하나라 예(禮)에서 기인하였으니, 손익한 바를 알 수 있고, 주나라는 은나라 예에서 기인하였으니 손익한 바를 알 수 있다. 그 누가 주나라를 계승한다면, 비록 백대라도 알 수 있을 것이다"[8]라거나, "주나라는 '하나라·은나라' 2대를 반영하였으니, 찬란하다. 문명이여! 나는 주나라를 따르리라"[9]고 한 데서 알 수 있다. '중국'이라는 조어는 『대학』, 『맹자』, 『중용』에도 보이는데,[10] 이는 '중심의 나라'라는 의미를 나타내거나 때로는 '나라의 중앙'을 뜻하거니와, 모두 문명의 중심으로서 '중화(中華)'주의를 표출한 것이라 할 수 있다.

---

7) 앞의 글, 35~41쪽 참조.
8) 『論語』, 「爲政」, "子曰, 殷因於夏禮, 所損益, 可知也 ; 周因於殷禮, 所損益, 可知也 ; 其或繼周者, 雖百世可知也."
9) 『論語』, 「八佾」, "子曰, 周監於二代, 郁郁乎文哉! 吾從周."
10) 『大學』傳 10장, 『中庸』31장, 『孟子』「梁惠王章句上」, 「公孫丑章句下」, 「滕文公章句上」, 「滕文公章句下」, 「離婁章句下」, 「萬章章句上」, 「告子章句下」 등에 보인다.

3. '우리'와 '타자'의 인식

'우리 안'의 '타자'

중심이란, 중화권에서 문명의 중앙, 공간의 중심을 뜻하는 측면이
있음을 보았다. 이는 중국이 지리와 문명(문화)에 걸쳐 중심이라는 의
식을 나타낸 것이다. 이런 중심 의식에서 당초 중국문명권에 '서양'이
란 없었다. 서양 개념은 17세기에 유럽의 존재가 알려지면서부터였다.
1601년 마테오 리치(Matteo Ricci, 利瑪竇, 1552~1610)가 북경에 거주하
게 된 것[11]을 계기로 예수회 선교사들이 중국에 진출하면서 유럽에 관
한 지식이 본격적으로 소개된 것이다. 중국에 진출한 선교사들은 서적
출판 등의 방법을 통해 인문지리학이나 자연과학 지식을 중국인들에
게 전달해 주는 활발한 활동을 벌이게 되면서 '서양'이 이전과 달리 유
럽지역을 의미하는 개념으로 인식되었고,[12] 조선 역시 17세기에 들어
연행과정에 견문된 사실이나 입수된 서양서들을 통해 점차 유럽에 대

---

11) 마테오 리치가 중국에 도착한 것은 1582년의 일이다.

12) '서양'이나 '동양'은 본래 중국의 기준에서 주변 지역을 구분하는 과정에서
   생긴 명칭이다. 중국은 자국 내의 한 지점을 기준으로 그 서남쪽 주변 지역을
   '서양', 그 동쪽의 주변 지역을 '동양'으로 구분하였다. 그리하여 대개 그 동
   쪽에 있던 필리핀과 자바 등이 동양으로, 서쪽에 있던 인도가 서양으로 지칭
   되고 있었다. 명대에 이르러서는 광동이 무역의 중심지로 성장하게 되자,
   동·서양을 구분하는 기준점이 광동지역으로 바뀌게 되었다. 그 기준점이 달
   라지자 자연 동·서양의 범위 자체도 원말에는 동양에 속해 있던 자바가 명
   말에는 서양에 포함되는 등 변화가 있었다(藪內淸, 전상운 옮김, 『중국의 과
   학문명』, 민음사, 1997, 150~151쪽, 노대환, 「조선 후기 서학 유입과 서기수
   용론」, 『진단학보』 83, 진단학회, 1997, 122~123쪽 재인용). 이처럼 '서양'은
   16세기까지만 하여도 중국의 남안에서 남양 내지는 남양의 서방을 지칭하는
   개념으로 사용되는 것이 일반적이었다. 반면 현재 서양이라고 할 때의 유럽
   지역에 대해서는 당시의 중국인들이 거의 지식을 갖고 있지 못한 상태였으므
   로 아예 서양의 범위 자체도 포함되지 않았다(노대환, 위의 논문, 123쪽 참조).

한 지식을 갖게 되었다. 중국을 통해 새로이 전달되고 있던 유럽 국가
에 대한 지식이 기존의 서양 개념과 어떻게 관련되고 있던가를 이수광
(李睟光, 1563~1628)을 통해 살펴볼 수 있었다. 이수광의 지리인식은
1614년(광해군 6)에 찬술한 『지봉유설』에 잘 나타나 있는데 고리국(古
俚國)을 설명하면서 서양의 여러 국가들이 모이는 곳이라 한 것에 보
이듯 그는 서양 개념을 갖고 있었다.

　한국에서 서양을 세계사 인식 체계 내에서 흡수하려 했던 예는 『환
영지(寰瀛誌)』를 편찬했던 장흥지방의 학자 위백규(魏伯珪, 1727~
1798)가 마테오 리치의 '만국전도'와 전혀 다르기는 하지만 중국을 중
심으로 다른 여러 국가들이 주변을 둘러싸고 있는 모습으로 세계를 묘
사하고 있는 「이마두천하도(利瑪竇天下圖)」에 보이고 있어서[13] 중국을
문화 중심 외에 지리 중심으로 여기고 있음을 또한 알 수 있다. 그 즈
음 사람들은 『명사(明史)』(1735년 편)에 나타난 부정적인 서양관을 유
지하고 있어서 「서학변(西學辨)」을 쓴 이익의 제자 신후담(愼後聃,
1702~1761) 같은 사람은 서양을 오랑캐의 궁벽한 지방에 불과한 것으
로 이해하고 있었다.

　이 같은 서구에 대한 인식은 이른바 폐쇄주의(쇄국주의) 외에, 동도
서기(東道西器)나 중체서용(中體西用) 또는 화혼양재(和魂洋才), 서체중
용(西體中用), 양혼양재(洋魂洋才)의 형태로 분류할 수 있는데, 중국의
5·4시기에 본격적으로 나타나는 서체중용이나 양혼양재를 제외하면,
이런 분류는 주로 '타자' 인식에 있어 일정부분 아전인수식의 모습을
띠는 것들이다. 중체서용은 중국이 태평천국(太平天國, 1851~1864)의
난을 겪고 난 이후 증국번(曾國藩, 1811~1872)·이홍장(李鴻章, 1823~
1901)·좌종당(左宗棠, 1812~1885) 등의 주도하에 양무운동을 진행하

---

13) 노대환, 앞의 글, 138쪽 참조.

면서 내건 것이다. 전통적 고유 가치가 본질의 중심이고 서양적인 것은 실용적 측면에서나 고려해 볼 수 있다는 것이 그 골자이다. 장지동(張之洞) 같은 이도 양무운동에 적극 나서지만 당시 서구의 제도, 특히 입헌군주제나 민주제도의 도입까지 검토하자는 변법운동은 비판한다. 그는 『권학편(勸學篇)』을 써서 중체서용의 입장을 표방하기도 하는데, 체와 용을 놓고 내적 갈등을 일으킨다. 체는 본질적인 것으로 제도이면서 고유 가치의 측면이다. 정치적으로는 시스템, 곧 체제이다. 따라서 여기에는 유럽의 정치제도의 도입에 대한 갈등이나 자기 문명에 관한 자신감의 문제가 크게 스며있다. 이런 양상은 1860년대 변법운동에서 1998년 무술변법혁명 시기를 거쳐 5·4시기 서양의 시스템에 관한 전면적 수용의 기치로 이어진다.

　일본의 화혼양재[14]는 도쿠가와(德川) 막부시대 일본의 서구문물 수용에 대한 태도를 나타낸다. 일본 역시 동아시아의 문명론적 국제관계 속에서 중화사상, 즉 중국 중심의 화이(華夷) 질서의 영향을 받았으나, 지리적인 조건 등으로 상대적인 사상적 자립성을 확보하고 있었다. 도쿠가와 시대 유학자들, 특히 19세기 전반기까지의 유학자들은 대체로 이(理), 천(天), 예(禮), 문(文) 등의 보편적 가치를 받아들이는 입장에 있었다. 중국이든, 한국이든, 일본이든 이(理)는 다 똑같기에 고정적인 화이구분은 기본적으로 없었다. 다만, 오규 소라이(荻生徂徠, 1666~1728) 등은 예악과 풍속을 기준으로 한 상대적인 문화적 화이관념에 주목했다. 소라이를 중화주의자로 보는 것에는 다소 논란의 소지가 있지만,[15]

---

14) 화혼양재와 같은 이원론적 문명인식은 이미 헤이안(平安) 시대(794~1185)부터 화혼한재(和魂漢才)라는 용어로 존재했다. 헤이안 시대에 한시(漢詩), 한문(漢文) 등 중국문자를 사용하면서도 그 마음은 일본적이라는 의미이다. 이러한 화혼한재라는 전통이 막말(幕末)에 이르러 서양문물을 받아들이는 과정에서 화혼양재로 일반화된 것으로 여겨진다. 常石希望, 「明治の精神と近代化について」, 『日本文化學報』 vol.2, 1996, 307쪽 참조.

적어도 17세기 초중반까지 문화의식의 측면에서의 중화주의, 즉 문화적 중화주의는 확인된다. 그러나 명청(明淸)교체기를 전후로 하여 종래의 문화적 중화주의는 일본이 곧 중화라는 '일본=중화'주의로 바뀌어 간다.16) 일본에서 탈중화(脫中華)는 이미 도쿠가와 시대에 '일본=중화'주의라는 형태로 뿌리를 내렸고, 여기서 탈중화는 중화라는 중심을 부정하는 것이 아니라 자신의 문명을 중화라는 중심으로 대체해 두고, 외부문명을 필요에 따라 수용하겠다는 태도를 나타낸다.

중국문명에 대한 일본의 이러한 태도는 18세기 이후 본격적으로 유입된 서구문명에 대한 태도로 연결된다. 서구문명을 새롭게 접하면서 이를 통해 일본의 사회와 문화에 대한 결점을 자각하게 되고, 나아가 동양문화의 결점을 자각하게 된 개명적인 사상가들은 서구문명과의 만남은 일본적 자각을 심화하여 가는 하나의 과정으로 삼게 된다.17) 이렇게 서구의 과학에 관심을 갖게 되면서 종래의 전통적 사고 및 가치관에 대하여 의문을 갖고 그것을 상대화시키면서 비판해 나가는 태도가 생겨났다. 즉 '회의(懷疑)의 정신'이 생겨난 것이다. 하지만 그들은 어디까지나 주자학의 입장에서 실학을 추구한 사상가들로, 서양의 학문이란 기술면에서 뛰어날 뿐, 정신이나 도덕의 측면에서는 일본 쪽이 우월하다고 생각한 것이다. 따라서 일본은 과학기술만 유럽에서 받아들이고 정신성은 일본 고유의 것을 그대로 지키면 된다는 '화혼양재'의 발상을 공통적으로 갖고 있었다.18) 이러한 일본 특유의 화이관

---

15) 米原謙, 「일본에서의 문명개화론」, 『동양정치사상사』 vol.2, 한국동양정치사상사학회, 2003, 93쪽 참조.

16) 박규태, 「근대 일본의 탈중화·탈아·아시아주의」, 『오늘의 동양사상』 vol.15, 예문동양사상연구원, 2006, 93쪽.

17) 한예원, 「일본의 근세유학과 실학(Ⅱ)」, 『한국실학연구』 10, 한국실학학회, 2005, 334~335쪽 참조.

18) 源了園, 「和魂洋才への道」, 『思想の歷史』 第十卷, 平凡社, 1996, 한예원, 「일

(華夷觀) 또는 '화혼+양재'의 이원론은, 중체서용과 마찬가지로, 뿌리부터 줄기에 이르는 나무의 중심부분은 자국의 정신을 그대로 살리고, 단지 나무의 끝부분만을 서양의 물질문명을 접목해 그 과실을 얻겠다는 것으로, '접목론'식 문명 수용이라 부를 수 있다. 이 같은 화혼+양재라는 접목식 외부문명 수용방식은 메이지(明治)유신 이후 이른바 접목식 근대화론이 전개되는 사상적 기초를 이루게 된다.

한국의 경우 중체서용과 화혼양재와 같은 맥락에서 '동도서기'로 표현되는 입장을 견지한다. 제도와 사상은 동도(東道)로서 그대로 지키면서 서기(西器) 곧 과학기술 정도만 수용하자는 것이었다. 김윤식(金允植, 1835~1922) 등은 양이(洋夷)의 물질문명 정도나 받아들이자는 입장을 취한다. 1876년 개항 전후, 전통적 사회구조의 해체와 더불어 제국주의 세력의 침략이라는 시대적 환경에 직면하여 지식인과 관료들은 학문관이나 경세관의 변화를 보이는데, 외적 상황으로 말미암아 서세동점을 맞이하여 서양의 존재감을 느끼지 않을 수 없지만 오랜 문명의 중심의식을 떨치지 못하고 동양 밖의 또 다른 타자를 단지 '서양 오랑캐' 정도로 느슨하게 인식하는, 정신의 우월감에서 벗어나지 않았다고 할 수 있다. 나 밖의 타자를 제대로 인식하기에는 '내 안의 중심'이 크게 부담을 주고 있었던 것이다.

'우리'를 넘는 탈중심적 전회

1840년대 이후 동아시아 근대 중국은 이른바 '천명의 몰락'[19] 시기

본의 근세유학과 실학(Ⅱ)」,『한국실학연구』10, 한국실학학회, 2005, 335쪽에서 재인용.

19) 高瑞泉은 『天命的沒落』(上海人民出版社, 1991 초판/ 2007 수정본)에서 근대기 역사주체에 관한 중국인의 각성, 중서 근대 유의지론, 자유의지론을 다루고 있는데, 논자는, 이 책 제목을 빌려온 것이다.

를 맞이한다. 이는 서구 충격에 힘입은 바 크지만, 더 이상 기존의 신화적 잣대로는 현실에 대처할 수 없으므로 보다 적극적인 역동적 의지가 필요하며, 세계인식의 주체는 결국 자아라는 자각을 의미한다. 이즈음, 1840년 전후 『해국도지(海國圖志)』를 쓴 위원(魏源, 1794~1857)을 비롯하여 공자진(龔自珍, 1792~1841), 임칙서(林則徐, 1785~1850) 등은 "서양을 오랑캐로 인정은 하되, 그들의 장기(長技)를 배워서 그들을 제압하자"는 입장에서 근대적 의식을 갖기 시작한다. 특히 제1차 아편전쟁((1840~1842)과 2차 아편전쟁(1856~1860)은 중국인에게 '과분(瓜分)' 의식을 키웠는데, 1차 전쟁이 1842년에 영국의 승리로 종결되자, 영국 측은 난징조약 체결과 홍콩의 할양, 광둥 이외의 다섯 항구를 추가 개항하도록 하는 성과를 얻어낸다. 2차 전쟁 역시 영국과 프랑스가 구성한 연합군이 광저우(廣州)를 침략하고 러시아군도 청나라 영토를 공격하는 수모를 겪는다. 연합군은 톈진을 점령하여 영국과 프랑스에게 배상금을 지급하고 개항 항구를 확대하며 아편 무역의 합법화, 기독교 공인의 약속을 내용으로 하는 톈진조약을 체결할 수밖에 없는 처지에 놓이는데, 이는 '중화' 또는 '중국'이라는 문화와 지리의 '중심'이라는 세계관에 타격을 가한 것이다.

제1·2차 아편전쟁 이후 청나라 정부는 군수공업 중심의 양무운동을 시작하였지만, 프랑스와의 전쟁에서 패한다. 제1기 양무운동을 주도한 이홍장의 뒤를 이어 장지동 등이 보다 강력한 양무운동을 실시하였으나, 청일전쟁에서 패한다. 이후 제국주의 침략에 대해 중국인들은 중화 멸망의 민족적 위기를 느낀다. 망국(亡國)뿐만 아니라, 마치 오이처럼 중국의 영토가 쪼개져 나갈지도 모른다는 위기의식에 휩싸인다.

이에 "중학위체, 서학위용(中學爲體, 西學爲用, 중국의 학문은 본질적인 것이고 서양의 학문은 작용적 측면에 불과하다.)"의 기치를 내건 증국번(曾國藩), 이홍장(李鴻章), 좌종당(左宗棠), 장지동(張之洞) 등 토호나 지주들은 그 중심세력이 되어 외국세력의 침입에 한 발 한 발 타협, 후퇴하면서 한편으로 근대적 병기에 의한 군사력의 강화와 봉건 전제의 재편, 자본주의적인 기계공장의 도입이 있었지만 정치적으로는 여전히 보수반동적인 입장에 있었다. 이 동치중흥(同治中興, 1862~1874)의 양무파 관료들은 수구파와 결합하여 권력을 장악하고 실력파를 형성하고 있었고 학문 경향은 이미 '청대실학' 전성기를 넘어 말기에 접어들고 있었지만 송명이학(宋明理學) 수준의 '성인(聖人)의 도'를 국가 정체성으로 삼고 있었다. 여전히 '중화중심'에서 그 인식을 전환하지 않고 있었던 것이다.

반면에, 일본의 '타자에 의한 근대의 각성', 즉 서구문명 수용을 통한 근대화는 전격적으로 이루어졌다. '화혼＋양재'라는 이원적 문명론에 입각한 서구문명 수용이 막부 말기에서 메이지 유신기로 넘어가는 다리의 역할을 했다면, 메이지 유신기의 서구문명 수용에 대한 태도는 '양혼양재(洋魂洋才)'로 부를 정도로 적극적이었다. 메이지 시기 계몽사상의 대표자라 할 수 있는 후쿠자와 유키치(福澤諭吉, 1835~1901)는 『학문의 권장』(1871)에서 종래의 도쿠가와 봉건시대의 한학이나 국학을 '실생활에 도움이 되지 않는 여가 보내기를 위한 학문'으로 멀리하고, 새로운 학문은 일상생활에 밀접한 실학(實學), 즉 실험과 실증에 기반한 서양의 과학이 되어야 한다고 주장하였다.[20] 일본의 정신을 가지고 서양의 문물을 취하는 화혼양재가 아니라, 서양의 정신, 즉 사욕해방(私慾解放)으로서의 계몽사상을 받아들여야만 근대화에 성공할 수 있다는 것이다. 후쿠자와에 의하면, 근대화의 핵심은 산업화와 민주화인데 이를 달성하기 위해서는 먼저 그것을 가능하게 한 에토스(문명의 정신)를 양성해야 한다. 그러기 위해서는 일본 관민(官民)들이 오랜 전

---

20) 伊藤正雄 譯編, 『現代語譯 學問のすすめ』, 社會思想社, 1992, 14~15쪽.

제정치를 겪으면서 갖게 된 무기력한 기질을 버리고 서양 계몽정신을 취하지 않으면 안 된다.[21] 후쿠자와는 서구 근대문명의 진보사관에 따라 '근대성에 이르는 단일의 경로'가 있음을 받아들였고, 이러한 경로를 쫓아 일본의 근대화를 추진하고자 하였다. 이처럼 후쿠자와를 비롯한 메이지 시기 일본의 계몽사상가들은 '서구중심주의'를 충실히 수용하여 일본의 근대화를 추진하였고, 일본 사상사를 통해 서구적 근대성의 맹아를 찾아내려고 하였다.[22] 하지만 서구중심주의의 수용이 일본의 부국강병을 위한 목적에 있었던 만큼, 서구중심주의는 곧바로 일본중심주의로 넘어가게 된다. 일본이야말로 아시아에서 유럽문명을 계승할 적임자라는 논리로, 일본을 중심으로 삼아 아시아를 주변으로 두는 일본중심주의를 전개했다. '탈아입구(脫亞入歐)'라는 명제를 내걸고 구미중심주의의 아류로서 아시아를 대상으로 삼아 일본중심주의를 전개했던 것이다.

조선에서는 서학서의 검토를 통해 지식인들, 예컨대 황윤석 같은 사람들이 서양 인식의 변화를 보이고 있었다. 그는 "일찍이 마테오 리치 원본을 구한 적이 있었는데, 이미 들여와서 한 번 읽어본 줄도 모르던 터에, 선배들은 '이 책이 수학적 이치에 대하여 크게 서로 깨우쳐 주는 것이 있으니, 서양 사람들을 먼 지방 사람들이라고 해서 무시해서는 안 된다'는 이야기를 많이 한다"[23]고 적고 있다. 따라서 차츰 서양 인식이 달라지고 있음을 알 수 있다. 서양이 세계사 인식 체계 내에 새롭

---

21) 앞의 책, 46~51쪽.

22) 형식적 권력자로서의 천황과 실질적 지배자로서의 쇼군의 공존을 특징으로 하는 막번(幕藩)체제의 상대성에 의해 자유 평등의식의 발전이 가능했다는 후쿠자와의 주장은 그 전형적인 경우이다(『福澤全集』第4卷, 『文明論之槪略』卷一, 「西洋の文明を目的とする事」 참조).

23) 黃胤錫, 『頤齋亂藁』 ― 권3, 「與金宜伯書」, "曾求利氏原本, 未知已來而一覽否, 前輩多言, 此書於理數, 大有相發, 不可以西方遠人而忽之."

게 편입되는 것은 18세기 후반에 매우 활발하게 이루어지는데, 이때 편찬된『동문광고(同文廣考)』는 중요한 참고 자료가 된다.『동문광고』는 '동문'이라는 중국 중심적인 세계관을 바탕으로 하여 다른 여러 나라의 사정을 기록해 놓은 책인데 사이(四夷)의 서술부에 '서양기(西洋記)'를 포함시키고 있지만 지식인들의 세계 이해가 확대되고 있음을 보여준다. 이는 이웃 일본에서 서양에 대한 인식의 폭이 확대되는 18세기에 들어와 니시카와 죠켄(西川如見, 1648~1724)이『증보화이통상고(增補華夷通商考)』(1708)에서 당시의 세계를 '중화', '외국', '외이(外夷)'로 분류하면서 한자문화권에 속하는 동아시아와 동남아시아 제국을 '외국'에, 한자문화권에 속하지 않는 유럽 국가를 '외이(外夷)'에 포함시켰던 것과 유사하다.[24]

그러다가 19세기 후반, 병인양요(1866)를 계기로 비등해진 척사론과 달리 박규수(朴珪壽, 1807~1876) 같은 사람은 문화적 '중심'으로서 중화질서로부터 벗어나고 있다. 대미, 대일 개항을 제시하고 국제간 역학관계를 의식하면서 타자로서 로컬의 존재를 현실적으로 인식하였다고 볼 수 있다. 조선이 서구를 문명적 존재로 인정하기 위해서는 중화의식, 또는 문명의 독점의식을 해체하는 데서부터 시작하지 않을 수 없었다. 소중화(小中華) 의식, 즉 '예의의 나라', '군자의 나라'라는 자기인식에는 조선도 '중국[華]'일 수 있다는 강한 문명적 자부심을 내포하고 있었다. 또한 그것은 타자에 대한 배타적 거부와 연결되었지만, 박규수는 조미전쟁(신미양요) 직후 예의의 나라는 중국이 '이적(夷狄) 중에서 예의를 갖춘 나라'를 칭찬하여 부른 것에 불과하므로 오히려 부끄러워해야지 자랑할 일이 못되며 그 말을 자칭하는 것은 예의가 무엇인지 모르는 일이라고 비판하였다. 그리고 "천하에 예의가 없는 나라

---

24) 노대환, 앞의 글, 138~140쪽 참조.

가 어디에 있겠는가?"라고 하면서 서구문명을 수용할 준비를 한다.[25]

문득 예의의 나라라고 하는데, 이 말은 내가 본래 고루하게 여긴 것이다. 온 세상 만고에 어찌 나라가 되어 예의 없는 경우가 있겠는가? 이것은 중국인이 이적(夷狄) 가운데 곧 이것이 있으면 가상하게 여겨서 '예의의 나라'라고 한 것에 지나지 않으니, 이것은 본디 수치스러워 할만한 말이고 천하에 큰 소리 치기에는 부족하다. 지위나 문벌이 좀 있는 사람을 문득 '양반' '양반'이라 하는데, 이는 가장 수치를 감당하여야 할 무식한 입에서 나온 말이다. 이제 느닷없이 예의의 나라라고 스스로 일컫는다면, 이는 예의가 어떤 것인지 알지 못하는 사람의 입놀림이다.[26]

박규수는 '예의의 나라'로 자부하는 것에 대하여 경계하고 있다. 중국은 당연히 '예의지국'이고 우리도 덩달아 소중화적 '문화중심'의 한 구역이라고 봄으로써 '서양을 오랑캐'로 인식하는 풍토와, 서양이 결코 '예의지국'이 아니라는 인식은 결코 잘못된 것으로 보고 있다.

박규수는 신미양요 직후 1871년 6월 12일 경연(經筵)에서 국왕이 "이 오랑캐들이 화친하려고 하는 것이 무슨 일인지는 알 수 없으나, 수천 년 동안 예의의 나라로 이름난 우리가 어찌 금수 같은 놈들과 화친할 수 있단 말인가?"[27]라고 한 말에 대해 차마 대꾸하지 못하고 아우

---

25) 정용화, 「한국인의 근대적 자아형성과 오리엔탈리즘」, 『정치사상연구』 제10집 1호, 한국정치사상학회, 2004, 37쪽.

26) 朴珪壽, 『書牘』「與溫卿」『瓛齋集』 卷8, "輒稱禮義之邦, 此說吾本陋之. 天下萬古安有爲國而無禮義者哉, 是不過中國人嘉其夷狄中, 乃有此而嘉賞之曰禮義之邦也, 此本可羞可恥之語也, 不足自豪於天下也. 稍有地閥者, 輒稱兩班兩班, 此爲最堪羞恥之說最無識之口也. 今輒自稱禮義之邦, 是不識禮義爲何件物事之口氣也."(『瓛齋叢書』 6冊, 성균관대학교 대동문화연구원, 1996, 556~557쪽.)

박선수(朴瑄壽, 1823~1899)에게 한 말인데, 이는 북학파의 '중화와 오랑캐는 하나이다(華夷一也)'라는 세계관을 계승한 것이라 할 수 있지만,[28] '예의'와 문화 인식 외연을 넓혀야 한다는, 견해를 반영해주는 의미로 풀이할 수 있을 것이다.

서구 충격 이후 동아시아 각국은, '중화'문명은 '중심'이 될 수 없다는 인식에 도달한다. 그러면서 서구 중심으로 나아갈 것인가에 대하여 고민한다. '우리'를 넘어 새로운 문명의 중심으로 향하여야 한다고 본 것이다. 각국은 학(學), 정(政), 교(敎)의 시대적 낙후성에 대한 심각한 인식 단계에 접어들었는데 뒤처진 과학기술, 후진성의 정치체제, 경색되고 수직적인 지배 이데올로기(국시, 가치관, 정체성)를 유럽적 패러다임으로 바꾸어야 한다고 본 것이다.

이때 중국의 양무파는 여전히 중화문명의 우위의식에 젖어 서구 오랑캐의 과학기술 정도만 받아들여 국방력을 강화할 생각을 하였지만,

---

27) 고종이 "이 오랑캐들이 화친하려고 하는 것이 무슨 일인지는 알 수 없으나, 수천 년 동안 예의의 나라로 이름난 우리가 어찌 금수 같은 놈들과 화친할 수 있단 말인가? 설사 몇 해 동안 서로 버티더라도 단연 거절하고야 말 것이다. 만일 화친하자고 말하는 자가 있으면 나라를 팔아먹은 율(律)을 시행하라"라고 하교한다. 이에 우의정 홍순목이 "우리나라가 예의의 나라라는 데 대해서는 온 세상이 다 알고 있습니다. 지금 일종의 불순한 기운이 온 세상에 해독을 끼치고 있으나, 오직 우리나라만이 유독 순결성을 보존하는 것은 바로 예의를 지켜왔기 때문입니다. 병인년(1866) 이후로부터 서양 놈들을 배척한 것은 온 세상에 자랑할 만한 일입니다. 지금 이 오랑캐들이 이처럼 침범하고 있지만 화친에 대해서는 절대로 논의할 수 없습니다. 만약 억지로 그들의 요구를 들어준다면 나라가 어찌 하루인들 나라 구실을 하며, 사람이 어찌 하루인들 사람 구실을 하겠습니까?"라고 아뢴다. 이때에 종로(鐘路)거리와 각 도회지(都會地)에 척화비(斥和碑)를 세웠다. 그 비문에, "'오랑캐들이 침범하니 싸우지 않으면 화친하는 것이요, 화친을 주장하는 것은 나라를 팔아먹는 것이다.'라고 하였다"고 하였으니, 당시 조선의 분위기를 읽을 수 있다(『고종실록』 8년 4월 25일 참조).

28) 李完宰, 『朴珪壽 硏究』, 집문당, 1999, 215쪽 참조.

보다 본질적인 '법', 곧 정치시스템의 변화까지 모색하여야 한다는 변법파도 있었다. 변법론(초기)은, 얼핏 보기에 양무론과 유사하지만, 양무론에서 '도(道)'와 '기(器)' 곧 도는 중국의 정교(政敎)이고 기는 기기(機器)를 의미했던 것과 약간 달리, 도로서 정교의 정(政)을 기(器) 속에 포함시킴으로써 변화의 폭을 넓힌다.[29]

그런데 변법론은 위원, 임칙서에까지 거슬러 올라갈 수 있다. 양무파 노선에 대한 비판적 입장에서 변법론을 적극적으로 개진하기 시작한 것은 풍계분(馮桂芬, 1809~1874), 정관응(鄭觀應, 1841~?), 왕도(王韜, 1828~1897) 등이다. 풍계분은 『교빈려항의(校邠廬抗議)』(1859~1861년 집필. 1884년 초간)를 쓰는데, 태평천국과 애로우호 전쟁에 의한 중국의 위기극복이라는 현실적 관심에서 출발하여, 중국 전제(專制)의 폐단을 지적하고 대화를 주장한다. 정관응은 『성세위언(盛世危言)』(1893), 자서(自序)에서 "서문(西文)을 배우고 거듭된 바다를 건너 날마다 저들 인사와 더불어 만나고 그 풍습을 관찰하며, 그 정교(政敎)를 문의하고, 그 풍속의 좋은 점과 병폐, 잘잘못, 성쇠(盛衰)의 이유를 살펴보니, 그 치란(治亂)의 근원과 부강의 근본이 모두 배의 견고함과 대포의 예리함에 있는 것만은 아니었고, 상하 의원(議院)이 마음을 합하고, 교양이 법을 얻어 학교를 일으키며 서원을 보급하고 기예를 중히 여기며 고과(考課)를 따로 하여 사람으로 하여금 그 재능을 다하게 하고, 농학을 강구하며 수로를 유리하게 하고, 척박한 토양을 좋은 밭으로 변화시켜 땅의 좋은 조건을 다하게 하며, 철로를 만들고 전선을 설치하며 세금을 가볍게 하고 상무(商務)를 보호하여 사물로 하여금 그 흐름을 창달케 하는 것에 있음을 알았다"[30]라고 한다. 그리하여 겨우

---

29) 小野川秀美, 『淸末政治思想硏究』, みすず書房, 東京, 1969, 72쪽; 이명수, 『담사동 『仁學』의 평등론에 관한 연구』, 성균관대학교 박사학위논문, 1993, 27쪽 참조.

군사 기술에 치중하여 부강책을 삼는 양무파를 비판하고 의회제도와 군민공주(君民共主, 입헌군주)의 시행을 주장하여 양무론에서 변법론으로 전환하는 두드러진 면모를 보인다.

왕도는 "『역(易)』에서 '궁(窮)하면 변화하고 변화하면 소통한다.'고 하였다. 천하의 일이란 오래되면 변하지 않은 것이 아직 없었다" "공자를 오늘날 태어나게 한다면 그는 단연 고석(古昔)에 구애됨이 없이 변통하지 않고 있음을 알아차릴 것이다"[31]라고 하고, 그 변법 방법은 서양을 배우는 것으로 본다.

> 아! 오늘에 이르러 천하의 일을 하려면 반드시 구주(歐洲)로부터 시작하여야 한다. 구주 여러 대국을 부강의 강령과 제작의 추뉴(樞紐)로 삼아야 한다. 이를 버려두고는 그 장기(長技)를 배워 하나의 변화하는 방법을 이룰 수 없다.[32]

이외에 하계(何啓, 1859~1914), 진치(陳熾, 1855~1900), 진규(陳虯) 등은 정치적으로 권력 당사자들이 아닌 탓에 영향력을 미치지 못하였지만 중국 중심에 머물지 않고 '타자'로서 서구를 강하게 인식한다. 성인의 의미가 무엇인지 시대에 맞게 변통하자는 시각에서 서구 수용에 보다 적극적인 입장에 선다. 하계는 나중에 손문(孫文, 1866~1925) 정치사상의 입안자로서 역할을 하게 되는데, 이때 장지동의 중국 근대화에 관한 테제들을 정확하게 짚어 거절하면서, 공자는 결코 사람들에게 경전(육경)을 존숭하라고 하지도 않았으며 그의 가르침을 있는 그대로 누리라고 하지도 않았음을 주장하여,[33] 중국인의 시대정신을 문제 삼

---

30) 鄭觀應,『盛世危言』自序.

31) 王韜,『弢園文錄外編』,「變法中」.

32) 王韜,『弢園文錄外編』,「變法中」.

33) Key Ray Chong, "Ho Kai(何啓, 1859~1914) : An Early Molder of Sun Yat-sen's

기도 한다.

4. 탈중심의 과제 : 이항적 사물 인식의 극복

이러한 '변법파'의, '우리'를 넘는 '바깥' 인식으로의 전회는 보다 강
도높은 서양 수용의 '서체중용(西體中用)'으로 이어지기도 하는데, 『인
학(仁學)』을 써서 중국의 변화를 모색한 담사동(譚嗣同, 1865~1898)의
사상이 드물게 거기에 해당하고, 『대동서(大同書)』를 쓴 강유위(康有爲,
1858~1927)[34]와 『신민설』을 쓴 양계초(梁啓超, 1873~1930) 등도, 비록
'중체서용'에 머물기는 해도, 중국의 정치체제 개혁을 위한 강한 '서구
수용'을 주장하였다고 평가할 수 있다. 한국의 경우, 1880년대 전후 박
규수의 제자들인 문명개화론자들에 의해 서양을 적극적으로 수용하려
는 양상을 보인다. 그들은 개항(1876) 후 서구의 근대문명이 유입되면
서, 한편으로는 중국의 정치적 약화가 현저해지면서 중국을 타자화하
는데 이는 중화문명의 중심성을 인정하지 않는다는 것을 의미한다.

유길준(兪吉濬, 1856~1914)은 1870년(고종 7) 박규수의 문하에서 김
옥균(金玉均, 1851~1894)·박영효(朴泳孝, 1861~1939)·서광범(徐光
範, 1859~1897)·김윤식(金允植) 등 개화 청년들과 실학사상을 배우면
서, 위원(魏源)의 『해국도지』와 같은 서적을 통해 해외 문물을 습득한
다. 1881년 박규수의 권유로 어윤중(魚允中, 1848~1896)의 수행원으로

Political Thought", 『東國史學』第22輯, 東國史學會, 1988, 79쪽 참조.
34) 강유위(康有爲)는 1880년대 후반 『대동서』(1920년대 출판)를 입안하여 중국의
　　근본적인 변화를 모색한다. 그러나 100일간의 무술개혁에 실패한 후 일본으
　　로 망명하여 1913년 귀국하는데, 이즈음 그는 보황당으로 돌아서 이전에 보
　　인 급진, 개혁의 행보에서 발을 뺀다. 이 점은 손문 정치사상의 입안자인 하
　　계(何啓, 1859~1914)와 같은 사람으로부터 비판을 받게 된다.

신사유람단에 참가, 우리나라 최초의 일본 유학생이 되었다. 이때 일본의 문명개화론자인 후쿠자와 유키치(1835~1901)가 경영하는 게이오의숙(慶應義塾)에서 유정수(柳定秀)와 함께 수학한다. 이때부터 구상단계로 접어들어 1889년 완성된『서유견문』(1895년 간행)은, 그 내용이 서양 각국의 지리, 역사, 정치, 교육, 법률, 행정, 경제, 사회, 군사, 풍속, 과학기술, 학문 등 광범위한 분야에 걸쳐 있는데,『서유견문』20편35) 가운데, 5편에서 15편에 이르는 내용들은 서양의 근대 정치, 사회, 경제 시스템에 관한 것이어서 완전히 중국 중심의 문명권은 그의 안중에 없는 것이 된다. 제5편은 정부의 시초, 종류, 정치제도, 제6편은 정부의 직분, 제7편은 세금 거두는 법규, 납세의 의무, 제8편은 세금이 쓰이는 일들, 정부에서 국채를 모집하여 사용하는 까닭, 제9편은 교육하는 제도, 군대를 양성하는 제도, 제10편은 화폐의 근본, 법률의 공도, 경찰제도, 제11편은 당파를 만드는 버릇, 생계를 구하는 방법, 건강을 돌보는 방법, 제12편은 애국하는 충성, 어린이를 양육하는 방법, 제13편은 서양 학문의 내력, 서양 군제의 내력, 유럽 종교의 내력, 학문의 갈래, 제14편은 상인의 대도, 개화의 등급, 제15편은 결혼하는 절차, 장사지내는 예절, 친구를 사귀는 법, 여자를 대접하는 예절, 제16편은 옷, 음식, 집의 제도, 농작과 목축의 현황, 놀고 즐기는 모습, 제17편은 빈민수용소, 병원, 정신박약아 학교, 정신병원, 맹아원, 농아원, 교도소,

---

35) 유길준은 1881년 신사유람단의 일원으로 일본에 건너갔다가 석 달 동안 유람 끝에 일본의 개화파의 거물이었던 후쿠자와 유키치의 집에 머물며 많은 책을 읽으며 공부한다.『서유견문』은 이때 거의 구상된 것인데, 사실상 후쿠자와 유키치의『서양사정(西洋事情)』에서 많은 영향을 받아 이루어진 것이다(허경진 옮김,『서유견문』, 한양출판, 1995, 6쪽 참조). 유길준이 1881년(辛酉) 일본에 갔을 때부터 구상해 오다가 1885년 미국에서 돌아와 연금생활을 하면서 집필하여 1889년에 완성되었으나 6년 후인 1895년(고종 32) 도쿄 교순사(交詢社)에서 간행되었다.

박람회, 박물관과 동식물원, 도서관, 강연회, 신문 등등을 소개하고 있음을 볼 때 그의 안목은 이미 서구 중심으로 쏠려 있었음을 알 수 있다.

이미 유길준은 『서유견문』의 구상단계 이전이자 개항 직후인 1877년 과거시험에 나오는 성인의 도는 양주·묵적·불가가 해 되는 것보다 심하다고 한다. 과거시험 문장은 '도'를 해치는 권와(圈罔 : 우리)이고 재주를 그물로 낚아채듯 해치는 것으로 본다. 그리하여 과거제도가 없어지지 않으면 성인의 도가 행해지지 않고 성인의 도가 행해지지 않으면 세상의 가르침[敎]이 퍼지지 않아서 백성의 풍속은 날로 저속하게 될 것이라고 인식한다.[36] 그리하여 시대와 무관하게 겉도는, 권력 당사자들에 의해 집행되는 사회시스템을 비판하고 있는데, 이 같은 입장은 『서유견문』에 이르러 더욱 견고해진 것으로 볼 수 있다.

유길준이 잘못된 '성인의 도'를 지적한 것처럼 중국의 담사동도 같은 입장에 있었다. 성인은 '기(器)'라고 하는 현실에서 방법(도, 방식, 시스템)을 찾는 사람이다. 이런 지도자가 제시한 삶의 방법은 중국만이 사유(私有)한 것도 아니며 당연히 서양에도 있다고 인식한다. 그는 "더욱이 도는 성인만 홀로 소유한 것이 아니다. 중국만 사유한 것도 더욱 아니다. 오직 성인만은 기로부터 그것[도]을 극진히 할 수 있었다. 그렇기 때문에 성인에 그것[도]을 귀결시키는 것이다. 그것[도]을 성인에 귀결시키는 것은 오히려 옳다. 저들 서양인들도 성인을 두고 있지 않음이 없다. 그렇기 때문에 중국만 그것을 사유하고 있다고 하면 크게 옳지 않다"[37]라고 하여, '중국 중심'에서 가치를 찾고 나아갈 방향을 설

---

36) 유길준, 「科文廢論(丁丑)」, 『俞吉濬全書』V, 「詩文編」, 일조각, 1971, 239~242쪽 참조.

37) 譚嗣同, 「報貝元徵」, 『譚嗣同全集』上冊, 197쪽, "且道非聖人所獨有也, 尤非中國所私有也, 惟聖人能盡之於器, 故以歸諸聖人. 以歸諸聖人, 猶之可也. 彼

정하려는, '중체서용'의 옹호자들, 소극적 서구 수용론자들인 양무파와
초기 변법론자들을 비판함으로써, 신성불가침의 중국의 도-삼강오륜,
성인의 도-와 같은 체제에 대한 근원적인 변혁 없이는 서구의 충격
아래 낙후되어가고 있는 중국의 현실 치유가 불가능함을 말한다.[38]

  한편, 일본은 앞서 살펴본 바대로 한국이나 중국에 비해 훨씬 적극
적으로 '서구'와 '근대'를 인식하고 문명의 중심을 유럽으로 바꾼다.
1854년 흑선(黑船)이라는 물리적 위협으로 서구와 만난 일본은 이후 효
율적 근대화를 위한 정치적 변혁으로 메이지 유신을 선포한 메이지 신
정부에서 정부 성립 직후인 1871년 정부 지도자의 절반가량을 포함하
는 대규모 사찰단을 2년에 걸쳐 미국과 유럽에 파견, 근대화 정책의 방
향을 설정한다. 그런데 이미 일본은 도쿠가와 말기 개국 직후 서구 열
강과의 외교적 업무가 증가하면서 외국어 교육과 문헌 번역의 필요로
인해 1855년 설립된 요가쿠조(洋學所)가 다음해 '양이(攘夷)'의 정서 속
에 '양(洋)'이라는 이름을 피하고 한쇼구라베조(蕃書長所)라는 명칭을
얻는다. 그리하여 네덜란드어, 영불독어 등 외국어, 지리, 화학 등 기술
교육까지 영역을 넓힌다. 메이지 정부가 들어선 후에는 가이세이조(開
成所)와 같은 국가기관 외에 민간에서 메이로쿠사(明六社) 같은 학술결
사 단체-10명으로 1873년 출발, 후쿠자와 유키치가 이 속에 포함됨-
가 등장하여 영국과 프랑스의 계몽주의와 공리주의, 실증주의 사상 소
개에 진력하는데 이들의 소개는 서양의 근대적인 사회인식과 인간관
을 이해하는 기초적 지식을 제공한다.[39]

  外洋莫不有之. 以私諸中國, 則大不可."
38) 이명수, 『譚嗣同 『仁學』의 平等論에 관한 연구』, 성균관대학교 박사학위논
   문, 1993, 41쪽 참조.
39) 원지연, 「일본적 학문을 찾아서」, 『우리안의 보편성』, 한울아카데미, 2006,
   109~111쪽 참조.

역동성이 요구되는 동아시아 근대에는 상황 인식에 취약한, 이념들이 사회와 제도를 움직이는 골간이 되고 있었다. '도리'를 가지고 '물리'로 여겨 세상을 설명하였던 것이다. '물(物, 사물, objects)'에는 물리가 있는데도 불구하고 '도리'를 쓰는 오류를 범하고 있었던 것이 19세기에서 20세기 초 동아시아 상황이었고, 그런 불합리성이 횡행하는 상황에 서구 '힘'은 밀려 왔던 것이다. 그 힘이란 '권력'일 수도 있고 자본일 수도 있지만 시대에 어울리든 틀리든, 그것이 타당하든 그렇지 않든 간에 사람이나 사물, 개체에 불순하게 다가와 뜻하지 않은 재앙을 가져온다는 점에서 일정한 긴장과 성찰을 필요로 한다. 그럼에도 불구하고 특히 한국과 중국은 '이성'이 없는 당국자들에 의해 목적합리성만 추구되고 있었던 것으로 보인다.

우리는 빛과 어두움, 음과 양, 선과 악, 안과 밖, 문명과 야만, 자신과 타자, 육체와 영혼의 이분법으로 사물을 분석하거나 단정하는 사고에 젖어 살아왔다. 세계나 사상(事象)을 두 개의 상호 독립을 근본 원리로 하는 데카르트의 정신과 신체(물질)의 이원론에서 17세기를 지나 19세기에 이르도록 대조를 통해 세상을 이해하려는 인간 이성의 기본적 메커니즘은 근대를 지배하였다. 공교롭게도 동아시아 근대 중심주의에도 이 같은 모습이 잔존해 있었다. 단순한 이분법이란, 사물에 관한 종합적 이해에 장애가 되는데, 성리학적 도덕론에서 '도리'를 이분법적으로 나누듯, 동서 인식에 도와 기, 체와 용, 혼과 재로 나누는 방법을 썼다. 이 같은 면모는 중국이 그랬고, 조선이 그랬으며 일본도 마찬가지였다.

중국의 현상을 타파하기 위해 선구적으로 변법을 제기하였던 정관응도 "중국적인 것은 체(體, 본질)이다. 이른바 바뀌지 않는 것은 성인의 경(經)이다. 시중(時中, 시의적절한 행위)은 작용이다. 이른바 변역(變易)이라는 것은 성인의 권도(權道, 임시변통의 도리)이다. 체가 없이 무엇으로 세우며 용이 없이 무엇으로 행하겠는가?"40)라거나 "도는 근

본이고 기는 말단이다. 기가 변했다 하더라도 도는 변할 수 없다”[41]고
하여, 여전히 사물 인식에 있어 이분법을 고수한다. 한국의 개화파들의
‘문명-야만’의 이분법적 인식 틀은 서구식 기준에 의한 것이었지만, 유
교적 관념의 ‘문명-야만’의 틀과 중첩되어 있었다. 문명개화론자들은
전통의 ‘문명-야만’의 틀 속에서 그 중심만 서구로 역전시킨 것이어서
위정척사론자들과 사실상 인식의 틀을 공유하고 있었다.[42] 그러면서
또 한편으로 역시 ‘도’와 ‘기’로 나누어 보는 ‘동도서기’의 입장에 있었
다. 일본의 화혼양재 노선 역시 이분법적 사고에서 벗어나지 않는다.
  이성에 기초한 서구 근대 이념은 인간이 어떤 목표를 달성하기 위해
필요한 규칙을 마련해 주었다. 사회제도는 이성적으로 구조화되고 조
직화되는 효율성의 메커니즘을 극대화하였다. 그러면서 이분법적 사고
는 인간의 자연 지배, 주체와 객체, 나와 타자를 구분하는 보편적이고
객관적인 합리주의를 형성하고 19세기, 20세기를 지나면서 과학기술을
통해 이성의 이름으로 인간을 생태계 위기, 인간성의 파편화와 같은
억압의 체계에 빠져들게 한 점이 없지 않았다.
  그렇다고 할 때, 동양의 근대도 ‘합리적 이성’의 이분법적 사고에 대
한 성찰이 이루어지지 않으면 안 된다. 서구의 근대 이성이 ‘물리’로
나아가 인간을 옥죄었다면, 동양의 이성은 ‘도리’를 가지고 상황인식을
흐리게 하였다. 변화의 공간은 사물 이해에 있어 단선 논리를 허용하
지 않는다. 하물며 상대적 요소라고 생각되는 것마저 실은 상대적이지
않으며, 사물들은 따로 떨어져 홀로 존재하는 것도 없다. 획일적으로

---

40) 鄭觀應,『盛世危言』自序, “中體也, 所謂不易者, 聖之經也. 時中用也, 所謂
    變易者, 聖之權也. 無體何以立, 無用何以行.”
41) 위의 책, 凡例, “道爲體, 器爲末. 器可變, 道不可變.”
42) 정용화,「한국인의 근대적 자아형성과 오리엔탈리즘」,『정치사상연구』제10
    집 1호, 한국정치사상학회, 2004, 38쪽 참조.

무엇을 떼어 놓고 문제를 파악할 때 더욱더 문제를 파생할 뿐이다. 같은 의미에서 지배권에 의하여 인위적으로 조작된 이데올로기, '도는 만고불변이다'라는 중심주의 헤게모니는 삼강오륜, 중앙집권, 소수자 발생, 약자 사회계층—궁녀, 하인, 내시—을 만드는 억압의 도구일 따름이다.

  이런 의미에서 동도서기, 중체서용, 화혼양재와 같이, 동양과 서양, 중국과 서양, 일본과 서양, 다시 도와 기, 체와 용, 영혼과 재주로 나누는 것은 결코 이치에 부합하지 않는다. 물론 이 같은 사고에 성찰이 없었던 것은 아니다. 위원(魏源) 같은 사람은 이런 점을 선구적으로 성찰하였다. 그는 '도(道)'와 '용(用)'이 결합되어 있음을 강조한다.[43] 담사동(1865~1898)도 "'도'는 '기'와 떨어져 있지 않음을 참으로 변별한다면 천하의 '기'됨도 역시 클 것이다."라고 하고, "'기'가 이미 변했다면, '도'만 어찌 유독 변하지 않을 수 있겠는가? 변해도 여전히 '기'이면서

---

43) 위원에 의하면, "이른바 '도'란 반드시 치국안방(治國安邦)과 민생일용(民生日用)의 실사(實事) 가운데 체현(體現)되어야 한다. 왕도는 지극히 오래되고 자세하여 정목(井牧), 요역(徭役), 병부(兵賦) 등은 모두 자연으로부터 부여 받은 본성이 그 사이에 유행한다. 그 입으로 심성을 외쳐대고 예의를 실천하게 하고, 걸핏하면 '만물일체'나 말하고는 민중의 고통은 살피지 않으며 관리의 정치 행위는 서투르며 나라의 예산과 변방의 제어는 묻지 않는다. 사람, 가정, 국가와 관련해서는 위로는 나라 살림을 통제할 수 없고 밖으로는 변방을 편안하게 할 수 없으며 아래로는 백성을 빈곤 상태에서 벗어나게 할 수 없으면서 평소 '백성은 내 동포이고 사물은 내 친구이다'라는 공담을 들먹거리고 있다. 여기에 이르러 한 가지 일도 백성에게 본받게 할 것이 없으니, 천하에 역시 이런 쓸모없는 왕도를 어디에다 쓰겠는가?"("王道至纖至悉, 井牧·徭役·兵賦, 皆性命之精微流行其間. 使其口心性, 躬禮義, 動言萬物一體, 而民瘼之不求, 吏治之不習, 國計邊防之不問, 與人家國, 上不足制國用, 外不足靖疆圉, 下不足蘇民困, 擧平日胞與民物之空談, 至此无一事可效諸民物, 天下亦安用此无用之王道哉!", 『默觚·治篇一』)라고 하여, 도(체)와 작용으로 나누어 사물을 심성론적으로 인식해 들어가는 송명이학(宋明理學)의 사고를 경계하였다.

또한 여전히 '도'와 떨어져 있지 않다. 사람이 스스로 '기'를 버릴 수 없겠거늘, 또다시 어떻게 '도'를 버리겠는가?"[44]라는 입장에 선다. 일본의 근대사상가 후쿠자와 유키치는 심(心)과 신(身), 지(智)와 덕(德)을 따로 떼지 않고 근대적 세계관으로 나아간다.[45] 이치와 작용, 상황과 도리 등은 연결적 관점에서 파악해야 된다고 본 것이다.

이항 대립의 사물인식은 텍스트 읽기의 왜곡을 가져올 수 있다. 어떤 사물이 존재하는 조건에는 원리와 작용이 따로 있지 않기 때문이다. 이분법을 쓴 나머지 상황(현장성)이 왜곡되고 본질이 굴절될 때 '힘' 있는 당국자가 '보이지 않는 중심'이 되고 힘없는 약자(소수자)는 주변인이나 주변국으로 남는다. 따라서 우리는, 홍대용처럼 도리와 물리를 따로 떼지 않고,[46] 보수반동의 완고한 중심주의에 대하여 피로 항거한 무술개혁의 사상가 담사동의 견해처럼, 본질과 작용, 현장성 또는 상황과 삶의 이치, 텍스트와 텍스트 읽는 방법, 형이상학과 형이하학, 위와 아래를 따로 떼지 않는 사물 접근법[47]을 쓰는 것이 어떨까 싶다.

---

44) 譚嗣同,「報貝元徵」,『譚嗣同全集』上冊, 197쪽, "夫苟辨道之不離乎器, 則天下之爲器亦大矣. 器旣變, 道安得獨不變? 變而仍爲器, 亦仍不離乎道, 人自不能棄器, 又何以棄道哉?"

45) 그는 "심신 양면으로 마땅한 처지에 이르지 못하면, 감히 문명이라는 명칭을 붙일 수 없을 것이다. 그러나 육체의 안락에는 한이 없고 마음의 품위에도 끝이 없다. 안락하다든가 고매하다는 것은 진보의 어느 한 시점의 양상을 가리키는 것이므로, 문명이란 안락과 품위의 진보를 두고 하는 말이다. 또한 사람의 안락과 품위를 베풀어 주는 것은 사람의 지덕이기 때문에 문명이란 결국 사람의 지덕의 진보라고 해도 좋은 것이다"라 하여 심과 신, 지와 덕을 함께 문제 삼는 근대적 세계관으로 나아간다(후쿠자와 유키치, 정명환 옮김,『문명론의 개략』, 홍성사, 1986, 49쪽 참조).

46) 홍대용,「毉山問答」참조.

47) 譚嗣同,「報貝元徵」,『譚嗣同全集』上冊, 196쪽 참조.

5. 맺는말 : 주변 만드는 중심의 성찰

19세기 후반 20세기 초에 이르면 동아시아 근대에 지리적·문화적 중심으로서 '중화세계'는 더 이상 의미가 없어진다. 그러면서 유럽 문화권으로 그 중심을 옮긴 일본이 제국주의가 되어 동아시아의 주변 만들기에 나서는 형국이 된다. 서구와의 불평등조약 체제하에 편입된 중국은, 전통적인 중화체계를 배경으로 동방의 연대를 주창했지만, 점차 일본이 같은 문화의 동병상련의 처지에 있다는 믿음에서 깨어나기 시작하면서 서구와의 연대로 일본을 제어하는 방일(防日) 정책으로 전환했다. 그러나 영미의 서구체계는 1876년 '강화도조약'에서 1882년 '조미조약'에 이르는 시기에 일본과 협력한 반면, 중화세계는 영국, 미국, 프랑스에 의해 점차 분할되어 갔다. 특히 1884년 청불전쟁에서 패배한 청국을 "이미 망한 나라"로 인식한 일본에서는 「지나제국분할도(支那帝國分割圖)」가 신문에 게재되었으며, 이는 조선을 중화세계에서 분리시키려는 갑신정변의 중요한 원인이 되었다. 이 당시부터 중국을 더 이상 '중화'로 보지 않고 세계의 여러 문명 중 한 지류, 지나(支那)로 보게 된 일본은, 망해가는 중국-동양과의 차별성을 확실히 준비하고 있었다.[48]

……그렇다고 이웃 나라의 개명을 기다려 아시아를 일으킬 시간이 없다. 오히려 그 대열에서 벗어나 서양과 진퇴를 같이하여 중국·조선을 접수해야 한다. 접수 방법도 인접 국가라는 이유만으로 사정을 헤아릴 수 없으며 반드시 서양인이 접하는 풍에 따라 처분해야 할 뿐이다. 나쁜 친구를 친하게 하는 자는 함께 악명을 피할 수 없다. 우리가

---

48) 김정현, 「오리엔탈리즘과 동아시아, 근대 동아시아의 '타자화'와 저항의 논리」, 『우리안의 보편성』, 한울아카데미, 2006, 166~167쪽 참조.

마음으로부터 아시아 동방의 나쁜 친구를 사절하는 이유도 이 때문이다.[49]

이것은 후쿠자와 유키치가 1885년 3월 16일 창간한『지지신보(時事新報)』사설의 마지막 부분이다. 여기에 제국주의의 의지가 역력히 드러나는 모습을 볼 수 있다. 그는 "일본의 영토는 아시아 동쪽에 있다고 하더라도 그 국민정신은 이미 아시아의 고루함을 벗고 서양문명을 따르고 있다. 그런데 여기에 불행한 일은 이웃에 있는 나라이다. 하나는 중국이고 또 하나는 조선이다"[50]라고 하면서 사설 거의 대부분을 중국과 조선을 어떻게 해야 할 것인가에 관한 관심으로 채운다.

메이지 유신 이후 동아시아에서 홀로 자신만이 서양화=서구적 근대에 성공했다고 자부하게 된 일본은 동아시아에 대한 서양의 제국주의적 시점과 동일한 시점을 갖게 되면서 점차 '동양'을 타자화 하는 일본형 오리엔탈리즘을 만들어 나간다. 이리하여 동아시아의 오리엔탈리즘은 서양과 동양의 이항 대립만으로 형성된 것이 아니라, 서구-일본-동양의 중층적 구조로 진행되었다. 이 과정에서 오리엔탈리즘의 산물로서 '동양'이라는 개념이 표상화되었다.[51] 즉, '동양'이란 용어는 처음에는 단순히 '서구가 아닌 것'이라는 의미로 사용되다가 일본이 자기를 서구와 동일시하면서 일본이 포함되지 않는 여타의 동아시아 지역을 의미하는 것으로 바뀌었다.[52]

---

49) 후쿠자와 유키치,『지지신보(時事新報)』「사설」, 1885년 3월 16일, 정일성,『후쿠자와 유키치-脫亞論을 어떻게 펼쳤는가-』, 지식산업사, 2001, 21쪽에서 재인용.

50) 후쿠자와 유키치, 위의 글, 정일성, 위의 책, 19~20쪽에서 재인용.

51) 스테판 다나카, 박영재·함동주 옮김,『일본 동양학의 구조』, 문학과 지성사, 2004 참조.

52) 김정현, 앞의 글, 166쪽.

이런 제국주의적 중심화와 주변화 과정에 각국 내부에 동시적으로 소수적 타자들이 극에 달하도록 발생하였고, 최소한 한국과 중국은 그랬다는 점이다. 그것은 오랜 전제정권 탓이기도 하지만, 학문의 낙후, 정치의 후진, 교육적 차원(국시, 가치관, 국가정체성)의 획일성 등은 '인민'을 혹독하게 주변화하는 결과를 낳았다. 또 중심주의는 강요된 이데올로기, 이분법적 획일성을 작동시킨 나머지 민족문제, 젠더문제(남녀차별)를 파생시키기도 하였다.

동아시아 근대는, 중심주의의 질서 속에 수많은 문제에 직면하였음에도 불구하고 '주변', 지방, 지역을 발견하지는 못했다. 중국의 경우, 오랜 화이질서 속에서만 주변 세계를 인식했다. 따라서 '아시아' 내지 '동아시아' 개념에 대한 것뿐만 아니라, '지방' 개념조차도 없었다. '화이질서'의 기본적 핵심은 왕권을 중심으로 하나의 상징적인 조공관계를 형성하고 주변지역에 대한 통치는 안에서 밖으로 동심원 구조를 형성하여 이루어졌다.[53] 더욱이 근현대까지 계속된 전제정권에 의한 하층계급이나 소수자[54] 발견을 기대하는 것은 또한 무의미한 일일 것이

---

53) 양니엔췬(楊念群), 「'동아시아'란 무엇인가?-근대 이후 한·중·일의 '아시아' 想像의 차이와 그 결과」, 『대동문화연구』 제50집, 성균관대학교 대동문화연구원, 2005, 87쪽 참조.

54) 전영평은 다음과 같이 소수자에 관한 정의를 정리하고 있다. "첫째, 소수자는 사전적 의미에서 '큰 사회 안에서 문화적, 민족적, 인종적으로 구별되는 특수집단이다. 한 사회 안에서 지배집단에 종속되어 있는 집단을 가리키며 그 규모보다는 종속적이라는 성격을 의미한다(브리태니커 사전). 둘째, 순수에 대비되는 오염된 타자로서, Mary Douglas(1966)에 의하면, 인간 사회질서의 근본에는 순수와 위험이 대비되는 상징체계가 존재하는데 질서가 부여된 순수라는 상징체계와 그 외부에 존재하는 오염된 대상은 위험이라는 상징체계가 있다. 이는 정돈되고 절제하는 '우리'와 일탈적이고 파괴적인 '타자'를 표상하며 여기서 '타자'의 개념이 소수자에 해당된다(유명기, 2004). 셋째, 힘의 관계로 소수자를 구분하기도 하는데, 이는 미국 헌법상의 분류이기도 하다. 이에 따르면 소수자의 예로서, 유색인종, 여성, 소수종교의 신자, 경제적 약자, 도

다. 지역이나 지방, 중앙권력의 '힘'에 소외된 계층, 타자를 읽어내고 가슴아파하면서 그 대안을 고민한 근대기 저작으로는 한국 최한기(崔漢綺, 1803～1877)의 『기학(氣學)』, 『인정(仁政)』, 『지구전요(地球典要)』, 그리고 이미 앞에서 언급한 중국 강유위의 『대동서』, 담사동 『인학』, 양계초의 『신민설』 등이 있는데, 이들 저작들은 현안 해결을 위한 지리학적 접근, 사민평등, 지방자치, 민주제, 남녀평등, 민족문제, 자아실현 등의 방안에 대하여 주목하고 있었다.

그런데 우리는 여기서 동아시아 근대기에 있었던 관변 중심주의에 주목하지 않으면 안 되었다. '샤오메이 천'은 그의 『옥시덴탈리즘 (*Occidentalism*)』에서 '관변 옥시덴탈리즘'이라는 용어를 써서 마오쩌둥 주도의 제1세계의 초강대국들―옛 소련과 미국―이 아시아, 아프리카, 그리고 라틴아메리카를 포함하는 제3세계 국가들을 예외 없이 착취하고 억압한다고 주장함으로써 제3세계의 '위대한 지도자'가 되려는 속셈을 드러냈다고 평가한다.[55] 샤오메이 천의 견해에 무작정 동의할 수

덕적 소수자 등을 들 수 있는데, 들뢰즈와 가타리도 소수자란 수적으로 적은 사람들이 아니라 힘의 관계에서 약자인 사람들이라고 인식한다. Anthony Dworkin & Rosalind Dworkin은 소수자를 정의하는 조건으로 식별가능성, 권력의 열세, 차별대우, 그리고 소수자 집단성원으로서의 집단의식을 제시한다. 넷째, 기능적 구분에서 소수자를 정의한다면, 이는 사회학이나 행정학적 관점에서 소수자를 다의적으로 접근하는 것인데, 그것의 법적 개념정의를 어떻게 하느냐에 따라 그 보호범위가 달라지는데 이에 대한 만족할만하고 동시에 확정적인 정의를 내리기란 사실 쉽지 않다. 소수자란 모름지기 단순한 수적인 세력이라기보다는 질적·사회적 구성에 바탕을 둔 기능적 구분으로 파악되어야 할 것임은 물론이다. 즉 이 경우 수 그 자체보다 어떤 세력 또는 집단이 주어진 국가 사회의 중심부에 자리매김하고 있는가에 따라 그 구분체계가 달라질 수 있다"(전영평, 「소수자의 정체성, 유형, 그리고 소수자 정책 연구 관점」, 『정부학연구』 제13권 제2호, 110～111쪽 참조). 여기서 논자는 셋째 힘의 관계에서 약자인 사람, 권력의 열세, 차별 대우, 그리고 소수자 집단성원으로서 집단의식을, 소수자(소수성) 의미로 취했다.

는 없지만, 그런 각도로 중국의 양무관료들이 외친 수구적 중체서용이
나 한국의 개화론들이 주장한 동도서기적 '정체성'에 대한 성찰은 전
혀 무의미한 일은 아닐 것이다. 그들의 서양 문명에 대한 냉소적 입장,
"중국적인 것이 본질(中體)", 또는 "동양적인 것이 본질(東道)"이라는
정체성 주장이 다분히 수구적이거나 명철보신(明哲保身)의 일환일 수
있다는 의구심을 떨칠 수 없고, 이 각도에서 이 시기를 접근해 본다면
동아시아 근대 중심주의 이해에 크게 도움을 줄 수 있을 것으로 여겨
지기 때문이다.

---

55) 이 용어는 샤오메이 천이 쓴 『옥시덴탈리즘(*Occidentakism*)』에 보이는 "official
Occidentalism"이다. 저자는 이 책에서 "중국의 옥시덴탈리즘, 특히 마오쩌둥
이후 post-Mao 시기의 정치적·문학적 표현에서 확인되는 옥시덴탈리즘—이
것은 이 책에서 행해지는 연구의 초점이기도 한데—은 두 가지 상호 관련되
면서도 분리된 담론 행위, 혹은 동일한 담론의 현저하게 다른 정치적 목적을
위한 서로 다른 두 가지 방식의 전유로 간주될 수 있다. 첫째는 내가 '관변
옥시덴탈리즘(official Occidentalism)'이라 명명하는 것으로서, 여기에서 중국정
부는 서양의 본질주의화(essentialization)를 자국 국민에 대한 내적 억압 지능을
수행하는 민족주의를 지탱하기 위한 수단으로 이용한다. 이 과정에서 구성되
는 서양이라는 타자는 서양에 대한 우위를 확보하기 위해서 뿐만 아니라, 자
국 내에서의 중국적 자아를 교화시키고 궁극적으로는 지배하기 위해서 중국
의 상상력에 의해 연역된 것이다. 이러한 관변 옥시덴탈리즘의 다양성은 마
오쩌둥의 제3세계이론에서 가장 잘 드러났는데, 마오쩌둥은 제1세계의 초강
대국들—옛 소련과 미국—이 아시아, 아프리카, 그리고 라틴아메리카를 포함
하는 제3세계 국가들을 예외 없이 착취하고 억압한다고 주장했다. 이러한 이
론은 상당 정도 문화대혁명의 극단적 이데올로기의 산물인데, 표면적으로 드
러난 중국 이외의 여타 피억압 국가들에 대한 관심의 표명에도 불구하고 내
심으로는 마오쩌둥을 국내에서 제3세계의 "위대한 지도자"로 합리화시키는
데 주요한 목적이 있었다. 그러므로 이는 중국 공산당 내부에서의 위태롭고
도 점점 더 불확실해지던 마오쩌둥의 위치를 공고히 하기 위한 전략이었다.
1965년 문화대혁명의 여명기에, 마오쩌둥이 선택한 후계자였던 린뱌오(林彪)
는 마오쩌둥이 "시골에 혁명의 기지를 구축해 농촌으로 도시를 포위한다"(샤
오메이 천, 정진태·김정아 옮김, 『옥시덴탈리즘』, 도서출판 강, 2001, 13쪽
참조)라고 적고 있다.

대상에 대한 본질적 인식이 아닌, 중심 인식의 왜곡으로서 중심주의
는 패권주의이고, 그것은 주변, 경계, 접경을 초래한다는 인식이 필요
하다. 자칫 이념화되고, 단순화된 이분법으로, 국가나 세계, 주변이나
중심을 나누는 식으로 사람이나 사물의 이치를 접근하려 한다면, 이는
오늘날 한국이나 세계 도처에서 자행되고 있는, '오른손 또는 왼손 들
기'식의 단선적 사물 판단법과 다를 것이 없다. 따라서 동아시아 근대
도 탈중심의 성찰이 진행되지 않으면 안 되었다.

참고문헌

『고종실록』 8년 4월 25일.
강준만, 『한국근대사 산책』 2, 인물과사상사, 2007.
권인호, 「동서양 윤리 패러다임의 융합을 위한 자주적 방법론 정립-근현대 서세
　　　동점(西勢東漸)과 한·중·일 전통 문화사상의 갈등 및 그 자주적 방
　　　법론-」, 『시대와 철학』, 한국철학사상연구회, 2008.
김경일, 「범아시아주의의 "다자성"과 동북아시아 지역다자협력-다자주의 관점
　　　에서의 이론적 고찰을 중심으로-」, 『한국동북아논총』 37집, 한국동북
　　　아학회, 2005.
김경일, 「갑골문을 통해 본 '中國' 명칭의 문화적 기원」, 『중국학보』 53집, 한국
　　　중국학회, 2006.
김경일·강창일, 「동아시아에서 아시아주의 : 1870~1945년의 일본을 중심으
　　　로」, 『역사연구』 8호, 역사학연구소, 2000.
김명호, 『환재 박규수 연구』, 창비, 2008.
김정현, 「오리엔탈리즘과 동아시아, 근대 동아시아의 '타자화'와 저항의 논리」,
　　　『우리안의 보편성』, 한울아카데미, 2006.
노대환, 「조선 후기 서학 유입과 서기수용론」, 『진단학보』 83, 진단학회, 1997.
노대환, 『동도서기론 형성 과정 연구』, 일지사, 2005.
뚜웨이밍, 김태성 옮김, 『문명들의 대화』, 휴머니스트, 2007.
마누엘 카스텔, 정병순 옮김, 『정체성 권력(*The power of identity*)』, 한울 아카데미,
　　　2008.

문정진 외, 『중국근대의 풍경』, 그린비, 2008.

米原謙, 「일본에서의 문명개화론」, 『동양정치사상사』 vol.2, 한국동양정치사상
　　　　사학회, 2003.

朴珪壽, 『書牘』 「與溫卿」, 『瓛齋集』 卷8, 瓛齋叢書 6冊, 성균관대학교 대동문
　　　　화연구원, 1996.

박규태, 「근대 일본의 탈중화·탈아·아시아주의」, 『오늘의 동양사상』 vol.15,
　　　　예문동양사상연구원, 2006.

박병섭, 「세계사와 한국사에서 근대성, 자유주의 그리고 소수자들」, 『범한철학』
　　　　45집, 범한철학회, 2007년 여름.

박정심, 「한국근대지식인의 근대성 인식 I」, 『동양철학연구』 52집, 동양철학연
　　　　구회, 2007.11.

박홍규, 『박홍규의 에드워드 사이드 읽기』, 우물이있는집, 2003.

샤오메이 천, 정진태·김정아 옮김, 『옥시덴탈리즘』, 도서출판 강, 2001.

서도식, 「공간의 정치학」, 『철학논총』 54집, 세한철학회, 2008.

송두율, 『계몽과 해방』, 한길사, 1988.

송영배 외, 『한국실학과 동아시아 세계』, 경기문화재단, 2004.

藪內淸, 전상운 옮김, 『중국의 과학문명』, 민음사, 1997.

아리프 딜릭, 「역사와 대립되는 문화인가?-동아시아 정체성의 정치학」, 『발견으
　　　　로서 동아시아』, 문학과 지성사, 2000.

안토니오 네그리·마이클 하트, 유수종 옮김, 『제국(Empire)』, 이학사, 2001.

양니엔췬(楊念群), 「'동아시아'란 무엇인가?-근대 이후 한·중·일의 '아시아'
　　　　想像의 차이와 그 결과」, 『대동문화연구』 제50집, 성균관대 대동문화
　　　　연구원, 2005.

우실하, 『오리엔탈리즘의 해체와 우리문화 바로읽기』, 소나무, 1987.

유길준, 「科文廢論(丁丑)」, 『兪吉濬全書』V, 일조각, 1971.

유길준, 『西遊見聞』, 『兪吉濬全書』 I, 일조각, 1971.

유길준, 허경진 옮김, 『서유견문』, 한양출판, 1995.

윤지관, 『영어, 내 마음의 식민주의』, 당대, 2007.

이명수, 『담사동 『仁學』의 평등론에 관한 연구』, 성균관대학교 박사학위논문,
　　　　1993.

이승환, 「동아시아의 '공동체'와 '자유주의'-'유사 공동체'의 해체와 '진정한 공

동체'의 재건을 위하여」, 『발견으로서 동아시아』, 문학과 지성사, 2000.

이언 바루마·아비샤이 마갤릿, 송충기 옮김, 『옥시덴탈리즘 : 반서양주의의 기원을 찾아서(*Occidentalism : the west in the eyes of its enemies*)』, 민음사, 2007.

李完宰, 『朴珪壽 研究』, 집문당, 1999.

이철승, 「'동아시아 담론'과 중심주의의 문제」, 『중국학보』 제52집, 한국중국학회, 2005.

장형철, 「세계화 시대에 전환하는 지역문화 정체성을 이해하기 위한 한 시도」, 『담론201』 11권 3호, 한국사회역사학회, 2008.

전영평, 「소수자의 정체성, 유형, 그리고 소수자 정책 연구 관점」, 『정부학연구』 제13권 제2호, 2007.

정용화, 「한국인의 근대적 자아형성과 오리엔탈리즘」, 『정치사상연구』 제10집 1호, 한국정치사상학회, 2004.

정일성, 『후쿠자와 유키치-脫亞論을 어떻게 펼쳤는가』, 지식산업사, 2001.

朱謙之, 전홍석 옮김, 『중국이 만든 유럽의 근대-대유럽의 중국문화 열풍-』, 청계, 2003.

지그문트 바우만, 김동택 옮김, 『지구화, 야누스의 두 얼굴』, 한길사, 2003.

하워드 진, 이아정 옮김, 『오만한 제국-미국의 이데올로기로부터 독립』, 당대, 2001.

한예원, 「일본의 근세유학과 실학(Ⅱ)」, 『한국실학연구』 10, 한국실학학회, 2005.

홍성욱, 『잡종, 새로운 문화읽기』, 창작과비평사, 1998.

黃胤錫, 『頤齋亂藁』 권3, 「與金宜伯書」.

후쿠자와 유키치(福澤諭吉), 남상영·사사가와 고이치 옮김, 『學問의 勸獎』, 小花, 2003.

高瑞泉, 『天命的沒落』, 上海人民出版社, 1991 초판/ 2007 수정본.

段玉裁, 『說文解字注』, 上海古籍出版社, 1988.

譚嗣同, 「報貝元徵」, 『譚嗣同全集』 上冊, 中華書局, 1981.

福澤諭吉, 『文明論之概略』, 『福澤全集』 第4卷, 國民圖書株式會社, 東京, 1926.

常石希望,「明治の精神と近代化について」,『日本文化學報』vol.2, 1996.
小野川秀美,『淸末政治思想硏究』, みすず書房, 東京, 1969.
王韜,『弢園文錄外編』, 中州古籍出版社, 1998.
源了圓,「和魂洋才への道」,『思想の歷史』第十卷, 平凡社, 1996.
伊藤正雄 譯編,『現代語譯 學問のすすめ』, 社會思想社, 1992.
鄭觀應, 上海圖書館 澳門博物館 編,『盛世危言』, 上海古籍出版社, 2008.
初曉波,『從華夷到萬國的先聲』, 北京大學出版社, 2008.
Key Ray Chong, "Ho Kai(何啓, 1859~1914)：An Early Molder of Sun Yat-sen's
        Political Thought",『東國史學』第22輯, 東國史學會, 1988.

Ⅲ. 전지구화 시대 로컬의 탄생과 로컬 시선의 모색

배 윤 기

> "부르주아는……자기 자신의 심상에 맞춰 세계를 창조한다."
> —칼 마르크스와 프리드리히 엥겔스, 『공산당선언』

> "검은 피부 형제들의 분노를 무릅쓰고라도 나는 말하겠다. 흑인은 인간이 아니라고.
> 세상에는 거칠고 메마른 비존재의 지대가 있다."
> —프란츠 파농, 『검은 피부, 하얀 가면』

1. 창을 열면서

로컬(local)[1]이란 무엇인가? 로컬은 '특정 장소' 혹은 '국부'를 지칭하는가 하면, 삶의 공간인 거기(장소)서 살아가는 사람들을 뜻하기도 하는 상대적 개념이다. 또한 로컬(the local)은 '그 지방(지역), 로컬적인 것,

---

[1] 이 글에서는 '로컬'을 번역하지 않고 그대로 쓰고자 한다. 왜냐하면 한국어의 '지역', '지방'이란 단어가 사회적 혹은 개인적 언어습관이 내포하는 다양한 의미관계와 그 의미의 층위들로 인해, 이 글의 진행과정에서 논구하게 될 지리적(실물적)일 뿐만 아니라 인간의 몸과 내면 심상까지를 포괄하게 될 의미를 혼란스럽게 만들 수도 있는 까닭이다.

로컬의 특성, 로컬 정체성, 아니면 로컬 사람들'로 해석할 수 있기 때문에, 로컬리티(locality)의 뜻과 어느 정도 겹쳐 쓰이기도 한다. 한편 로컬리티를 로컬과 정체성의 결합(local+identity)으로 본다면, 로컬과 로컬의, 전체(the general)[2]와 로컬의, 정치경제적 혹은 문화적 차이와 그들의 관계(과정)와 관계의 성격, 그 영향 및 결과를 표현하는 용어로 로컬리티를 사용할 수 있겠다. 또한 로컬이 현장(locus)이란 뜻에서 유래하였듯이, "무엇이 있거나 무슨 일이 일어난다고 알려지는 장소 혹은 위치"라는 사전적 풀이까지 생각한다면, 좀 더 그 의미의 두께와 너비가 확대되면서 하나의 '문제적 장소'로서 구체적 현장성을 확보할 가능성이 생긴다.

그렇다면 로컬이 왜, 로컬이 무엇이기에, 최근 들어 여기저기서 이야기되고, 그것이 하나의 '문제적 개념'으로 우리의 관심을 끌고 있는가? 사회주의 몰락 이후 세계의 정치경제적 상황 변화는 우리의 문화적 일상에도 다양한 변화를 가져왔다. 변화의 대체는 미국(혹은, 국적 세탁된 초국적 자본) 중심의 전지구화의 전개이다. 자본의 전략적 배치에 의한 전지구적 규모의 상품 생산과 소비 패턴의 변화와 이의 로컬 범위의 구현, 그리고 로컬인의 의식으로의 문화적 침투가 전방위로 진행된다. 그 변화 패턴은 서구 중심의 전통적인 근대적 균질화(homogenization)를 더 공격적으로 이루어내는가 하면, 종족적이고 문화적인 파편화(fragmentation)가 동시 진행되고 있다. 이 과정의 학문적 해명에서 제기되는 특징적 문제는 환원론적으로 일국 혹은 세계를 해석

---

2) 여기서 '전체'는 일국적 차원에서 국가, 전지구적 차원에서 미국 혹은 서구 정도로 유형화할 수 있을 것이다. 또한 정치나 이데올로기 차원에서는 주도적 다수(majority), 억압사회라는 틀로 본다면 억압세력(the oppressor)으로 볼 수 있을 것이다. 이들은 공히 본질적이고 절대적인, 그래서 투명한, 진리를 수호하고 생산하는 것으로 스스로를 재현하는 (이익)집단이고, 궁극적으로 그들 자신이 곧 진리가 된다.

하려 했던 기존의 시도들을 무력화시키는 '새로운' 문화정치적 상황의 발생이다.

로컬의 역동성은 이전부터 분출되고 있었으나, 변화하는 세계정세와 더불어 거대담론이라는 '유일한' 창이 유보되는 순간, 보이지 않았던 다양한 차이들을 통하여 가시화되고 있다. 이른바 '몰락 이후'의 조건에서 목적론적으로 제시되는 "주인 개념들"이 누렸던 해석력의 부식, 쇠퇴, 상실은 "언제나 형성의 과정에 있는"3) 다양한 정체성들과의 만남을 주선했다. 나아가 원래부터 '상상된' 혹은 '날조된' 민족, 백인·남성 우월주의 등의 개념을 불변의 '본질'이나 '기원' 등의 딱지를 붙여 인간의 의식을 분할하여 가두고 지배하는 근대적 욕망과 시선을 넘어서, '실체'와 '구성'이란 입각점에서 제한되지 않는 시야의 여유 공간 마련의 필요성이 대두되었다. 한편, 적어도 현상적으로 볼 때, 개인이든 집단이든 주체의 "정체성의 차이 전략이 전지구적 경합의 장에서 서로 상호작용하는 가운데……언제나 로컬"4)의 범위에서 출현해왔다는 사실도 놓쳐서 안 될 것이다.

그런데 여기서 정작 우리가 주목해야 할 문제는, 일방적 희생과 인내와 '존재의 가벼움'을 부과했던 거대담론의 효력 상실이 낳은 로컬의 '등장'5) 그 자체가 아니라, 그 과정이 누구에 의해서, 무엇을 위해,

---

3) Stuart Hall, "Old and New Identities, Old and New Ethnicities", *Culture, Globalization and the World-System*, Anthony D. King ed., Minneapolis : U of Minnesota P, 1997, pp.46~47.

4) Jonathan Friedman, "Being in the World : Globalization and Localization", *Global Culture*, Mike Featherstone ed., London : SAGE, 1990, p.327.

5) 여기서는 그 실체가 없었던 것이 아니라, 보이지 않았거나 희미했던 것이 보이게 되는 과정을 의미한다. 그러니까 보다 엄밀하게 말한다면 주체의 시선에서 볼 때, 불가시성의 정체가 어떤 목적의 투사를 받아 눈에 들게 되는 것이다. 이는 주체가 사물 현상을 볼(사유할/인식할) 때, 목적론적 혹은 개념적으로 매개함으로써 대상을 목적과 개념에 맞춰 왜곡한 결과로 초래된다. 하

어떻게, 왜 등의 물음들이다. 이런 의문들을 밑그림으로 하여, 이 글은 근대의 특징적 사유방식의 하나인 객관화(objectification)[6]로 현상하는 근대적 의미의 로컬의 탄생과 그 방식, 그리고 로컬(인)의 주체적 대응을 위한 전략적 시선을 모색해보고자 한다. 먼저 서구중심주의를 토대로 하는 근대적 시선과 그 작동을 살펴보면서, 그 시야에 포착된 로컬과 로컬인의 내면 공간이 객관화되고 교화되는 과정을 비판적으로 구명한다. 이어서 근대적 시선에 의한 로컬의 탄생을 신대륙 발견에서부터 인종주의, 그리고 원폭 실험을 위한 비키니 섬의 개념화 과정 등의 사례를 통해 조명한다. 마지막으로 주체적 실천 차원에서 로컬과 로컬인의 전략적 시선을 프레이리(Paulo Freire)의 '의식화(consientisation)'와 페쇠(Michel Pêcheux)의 역동일시(disidentification)를 통하는/넘어서는 실험적 개념으로서의 역객관화(disobjectification)를 적용하여 모색해본다. 결론에서는 다시 로컬의 개념을 가지고 그 의미 확장의 가능성을 탐색하고자 한다.

2. 근대적 시선과 로컬의 탄생

인간과 인간, 인간과 생산물, 그리고 인간과 자연 관계의 근원성을 논하면서, 근대적 사유와 개인(분절된 주체)의 시선이 근원적 관계로부터 멀어지는 과정을 비판적으로 성찰하는 부버(Martin Buber)는, 개인의 차원이든 인류의 차원이든 "역사는 그것-세계(It-world)의 점진적인 증

나의 지배시선으로서 거대담론의 효력 상실은 마치 개기일식의 끝에 드러나는 세계와 같이 우리 앞에 다른 모습으로 마주서게 됨을 의미한다.

6) 이 글에서의 의미에 더 근접하도록 번역하자면, '대상화' 혹은 '물건화'이지만, 우리가 흔히 쓰는 '객관'이란 단어의 미묘한 '가치중립'의 특권을 낯설게 하기 위한 일종의 전략이기도 하다.

대를 의미"[7]한다고 주장한다. 그렇다고 이것이 절대 불가피한 것만은 아니다. 언제 어디서나 또 누구에게나 다시 '되돌아가는' 의미와 운명이 주어진다. 그 의미와 운명의 성취는, 그러나, 경험되고 사용되어야 하는 그것-세계로 만족해온 사람에 의해 좌절된다. 그 사람은 그것을 해방하는 대신에 그것의 세계에 속박된 것을 억압하며, 바라보지 않고 관찰하고, 받아들이는 대신 활용한다. 개념적 인식 혹은 인과율에 기초한 법칙적 인식으로서의 지식은 오로지 하나의 그것(It)으로 (재)탄생시켜야만 축적되고 의미가 확대될 수 있다. 인식하는 사람은 그에게 노출되는 현존으로서 그것의 존재를 하나의 대상(an object)으로 파악함으로써, 대상들과 비교하며, 그 대상들의 질서에 맞춰 위치를 할당하고, 객관적으로(objectively) 기술 및 분석해야만 한다[8]는 것이다.

근대적 사유의 특징들 중 하나인 이와 같은 객관화는 원래 일종의 '해방의 기획'이었다. 인간이 세계 속에 있고, 그 세계 운행이 '신의 뜻'이라고 생각하던 중세적 존재의 대연쇄(The Great Chain of Being)라는 우주질서 관념에의 동일화(identification)를 통한 의식의 침몰로부터, 자기와 세상을 떼어놓고 객관화함으로써, "언제나 신과 신을 대리해주는 아버지에게 의존하는 미물에 지나지 않았던" 인간이 스스로 '생각하는 갈대'가 되어, 세계를 마주보며 '자기'를 의식하게 되는 혁명적인 인식의 전회(轉回)이다. 다시 말해, 생각과 행위의 주체로서 자기를 발견하고, 자기가 그 객체화된 세상에 대하여 전략적으로 대처하면 자기 인생이 바뀔 수 있다는 가능성을 발견하는 인식의 전환은 근대적 주체를 탄생시킨다. 따라서 이런 새로운 진리의 빛을 밝히는 기획은 "중세 교회의 자궁으로부터 편안하게 자양분을 공급받던 탯줄을 스스로 잘

---

7) Martin Buber, *I and Thou*, Walter Kaufmann trans., New York : Charles Scribner's Sons, 1970, p.87.

8) *Ibid.*, p.90.

라내는, 즉 정신적 유아기를 탈피하는 일련의 고통스런 과정을 통하여 근대라는 토양을"[9] 실천적으로 조성해냈던 것이다.

그러나 "우리가 우리 시선을 지배자에서 피지배자로 돌려서 근대적 노동과 소유의 양식을 고려한다면, 인간 존재가 서로 마주서고 의미 있는 관계를 형성하는 삶의 흔적을 깡그리 말살해 온 것은 아닐까?"[10] 라는 문제제기는, 물신숭배에 점차적으로 중독됨으로써 생기는 현대인의 관계형성 능력의 상실을 두드러지게 만든다. 더욱이 이런 시선이 식민지와 거기 사는 사람들에게 적용될 때, 더욱 노골적이고 폭력적인 '나-그것' 형식으로 변모한다. 그것-세계에서 특정의 관계를 독창적으로 합리화하는 논리들은 이미 서구 근대철학자들의 숱한 발언에서 많이 확인되고 있다. 헤겔의 "검둥이와 유럽인의 유일한 본질적 연결은 노예제이다.……우리는 노예제가 검둥이들에게 인간적 감성을 증진시키는 혜택이었다고 결론지어도 좋을 것"[11]이라는 단언은 그 일례에 불과하다. 세제르(Amié Césaire)가 이런 사유방식을 '물건화(thingification)'라고 칭했던 바를 계승하여, 파농(Frantz Fanon)은 다음과 같이 말한다.

모든 착취의 형식은 동일하다. 모두가 동일한 '물건'이란 의미를 사람에게 적용하기 때문이다. 누군가가[유럽인이] 추상적 관점으로 착취의 이런저런 형식의 구조 고찰을 시도한다면, 중요하고 기본적인 문제를 그저 못 본 체하고 등을 돌릴 것이다. 그 문제는 바로 사람을 자기 분수에 맞게(to his proper place) 고쳐놓는 것이다.[12]

9) 배윤기, 「우리 번역문화 형성을 위한 비판적 일 고찰」, 『새한영어영문학』 50권 2호, 2008, 49쪽.

10) Buber, *op.cit.*, p.97.

11) Paul Gilroy, *The Black Atlantic*, Cambridge : Havard UP, 1993, p.41 재인용.

12) Frantz Fanon, *Black Skin, White Masks*, Charles Lam Markmann trans., New York : Grove, 1967, p.88.

누군가가 사람들을 자기 분수에 맞게 배치한다고 해서, 아무런 이유 없이 순종할 사람은 없을 것이다. 할당되어 배치된 그 자리가 그/그녀에게 본질적인 위치이고, 그래서 그런 현실이 할당받은 사람들에 의해 자연스럽게 수긍되어야, 반발을 잠재우고 그 자리들의 질서는 제대로 수립되고 유지된다. 따라서 대중의 순응성향(conformity)의 고착화는 어느 사회건 지배의 측면에서 사활이 달린 문제가 아닐 수 없다. 그렇다면 이런 책략에 뿌리를 두고 있는 객관화는 어떻게 작동하는가?

객관화를 인종주의의 다양한 실천 사례들로 설명하는 슈미트(Richard Schmitt)는 "객관화가 사람들을 물건으로 실제 변화시키는 것(그리 될 수 없다)이 아니라, 그들이 물건인 척하도록 만들고, 더 중요하게는, 적어도 억압자들과의 연관 속에서라도, 그런 가장을 내면화하도록 지속적으로 강요"[13]하는 차원으로 발전한다고 해석한다. 또한 그 결실인 거대 객관화들의 이데올로기로 남성 우월주의, 백인 우월주의, 유럽중심주의 따위를 예로 든다. 그래서 "인종주의는……객관화하는 관계를 강제하기 위한, 특히 복잡하면서도, 위력적인 일련의 구조"[14]라고 주장한다. 노예제 시대 미국의 늙은 흑인은 백인 꼬마의 "네, 이놈/이 녀석(Hey, Boy)"하는 소리에, 그가 실제로 동의하지 않는다더라도 굽실거리며 순종해야 했고, 이의 반복으로 마침내 내면의 갈등을 겪을 겨를도 없이 몸이 그렇게 움직이는 자기 '분수를 아는' 경지에 도달한다. 바로

---

13) Richard Schmitt, "Racism and Objectification : Reflections on Themes from Fanon", *Fanon : A Critical Reader*, Lewis R. Gordon, T. Denean Sharpley-Whiting, and Rene T. White ed., Oxford : Blackwell, 1996, pp.36~39를 보라. 여기서 슈미트는 인종주의 실천 사례들을 유아화(infantilization), 명예훼손(denigration), 불신(distrust), 조롱(ridicule), 배제(exclusion), 안 보이게 연출(rendering invisible), 희생양 삼기(scapegoating), 폭력(violence), 이용/착취(exploitation) 등으로 유형화하여 설명한다.

14) *Ibid.*, p.41.

이것이 인종주의 사회구조를 지탱시키는 강력한 질서이며 객관화의 위력이다. 게이츠(Henry Louis Gates, Jr.)는 이런 질서의 유지를 위해 백인들이 행했던 교화(domestication) 과정을 다음과 같이 설명한다.

> 노예의 미국화라고 우리가 쉽게 떠올릴 수도 있는 일은 언어의 충위에서 가장 직접적이고 강압적으로 일어났다. 우리가 세계를 알고 설명하는 것은 바로 우리의 언어를 통하는 까닭이다. 실제로 아프리카 노예들은 대서양 중앙항로의 공포들을 겪기는 했지만, 몸만 가지고 신대륙으로 끌려오지는 않았다. 이들 아프리카 노예들은, 극악무도한 중앙항로도 농장의 일상적 무자비조차도 효과적으로 깡그리 지울 수 없었던, 바로 자기들 형이상학적 체계, 언어, 질서의식, 표현 문화의 관행을 가지고 왔다. 농장주들이 하고자 했으나 완결할 수 없었던 것은, 사실상 백지상태(tabula rasa), 이를테면 거기에 새로운 사회문화적 질서를 세우고, 그 속에 바로 '아프리카성'의 개념을 망각시키고 지워버릴 계획이었다. 서구 문화 속에서 '흑인성' 그 자체에 대한 모든 다른 부정적 함의를 덧붙이고, 이렇게 가정된 빈 공간에 '노예', '부재', '악'이란 개념들을 다시 각인시킴으로써, 그/그녀의 문화적 자아에 대한 아프리카인의 의식을 텅 빈 기억의 장소로 변질시키고자 했다.[15]

미국의 흑인은 노예제 시대부터 줄곧 이런 '길들임의 책략'에 노출되었다. 백인종은 언제나 자기들 의도를 관철하기 위해 흑인의 의식 속 '아프리카성,' '흑인성' 따위의 종족적 정체성을 공략함으로써 그들의 내면 공간을 유린한 다음, 그것을 의식의 저편, 어두운 무의식의 공간으로 유배시켰다. 그리고 남은 '백지상태'의 '빈 공간'에 흑인 광대

---

15) Henry Louis Gates, Jr., "Introduction : Narration and Cultural Memory in the African-American Tradition", *Talk That Talk*, Linda Goss & Marian E. Barnes ed., New York : Simon & Schuster, 1989, pp.15~16. 인용자 강조.

(Sambo)[16]의 스테레오타입을 세뇌시킴으로써 '그 물건'의 탈역사화와 탈정치화가 이루어진다. 노예제 시대의 백인들의 공략 목표물은 노예들의 문자능력이었고, 해방 이후엔 검둥이들의 사유능력이다. 그래서 어느 정도 교육받아 '하얀 가면'을 쓴 소수의 상층 흑인들은 언제나 자기 피부색을 보면서 자기와 자기 종족을 저주하며 스스로 열등성을 심화시키기에 여념이 없었고, 그 외의 많은 하층민들은 교회에서, 거리에서, 공터에서, 고함치고, 노래하고, 춤추는 것으로 자기 마음을 달래야 했다.

요컨대 근대적 관념의 투사에 의해 '로컬'로 개념화되는 장소는, '로컬'로 호명되기 이전부터 현존해왔던 것이다. 하지만 거기 살고 있는 사람들의 '무매개적' 사유로는 그 장소를 실체로서 가시화할 이유도, 필요도 없었고, 또 그리되지도 않았다. 그냥 그 사람들의 내면의 장소와 실물의 장소가 일치된 상태인 채, 관심 영역의 바깥에서 보이지 않는 실체로 있었던 생활터전이 근대적 주체의 매개적 사유로 인해 객관화되었을 때, 비로소 세상의 무대 위로 등장한다. 이를테면 공상 속의 장소, 혹은 지도상의 점에 지나지 않는 장소가 구체적인 어떤 실행을 목표로 '상상된' 공간 기획에 적합한 장소로 변모하는 것이다. 이에 더하여, 그 장소의 '적합성'에 협조하거나 최소한 무기력하게 방관하는 인성이 피억압자의 내면 장소의 공간화를 통해 조작된다. '제국의 시선'은 언제나 동원되는 수사의 화려한 장식과는 별개로, '자본의 논리'라고 객관적으로 무인성화 되어 표현되지만, '부르주아의 심상'의 투사에 의해 작동되며, 그 안전한 작동을 위해 '피식민지 사람들의 의식을

---

16) 20세기 전반까지도 미국 전역에서 선풍적 인기를 끌었던 순회 유랑극단 (negro/nigger minstrels) 공연에서는 백인들이 흑인분장을 하고 어리석은 행동으로 관객들을 웃기는데, 아무 생각도 없이 헤픈 웃음으로 연명하는 흑인 성격 유형을 창조한 유력한 사례에 속한다.

어떻게 조작하는가'를 놓쳐서는 안 될 필요성은 바로 여기에 근거한다.

따라서 일정한 목적을 갖고 던져지는 시선에 포착된 장소(사람)의 이용가능한 대상으로의 재현 혹은 가시화, 이것이 바로 근대적 로컬(인)의 재생산, 즉 거기서 살고 있는 사람들의 삶과 생각과는 별도로 이뤄지는 '로컬의 탄생'인 셈이다. 이런 전체적인 과정을 나는 '로컬화(localization)'[17]라고 부르고자 한다.

3. 로컬화의 실행과 그 방식

타의에 의해 태어난 로컬은 다시 일련의 공정을 거쳐서 주변화 됨으로써 가치 평가되고, 하나의 쓰임새에 의해 좌우되는 물건으로 전락한다. 대부분의 경우 잔인한 면모를 드러냈던 문명권의 기획은 '발견되는' 여러 곳들에서 실행된 다양한 실천과 그 기록들을 통하여 축적되고 일종의 매뉴얼 형태로 정교하게 다듬어지게 된다. "이런 공간에서 사물[일]들, 행위들, 상황들은 영원히 재현들(그것들이 본성적으로 이데

---

17) Henri Lefebvre는 자신의 *The Production of Space*, Donald Nicholson-Smith trans., Oxford : Blackwell, 1991.에서 장소를 근대적 시선에 의한 감시 아래로 옮겨놓는 작업을 사회적 공간화(spatialization)로 설명하면서, 이런 로컬화의 과정(the process of localization)은 동질적 전체인 어떤 형식 안에서 공간의 파편화와 특수화로 진행되는데, 어떤 실물의 추상 개념화의 최종 단계는 그것의 (기능적) 파편화와 로컬화라는 것이다. 이런 공간의 기이함은 동질적이면서 동시에 구획된다는 데 있고, "그것은 또한 투명한 동시에 기만적이다. 요컨대 그것은 사기(fraudulent)다. 그것은 거짓으로 진실한, 즉 말하자면 거짓으로 '마음에서 우러나는' 것이다. 그것은 허위의식의 대상이 아니라, 차라리 허위의식의 생성(혹은 생산)의 현장이자 매개체"라고 설명한다. 또한 이것은 "로컬화된 위계들"로 정리된 위치를 가지는데, 재현들은 그것을 보강하고 능률적(효과적)으로 만드는 공간 안에서 그리고 통해서 재현의 권위와 처방의 권력을 확인한다. 309~312쪽을 보라.

올로기적인 까닭에 어떠한 유효성의 원리도 갖지 않는)에 의해 대체"[18]되고 있는 것이다. 그래서 마침내 서구 사회와 백인들에게 '객관적으로' 주어지는 하나의 '사명'이자 '짐'으로서의 '식민주의'라는 논리적 합리화와 로컬의 '식민지'로의 가치 절하가 실행된다. 한편, 이러한 체제의 수립과 유지를 위해서, 또한 로컬 사람들에게로의 식민성 각인을 위하여, 제도적 장치들을 통한 문화정치 지형을 조성함으로써, 보편/로컬의 위계가 착근될 수 있다. 그렇다면 이런 일련의 과정은, 왜, 그리고 어떻게 일어나게 되는가? 서구인들은 왜 그런 행위를 하나님으로부터 받은 사명이라고 선전함으로써 정당화하고 합리화했을까?

진(Howard Zinn)은 『미국 민중사(*A People's History of the United States*)』의 제1장 '콜럼버스, 인디언 종족, 인간의 진보'의 첫 문장을 아라워크족(Arawak) 남녀를 등장시키며 시작한다. 거기서 "벌거벗고 황갈색 피부에 호기심에 가득 차서 자기 마을들에서 나와 섬의 모래사장으로 나왔고, 그 괴상한 큰 배를 좀 더 가까이서 보기 위해 헤엄쳐" 온 그들의 발견을 콜럼버스(Christopher Columbus)가 기록했는데, 서구인의 시선으로 이해할 수 없는 "원주민들의 외부인에 대한 환대"와 "공유의 신념"이 특이한 징후로 그의 눈에 반영된다. 첫 번째 손님, 콜럼버스는 항해일지에 그들이 도대체 무기가 뭔지도 모른다고 지적하면서, "그들을 훌륭한 하인들로 만들 수 있을 것이다……50명 정도라면, 우리가 모두 정복하여 원하는 무엇이든 그들에게 시킬 수 있을 것"이라고 아라워크족을 재현했다. 이에 대해 진은 교황의 종교, 왕의 정부, 그리고 서구 문명과 아메리카 대륙으로의 첫 번째 교신자를 특징짓는 '돈에 대한 광란'이 지배했던 르네상스기 유럽에는 이런 '환대'와 '공유'라는 인간 본연의 윤리적 특성이 나타나지 않았기 때문[19]이라고 설명한다.

---

18) *Ibid.*, p.311.

19) Howard Zinn, *A People's History of the United States*, New York : HarperCollins, 1999,

1562년 스페인 식민자(colonizer)들과 현재 중앙아메리카의 마야(Maya) 사람들의 만남에서 우리는 유사한 서구중심주의 형성의 맹아를 더듬어볼 수 있다. 식민 지배자 란다(Fray Diego de Landa)는 "우리는 수많은 서적을 발견했고, 미신과 악마의 거짓으로 보이지 않는 것이라곤 아무 것도 없었다. 그래서 우리는 모조리 불태웠는데, 그들[마야인들]은 그 일에 대해 놀라울 정도로 유감을 표했고, 그 일이 그들에게 상당한 고통을 유발했다"[20]라고 기록한다. 마야인들 뿐만 아니라, 토토낙(Totonac), 믹스텍(Mixtec), 여타의 '고등 문화'를 가진 인디언들은 서적을 가지고 있었다. 그것들은 모두 불태워졌다. 이에 대해 피터슨(Bob Peterson)은 다음과 같이 평한다.

그 대량의 분서는 [지구촌 주민으로서] 우리들 모두로부터 마야인들의 기록된 역사를 빼앗아갔고, 그들이 상당 정도로 연구했던 과학의 두 영역인 수학과 천문학의 기록된 지식의 대부분을 강탈했다. 단 3권의 책만이, [식민자들의] 실수로 인해 남겨졌고, 현재 박물관에 있다. 이것은 식민주의가 피식민자들에게 의미하는 바, 즉 원주민 문화의 중요한 부분들의 파괴와 역사의 상실과 관련되는 하나의 사례에 불과하다.[21]

바로 이 현장에서 원주민들은 발이 묶여 거꾸로 매달린 채, 채찍에 찢기면서, 펄펄 끓는 기름 세례[22]라는 '문명의 은혜'를 받았다. "유럽이 발행한 공식 수령증에는 1503년부터 1660년까지 185,000kg의 금과

---

p.1.

20) Bob Peterson, "Burning Books and Destroying People", *Rethinking Globalization*, Bill Bigelow and Bob Peterson ed., Milwaukee : Rethinking Schools, 2002, p.38.

21) *Ibid.*, p.38.

22) *Ibid.*, p.43.

16,000,000kg의 은이 미주 대륙으로부터 운송됐다"23)는 기록은 이런 야만적 서구문명의 도래 이유를 웅변하고 있다. 이런 과정을 거친 미 대륙 토착민들에 대해 헤겔은 "육체적으로나 정신적으로 무기력"한 그들의 문화 역시 한계가 너무 많아 "절대정신이 다가가자마자 스러져버릴 수밖에 없었다"24)고 약탈과 말살의 '합리적' 정당화의 근거를 논증한다. 이에 앞서 포르투갈을 필두로 한 아프리카의 약탈과 수탈은 이보다 더했으면 더했지 결코 모자라지 않았다. 한창 쟁탈전의 와중에 나온 어느 식민자의 "이 거대한 아프리카 케이크(this magnificent African cake)"이란 발언처럼, 아주 탐욕스럽게 잘려나가는 대륙25)과 함께 인간의 정신 또한 삶의 터전과 함께 난도질당했던 것이다.

식민지 '뉴잉글랜드' 또한 본성적으로 이런 모순의 그물망에 싸 안겨 탄생했다. 종교적, 정치적 자유로 포장하기는 했지만, "부에 대한 집착"을 "모든 행동의 근저에"26) 두는 미국인의 경제적 자유를 위해, '신대륙'을 강탈했던 백인들의 수백 년 동안의 행렬은 유럽제국주의 이데올로기의 이식과 그의 실행에 다름 아니었다. 순례자들(Pilgrims)은 인디언 땅에 정착했고, 그 매사추세츠만 식민 지배자인 윈스럽(John Winthrop)은 그 땅을 법적으로 '주인 없는 땅(vacuum)'이라고 선언했다. 그 논거로는 인디언이 그 땅을 '정복'하지 않았기 때문에, 땅에 대한 '시민적 권리(civil right)'가 아닌 법적 효력이 없는 '자연권'만 가진다27)는 주장을 편다.

---

23) *Ibid.*, p.39.

24) 노암 촘스키, 오애리 옮김, 『507년, 정복은 계속된다』, 서울 : 이후, 2000, 22쪽 재인용.

25) Bob Peterson, *op.cit.*, p.40.

26) Alexis de Tocqueville, *Democracy in America*, Phillips Bradley ed., New York : Alfred A. Knopf, 1926, p.244.

27) Howard Zinn, *op.cit.*, pp.13~14.

요컨대 근대 서구 기독교 백인종들의 '황금에 대한 열망'은, 마치 성배를 찾아 떠나는 중세의 기사들처럼, 영웅이 되겠다는 꿈과 이교도를 개종시키겠다는 열정이 뒤섞이면서, 서구 근현대사를 지배해오고 있다. 포르투갈 원정대의 첫 번째 목표는 금이었고, 15세기 탐험가들은 자기들이 새로운 십자군 운동을 벌이고 있음을 공공연히 주장했다. 그리고 "자신들이 찾아낸 머나먼 땅의 원주민들이 흑인이라는 것을 알게 되자 포르투갈인들은 곧 이 불쌍한 영혼들을 노예로 삼는 것이 이들을 개종시키는 데 용이하며, 그 과정에서 부차적으로 값싼 노동력까지 얻을 수 있게 된 것"이라고 스스로를 납득시켰다. "스페인 사람들과 포르투갈인들, 그 이후 원정에 나선 영국인, 네덜란드인, 프랑스인들은 하나님의 이름으로 선한 일을 하겠다는 의지와 자신들의 호주머니를 두둑이 채우겠다는 욕망 사이의 경계선을 모호하게 만드는 데 성공"[28]했던 것이다.

이와 같은 경로로 수립한 노예제도는 귀금속을 찾아 나선 원정의 부산물이었지만, 자본주의의 발달과 과잉 축적된 자본의 세계적 팽창으로 인하여, 점차 그 형식을 달리하며 중요한 위치를 차지하게 된다. 한편, 이런 '일확천금의 꿈'을 실현하는 탐험가들과 식민지 개척자들의 모험담이나, 노예상인들과 선장들의 '여행담화들(travelogues)'이나 항해기들은 독자들에게는 신선한 매력을 선사했고, 출판업자들에겐 훌륭한 이윤창출의 숨통이 되어주었다. 디포(Daniel Defoe)나 스위프트(Jonathan Swift)의 작품들처럼 실제 경험이라고 주장되는 허구에 기초하였지만, 이런 자본주의 시대 새로 등장한 영웅들의 이야기가 가장 인기 있는 18세기의 문학 형식들 중 하나[29]가 됐다.

---

28) 피터 번스타인, 김승욱 옮김, 『황금의 지배』, 서울 : 작가정신, 2000, 175~177쪽.

29) J. Robert Constantine, "The Ignoble Savage, An Eighteenth Century Literary

당시의 기준으로 볼 때, 출판 자본에 의해 파급되는 여행기, 모험담, 신문 등은 혁명적인 '시간-공간의 압축'을 낳았고, 여기에 기독교 세계의 유일한 진리언어로서 라틴어의 평가절하와 지방어로 번역된 활자언어를 통한 수요의 창출과 지식과 정보의 공유와 확대는 '상상된 공동체'로서 민족을 탄생시키는 저변을 만든다. 물론 민족의 구성 근저에는 경제적 이해관계가 있었다. 이를테면 대서양 건너 '황금의 땅'이 있고, 그 이익에 군침 흘리는 교황청으로부터 독립은 각국 부르주아들의 열망이 되지 않을 수 없었을 것이라는 추론은 베버(Max Weber)의 '개신교 윤리와 자본주의 정신'에 대한 논의에서 확인할 수 있다.

또한 근본적으로 부르주아 이익을 대변하는 출판 자본으로서는 이윤창출을 위한 진귀한 이야기를 담은 책이 더 많이 필요했고,[30] 그래서 영웅으로서의 모험가들의 찬양과 그들이 인디언과 흑인에게 행한 종족말살 문제들의 무시는 전문적 필연성이 아니라 '이데올로기적 선택(ideological choice)'에 따른 것이었음[31]이 분명해진다. 18세기 근대 민족국가의 형성과 함께 시작되는 국가적 차원의 '주인 없는 장소' 발견과 정복을 위한 제국주의자들의 체계화되고 전투적인 식민지 쟁탈전은 황금에 눈먼 영웅주의의 진화와 재편에 다름 아니다. 그래서 "어떤 이의 상상된 공동체가 다른 이의 정치적 감옥"[32]이 되는 형국이 제국주의 국가들 안팎에서 진행된다.

이와 같은 상황을 1851년 멜빌(Herman Mellville)은 『모비딕(*Mobi-Dick*)』

Stereotype", *White Racism*, Barry Schwartz and Robert Disch ed., New York : Dell, 1970, p.69.

30) Anderson, Benedict, *Imagined Communities*, New York : Verso, 1991, pp.9~46쪽을 보라. 서구에서 민족-국가 형성기의 시대적 격변과 문화 변동의 조건들이 잘 설명되고 있다.

31) Howard Zinn, *op.cit.*, p.9.

32) Arjun Appadurai, *Modernity at Large*, Minneapolis : U of Minnesota P, 1996, 32쪽.

에서 포경의 산업화와 그 경쟁으로 인한 피바다를 형상하면서 통렬하게 비판하고 있다. 열강 제국이 행하는 '게임의 규칙'은 각국의 배들이 뛰어드는 포경세계 규칙을 통해 형상화된다. 그는 그 규칙을 잡힌 고래(Fast-Fish)[33]와 주인 없는 고래(Loose-Fish)의 예로써 설명한다. "1. 잡힌 고래는 붙잡고 있는 쪽의 소유이고, 2. 주인 없는 고래는 누구라도 그것을 먼저 붙잡는 쪽 소유임이 정당"[34]하기 때문에, 결국 그렇다면 "소유라는 것이 곧 법의 전부"라고 결론 내린다. 19세기만 해도 백인들에게 그야말로 세상은 넓고 할 일이 많았다. 그래서 주인 없는 고래의 법령은 보편적으로 통했다는 것이다. 멜빌은 러시아와 미국 노예의 육체와 영혼, 죄가 드러나지 않은 악당의 대저택, 거간꾼에 저당 잡힌 굶주리는 빈곤층, 성직자에게 돈을 바쳐야 하는 등뼈 부서지는 노동자들이, 바로 잡힌 고래라고 지적한다. 뿐만 아니라 "끔찍한 작살잡이 영국(John Bull)에게 불쌍한 아일랜드는 오로지 잡힌 고래가 아니고 무언가? 성스러운 창잡이 미국(Brother Jonathan)에게 텍사스가 잡힌 고래 아니면 뭔가?"[35]라고 주장한다.

　1492년 콜럼버스가 자기 황제와 황후를 위한 표시로 스페인 국기를 꽂을 그 순간, 아메리카는 주인 없는 고래가 아니고 무엇인가? 폴란드는 러시아 황제에게 무엇이고, 그리스는 터키 사람에게 있어 무엇이며, 인도는 영국에 대해 무엇이겠는가? 합중국에게 멕시코가 무엇이 되겠는가. 모두 주인 없는 고래인 셈이다.

　인간의 권리와 세계의 자유, 그것도 주인 없는 고래가 아니고 뭔가? 모든 인간의 마음과 사상은 주인 없는 고래다. 그들이 갖는 종교적 신념의 원리 또한 주인 없는 고래가 아니고 무엇인가? 으스대며 표절을

---

33) 당시 사람들의 시선에 포착된 고래는 아직 생선이었다고 한다.
34) Herman Melville, *Moby Dick*, New York : Penguin, 1994, p.379.
35) *Ibid.*, p.381.

일삼는 달변가에게 철학자의 사상은 주인 없는 고래가 아니고 무엇이 겠는가? 이 커다란 지구 자체가 주인 없는 고래라는 것쯤 누구나 알지 않는가? 그리고 독자 여러분 역시 주인 없는 고래인 동시에 잡힌 고래 아니고 무엇인가?[36]

이런 식의 실물적 그리고 정신적 장소 쟁탈을 위한 행렬의 극성스러 움은 이른바 서부개척시기 미국 인디언 거주지와 인디언들을 향해서 는 더욱 가혹하게 재연됐다. 인디언을 학살하고 밀어내고 '보호'하며 점차 경계를 확장해나가던 중,[37] 1848년 아직 미국에 편입되지 않은 극서부 샌프란시스코 금맥 발견으로, 1849년 전국을 떠들썩하게 만든 '금을 향한 질주(Gold Rush)'[38] 대열을 형성하기도 했다. 20세기 초까지 이 대열은 미국, 캐나다, 호주로 이어지며 계속됐다. 근대는 세계를 소 유(정복)와 이용(착취)을 위해 객관화하는 시선(세계관)을 확립하는 혁 명적 전환의 시대이며, 그 세계관의 힘은 차츰 더 강해지고 영향력의 한계를 넓히고 있다.

이런 행태의 골간은 오늘날에도 그다지 바뀌지 않고 더욱 정교하게 체계적으로 실행되고 있는데, '발견(discovery)/선별(selection)→ 개념화 (conceptualization)→ 주변화(marginalization)→ 실행(practice)'이라는 일련의

---

36) *Ibid.*, p.381.

37) Frederick Jackson Turner를 위시한 미국의 역사기술학계에서는 대체로 이를 프 론티어 정신으로 미국사의 기본 동력으로 기술하고 있다. 이런 시각에서 본 다면, 인디언, 흑인, 멕시코인은 그들의 역사에서 한갓 장애물에 지나지 않는 것이다. 이에 대해서는, Staughton Lynd, "On Turner, Beard, and Slavery", *White Racism : Its History, Pathology and Practice*, Barry N. Schwartz and Robert Disch ed., New York : Dell, 1970, pp.155~165를 보라.

38) 미국의 프론티어 정신을 고취하는 가장 화려한 스포츠이자, 영토 확장을 가장 전형적으로 상징하는 스포츠인 미식축구의 샌프란시스코 팀 이름이 바로 '포 티-나이너스(Forty-niners)'이다.

과정 속으로 휩쓸려 들어간 비키니 섬[39]과 주민들의 사례는 그 과정을 전형적으로 보여준다. 미국이 핵실험을 위한 '이상적 장소'를 만들면서 비키니는 '버려진 섬(deserted isle, 주인 없는 섬)'의 신화[40]에 준거하여 개념화한다. 1946년까지 마샬군도(Marshall Islands) 내의 비키니 환초(Bikini Atoll)는 이상적 실험 장소로 '발견되지' 않았지만, 급조됐던 것이다. 당시 장소를 물색했던 두 미군 장교는 "우린 그저 수십 장의 지도를 꺼내서, 외딴 곳들을 찾았다. 대서양을 검색한 다음, 태평양으로 옮겨 계속" 찾았고, '누구에게도' 피해를 주지 않는 '꽤 멀리 떨어진' 곳이 답일 것 같았다고 진술한다. 여기서 '누구'의 범주에 비키니인들은 없다. 오로지 사람들(미국인)이 편안한 마음으로 핵실험할 수 있는 장소가 목표였던 까닭이다.

'쓸모없는 땅(terra nullius)'으로 초상되는 비키니는 '아무도 없는 장소'로 재현되는 한편, 미국의 기술적 현대성의 반대 명제인 후진성의 장소로 바깥 세계에 선전됨으로써 주변화 됐다. 르페브르(Henry Lefebvre)의 "아직 사회화되지 않은 영역의 사회화를 촉진하는 하나의 정신적이고 사회적인 진공이란 의미에서 '텅 빈 공간'은 실제로 공간의 재현일 뿐"이란 설명처럼, 미국의 비키니 개념화도 "텅 빈 아무도 없는 장소(empty nonplace)"로 재현된다. 뿐만 아니라 미합중국의 "더 위

---

39) 비키니의 사례는 데이비스(Jeffrey Sasha Davis)의 "Representing Place : 'Deserted Isles' and the Reproduction of Bikini Atoll", *Annals of the Association of American Geographers*, 95(3), 2005, pp.607~625에 대체로 의존하고 있음을 밝혀둔다. 이 지리학 논문은 지리학자 박규택이 제공하고, 조언을 아끼지 않았음을 밝힌다.

40) 흔히들 '로빈슨 크루소 신화'라고도 불리는데, 이것의 문화정치적 배경과 전 지구적 차원의 엔클로저 운동으로 제국주의 팽창의 문제를 심층적으로 탐색하는 연구로는, Robert P. Marzec, "Enclosures, Colonization, and the Robinson Crusoe Syndrome : A Genealogy of Land in a Global Context", *boundary 2*, 29 : 2, 2002, pp.129~156을 보라.

대한 선"을 위해 스스로 희생하고자 하는 비키니인들은 원시적이었고, 기독교화 되어 있었고, 충성심 있는 백성이라고 선전됐다. 따라서 1946년『뉴욕타임즈매거진(*New York Times Magazine*)』3월 31일자에 「비키니 출신의 이상한 사람들 : 원시인이지만 그들은 서로를 사랑하고 자기들 고향을 정복한 미국인 방문객들을 사랑한다」는 제목의 기사가 실렸다고 해서 그렇게 이상하지 않은 것이다. 고향에서 추방되어,

> 현재 론제릭 환초(Rongerik Atoll)에 살고 있는 비키니의 쥬다(Juda of Bikini)[41]와 그의 동족들이 만약 고집한다면, 비록 합중국 군 기관이 그들이 [비키니로의 귀환]을 원하는 이유를 알 수 없다고 말하기는 하지만, 귀환될지도 모르겠다. [합중국의 시선으로 볼 때] 이를테면, 비키니와 론제릭은 두 개의 아이다호(Idaho)산 감자만큼이나 닮아 보이는 것이다.[42]

여기서 삶의 터전이자 다시 돌아갈 장소로서 "안전한 고향(Safe Home)"인 원주민들의 섬이 일순간 "감자"로 변모한다. 백인들의 시각에서 그들은 이해할 대상도 아니고, 만남과 온전한 관계의 대상이 될 수 없는 위치인 까닭이다. 자발적으로 혹은 강요된 침묵 상태에서 자기 터전으로부터 추방당한 비키니인들은 최근까지 3,100명이 마샬군도 일대에 흩어져 살고 있는[43] 것으로 알려져 있다. 궁극적으로 미국이 투사한 근대적 시선에 포착된 비키니는 흑인의 아프리카, 인디언의 미

---

41) 이 사람은 당시 비키니의 왕인데, 이미 기독교화된 그는 주민들을 모아놓고 "만약 합중국 정부와 세계의 과학자들이 더 나은 발전을 위해 우리 섬과 환초를 이용하기를 원하고, 그래서 하나님의 은총으로 그 일이 전 인류에게 호의와 이익을 준다고 한다면, 나의 동족들은 다른 곳으로 갈 것"이라고 발언함으로써 주민들의 순응을 유도하게 된다. Davis, *op.cit.*, p.614.

42) *Ibid.*, p.607.

43) *Ibid.*, pp.613~614.

주 등과 같이 '먹기 좋은 빵'들 중 하나였다.

지금까지 확인한 바에 따르면, 전지구화는 그 양상과 방식의 현상적 차이에도 불구하고, 적어도 인식적 차원에서 르네상스 이후, 이른바 '지리상의 발견'부터 진행되어 오고 있는 것이다. 동시대인들은 동시대 눈에 들어온 정도, 그 크기만큼 지구를 상상했을 터이기 때문이다. 근대인의 시선으로 개념화되는 방식은, 우선적으로 정복 혹은 극복되어야 할 경계(frontier) 긋기를 통해 세계를 정의(한정)함으로써 시작한다. 이를 바탕으로, 그들은 인식적 경계와 그 결과로 구획되는 지리적인 경계를 통하여, 차츰 확장되는 자기들 시야 속의 세계를 문명/야만, 문화/자연, 기독교/이교 등과 같이 이항대립적 개념으로 객관화하여 사유했다. '조망되는 것'은 '조망자'의 "재현하는 텍스트 혹은 담론의 원근법적 맥락으로 그림자 드리워지는"44) 것이다. 따라서 "재현들은 어떤 장소에 대응하는 유일 의미를 고정시키려 하고, 특정 종류의 장소 생산의 정당화를 기반으로 세계 속에서 작동"45)한다. 결론적으로 재현이란 '이데올로기의 재단(cut of ideology)', 즉 "언어의 기호현상을 가로질러서 구성되는 의미" 부과로 투기되는 '일종의 도박' 같은 위치 설정하기46)인 셈이다.

4. 주체적 실천을 위한 로컬 시선의 모색

근대성의 결과들 중 하나가 장소로부터 공간의 분리임을 주장하는

---

44) Manfred Beller and Joep Leerssen, "Forward", *Imagology : The Cultural Construction and Literary Representation of National Characters*, Manfred Beller and Joep Leerssen ed., Amsterdam : Rodopi, 2007, pp.xiii-xvi.

45) Davis, *op.cit.*, p.612.

46) Stuart Hall, *op.cit.*, p.51.

기든스(Anthony Giddens)는 "대부분의 사람들에게 사회생활의 공간적 차원들이……'현존(성)(presence)'에 의해, 즉 로컬 기반의 활동(localized activity)에 의해 좌우되는" 까닭에, "전근대사회에서는 공간과 장소가 대체로 조화"를 이뤘다고 추론한다. 그러나 "근대성은 대면 상호작용의 어떤 주어진 상황으로부터 위치상 멀리 떨어진 '부재하는' 타자들과의 관계를 만들어냄으로써, 장소로부터 점증적으로 공간을 강탈"해 왔고, 따라서 "로컬들은 자기들로부터 아주 먼 사회적 영향력들에 의해 완전히 침략당하고 그들의 관점에 따라 형성된다"47)고 해석한다. 이런 과정과 그 과정의 지속을 위한 로컬인의 '무지'와 '망각,' 그리고 '침묵'을 강요하는 체제를 억압사회라는 틀로 해석하는 프레이리는 그 방법과 수단으로 정복, 분할통치, 조작, 문화침략 등을 개념화한다. 억압집단의 이데올로기 주입의 특징은 피억압자들의 열등성을 전제하고, 열등한 자들의 우월한 자들에게로의 동화가 자기들의 생존의 무기로 각인되도록 만든다.

마침내 "그들처럼 걷고, 그들처럼 입고, 그들처럼 말하고 싶어 하도록"48) 만듦으로써, "백인종 패턴에 따르지 않는다면 창피스러워 하도록"49) 교육 받는다. "이리하여 백인의 주의를 끌려는 저 부단한 노력, 백인처럼 강해지고자 하는 관심, [열등 인종을 관리하는] 보호적 자질을 획득하려는 확고한 의지, 이 모두가 자아를 구성하는 존재와 소유의 한 부분으로 자리바꿈하는 것"50)이다. 억압 사회에서 그/그녀는 '나(self)'의 의도와 상관없이 나의 내면을 지배하고 나로 외화되는 억압자

---

47) Doreen Massey, *Space, Place, and Gender*, Minneapolis : Polity P, 1994, p.6 재인용.

48) Paulo Freire, *Pedagogy of the Oppressed*, Myra Bergman Ramos trans., New York : Herder and Herder, 1970, p.151.

49) Langston Hughes, "The Negro Artist and the Racial Mountain", *Harlem Renaissance Reader*, David L. Lewis ed., New York : Penguin, 1994, p.91.

50) Frantz Fanon, *op.cit.*, p.51.

와 억압논리가 장악해버린 식민의 공간을 내어줌으로써, 나의 현존은 하나의 껍데기 모형으로서만 실존하게 된다. 처음엔 억압집단에 의해서, 그리고 스스로에 의해서 저주받은 나의 혼, 나의 언어는 무의식이라는 망각의 강에서 부유한다.

프레이리는 이런 상황을 극복할 방도로 '의식화 교육'을 통한 자기의식의 출현을 강조한다. 의식화는 억압자에 의해 명령되는 언어가 아닌, 자기 삶과 삶의 현장을 구체적으로 반영하는 생성언어(generative word)를 의견 개진과 토론을 통해 개발하는 과정이다. 생성언어는 현실과 불화하는 자기의식, 즉 자신과 세계를 대상으로 던져놓고 보도록 유도한다. 이는 두려움으로 감히 하지 못했던 자기 내부에 분식된 억압자와 대면하고, 자신과 세계, 그리고 언어와 그 신비화된 위장막을 비판적으로 성찰하며, 그 위장막을 벗김으로써 억압의 실체를 조망할 기회를 제공한다. 그래서 이것은 제도교육의 현장과 다양한 공동체를 '세계관의 전쟁터'로 만드는 언어 해방의 기획이 된다. "언어는 한 사회의 태도와 사고를 반영하는 거울"이기 때문에, "정치적 실천과 교육을 통해서 그 사회가 갖고 있는 개념들을 변화시킬 때, 그 사회의 언어 패턴은 수정될"[51] 가능성이 생긴다.

기든스의 발언이 현대사회에서 로컬들에 영향을 미치는 비로컬적인 사회적 과정들과 권력 행사의 강한 영향력을 강조함으로써, 장소와 공간의 조화라는 상태로의 차원을 달리하는 복귀를 구상해보도록 촉구한다면, 프레이리의 논리는 억압사회든 억압을 은폐한 자유사회이든 피통치자들이 자기 삶과 터전의 주인이 될 길을 밝혀주고 있다. 바로 여기서 이른바 '공공의 선'이란 이름으로 진행되는 갖가지 로컬의 개념화와 재생산에 대응하는 로컬(인)들의 로컬과 세계에 대한 재개념화

---

51) Simon Podair, "Language and Prejudice Toward Negroes", *White Racism*, Barry Schwartz and Robert Disch ed., New York : Dell, 1970, p.391.

의 당위성이 두드러지는 것이다. 그러나 로컬들의 대응이 단순히 지역의 향수에 젖은 복고주의나 맹목적 배타주의에 빠져들지 않기 위해서, 로컬인들의 의식화를 통한 자기 운명에 대한 책임성 있는 자유로운 주체로서의 재탄생이 선결 혹은 함께 진행되어야 한다.

지금까지 "'로컬'이란 용어는 때때로 은연중에 비난의 뜻을 나타내는" 말인데, 그 이유인 즉, "어떤 것을 로컬투쟁 혹은 로컬관련성으로 칭하는 것은……지방주의, 배타성, 종종 본질주의, 이기주의 따위로 싸잡아 성격 규정함으로써, 보편성으로 가정되는 공공의 선을 고려하기 거부하는 성향을 지적하는 것"52)인 까닭이다. 이런 진단은 로컬 시선의 수립에서 중요한 성찰 지점들 중 하나임에 틀림없다. 로컬 시선의 수립 과정에서 이런 도전들이 해소되어간다면, 비로소 어떤 대상(장소, 인간)이 '무엇으로 되어야 하는가'를 둘러싸고 달리 개념화하는 상이한 집단들의 형성 가능성을 엿볼 수 있다. 다시 말해, 상이한 집단들이 경제적 혹은/그리고 정치적 방식으로 사용되는 장소의 재현들을 생산 가능한 조건에서 명실상부한 '개념들의 경합'이 일어날 수 있는 것이다. 이를테면 "장소 재생은 하나의 사회적 과정"이기 때문에, "장소[의 의미]는 로컬 거주자들의 [소박한] 상상들의 혼합 이상"이며, "장소는 공간적으로 광범위한 권력 체제의 결과물이며, 타자를 제압하고 어떤 장소에 대한 하나의 상상을 정당화하는 세력의 능력"53)이라는 점들을 제대로 이해하고, 다양한 관점에서 논의해야만 로컬의 다층적 관계성을 사유할 공간을 마련할 수 있다.

이제 이러한 조금 추상적인 가능성들을 현실화하기 위한 실천적 로컬 연구 앞에 구체적인 도전들이 나타난다. 하나의 장소이자 하나의 집단으로서, 로컬은 진정으로 자기 터전에 근거하여 발언할 수 있는

---

52) Doreen Massey, *op.cit.*, p.119.

53) Davis, *op.cit.*, p.609.

가? 발언할 수 있다면, 로컬은 어떻게 발언하고 무엇을 말할 수 있는 가? 이보다 앞서 로컬은 궁극적으로 무엇을 지향할 것인가? 또한 로컬은 다른 로컬들과 어떻게 만나고 관계 맺을 것인가? 이 같은 제반 문제를 향후 풀어가기 위한 하나의 출발점으로서, 이 글에서는 로컬 주체형성의 전략에 대한 간략한 구상과 문제제기로 마무리하고자 한다.

일반적으로 우리가 '주체'라고 부를 때의 견해처럼, 언어가 투명한 의미 전달체라는 견해를 자명한 것으로 수용하고 있으나, 실은 '이데올로기적 효과'임을 알튀세르(Louis Althusser)의 '호출' 메커니즘은 정리해주고 있다. 알튀세르와 페쇠는 이 지점에서 인간 주체가 구성된다고 보는데, 이때 주체는 반드시 '주체형태'로 나타난다고 주장한다. 또한 담론구성체에서 생산되는 의미효과는 미리 가정된 자명성을 통해 효력을 발하지만, 이것은 호출된 주체를 동일화시키는 과정인 담론과정에서 조작된다. 한편 주체는 두 가지의 망각이라는 도착에 의해 스스로 자유롭다고 생각한다. 즉, 자신을 지배하는 담론구성체 밖으로 나갈 수 없다는 사실의 망각과 그 주체가 담론구성체 내부에서 특정한 발화, 형태, 연쇄를 선택하지 다른 종류를 선택할 수 없다는 사실의 망각이다.

이런 가운데, 페쇠는 지배구조의 재생산 국면을 변혁의 국면으로 전환시킬 방도로 '역동일화(disidentification)'[54]라는 개념을 사용한다. 그는

---

54) 강내희는 「언어와 변혁 : 변혁의 언어모델 비판과 주체의 '역동일시'」, 『문화과학』 2호, 1992, 32~42쪽에서 페쇠가 담론구성체에서 주체형태로 등장하는 주체가 담론구성체를 지배하는 보편주체, 대주체 혹은 지배주체와 갖는 세 가지 관계양상을 제시한다고 소개하면서, identification을 '동일시', counter-identification을 '반동일시,' disidentification을 '역동일시'라고 번역한다. 한편 임상훈은 다이안 맥도넬, 임상훈 옮김, 『담론이란 무엇인가』, 서울 : 한울, 1992, 35~74쪽에서 동일화, 반동일화, 비동일화라고 각각 달리 번역하고 있다.

주체와 동일화 대상이 맺는 관계 양상을 세 가지로 제시한다. 동일화의 경우, 담론에서 호출하는 주체는 보편주체와 겹쳐서 나타나며, 지배주체를 자생적으로 반영하고, 자기에게 주어지는 이미지를 '자유롭게 동의하는' '선한 주체', '착한 주체', 혹은 '모범생'으로 나타난다. 한편 반동일화는 일종의 거리두기이며, "너희들이 말하는 석유위기", "너희들이 말하는 국가안보", "너희들의 성모 마리아" 하는 식으로 돌려주는, 이들 주체는 '나쁜 주체', '골치 덩어리', 혹은 '말썽꾸러기' 형태를 띤다. 동일화와는 달리 지배주체에 대해 간헐적으로 저항하지만, 결과적으로 아무런 영향도 미치지 못한다. 이런 점에서 반동일화와 동일화는 서로 대칭을 이루며 동일한 구조를 지속시킨다.

　이들과 달리, 역동일화는 주체와 지배주체의 관계를 다른 방식으로 설정하고, 구현하고자 하는 전략이다. 이것은 이른바 '명백한' 의미와 의미를 생산하는 담론구성체, 나아가서 세계체제의 작동방식을 바꾸려는 태도에서 출발하여, 동일화와 반동일화가 취하는 엄폐나 거부가 아닌 통합의 태도를 취한다. 그래서 역동일화는 '주체형태 자체'를 가지고 '편승하는 동시에 저항하는' 작업의 결과로 주체형태를 변형 혹은 치환시킴으로써, 새로운 형태의 주체적 실천 가능성을 제시한다. 담론 과정이 동일한 형태의 의미와 주체를 생산하는 것을 반복하는 것에 개입하여 주체와 의미의 생산양식이 재생산이 아닌 변혁의 경향을 띠도록 하는 작업이다.

　하지만 기본적으로 페쇠의 논의가 프롤레타리아의 특수한 이데올로기적 실천 방식으로 제시되고, 노동자 국제주의를 통해 주체와 의미의 생산양식의 변혁을 위한 작업으로 규정됨으로써, 거대담론으로 환원되는 경향을 보인다. 결국 그의 주장이 근대, 근대성, 그래서 근대적 인식론의 한계를 넘지 못하고, 또 다른 서구중심주의로 귀결되는 것이다. 왜냐하면 그의 개념적 틀 자체는 서구 시민사회와 서구를 모방하여 어느 정도 산업화를 성취한 사회를 전제하기 때문이다. 그래서 '주체형태'를 박탈당하거나 애초부터 아예 주체로 호명될 자격조차 주어지지 않는 '거칠고 메마른 비존재의 지대'[55]를 밝힐 수 없고, 여전히 담론의 그늘에 머물도록 만든다. 다시 말해서, 자기의 역사적·정치적 삶의 현장으로부터 추방당하여, 훈육된 무능력(trained incapacity)으로 살아가는 사람들을 찾을 수 없다는 이야기다.

이 지점에서 객관화라는 성찰적이며 과학적인 사유방식을 완전히 폐기할 수 없다는 점을 고려한다면, 폐쇄의 '역동일화'를 넘어 객관화와 동일화의 긴장을 유지하는 가운데 사유하는 방식, 그리고 그 방식의 실행으로 생겨나는 새로운 인식 공간의 확보 가능성을 나는 제안하고 싶다. 인간은 상호적이고 우호적인 관계에 동일화하지 않고서는 생존할 수 없는 '관계의 존재'임을 감안한다면, 필연적으로 동일화와 객관화의 '상생하면서도 상극하는' 모순관계로서 변증법적 통일이 요청되는 것이다. 이런 긴장 속의 동일화가 어느 정도 본능적이고 관성적 성향을 가진다면, 객관화는 의식적이며 반성적 성향을 지닌다. 동일화는 내가 속한 세계에 나를 윤리적으로 구속시키는 반면, 객관화는 내가 속한 세계로부터 나를 떼어내서 자유롭게 소외시킨다. "억압자가 인간성의 모형"이 되고 "인간이 된다는 것은 곧 억압자가 되는" 것이어서, "억압자를 명확하게 객관화시켜 바라보지 못하고 자신들의 '바깥'에 있는 존재로 인식하지 못하도록"[56] 만드는 조건에서, 피억압자는 객관화를 통하여 자신과 자기 속의 억압자와 그 둘의 관계를 세계 속에 투사함으로써, 위협, 교화, 선동을 넘어 억압의 실체를 밝혀가는 한편, 이런 비판적 성찰이란 토대 위에서 동일화를 통하여 자기 동료 혹은 동족을 새롭게 발견하고 '되돌아 갈' 여지를 만든다. 이와 같이

---

55) Frantz Fanon, *op.cit.*, p.7.
56) Paulo Freire, *op.cit.*, p.30.

열리는 틈새를 통하여 성, 종족, 생태 등의 문제들을 우리는 제대로 볼 수 있고, 어느 정도 조장되는 듯한 무분별한 해체의 분위기 속에서 계급의 문제를 놓치지 않으면서도 "각 세력들, 주체들이 각기 자신들의 정치를 실험하면서 더불어 함께 모여 어떤 정향을 이룰 수 있는 가능성"[57]을 엿볼 수 있을 것이다.

나는 객관화와 동일화의 변증법적 상호작용을 통한 집합적이며 대화적인 문화로의 변혁을 지향하는 피억압자의 사유와 실천 전략으로서 '역객관화'의 개념화를 시도한 바[58] 있다. 궁극적으로 대화적 공동체를 지향하며, 자기를 둘러싼 세계의 모순과 내면화된 자신 속의 그 모순을 지양하고자 하는 역객관화는 배제와 축출의 지배논리와 그 실행을 넘어, 참여와 현실변화의 행동에 나서기 위한 변혁적 논리를 반영하고, 대안적 관계 모델들을 만들기 위한 다양한 인식과 실천의 양식으로 구체화될 수 있다. 인식과 실천의 다양한 실험들의 과정에서 꽃피울 수 있는 참된 대화적 공동체는 어떤 담론을 생산, 유통, 전승하는 하나의 울이 된다. 피억압자의 울은 기성의 관계를 비판적으로 사유하고, 그 인식을 공유함으로써 공동체적 자아를 역설적으로 발견하며, 강요되는 동일화로 인해 상처받은 영혼을 치유하고 오롯한 인간으로서의 집합적 자기회복을 꾀한다.

억압함으로써 상실되고 억압당함으로써 박탈되는 인간적 자유를 공히 회복시키기 위해 인간관계의 조화로운 복귀를 추구하는 인간적 아름다움을 객관화하는 자유로운 주체는 "자기를 회복하고, 자신을 파악하려는 노력에 의해서, 또 자기의 자유를 끊임없이 신장시킴으로써"

---

57) 강내희, 앞의 글, 45쪽.

58) 아직까지 만들어가고 있는 개념으로 '역객관화'는 배윤기, 「윌슨의 『우리 검둥이』와 역객관화 전략」, 『미국학연구』 38권 3호, 2006, 192~203쪽에서 흑인 문학의 글쓰기와 문화전략으로 설명을 시도해본 바 있다.

구성될 수 있다. "나의 자유가 '너'의 세계를 세우기 위하여 나에게" 주어지는 "인간적 세계가 존재할 수 있는 이상적 상황"[59]은 바로 여기서 창조된다. "반대화적이고 지배적인 나는 지배당하고 정복당하는 너를 단지 그것으로 변화"시키지만, "대화적인 나는 자신의 존재를 불러내는 것이 바로 너라는 것"을 알고 소통적 인간관계를 구현하기 위해 노력한다. 따라서 역객관화를 통한 로컬 주체들의 재개념화는 "자신의 존재를 불러내는 너는 또 다른 나를 구성하며, 그 나의 안에는 또 다른 너가 있음"을 각성하는 가운데, "나와 너는 변증법적 관계를 통해 두 개의 너로 되고, 이 너는 또 두 개의 나가"[60]되는 인간 내면과 실물적인 삶의 터에서 신명(神明)의 경지[61]를 경작할 수 있는 것이다. 요컨대 이런 노력은 조작의 문화에서 생성의 문화, 침묵의 문화에서 발언의 문화, 배제의 문화에서 개입의 문화, 속박의 문화에서 해방의 문화, 피살의 문화에서 살림의 문화로 나아가는 장기간의 실험적 건축 과정에서 그 가능성을 찾아갈 수 있을 것이다. 따라서 이미 '확실성의 굴레들'[62]을 벗기로 작정하였다면, 정밀한 잣대를 기다리기보다 다양한 시도들과 실험들을 통한 모색의 정신, 모색의 용기가 우선 요청된다.

---

59) Frantz Fanon, *op.cit.*, pp.231~232.

60) Paulo Freire, *op.cit.*, p.167.

61) 내가 생각하는 '신명의 경지'란 어떤 일체의 체험에서 나오는 것이다. 이는 단순히 전통적 삶의 방식으로 돌아가자는 것으로 이해되기 쉬운데, 우리에게 전통이란 현재보다 더한 억압의 측면이 있고, 현실적으로 돌아갈 수 없다는 조건에서 현실도피적 경향을 보일 수도 있다고 생각한다. 미래는 '지금 여기서'부터 시작된다. 인간의 삶과 생각이 분리되지 않는, 다시 말해 장소와 공간이 분리되지 않는 가운데, 새로운 관계와 생활 방식을 만들어내야 할 것으로 보인다. 이런 궁리의 차원에서 나의 '로컬연구'는 진행될 것이다.

62) Paulo Freire, *op.cit.*, p.23.

5. 또 하나의 창

로렌스(D. H. Lawrence)는 사람들이 어느 정도 특유의 로컬리티를 가진다고 전제하고, 거기서는 "다른 생기의 방출, 다른 진동, 다른 화학적 발산, 다른 운(運)에 따른 다른 극성" 따위가 나타난다고 설명한다. "가정과 고향 땅" 그리고 "모든 본래의 터는 그 자체 장소의 정신(the spirit of place)"을 가지며, 상이한 장소에서 차이가 만들어지고, 표출된다는 점을 지적한다. 그는 미국 이주민과 그 문화를 대하는 유럽인들의 인식이 차이를 두려워하고, 차이를 유치한 것으로 치부하는, 그래서 세계를 동질적으로 파악하려는 유럽중심적 시선의 특징들을 비판[63]한다. 한편, 그는 미국의 신화들 중 하나인 '자유 쟁취자들의 땅'이라는 개념화된 선전 문구를 "나는 개인들이 동료 자국민들에 대해 그렇게 야비한 공포를 느끼는 어떤 나라도 가본 적이 없다"[64]는 말로 일축한다. 나아가 로렌스는 로컬리티를 인간의 자유와 연관시켜, '자유의 땅'이라는 구호와는 달리, 현실적으로 신대륙으로, 서부로, "이탈하거나 도망하는" 역사의 길을 걸어온 미국인의 자유를 역설적으로 거론하며, "인간은 자기들이 살아가는 고향에 있을 때"[65] 자유롭다고 주장한다. 그리고 이상주의적 겉치레와 가짜를 벗어던지고 그것, '온전한 영혼'[66]의 회복을 역설한다. 나는 여기서 '장소의 정신', '고향', '자유', '온전한 영혼', 그리고 이들의 의미상의 연결에 로컬 연구가 주목할 필요가 있음을 강조하고 싶다.

이런 연결의 상과 연결의 시도들을, 다시 말해 인류사를 피로 물들

---

63) D. H. Lawrence, *Studies in Classic American Literature*, New York : Penguin, 1978, pp. 7~12를 보라.

64) *Ibid.*, p.8.

65) *Ibid.*, p.12.

66) *Ibid.*, p.14.

였던 억압, 감금, 박해, 학살의 사회적 체계와 정신적 도착을 극복하려는 노력들을 궤멸시키려는 반동적 노력은 전지구화의 길목에서 여전히 강력하며, 자본의 위력을 바탕으로 오히려 주류를 형성하고 있는 실정이다. 예를 들어, 나이키(Nike)의 한 기업 교육부서 책임자는 언론 인터뷰에서 나이키의 투자 덕택에 베트남 문화가 "막 암흑 속에서 빠져나오고 있음"을 강조하면서, "나는 우리가, 이런 문화들의 진화를 돕기 때문에, 아주 대단한 일을 하고 있다고 생각"한다고 의견을 밝힌다. 발언을 통해 읽혀지는 '거만함'[67]을 차치하더라도, 방송이나 광고에 의해서든 교육에 의해서든, 이런 담화의 반복을 통해 자연스러워지는 '빈곤국' 사람들의 공동화되는 내면은 결국 '텅 빈 공간'으로 공간화가 이뤄진다. 그래서 전통적 삶의 지혜와 지식과 관계 방식 따위는 주변화 되고, 철저히 고립된 개인들이 시장에 던져져야 한다는 신자유주의적 미국식 표준(global standard)과 서구 자본과 이에 기생하는 지식과 정보를 '절대 선'으로 각인시키는 근대적 체계 및 관념이 주인 행세를 하며 중심을 장악하게 되는 것이다. 이들, 그리고 비서구의 우리들의 내면의 '이중의식(double consciousness)' 공간 또한 하나의 로컬인 셈이다.

이런 과정의 최신판이 바로 자유무역협정(Free Trade Agreement)의 형태로 등장하고 있다. 1994년 1월 1일 북미자유무역협정(NAFTA)의 발효와 동시에 봉기한 멕시코 치아파스(Chiapas) 지역의 자파티스타 민족해방군(the Zapatista Army of National Liberation) 총사령관 명의로 2005년 6월 발표한 선언문, 「우리가 세계를 보는 방식(How We See the World)」은 '위로부터의' 전지구화에 대해 주목할 만한 로컬(인) 관점을 드러내 보여준다.

---

67) Bill Bigelow and Bob Peterson, "Introduction", *Rethinking Globalization*, Bill Bigelow and Bob Peterson ed., Milwaukee : Rethinking Schools, 2002, p.6.

자본주의, 즉 정복을 수행하는 사람들은 원하는 대로 행한다. 그들은 자기들이 좋아하지 않는 대상들을 파괴하고 변화시키고, 고유의 방식을 유지하는 것들을 제거한다. 예를 들자면, 근대적 상품을 생산하지도 사지도 팔지도 않으면서 자기 방식대로 살아가는 사람들, 그 명령 질서에 대해 항거하는 사람들이 바로 그런 대상이다. 그리고 그들에게 활용가치가 없는 것들을 경멸한다. 그것이 토착민들이 신자유주의적 자본주의의 방식에 진입하게 되는 이유다. 또 한편 바로 그것이 그들이 토착민들을 경멸하며 제거하고자 하는 이유다. 그리고 신자유주의적 자본주의는 자기들이 착취하고 많은 이윤을 갖지 못하도록 하는 법률들을[68] 제거한다.……그래서 자본주의 신자유주의적 전지구화는 고유의 나라들에 존재하는 것들을 파괴하고, 그들의 문화, 언어, 경제체제, 정치체제를 파괴할 뿐만 아니라 해당 나라들에 사는 사람들이 서로 관계하는 방식들마저 파괴한다. 따라서 한 나라를 고유의 나라로 만들어주는 모든 것이 파괴된 채로 남겨진다.[69]

이어서 이들은 "자기 방식을 유지하고 살아가는 사람들은 저항하면서, 자신들이 제거되도록 허용하지 않는다"고 전제하고, 세계 전역에서 자주적인 의식의 로컬들의 연대에 신뢰를 보내면서, "신자유주의적 전

---

68) 자유무역협정을 준비하던 멕시코가 1992년 2월 수정한 헌법 제27조는 초법률적으로 멕시코의 생계농(subsistence farming)을 보호하기 위한 장치였다. 20세기 초 마련된 이 조항은 역사적으로 부패로 악명 높았던 멕시코의 역대 정권들에서도 흔들리지 않았다. 여기서 국가에 의해 분배되는 '에히도스(ejidos)'는 농민의 집단적 소유, 양도의 금지를 규정함으로써 토지의 사회적 성격을 분명히 하였고, 이 조항은 그래서 외국인의 토지소유도 엄격히 금지하고 있었다. 그러나 이것은 "자본의 권리를 제한함으로써, 이 헌법 조항은 신자유주의 세계관에 대한 저주와 같은 것"이었다. Bill Biglow, *The Line Between Us : Teaching About the Border and Mexican Immigration*, Milwaukee : Rethinking Schools, 2006, pp. 22~23을 보라.

69) Bill Biglow, *op.cit.*, p.25. 선언문의 번역본은 나의 블로그 http : //blog.daum.net/bygwind를 참조.

지구화가 있는 것처럼, 항거의 전지구화가 있는 것"70)이라고 결론을 맺는다.

여기서 우리는 다시 로컬 개념으로 돌아왔다. 지금까지 논의를 토대로 다시 정리해보자면, 근대적 주체에게 알려진 '신대륙(myth)'은 주인 없는 '황금이 있는 땅(conceptualization→ new meaning of the place)'이고, 그것을 확보하기 위해 땅을 점유하고 소유권을 주장함(locate)으로써 '외부인들에게 친절하기만 했던 원주민들'을 '야만인'의 위치로 전락시켜(localize) 노예로 부려먹어도 그들을 '개종시키고 문명화시키는 까닭에' 아무런 문제가 되지 않는다는 합리화(legitimate)가 가능하다. 바로 여기에서 대상(장소와 사람)을 사물화하고, 그것을 이용(착취)하는 근대적 시선의 작용을 확인할 수 있다. 나아가 로컬이 다양한 안팎 관계들의 작용, 즉 어느 정도 누군가의 의도 혹은 기획이 투사되고(공간화, spatialization), 실행되며, 그 결과로 인해 "무엇이 있거나 생기거나(소재지), 혹은 무슨 일이 일어나는(문제의 현장)" 로컬인의 정신적/물질적 생활터전으로서 장소라는 잠정적 정의에 도달할 수 있다. 따라서 문제라는 것이 그냥 느닷없이 생기지 않기 때문에, 문제의 장소는 기본적으로 위치(position) 파악 및 위치 설정자(the locator)와 배치되는 자(the located) 사이의 관계와 관계의 발현으로 그 정체를 드러낸다고 할 수 있겠다. 이런 사유와 실행의 패턴이 오늘날 로컬의 경우 더욱 세련된 방식으로 적용되고 있는 것이다.

지금까지 로컬의 문제는 단순히 물리적 장소의 개념만으로 해명될 수 없다는 본 논의의 뼈대는 어느 정도 추려진 것 같다. 보편성을 나타내는 본질적이고, 그래서 투명한 '전체'에 대응하는 개념으로 재현되는 로컬은, 그러나 실상, 그 전체 혹은/그리고 보편을 자임하는 사람들(집

---

70) *Ibid.*, p.25.

단·국가 등)의 정치경제적 이익에 기초한 불투명한 의식의 망을 거쳐서 탄생하는 것이다. 한편으로는 '보호받아야 하는' 본질적인 로컬의 열등성을 안정적으로 각인시키기 위해 사람들의 의식 영역까지 로컬화되며 조작되고 가시화된다. 이렇게 우/열을 나누는 이항대립적 개념화는 하나의 사회적 관념으로 억압집단과 피억압자들의 독특한 이미지들을 창출한다. 실제 피억압자의 내적인 능력이나 그들 능력의 발현을 가로막는 존재 조건과는 별도로 하나의 실체를 만들어낸다. 피억압자를 묘사하는 억압자의 언어는 어떤 관념들과 개념들을 표현할 뿐만 아니라, '실제로 그들을 형성해내는'71) 힘을 발휘한다. 사회적으로 교육된 하나의 형상으로 현존하는 이 실체는 다양한 매체들을 통하여 꾸준하고 반복적인 전달로 억압자는 물론 피억압자조차 긍정하는 효력을 발생시킨다. 대중적 문학작품이나 다양한 매체들을 통해 "하나의 상징으로 인식적 과정에 배어들고, 스테레오타입의 형성으로 인도"72)한다. 그러니까 문제로 대두되는 로컬의 물리적 장소만 개념화되는 것이 아니라, 거기를 생활의 터전으로 수백 년 혹은 수천 년을 살아온 사람들의 의식의 공간까지 유, 무형의 강제에 의해 개념화된다는 사실을 밝혔다.

지금까지 나는 이 시론적 논의에서 근대적 시선이 투사하는 기획의 실현으로서 로컬의 탄생을 조명하고, 이에 대응하는 자유로운 실천적 주체로서 로컬(인)의 시선을 모색해보고자 했다. 로컬은 '물리적 공간'임과 동시에 '인식론적 공간'이며, 로컬 재생이 지리적 경관의 변모뿐만 아니라 인간의 정신적 경관까지도 변질시킨다는 사실을 사례들을 통해 살펴보았다. 향후 로컬 연구는 이와 같은 정치경제적이고 문화적

---

71) Simon Podair, "Language and Prejudice Toward Negroes", *White Racism*, Barry Schwartz and Robert Disch ed., New York : Dell, 1970, p.386.

72) *Ibid.*, p.387.

인 대세를 '무엇을 향하여, 어떻게 극복할 것인가'를 두고 다양한 담론
적이고 실천적인 실험들을 행함으로써, 풍부한 내용을 채워가야 할 것
으로 보인다. 또한 로컬 주체의 자기 발견을 위한 구체적 실천들과 '의
식이나 행동에서' 횡단 로컬적(translocal)[73]이어야 한다는 '로컬 저항'[74]
들에 대해서는 향후의 과제로 남겨둔다.

　본 논의는 출발부터 많은 한계를 안고 있었다. 로컬을 언급하는 몇
몇의 연구물 중 로컬의 역사와 개념에 대한 기초적 질문에 응하는 경
우는 없었던 까닭이다. 따라서 기초적 작업에 집중한 나머지 여기서
제시된 여러 가지 개념들과 그 개념들의 연관에 대한 충실한 해명과
그림 그리기를 할 수 없었다. 이 또한 향후의 과제로 남길 수밖에 없
다. 또한 이런 작업은 다양하게 현재 진행되고 있는 실천적 실험들과
연대하고 이들의 사례연구를 통한 개념화와 재개념화의 반복으로 로
컬의 역동적 현실과 긴장관계를 통해 끊임없는 생성의 개념으로서 로
컬의 상을 수립해가야 할 것으로 보인다.

참고문헌

강내희, 「언어와 변혁 : 변혁의 언어모델 비판과 주체의 '역동일시'」, 『문화과학』
　　　2호, 1992.
김용규, 「로컬리티의 문화정치학과 비판적 로컬리티 연구」, 『韓國民族文化』
　　　32호, 2008.
딜릭, 아리프, 설준규・정남영 옮김, 『전지구적 자본주의에 눈뜨기』, 서울 : 창

---

73) 김용규는 「로컬리티의 문화정치학과 비판적 로컬리티 연구」(『韓國民族文化』
　　32호, 2008, 35쪽)에서 "전지구적 자본주의와 문화의 세계화는 연대의 차원이
　　든 담론적 인식의 차원이든 로컬리티 담론이 로컬 연구(local studies)에서 트랜
　　스로컬 연구(translocal studies)로 나아갈 수밖에" 없다면서, 이에 대한 다양한
　　이론적 예시들을 통해 모색하고 있어 눈길을 끈다.
74) 아리프 딜릭, 설준규・정남영 옮김, 『전지구적 자본주의에 눈뜨기』, 서울 : 창
　　비, 1998, 145쪽.

비, 1998.

맥도넬, 다이안, 임상훈 옮김, 『담론이란 무엇인가』, 서울 : 한울, 1992.

배윤기, 「우리 번역문화 형성을 위한 비판적 일 고찰」, 『새한영어영문학』 50권 2호, 2008.

배윤기, 「윌슨의 『우리 검둥이』와 역객관화 전략」, 『미국학연구』 38권 3호, 2006.

번스타인, 피터, 김승욱 옮김, 『황금의 지배』, 서울 : 작가정신, 2000.

촘스키, 노암, 오애리 옮김, 『507년, 정복은 계속된다』, 서울 : 이후, 2000.

Anderson, Benedict, *Imagined Communities*, New York : Verso, 1991.

Appadurai, Arjun, *Modernity at Large*, Minneapolis : U of Minnesota P, 1996.

Beller, Manfred and Joep Leerssen, "Forward." *Imagology : The Cultural Construction and Literary Representation of National Characters*, Manfred Beller and Joep Leerssen ed., Amsterdam : Rodopi, 2007.

Biglow, Bill, *The Line Between Us : Teaching About the Border and Mexican Immigration*, Milwaukee : Rethinking Schools, 2006.

Bigelow, Bill and Bob Peterson, "Introduction." *Rethinking Globalization*, Bill Bigelow and Bob Peterson ed., Milwaukee : Rethinking Schools, 2002.

Buber, Martin, *I and Thou*, trans. Walter Kaufmann, New York : Charles Scribner's Sons, 1970.

Constantine, J. Robert, "The Ignoble Savage, An Eighteenth Century Literary Stereotype", *White Racism*, Barry Schwartz and Robert Disch ed., New York : Dell, 1970.

Davis, Jeffrey Sasha, "Representing Place : 'Deserted Isles' and the Reproduction of Bikini Atoll", *Annals of the Association of American Geographers*, 95(3), 2005.

Fanon, Frantz, *Black Skin, White Masks*, Charles Lam Markmann trans., New York : Grove, 1967.

Freire, Paulo, *Pedagogy of the Oppressed*, Myra Bergman Ramos trans., New York : Herder and Herder, 1970.

Friedman, Jonathan, "Being in the World : Globalization and Localization", *Global Culture*, Mike Featherstone ed., London : SAGE, 1990.

Gates Jr., Henry Louis, "Introduction : Narration and Cultural Memory in the

African-American Tradition", *Talk That Talk*, Linda Goss & Marian E. Barnes ed., New York : Simon & Schuster, 1989.

Gilroy, Paul, *The Black Atlantic*, Cambridge : Havard UP, 1993.

Hall, Stuart, "Old and New Identities, Old and New Ethnicities", *Culture, Globalization and the World-System*, Anthony D. King ed., Minneapolis : U of Minnesota P, 1997.

Hughes, Langston, "The Negro Artist and the Racial Mountain", *Harlem Renaissance Reader*, David L. Lewis ed., New York : Penguin, 1994.

Lawrence, D. H., *Studies in Classic American Literature*, New York : Penguin, 1978.

Lefebvre, Henri, *The Production of Space*, Donald Nicholson-Smith trans., Oxford : Blackwell, 1991.

Lynd, Staughton, "On Turner, Beard, and Slavery", *White Racism : Its History, Pathology and Practice*, Barry N. Schwartz and Robert Disch ed., New York : Dell, 1970.

Marx, Karl and Friedrich Engels, "Manifesto of the Communist Party", *The Marx-Engels Reader*, Robert C. Tucker ed., New York : W. W. Norton, 1978.

Massey, Doreen, *Space, Place, and Gender*, Minneapolis : Polity P, 1994.

Melville, Herman, *Moby Dick*, New York : Penguin, 1994.

Peterson, Bob, "Burning Books and Destroying People", *Rethinking Globalization*, Bill Bigelow and Bob Peterson ed., Milwaukee : Rethinking Schools, 2002.

Podair, Simon, "Language and Prejudice Toward Negroes", *White Racism*, Barry Schwartz and Robert Disch ed., New York : Dell, 1970.

Schumitt, Richard, "Racism and Objectification : Reflections on Themes from Fanon", *Fanon : A Critical Reader*, Lewis R. Gordon, T. Denean Sharpley-Whiting, and Rene T. White ed., Oxford : Blackwell, 1996.

Tocqueville, Alexis de, *Democracy in America*, Phillips Bradley ed., New York : Alfred A., Knopf, 1926.

Zinn, Howard, *A People's History of the United States*, New York : HarperCollins, 1999.

Ⅳ. 니체사상에서 몸, 대지, 로컬리티

하 용 삼

1. 시작하는 말

현대인들은 "감각의 진정성과 직접성"에 대한 믿음의 상실로 인하여 "추상과 계산으로 자신을 표현"한다.[1] 그들은 삶의 풍부함과 다양성을 상실한다. 또한 현대의 학문은 삶을 위해서보다는 변화의 속도에 맞추어서 학문적 성과를 끊임없이 만들어야 하는 압박에 시달리고 있다. 그래서 급기야는 삶을 마비시키고, 학문마저도 파멸된다. 왜냐하면 삶이 파멸되면, 삶의 도구인 학문도 파멸되기 때문이다. 이러한 학자는 "몰락의 예감으로 인도되고 그로 인해 남이나 자신의 행복에 무관심하고 경솔해지는 사람으로 행동한다."[2]

인간은 이제 삶에서 삶의 가치를 찾는 것이 아니라, 삶의 도구에서 삶의 가치를 찾기에 이른다. 인간은 인간과 자연이 잉여가치 생산의 원료일 뿐인 자본에게 인간의 자연성을 극복할 영원성을 부여한다. 자

---

[1] Friedrich Nietzsche, *Unzeitgemässe Betrachtung*, KGW III 1, 1972는 이후 KGW III 1 로 약한다. 니체, 이진우 옮김,『반시대적 고찰』,『니체전집』 2, 2005는 2로 약한다. 원본과 번역본 페이지를 차례로 붙인다(KGW III 1, S.273; 2, 323쪽). 그리고 이하에서 모든 독일판 니체전집과 한국어 번역판 니체전집은 위와 같은 방식으로 인용된다.

[2] KGW III 1, S.298; 2, 352쪽.

본의 영원성은 로컬(local), 로컬리티(locality), 몸, 대지를 절대적 공간 속에서 수량화, 동질화, 추상화하는 근대적 이성의 산물이다. 서구적 합리성으로서 이성은 몸과 자연을 동질적 공간 속에서 수량화한다. 아울러 이성은 자연과학과 기술로써 몸과 자연을 대상화한다. 따라서 근대에서 이성은 인간의 몸에 대한 지배력을 확보하고, 또한 로컬과 로컬리티의 특수성을 동질화하는 기하학적 공간을 만들어 낸다. 이러한 이성은 몸의 기능을 위계화하고, 시간과 공간을 계량화함으로써 자연을 양화시킨다. 그러나 근대로부터 탈근대로의 이행에서 합리적 이성에 대한 몸, 절대공간에 대한 특수한 공간으로서 로컬과 로컬리티가 새롭게 인식되고 있다.

세계화의 추세에서 로컬은 국민국가와의 관계에서 중앙 대 지방, 중심 대 주변이라는 수직적 위계를 벗어난다. 세계화의 이분법적 대립(통합 대 파편화, 중앙 집중화 대 분권화) 속에서 로컬리티는 로컬의 공간적 정체성에 머무르지 않는다. 이러한 맥락에서 로컬리티는 "좀 더 포괄적이고 다층적인 맥락에서 '공간적·지리적으로 국가의 중심성과 대비되는 새로운 분석단위로서, 일정한 장소에서 시공을 가로질러 출현하는 다양한 사회적 현상과 그것이 표출하는 세계관의 총체'라 규정"된다.[3]

니체 사상에서 몸, 대지, 로컬리티는 이성중심의 동일성을 극복하고, 몸과 대지는 그들의 각 부분들과 각 기능들이 상호 협조와 투쟁을 하면서 끊임없는 생성의 과정에 있다. 대지의 일부로서 로컬은 다른 로

---

3) 부산대학교 한국민족문화연구소, 「로컬리티의 인문학」(아젠다계획서), 1쪽. 로컬과 로컬리티 개념은 근대와 탈근대적인 의미를 동시에 내포한다. 만약 로컬과 로컬리티를 근대적 의미로서 지방과 지방성 또는 탈근대적인 의미로서 지역과 지역성으로 번역하면 혼동과 오해가 발생할 수 있다. 따라서 로컬과 로컬리티를 지방·지역과 지방성·지역성이라고 번역하지 않고 사용한다.

컬과 협조적·투쟁적 관계에서 자신의 로컬리티를 끊임없이 새롭게 형성한다. 니체 사상에서 로컬리티는 이성적 공간의 획일성에 의해서 재단되지 않고, 다른 로컬과 상호관계하면서 끊임없이 생성되어진다. 이성에 의해서 몸의 각 부분과 기능이 획일적으로 명령되어지는 것이 아니듯이, 국가나 국가이데올로기에 의해서 로컬과 로컬리티가 획일적으로 지배되는 것이 아니다. 이 지점에서 니체는 근대사상과 차이를 명확히 하고 있다.

니체는 한편으로 인간의 사상이 로컬, 로컬리티와 밀접한 연관성을 가지고 있다고 하고, 다른 한편으로 인간의 사상이 로컬, 로컬리티를 넘어서고 있다고 한다. 그는 전자에서 근대 이성적 공간의 동일성을 비판하고, 후자에서 위버멘쉬(Übermensch)의 로컬리티 가로지르기를 통해서 자연환경과 국가의 이데올로기에 의해 형성된 로컬리티의 극복을 나타낸다. 즉 니체는 바로 이러한 몸의 활동을 통해서 형성되는 새로운 위버멘쉬의 사상을 보여준다.

니체는 인간이 자연 지리로서 로컬리티에 영향을 받으면서, 동시에 로컬리티의 자연성을 극복하는 자연에 대한 인간의 자립성을 보여준다. 그러나 그는 세계화라는 당면한 우리의 현실 속에서 로컬리티의 형성에 관해서 구체적 방향성을 제시하지 못하는 한계를 지니고 있다. 그래서 우리는 세계화와 니체 사상에서 몸, 대지와 접점에서 새로운 로컬리티의 형성을 시도해야 한다.

2. 이성과 이성비판

니체는 그리스도교의 원천인 소크라테스 이후의 고대 그리스철학과 그리스도교의 철학적 변형인 근대철학을 허무주의라고 부르면서 비판한다. 허무주의는 인간의 삶 속에서 삶의 가치를 가지지 않고, 인간의 삶 밖에 있는 초감성적인 것에 삶의 가치를 두는 것이다. 소크라테스 이전의 사상가들에게서 사유는 삶을 위해 있었다. 니체는 소크라테스 이후의 사상가들에게서 사유가 인과 법칙의 인도 하에 존재의 가장 깊은 심연에까지 미치리라는 확신, 그리고 사유는 존재를 인식할 뿐만 아니라 수정할 능력까지도 있다고 확신하는 이성주의의 독주를 본다. 소크라테스는 인간은 자연의 근원 질료가 아닌 초자연적 성질을 지닌다고 주장한다. 그는 인간의 탁월성은 정화된 영혼성에 있으며, 이를 통해 인간은 자연성을 극복하는 영원성의 세계에 동참할 수 있다고 한다. 그의 이런 생각은 자연성의 탐닉을 추구해 왔던 동시대인들의 인생관과 생활방식에 대립된다. 즉 소크라테스의 생존 당시에는 삶을 어지럽히고 낭비시키는 '죽음에의 의지'로 판결되었던 영원성을 향한 '진리에의 의지' 활동이, 그의 사후에는 인간에게 있어 최상의 '삶에의 의지' 활동으로 되는 가치전도가 일어난다. 그로 인해 제1원인자를 인식하는 활동이 최고의 가치 활동으로 간주된다. 이러한 인간의 인식활동이 형이상학의 다양한 기초가 되었고, 이것이 근대과학으로 이어지는 이성중심주의의 기초가 된다.[4]

---

4) 이창재,『니체와 프로이드』, 2000, 19~23쪽. 볼프강 벨쉬는 이성에 관해서 이성비판이라는 관점에서 세 가지 유형으로 나누고 있다. "플라톤 타입의 이성비판은 참다운 생을 얻기 위해 이성적인 것처럼 보이는 견해의 이성적 비판이다.……칸트적 유형의 이성비판은 이성자체의 내부적 가능성들 그리고 위험들의 비판적 분석이다.……이성비판의 낭만적 유형에 있어서 그것은 다르다. 사실 다시 이성 자체는 비판의 대상이 된다. 그러나 이 경우에 있어서 이성의 이름에서 아니고, 오히려 다른 심급의 이름에서이다.……이런 근거로부터 일반적으로 이성을 두 번째 지위로 보내는 것이 유효하다. 첫째의 지위는 다른 심급―감정, 환상, 믿음, 우주적인 계시의 계기들―에 있어야만 한다.……따라서 낭만적 이성비판은 원칙상으로 이성의 무력화를 목표한다. 그것은 니체나 하이데거에 영향을 미친다."(Wolfgang Welsch, *Vernunft*, 1996, S.33~36).

니체는 실제로 (속이는)표면 그리고 (참된)중심의 모델에 따른 차이에 의한 세계의 이원화를 행하는 모든 형이상학적 시도에 거리를 두고,5) 그는 소크라테스 이전의 사상가들과 더불어 삶을 부단한 생성으로 이해한다. 즉 니체는 이들에게서 이성에 의한 삶의 개념화가 아니라, 생성 속에 있는 삶의 충동을 본다. 생성으로서 삶의 관점에서 볼 때 이성을 통해 삶을 방향지우는 것은 삶에서 생성을 박탈하는 것이 된다. 이성은 자기가 할 수 없는 것을 행하게 된다. 따라서 이성의 모든 생성물은 필연적으로 허구로 드러난다. 이성의 모든 생성물의 진리로 절대화는 삶을 쇠퇴하게 하고, 삶에 부정적인 영향을 미치게 된다.

니체는 삶에서 이성의 절대화를 문제시할 뿐이지, 이성을 삶에서 배제하지는 않는다. 이런 점에서 니체는 이성과 몸을 이원적으로 분리하지 않는다. 그러나 소크라테스, 중세의 그리스도교, 근대철학에 이르기까지 지속적으로 몸에 대한 이성의 지배력이 강화되었다. 그리고 몸에 대한 이성의 강화는 상대적으로 몸과 감각에 대한 경시로 이어진다. 플라톤은 파이돈(Phaidon)에서 이성 그리고 지각 및 육체(Körper) 사이에 강조된 차이를 표현한다. 진리는 감각경험과 육체에 대립하거나 혹은 그것들 없이 획득된다. 철학은 영혼이 그 자체로 존재하는 것 즉 예지적인 것(Intelligible)과 비가시적인 것(Unsichtbare)을 사유하도록 가르친다.6) 니체는『우상의 황혼』에서 소크라테스 시대에 "이성성은 구조자"이고, "어길 수 없는 것", 소크라테스와 그의 환자들에게 "최후의 수단"이라고 말한다.7) 니체는「철학에서의 '이성'」에서 이러한 소크라테스의 문제는 철학자들 모두에게 나타나는 "특이 성질"이라고 한다. 이러한 철학자들의 특이 성질은 "어떤 것을 영원이라는 관점에서 탈역사

---

5) Volker Gerhardt, *Friedrich Nietzsche*, 1999, S.178.

6) *Historisches Wörterbuch der Philosophie* Band 11, S.750 f.

7) KGW Ⅵ 3, S.66; 15, 94쪽.

화", 즉 "미라"로 만드는 것 그리고 "몸을 버리는 것"이다. 니체는 철학자들의 '특이 성질'에 대한 비판을 명제로 정리한다.8)

그런(삶을 비방하고 왜소화하며 의심하는) 본능이 강력하면 우리는 또 하나의 '다른' 삶, '더 나은' 또 다른 삶이라는 환상을 가지고 삶을 복수를 하는 것이다. 네 번째 명제. 세계가 '참된' 세계와 '가상' 세계로 나뉜다. 그 방식이 그리스도교식이든. (결국은 교활한 그리스도교인인) 칸트식이든 단지 데카당스를 암시하는 것에 불과하다.—하강하는 삶의 징후라는 말이다.9)

니체는 소크라테스에 기인하는 이러한 몸과 이성의 분리는 마침내 하늘나라와 대지로 나누어지게 된다고 말한다. "병들어 신음하는 자와 죽어가는 자들이야말로 몸(Leib)과 대지(Erde)를 경멸하고 하늘나라(das Himmlische)와 구원의 핏방울을 생각해낸 자들이다."10) 단순히 몸과 이성의 분리로 시작해서 점차 이성 스스로가 몸이 거주하는 대지와 분리되는 이성만의 독립적 세계로서 하늘나라를 건설한다. 니체에게서 이성에 대한 몸의 우위는 소크라테스 이후 이성중심주의에 대한 강력한 비판과 더불어 철학에 새로운 지평을 여는 단초이다.

---

8) KGW Ⅵ 3, S.68~69; 15, 96~97쪽.

9) KGW Ⅵ 3, S.72~73; 15, 102쪽.

10) Friedrich Nietzsche, *Also sprach Zarathustra*, KGW Ⅵ 1, 1968, 정동호 옮김, 『차라투스트라는 이렇게 말했다』, 『니체전집』 13, 책세상, 2006(KGW Ⅵ 1, S.33; 13, 50쪽). 중세 고지 독일어 <lip>(우선 <몸과 생명(Leib und Leben)>이 차이가 없다)은 점차 정해진 사람을 묘사하는, 생동하는, 생기 있는 육체(Körper)의 확정적 의미를 획득한다. 몸<Leib>이라는 표현이 오히려 몸-영혼-관계 논의에 유용하다. 이에 반해 육체(Körper)는 더 일반적으로 정신과 구별되고, 육체(Körper)와 정신(Geist)의 합일이 호소되지 않는다(*Historisches Wörterbuch der Philosophie* Band 5, S.174).

『차라투스트라는 이렇게 말했다』「저편의 또 다른 세계를 신봉하고 있는 사람들에 대하여(Von den Hinterweltlern)」11)에서 자신의 제2의 자아이자 사상의 대변자인 차라투스트라12) 자신에게도 현실적인 이 세계가 "영원히 불완전한 세계, 영원한 모순의 그림자, 그것도 불완전한 그림자인 이 세계, 그것을 창조한 불완전한 창조자에게서 도취적 환락"로 한 때 보였다고 말한다.13) 즉 자신도 다른 사람들처럼 이원론적 세계관에 경도되어 있었다는 것이다. 그는 사람들이 삶의 피로감과 고통에 지쳐서, 이것을 잊기 위해서 저편의 또 다른 세계를 만들어 냈었다고 말한다. 그리고 그도 한 때 이러한 세계를 믿었다. "저편의 또 다른 세계라는 것을 꾸며낸 것은 고통과 무능력, 그리고 더없이 극심하게 고통스러워하는 자만이 경험하는 그 덧없는 행복의 망상이었다."14) 사람들은 '저편의 또 다른 세계'에서 자신의 고통에서 벗어난다. 그러나 이 대지 위에서 고통에 시달리는 몸이 '덧없는 행복의 망상'을 통해서 잠시 몸의 고통을 잊는 것이기 때문에, 결국에 '저편의 또 다른 세계'로 "탈주의 경련과 환희"는 결국 몸과 대지에서 느낄 수밖에 없다. 일상어로 말하면 신의 은총을 받아서, 몸도 편하고, 하는 일도 잘 된다고 할 것이다. 이러한 맥락에서 '저편의 또 다른 세계'는 사람들이 자신의 고통을 잊기 위해서 만든 정신의 형성물이다. 그러므로 사람들이 자신의 고통을 극복하게 되면, 저편의 또 다른 세계도 의미를 상실하게 된다. "나는 고통을 받고 있는 자, 나 자신을 극복한 것이다.……보라! 그러자 저 유령이 달아나지 않던가!"15)

---

11) Hinterwelt는 '배후세계' 혹은 '저편의 또 다른 세계'로 번역되는데, 의미상으로 '하늘나라'로 볼 수 있다.

12) Beatrix Himmelmann, 2000, S.17.

13) KGW Ⅵ 1, S.31; 13, 47쪽.

14) KGW Ⅵ 1, S.32; 13, 48쪽.

15) KGW Ⅵ 1, S.32; 13, 48쪽.

이성은 몸과 분리되면서, 몸을 경시하는 것과 동시에 이성의 독자적인 세계를 창조한다. 결국에 이러한 이성의 창조물이 현실적인 몸과 대지를 지배하고, 삶을 고통에 빠뜨리게 된다. 따라서 니체의 이성에 대한 몸의 우위와 이성과 몸의 통합은 서양철학 전반에 대한 비판으로 이어지고, 서양철학에 대한 새로운 지평을 여는 의미를 가지고 있다.

3. 큰 이성으로서 몸

서양철학은 몸에 대한 이성의 우위를 다음과 같이 말한다. 몸은 쾌락과 불안으로 이성을 잘못된 방향으로 유도하고, 그리고 이성을 몸의 습관에 순종하게 한다. 이러한 역할에서 몸은 이성의 목적들을 방해하고, 빗나가게 하고, 그리고 최종적으로 위대한 계획을 완전히 불가능하게 한다. 또한 만약 이성이 철저히 몸의 기관(Organ)이라고 할지라도, 이성은 상황에 대한 추론을 통해서 모든 다른 것을 인도하는 지도적 기능을 가지고 있다.[16]

몸에 대한 이성의 우위가 절대적인 이러한 조건에서 이성에 대한 몸의 우위의 근거를 제시하는 것은 난제임에 틀림없다. 니체는 이러한 이성과 몸 사이의 역설에 관해서 철학적인 논쟁을 하지 않는다. 단지 니체는 몸을 경멸하는 자들에게 "몸에 작별을 고하고 입을 다물면" 된다고 말한다. 니체의 이 말은 몸을 경멸하는 자들의 견해를 단순히 무시하는 전략인가? 아니면 니체의 이 말이 의미하는 바는 무엇인가? 우선 이 말은 의식과 언어를 통해서 몸에 대한 이성의 우위를 전복시킬 수 없다는 것이다. 왜냐하면 니체는 이성, 의식, 언어의 상관관계를 간파하고 있기 때문이다.[17] 그는 "다시 배우거나 다시 가르칠 수" 없다고

---

16) Volker Gerhardt, "Die 'gorosse Vernuft' des Leibes", 2000, S.130~133.

말한다. 즉 니체는 언어 대신에 행동("몸에 작별을 고하고", "입을 다물고")을 통해서 자신의 주장을 수행할 것을 내비치고 있다. 그래서 니체는 몸과 큰 이성은 "자아(Ich)를 말하지 않고 자아를 행한다"라고 한다.[18] 니체는 의식의 주체를 자아로 간주하고 있다. 또한 그는 의식을 "느껴지고 있는 텍스트에 대한 다소 환상적인 주석"이라고 말한다. 다시 말해 우리의 의식은 "체험 속에 있는 것보다 그것에 투입하는 것이 훨씬 많다"고 한다.[19] 이런 의식에 대해서 우리의 "몸의 현상은 더욱 풍부하고, 더욱 명료하고, 더욱 잘 이해할 수 있는 현상이다."[20]

니체가 이성에 대한 비판을 이성적인 수단을 사용하지 않고, 행동으로 대체하는 것처럼 보인다. 그러나 니체는 이성을 비판하는 하나의 시도로서 논리학의 모순율을 비판한다. 동시에 이러한 비판은 몸과 외부현실에 대한 이성의 지도적 능력에 대한 비판이 된다.

모순율은 실제적인 것에 관한 어떤 것, 존재자에 관한 어떤 것을 이미 다른 곳으로부터 알고 있다는 듯 주장하는가.……그렇다고 논리학은 진리를 인식하라는 명법(Imperativ)이 아니라, 우리가 참이라고 불러야만 하는 어떤 세계를 설정하고 고안하라는 명법이리라.……정말로

---

17) "우리는 이성을 믿는다. 그러나 이성은 잿빛 개념들의 철학이다. 언어는 온갖 천진난만한 편견들 위에 건립되었다. 그런데 우리는 불화와 문제들을 사물 속에 집어넣고 읽어낸다. 왜냐하면 우리는 오직 언어적 형식으로만 사유하기 때문이다—이렇게 '이성'의 '영원한 진리'를 믿는다(예컨대 주어, 술어 등등. 만약 우리가 언어적 속박을 받지 않고 행하고자 한다면, 우리는 생각하기를 중단할 것이다. 우리는 회의에도 불구하고 여기서 하나의 한계를 한계로서 보게 된다. 이성적 사유는 우리가 던져버릴 수 없는 도식에 따른 해석이다."(KGW VIII 1, S.197~198; 19, 241쪽)

18) KGW VI 1, S.35; 13, 52쪽.

19) KGW V 1, S.111~112; 10, 139~140쪽.

20) KGW VIII 1, S.209~210; 19, 256쪽 참조. KGW VII 1, S.292~293; 16, 369~370쪽, 그리고 KGW V 2, S. 273~275; 12, 340~342쪽.

논리학은 (기하학이나 산술학처럼) 우리가 창조해낸 날조된 진리들에 의해서만 유효하다. 논리학은 우리가 정립한 존재도식에 의거해 실재세계를 파악하려는, 더 정확히 말하자면 실재세계를 우리가 공식화할 수 있고 산정할 수 있게 만들려는 시도이다.[21]

니체는 우리가 "존재하는 것이 무엇인지 먼저" 알고, 그 다음에 논리적인 공리를 만들어야 한다고 말한다. 그러나 우리는 존재하는 것 그 자체(칸트의 인식론에서 물자체)를 결코 알 수 없다. 역으로 우리는 논리학을 통해서 무엇이 진리인지를 알 수 있을 뿐이다. "그래서 모순율은 진리의 규준이 아니라, 무엇이 진리로 간주되어야만 하는지에 관한 명법을 내포한다."[22] 이런 점에서 니체는 이성이 만든 논리학의 세계를 가상의 세계라고 한다. 그러나 그는 논리학을 실용적인 측면에서 본다. 즉 그는 논리학을 "진리로서가 아니라", "편익"이고, "표현수단"일 뿐이라고 한다.[23] 이런 점에서 니체는 이성이 만든 논리학의 세계를 가상의 세계라고 말한다. 니체는 이러한 가상적 형이상학적 세계 대신에 "욕망과 정열의 세계 외에 현실로 '주어진' 것이 아무 것도 없다고" 말한다.[24] 니체는 이성적으로 구성된 가상적 세계 대신 "욕망과 정열"의 세계관을 제시하면서 이성에 대한 대안으로서 몸을 정당화한다.

니체는 『차라투스트라는 이렇게 말했다』 「몸을 경멸하는 자들에 대하여(von den Verächtern des Leibes)」에서 차라투스트라의 입을 통해서 이성에 대한 몸의 우위를 말한다. 차라투스트라는 몸과 이성의 분리와 더불어 몸을 단지 물질의 단순한 집합체로 생각하는 이원론에 대해서

---

21) KGW VIII 2, S.53, 55; 20, 67~68쪽, 69쪽.
22) KGW VIII 2, S.53; 20, 68쪽.
23) KGW VIII 3, S.336; 21, 413쪽.
24) KGW VI 2, S.50; 14, 66쪽.

비판한다. 그리고 그는 이성은 몸속에 있는 그 어떤 것이라고 말한다.

　　몸은 커다란 이성이며, 하나의 의미를 지닌 다양성이고, 전쟁이자 평
화, 가축 떼이자 목자이다. 형제여, 네가 '정신'이라고 부르는 그 작은
이성, 그것 또한 너의 몸의 도구, 이를테면 너의 커다란 이성의 작은
도구이자 놀잇감에 불과하다.[25]

　차라투스트라는 몸과 이성의 분리에 반대해서, 그는 몸속에 이성,
정신이 들어있다고 말한다. 즉 몸은 이성보다 더 큰 이성으로서 자신
의 몸의 부속되는 여러 가지 부분들을 이끄는 목자이기도 하고, 때로
는 작은 이성이나 감정에 이끌리는 가축 떼이기도 하다. 또한 몸은 작
은 이성, 감정과 평평한 긴장 속에서 전쟁상태에 있기도 하고, 이러한
긴장을 극복하고서 평화롭게 있기도 한다. 이러한 의미에서 몸은 이성
과 고정된 대립에 머물지 않고, 몸의 한 부분인 이성에 의해서 조정되
기도 한다. 그러나 이성은 몸의 일부분으로서 몸을 잘 이끌도록 하는
도구이다. 다시 말해 이성, 정신, 영혼은 몸에 독립된 것이 아니고, 몸
의 일부분이고, 몸의 도구이고, 이성은 몸을 바탕으로 해서 생겨난 몸
의 부분이다.
　언어와 의식은 이성에 속하는 것이고, 몸의 다양한 능력들이 억제되
어서 무리의 요구에 따라 평균적인 것으로 드러난 것—"타락, 위조, 피
상화, 일반화"된 것이 바로 언어와 의식이다. 그러나 몸은 다양한 능력
들이 생동하고, 상호대립 속에서 긴장하고, 생성과 소멸하는 대지이다.

　　우리는 바로 인간 의식이 오랫동안 유기체 발달 과정의 최고 단계로,
온갖 지상의 것 가운데 가장 놀랄 만한 것으로, 마치 그것이 개화나 목

---

25) KGW Ⅵ 1, S.35; 13, 52쪽.

적으로 보이는 것을 성급하다고 여긴다. 가장 놀랄 만한 것은 오히려 몸이다 : ……'몸'이라고 하는 이러한 모든 현상은 지성의 방식에 따라 측정하면 대수학이 일 곱하기 일보다 뛰어나듯, 우리의 의식, 우리의 '정신', 우리의 의식적 사유, 감정, 의지보다 뛰어나다.[26]

정신과 관계에서 몸은 아무런 차별 없이 물질로서 표현되기에는 너무나 많은 다양성을 함유하고 있고, 또한 몸은 그 작용에 있어서도 유기체로서 영양섭취의 충동(탐욕)과 배설의 충동(사랑 : 여기에 재생도 속한다) 그리고 그 충동에 봉사하는 자기 조절 기관(지성)을 포함하고 있다.[27] 몸은 전통적인 의미에서 수동적인 물질로 생각되지만, 니체에게서 몸은 능동적이고, 이성은 수동적인 것이다. 몸은 항상 생성 중에 있지만, 이성은 생성하는 몸을 언어와 의식을 통해서 공동체와 개인의 합리성에 따라서 위조해서 파악할 수 있다. 이성은 이성 자신의 능력을 과대평가하거나, 몸을 과소평가한다. 니체는 이성의 의식적인 측면을 넘어서 나타나는 몸의 무의식적인 영역을 드러낸다. 그래서 이성이 몸에 대해서 합리적으로 표현하게 되면, 몸의 풍부함은 휘발되고, 피상화, 일반화되어서, 언어적으로 표현하기에 적합한 것으로 위조될 뿐이다.

이런 맥락에서 니체는 사람의 고유성을 정신적으로만 표현하는 자아(Ich)를 비판하고, 몸과 자아를 포함하는 자기(Selbst)로서 자아를 대체한다. 그에 의하면 자아가 몸으로부터 독립된 것이라면, 감각기능과 정신이 인식하는 것은 그 기능이 자신의 고유한 목적을 가지고 있다고 말하는 것과 동일한 것이다. 그는 감각기능이 감지하고 정신이 인식하는 것은 몸의 수단으로서 기능이라고 말한다. "감성과 오성은 자주적

---

26) KGW VII 3, S.302; 18, 393쪽.
27) KGW VII 2, S.58; 17, 79쪽.

인 능력이 아니고, 오히려 몸의 통일적 활동으로부터 추상에 의하여 생성된다."28)

　자기, 그것은 언제나 경청하며 탐색한다. 그것은 비교하고, 강제하고, 정복하며 파괴한다. 이 자기는 지배하는 존재인 바, 자아를 지배하는 것도 그것이다. 형제여, 너의 사상과 생각과 느낌 배후에는 더욱 강력한 명령자, 알려지지 않는 현자가 있다. 이름하여, 그것이 바로 자기다. 이 자기는 너의 몸속에 살고 있다. 너의 몸이 바로 자기이기도 하다.29)

니체는 자아, 감각, 정신을 포괄하는 것은 몸으로서 자기라고 말한다. 그래서 그는 감성, 오성, 이성의 개별적인 독립을 부정한다.

　창조하는 자인 저 자기가 존경과 경멸을, 기쁨과 슬픔이란 것을 창조했다. 창조하는 몸, 그것이 그의 의지가 부릴 손 하나로서 정신이란 것을 창조했다.30)

니체에 의하면 정신은 창조하는 몸의 일부분이다. 다시 말해 커다란 이성은 모든 것을 자기 자신 속으로 통합할 수 있고 그리고 동시에 몸의 통일로서 실현된다. 정신은 몸인 커다란 이성에 속하는 의지의 손으로서 창조하는 몸을 위해 활동한다.31)

---

28) Annemarie Pieper, 1990, S.153 : 192쪽.

29) KGW Ⅵ 1, S.35; 13, 36쪽.

30) KGW Ⅵ 1, S.36; 13, 54쪽. "감성과 오성은 '자기'의 종합적 계기들이다. 자기는 이 감성과 오성을 매개로 하여 세계와 일체가 되기 위해 또는 세계를 형성하거나 변화시키기 위해 이 감성과 오성을 자기의 몸의 기관 또는 능력으로 형성한다"(Annemarie Pieper, 1990, S.152; 192쪽).

31) "자기 자신을 뛰어넘어 창조하는 일에 도달함에 있어 결코 머물러 있지 않음의, 언제나 새롭고 높은 목표를 향해서 노력하는 것의 의미에 있어서의 창조

몸을 경멸하는 자들은 몸과 분리된 정신 자체의 산물인 저편의 또 다른 세계를 만들었다. 정신은 이제 몸을 위해 활동하지 않고, 오히려 저편의 또 다른 세계를 몸과 대립시키면서 몸을 약화시킨다. 그러나 정신이 활동할 수 있게 하는 원천은 저편의 또 다른 세계에 있지 않고 몸과 대지에 근거하고 있다. 정신은 몸으로부터 분리 이후에도 여전히 몸과 관련을 가지고 있다. 즉 원으로서 대립의 긴장에서 몸으로서 자기는 자신을 끊임없이 극복하면서 대립을 내재화하면서 자신을 고양시킨다. 그러나 저편의 또 다른 세계의 영혼과 이편의 세계의 몸이 상호 분리되어서 직선적으로서 대립하면 정신과 몸 둘 다 몰락한다.

> 내 너희들에게 말하노니, 너희들의 자기, 그가 이제 죽기를 원하여 생에 등을 돌리고 있는 것이다. 그가 그토록 소망해온 것, 곧 자기 자신을 뛰어넘어 창조하는 것, 그것을 더 이상 해낼 수 없기 때문이다. 그것이 그가 가장 바라는 것이며 그의 전 열망인데도 말이다.……너희들의 자기는 몰락하고자 한다. 바로 그 때문에 너희들은 몸을 경멸하는 자가 되고 만 것이다! 너희들은 이제 더 이상 너희 자신을 뛰어넘어 창조할 수 없기 때문이다.[32]

니체는 몸과 영혼의 직선적 대립에 대해서 몸의 원적인 동작으로서 춤추는 신, 디오니소스를 발견한다. 니체는 춤의 흉내 내기, 리듬적인 몸 언어의 탁월한 지배에서 쾌활함 그리고 경쾌함, 자유정신을 위한 상징적 가치를 찾아낸다. 춤에서 춤꾼은 자신의 몸에 있어서 자연(physis)에 대한 지배를 경험하고, 실현한다. 춤은 춤꾼 자신을 조물주로 아는 질서 정연한 세계관의 구상을 의미한다. 춤꾼 몸의 활동력과 함

는 단지 몸과 정신의, 자기와 자아의, 커다란 이성과 작은 이성의, 의지와 오성의 협동의 기초에서만 가능하다"(Annemarie Pieper, 1990, S.162; 203쪽).

32) KGW VI 1, S.36; 13, 54쪽.

께하는 그의 즐거운 놀이는 몸의 극단적으로 고무된 인정을 통해서 몸에 의지함과 동시에 몸을 지양함으로써 무거움의 의식에 대해서 대답한다. 이런 점에서 차라투스트라는 자신을 춤꾼으로 규정한다. "차라투스트라는 춤꾼처럼 경쾌하게 걷고 있지 않는가?"[33) 또한 호방한 웃음은 멋진 춤꾼의 특색이다. "그대 멋진 춤꾼이여,……호방한 웃음 또한 잊지 말고!"[34)

작은 이성은 언어의 일면성·추상성·폭력성을 통해서 인간을 기존의 가치에 복종하게 한다. 이에 반해 춤에 부합하는 웃음은 기존의 가치를 파괴하고, 창조의 새로운 공간을 표현한다. 즉 웃음은 정신의 사자단계와 어린이단계를 함축하고 있다.

> 나의 구름은 너무나도 높은 전압으로 전전긍긍하고 있다. 번개들이 터뜨리는 웃음 사이사이로 나 심연을 향해 우박을 퍼붓고자 한다.[35)

> 우리는 발아래서 강제와 목적 그리고 죄과라고 하는 것들이 마치 비처럼 자욱한 김을 내뿜고 있을 때, 밝은 눈을 하고 먼 곳에서 아래를 내려다보며 해맑게 미소 짓는 법도 함께 배웠고.[36)

몸은 말하기, 침묵, 열광, 웃음, 노래, 춤, 산과 도시로 오르고, 내리기로서 세계를 표현한다. 다시 말해 몸은 작은 이성처럼 생성을 부동의 존재로 환원시키지 않고, 생성을 그 자체로는 아니라고 할지라도 생성의 다양성을 받아들이고, 또한 표현한다.

춤은 몸과 정신의 직선적 대립이 아닌 몸과 정신의 원운동을 내포하

---

33) KGW Ⅵ 1, S.6; 3, 14쪽.
34) KGW Ⅵ 1, S.363; 13, 488쪽.
35) KGW Ⅵ 1, S.103; 3, 138쪽.
36) KGW Ⅵ 1, S.203~204; 3, 275쪽.

고 있다. 이와 마찬가지로 니체는 산과 도시에 대해서 정신(하늘나라)과 몸(대지)과 같은 고립된 본질을 부여하지 않는다. 니체는 차라투스트라의 산으로 오름과 도시로 내려감의 운동을 통해서 산과 도시에 동적인 관계를 불어넣는다.[37)

몸은 니체에 의하면 대지로서 표현될 수 있다. 니체의 대변자 차라투스트라는 정신을 대지의 일부분인 산으로 나타내고, 몸의 물질성을 시장과 도시로 나타낸다. 이런 점에서 대지가 의미하는 바는 몸이 가지는 풍부한 다양성을 닮아있다. 따라서 몸이 끊임없이 생성하고 있는 것과 마찬가지로 차라투스트라도 산에서 시장으로, 다시 시장에서 산으로 원환운동을 하면서 몸이라는 대지 안에서 느끼고, 사고하고, 의지하는 다양한 몸의 기능들이 양떼와 목자, 전쟁과 평화로 나타나고 있다.

4. 몸, 대지, 로컬리티

몸은 심장, 머리, 팔, 다리, 뇌, 혈액, 눈, 귀, 피부, 코, 입과 같은 물질적 요소들과 보기, 듣기, 냄새 맡기, 감촉을 느끼기, 사고하기, 맛보기와 같은 그들의 기능들로 구성되어있다. 대지도 산, 숲, 섬, 바다, 농촌, 도시라는 로컬과 고독, 명상, 완만한 활동, 격정적 모험, 종교와 정치 이념 하에서 농경을 원활하게 하기 위해서 가장을 중심으로 형성된 위계적 생산활동, 물건을 사고파는 분주함이라는 로컬리티를 포함하고 있다. 몸은 물질적 것으로서 육체, 감성으로서 느끼기, 냄새 맡기, 맛보기, 이성으로서 직관, 반성, 사유, 분석을 포함하는 총체이고, 또한 몸

---

37) 하용삼·김준수, 「니체, 철학의 해체와 재구성」, 『大同哲學』 제48집, 대동철학회, 2009. 9, 224~228쪽.

의 동작과 활동으로 웃음, 춤, 왕복·원환·상하 운동이 있다. 대지도 물질적 영역으로서 로컬과 감성적(종교적, 문화적), 이성적(문명적, 경제적, 정치적) 영역으로서 로컬리티로 대별될 수 있다.

> 니체에게 있어서 지역·경관(Landschaft)과 사고(Gedanke)의 관계는 우연하지 않고, 오히려 본질적이다.……우선 저작의 이야기는 본질적으로 고독한 지역들(Zonen) 그리고 주민이 있는 지역들(Gegenden) 사이를 진자운동에 의해서 각인되는 것이 확인되어진다. 이것이 차라투스트라의 방랑에 의해서 유일하게 형성된 도식이다.……차라투스트라의 구체적 지리학(Geographie)은 니체의 방랑적 삶과 같이 그 자체로는 우연적이고, 단지 주연배우의 활동성을 통해서 규정된다.[38]

이러한 의미에서 우리는 위버멘쉬, 힘에의 의지, 동일한 것의 영겁회귀라는 개념들을 통해서 단지 니체사상을 이해하는 것이 아니라, 도시에 거주하는 사람들에 대해서 차라투스트라가 하는 연설이나 자신의 추종자, 제자, 동료와 대화 그리고 도시의 로컬리티에 대한 비판을 통해서 드러나는 니체의 시적 언어, 문학적 수사에 의한 흥분, 격정, 감동을 통해서 그의 사상을 이해할 수 있다.

몸이 가지는 동적인 역동성과 니체의 『차라투스트라』에서 보여주는 차라투스트라의 행위의 궤적은 플라톤의 『국가론』에서 사람과 국가의 유사성에 필적한다. 차라투스트라의 행적은 원숭이에서 사람을 거쳐 위버멘쉬에로 이르는 인간의 내적인 성숙을 표현한다. 또한 건강한 몸과 병든 몸은 대지와 하늘나라로 대비는 플라톤 사상과 대중화된 플라톤 사상인 그리스도교의 전도를 확연히 보여주고 있다.

『차라투스트라』에서 니체가 한편으로 비유적으로, 다른 한편으로 사

---

38) Stephan Günzel, *Geophilosophie*, 2001, S.241~242.

실적으로 로컬리티를 드러내고, 이러한 로컬리티를 매개로 자신의 사상을 전개한다. 니체는 산의 로컬리티를 고독과 적은 사람만이 보유하고 있는 사고의 진리와 높은 사상이라는 로컬리티로 표현한다. 이와 반대로 니체는 도시 시장터에서 종교, 국가, 경제적 이해, 관습, 타인에 의해 주어진 신념을 맹목적으로 따르면서 자신의 물질적인 이익을 추구하는 로컬리티를 보여준다.

"차라투스트라는 그의 나이 서른이 되던 해에 고향과 고향의 호수를 떠나 산으로 들어갔다. 그곳에서 자신의 정신과 고독을 즐기며 보내기를 십년." 그는 산에서 충분히 지혜를 갖추게 되었다. 그는 자신의 지혜를 사람에게 나누어 주기 위해서 산 아래로 내려간다. 그는 성자가 신을 찬양하면서 "노래를 짓고 노래를 부르는" 숲에서 나와 그 가장자리에 있는 첫 도시의 시장터로 들어간다. 차라투스트라는 그 곳에 있는 사람들을 "그 어떤 원숭이보다도 더 철저한 원숭이"라고 말한다. 그리고 그들 가운데 "더 없이 지혜로운 자라 할지라도 식물과 유령의 불열이자 트기에 불과하다"고 말한다. 차라투스트라는 도시 시장터의 군중에게 "위버멘쉬가 이 대지의 의미"이고, "이 대지에 충실"하고, "하늘나라에 대한 희망을 설교하는 자들을 믿지 말라"라고 말한다.[39]

원숭이의 단계에 속하는 인간은 다른 인간들이 행하는 것을 행한다. 그는 군중에 따라서 행동한다. 다시 말해 그는 무리동물의 도덕에 순종한다. 이러한 인간에 있어서는 자기의 이익 또는 편익이 행동의 지침이 되고 있다. 흉내는 다른 사람들의 행위에 대한 동의를 신호하고 또 이 행위와의 일치를 암시한다. 이러한 일치를 구실로 해서 개인은 아무 걱정 없이, 즉 어떤 제재도 두려워함이 없이 자기의 이익을 추구할 수 있다. 또한 식물과 유령의 트기 또는 분열이라는 표현은 모든 생

---

39) KGW VI 1, S.5~9; 13, 12~18쪽.

명적인 존재 자체의 특징을 나타내는 양극적 대립이 현명한 인간 가운데 아무런 매개 없이 병존하고 있음을 가리키고 있다. 이러한 인간은 자기 자신에 있어서 완결되고 완성된 전체가 아니고, 오히려 두 가지 부분들의 단순한 합성이다. 인간의 식물적 측면은 육체이고, 유령은 가시적인 정신이다. 차라투스트라는 인간의 내면에 있어서 정신과 물질의 분열을 문제 삼으면서 다시 한 번 위버멘쉬에 대한 자기의 가르침을 제시하고 있다. 이제 몸(Leib)으로서 인간은 정신과 몸의 분열 상태를 초극해야 한다고 말한다.40) 차라투스트라는 "위버멘쉬가 이 대지의 의미"라고 말한다.41) 니체는 인간이 위버멘쉬가 되기 전에는 원숭이와 식물과 유령의 분열이자 트기에 불과하다고 말한다. 니체에게서 몸은 정신과 분열된 육체가 아니라, 몸은 이성과 육체의 통합으로 있다. 마찬가지로 대지는 하늘나라와 분열된 것이 아니라, 대지는 산과 도시의 관계에서 나타나는 긴장과 평화, 갈등과 연대, 단절과 소통과 함께 "하나의 의미를 지닌 다양성"으로 있다. 몸과 대지는 다양한 차이를 포함하고 있고, 또한 니체는 이 다양한 차이들의 역동적 관계를 통해서 고착된 대립을 극복하는 인간을 위버멘쉬라고 한다. 이러한 의미에서 우리는 몸과 대지의 의미를 알게 되면, 위버멘쉬를 이해할 수 있다. 니체의 몸을 다음과 같이 바꿀 수 있다.

몸(대지)은 커다란 이성이며, 하나의 의미를 지닌 다양성이고, 전쟁이자 평화, 가축 떼(도시의 시장터)이자 목자(산)이다. 형제여, 네가 '정신(하늘나라)'이라고 부르는 그 작은 이성, 그것 또한 너의 몸의 도구, 이를테면 너의 커다란 이성(대지)의 작은 도구이자 놀잇감에 불과하다.42)

---

40) Annemarie Pieper, 1990, S.50~53 : 67~71쪽.

41) KGW Ⅵ 1, S.8; 13, 18쪽.

42) KGW Ⅵ 1, S.35; 13, 52쪽.

인간에게 몸·대지의 의미와 삶의 의미는 정신의 정태적·구상적 형상에 있는 것이 아니고, 오히려 양극적 대립에서 일어나는 저 생성의 긴장된 역학에 있다는 것이 확인된다. 대지의 의미로서 위버멘쉬는 일반적으로 인격도 아니고 개체도 아니고 오히려 활동에 대한, 즉 개체의 행위에 대한 명칭이다. 이러한 활동 및 행위는 넘어섬과 자기에의 복귀의 형식적 구조를 가지고 있다. 그러나 초극은 인간 자신에 의한 자기단절의 의미로서 일어나지는 않는다. 오히려 인간은 자기 자신 가운데서 자기 자신을 넘어선다. 인간은 인간으로서 자기 자신을 위버멘쉬에 있어서 완성한다. 만일 대지가 몸과 같은 전체로서 그리고 그 가운데 정신과 물질이 상호균형을 유지하는바 그러한 전체로서 사유될 경우에만 위버멘쉬는 대지의 의미로 이해된다. "형제들이여, 맹세코 이 대지에 충실하라. 하늘나라에 대한 희망을 설교하는 자들을 믿지 말라!"[43] 그들은 대지와 몸의 의미를 알리고 있는 것이 아니고 유령을 알리고 있다. 하늘나라와 유령에는 단지 공허, 순수한 무력, 죽음만이 있다. 니체는 기원을 망각한 정신에 의해서 경멸당하는 몸의 분열에 대립해서 정신과 육체의 통합으로서 몸의 의미를 위버멘쉬로 설정하고, 그렇게 함으로써 대지에게 그의 의미를 되돌려주고 있다.[44]

실로, 사람은 더러운 강물과도 같다. 몸을 더럽히지 않고 더러운 강물을 모두 받아들이려면 사람은 먼저 바다가 되어야 하리라. 보라, 나 너희들에게 위버멘쉬를 가르치노라. 이 위버멘쉬는 바로 너희들의 크나큰 경멸이 그 속에 가라앉아 몰락할 수 있는 그런 바다다.[45]

---

43) KGW VI 1, S.9; 13, 18쪽.
44) Annemarie Pieper, 1990, S.55~57 : 73~75쪽.
45) KGW VI 1, S.9; 13, 19쪽.

소크라테스 이후 근대철학적 의미에서 사람은 정신에 의해서 경멸되는 물질적인 육체일 뿐이다. 그러나 이 더러운 강물(육체)은 몸, 대지와 동일한 의미를 가지고 있는 바다에서 더 이상 더러운 것이 아니다. 육체와 정신의 통합에서 몸은 더 이상 경멸받지 않고, 마찬가지로 바다에서 더러운 강물과 깨끗한 강물은 더 이상 더러움과 깨끗함과 관계없는 이 양자의 통합으로서 바닷물이 된다. 만일 인간이 이원론적으로 분열된 존재자로서의 자기 자신을 초극하여 위버멘쉬가 되었을 경우 이성, 육체 개념은 새로운 의미, 즉 몸과 대지의 의미, 삶의 의미로 충만된다. 이 경우 전통적인 가치는 전도된다. 즉 영혼과 육체의 이원론은 새로운 모범, 몸과 대지의 의미로서 위버멘쉬라는 모범에 의하여 초극될 수 있다.

니체에게서 대지는 큰 몸이고, 몸은 작은 대지이다.[46] 다시 말해 몸에서 이성의 독재자적 위치를 인정하지 않듯이, 대지에서 정신의 표상으로서 산의 절대적 우위를 인정하지 않는다.

이 높디높은 산들은 어디에서 오는 것일까? 나 일찍이 물어본 바 있다. 그때 나는 그들이 바다에서 솟아올랐다는 것을 알게 되었다. 그 증거가 산에 있는 돌과 산정의 암벽에 기록되어 있지 않은가. 더없이 깊은 심연으로부터 더없이 높은 것이 그의 높이까지 올라왔음이 틀림없으렷다.[47]

---

46) 이러한 니체의 생각과 비교해서 다음을 참조하라. "상이한 시기에 여러 가지의 공간형상과 육체형상이 있다. 공간과 육체형상은 서로서로 독립적으로 발생한 것이 아니라, 오히려 서로서로 밀접하게 연관되어있다.……이미 비코(Giambattista Vico)는 원시인들은 육체의 도움으로 세계를 표상한다는 것에 주목했다." 그리고 하비가 펌프로서 심장과 동맥과 정맥의 혈관을 발견한 이래 "만약 혈액 내지 사람, 상품, 이념, 화폐의 자유로운 흐름이 발생한다면, 잇달아 육체, 도시 그리고 사회는 건강한 것으로 나타난다."(Markus Schroer, *Räume, Orte, Grenzen*, 2006, S.278, 280)

니체에게서 높은 산과 심연, 그리고 정신과 몸은 고정된 대립이 아니다. 그래서 니체는 "위대함에 이르는 길"을 "산정과 심연의 하나"로 표현하고 있다. 이러한 위대함에 이르는 길은 전래의 고착된 이원론적 세계관에 대한 중대한 도전이기 때문에 "더할 나위 없는 위험"이지만, 차라투스트라 또는 위버멘쉬에게는 "마지막 은신처"이기도 하다. 왜냐하면 고정된 대립은 실제로 존재하지 않고, 생성만이 있기 때문이다.[48] 니체는 변화하지 않는 영원성을 토대로 변화하는 현실을 재단하는 소크라테스 이후의 철학에 대해서 생성에로의 모험을 바다라는 은유를 통해서 극적으로 표현한다.

니체의 바다는 최후의 요새(Feste)없이 새로운 육지들(Länder), 즉 사유영역들을 찾아내고, 탐색하고자 하는 열망적으로 발견하려는 사유운동에 대한 긍정이고, 동시에 이 바다는 사유자체의 토대로서 육지에로 바다의 운동방식의 전파이다.[49]

이 새들은 우리가 추구했던 곳, 온통 바다, 바다, 바다인 곳을 향해 날고 있다! 그러면 우리는 도대체 어디로 날아가려 하는가? 도대체 왜 우리는 바다를 넘어서 날아가려 하는가? 어떠한 욕망보다도 우리에게 더 중요한 이 강력한 욕망은 우리를 어디로 데려가는가? 그것도 하필이면 왜 바로 이 방향으로, 즉 이제까지 인류의 모든 태양이 침몰했던 곳을 향해서? 아마도 이렇게 말하지 않을까? 우리마저 서쪽으로 향하면서 인도에 도달하고자 했다고, 그러나 무한에 좌초한 채 난파하는 것이 우리의 운명이었다고. 그렇지 않은가? 나의 형제들이여? 그렇지 않은가?[50]

---

47) KGW VI 1, S.191; 13, 258쪽.
48) KGW VI 1 S.190; 13, 256쪽.
49) Stephan Günzel, *Geophilosophie*, 2001, S.252.

니체는 끊임없는 생성을 바다로 은유하고, 소크라테스 이후 철학자들이 생성의 바다에 지쳐서, 초월적인 것("돛이나 황량한 절벽")에 안주하고 있다고 비판한다. 니체는 "위대한 스승과 선구자들"이 멈춘 곳이 진리가 아니라고 말한다. 그는 무한한 생성만이 있을 뿐이라고 단호하게 말한다. 다시 말해 "정신의 바다를 항해하는 사상가에게서 난파는 피할 수 없거나, 내재적이다."[51] 그래서 생성의 바다에서 최선을 다한 사상가에게 남는 것은 난파일 뿐이다. "나는 내일 생겨야 할 일을 오늘 알고 있다. 나는 난파했다 : 나는 잘 항해했다."[52] 니체에게서 정신의 바다를 잘 항해했다는 징표는 난파당했다는 것이다. 생성에 대립되는 초월적인 것에 멈춤은 항해할 바다가 여전히 남아있는데도 불구하고 정신의 바다를 더 이상 항해하지 않았다는 징표이고, 선구자들의 죽음에 이르는 피곤함을 나타내는 상징이다.

무한한 생성으로서 '니체의 바다'에 관한 은유에서 볼 수 있듯이, 『차라투스트라』를 관통하는 운동은 반복되는 상승과 하강의 운동으로 있다. 차라투스트라의 모든 감각에서 고양된 존재의 정온한 영역으로 귀환은 때때로 화나고, 의기소침하게 그리고 최대로 불완전하게 작용하지만, 그러나 또한 최대의 희망에로 동기와 미래의 비전을 제공하는 인간세계로 하강하는 온정과 소통한다. 이러한 양자의 서로 대립하는 자극의 긴장 속에서 차라투스트라의 길이 이어진다.[53]

이러한 맥락에서 니체는 태양의 비유를 보여준다. 햇빛에 의해서 사물은 밝은 면과 어두운 면으로 분리된다. 다시 말해 태양의 원운동은 사물들에 이원적 대립을 만들어 낸다. 만약 원운동 속에서 사물을 고

---

50) KGW Ⅴ 1 S.335; 10, 423쪽.

51) Stephan Günzel, *Geophilosophie*, 2001, S.255.

52) KGW Ⅷ 3 S.297; 21, 366쪽.

53) Beatrix Himmelmann, 2000, S.17.

찰하지 않는다면, 우리는 빛과 어둠이라는 대립을 고정되게 볼 것이다. 그러나 우리가 원운동 하에서 사물들을 고찰하게 되면, 각각의 대립은 고정되어있지 않고 변화 속에서 차이를 드러낼 뿐이다. 이 대립도 정오에는 순간적으로 통일된다. 위대한 정오에는 태양에 의해서 대상(몸)과 그림자(영혼)가 통일되고, 이로써 이원적 분리가 허구임이 밝혀진다. 인간이 태양처럼 원운동을 행하게 되면, 그는 기존의 대립을 파괴하고, 또한 새로운 대립을 만들어내고, 이 대립들이 차이의 고착화에 지나지 않음을 알 것이다. 위대한 정오에서 인간은 분리된 대립이 영구적인 것이 아니라, 항상 변화하는 것이고, 또한 이 변화가 다만 차이로 드러난다. 이로 인해 그는 그 자체 힘으로 대립을 끊임없이 극복하게 된다. 그는 반복적으로 대립을 만들어 가면서, 그 대립들을 내재화하면서, 외부적 대립을 내면적으로 통일시킨다. 다시 말해 기존의 대립을 파괴하고, 반복되는 원운동을 통해서 생성 속에서 대립을 통일시키는 "대지의 의미"로서 위버멘쉬를 탄생시킨다. "'모든 신은 죽었다. 이제 위버멘쉬가 살기를 우리는 바란다.' 이것이 언젠가 우리가 위대한 정오를 맞이하여 갖게 될 최후의 의지가 되기를!"[54] 니체는 『차라투스트라』 서문에서 태양으로 시작해서 4부 마지막에서도 태양으로 글을 맺고 있다.

　　너 위대한 천체여! 네가 비추어줄 그런 것들이 존재하지 않는다면 무엇이 너의 행복이겠느냐![55] 나 내게 주어진 과업에 뜻을 두고 있을 뿐이거늘! 좋다! 사자는 이미 여기 와 있으며 내 아이들도 가까이에 와 있다. 차라투스트라는 성숙해졌다. 나의 때가 온 것이다. 나의 아침이다. 나의 낮의 시작이다. 솟아올라라, 솟아올라라, 너, 위대한 정오여!

---

54) KGW VI 1, S.98; 13, 132쪽.
55) KGW VI 1, S.5; 13, 12쪽.

차라투스트라는 이렇게 말했다. 그러고는 그의 동굴을 떠났다. 컴컴한 산 뒤에서 솟아오르는 아침 태양처럼 불타는 모습으로 늠름하게.[56]

니체·차라투스트라는 마치 태양처럼 산에서 도시로 반복적인 원환운동·상승하강운동을 한다. 그는 태양이 어둠 속에 빛을 베풀듯이, 그는 대립으로 고착된 이원론에 대해서 대립을 생성을 통해 극복하는 위버멘쉬사상을 전하기 위해 산에서 도시로 내려간다. 이러한 원운동은 긴장 속에서 상호 대립하는 이성과 몸·산과 도시를 통일적인 하나의 의미로서 몸과 대지로 표현된다. 따라서 대지의 의미로서 위버멘쉬를 알기 위해서 인간은 태양과 같이 자기 스스로의 운동을 통해서 이성과 몸·산과 도시의 대립을 극복해 나가야 한다.

5. 맺는말

소크라테스에서 이성은 몸과 분리되고, 또한 몸을 지배한다. 그리스도교에서 이성은 몸과 분리되면서, 몸을 경시하는 것과 동시에 이성의 독자적인 세계로서 하늘나라를 창조한다. 결국에 이성과 이성의 창조물이 현실적인 몸과 대지를 지배하고, 삶을 고통에 빠뜨린다. 이성은 몸과 분리된 외재적 초월자의 지위를 획득한다. 그리고 근대철학에서 다시 이성은 몸을 지배하는 내재적 초월자로 등장한다. 니체는 이러한 이성중심주의를 비판하면서, 몸을 대안으로 제시한다. 이성을 활동하게 하는 원천은 하늘나라에 있지 않고 몸과 대지에 근거하고 있다. 몸은 다양한 능력들이 생동하고, 상호대립 속에서 긴장하고, 생성과 소멸하는 대지이다. 몸은 작은 이성, 감정과 평평한 긴장 속에서 전쟁상태

---

56) KGW Ⅵ 1, S.404; 13, 541쪽.

에 있기도 하고, 이러한 긴장을 극복하고서 평화롭게 있기도 한다. 이성은 몸의 한 기능으로서 다른 기능인 감성, 의지를 지배하기도 하고, 또한 거꾸로 지배받기도 한다. 무리의 요구에 따라서 몸의 다양한 능력들이 억제되어서 사회적인 매개체로 드러나는 언어와 의식을 통해서 이성이 몸의 지배자로서 나타나는 것처럼 보인다. 그러나 이성은 몸의 다른 기능들과 마찬가지로 단지 몸을 위해서 활동해야 한다.

니체에 의하면 몸은 대지로서 표현될 수 있다. 니체는 고독과 높은 지혜를 대지의 일부분인 산의 로컬리티로 나타내고, 물질적인 이익추구와 타인의 신념에 맹목적인 추종을 도시와 시장의 로컬리티로 나타낸다. 『차라투스트라』에서 니체는 은유적으로 로컬, 로컬리티 혹은 지역·경관(Landschaft)을 사상과 연관지우고 있다. 니체에게서 사상은 이성의 순수공간에서 만들어지는 것이 아니라, 수많은 차이를 품고 있는 대지 위에서 감성, 의지, 이성, 의식, 무의식을 아우르는 몸과 몸의 동작으로서 춤, 몸의 활동으로서 오르기와 내리기에 의해서 창조된다.

니체에게서 높은 산과 심연, 그리고 정신과 몸은 고정된 대립이 아니다. 마찬가지로 국가와 로컬의 관계에서 중앙·이성은 큰 이성으로서 국가·몸의 일부분이다. 중앙·이성은, 국가·몸의 로컬들·다른 기능들과 경쟁·협조를 하면서, 각각의 로컬은 중앙·지방으로서 로컬리티를 구현해 나간다. 니체 사상에서 중앙과 지방은 각각의 차이가 있을 뿐이다. 그러나 중앙과 지방이 경쟁, 협조, 소통을 하지 않게 되면, 중앙과 지방은 이원적인 대립으로 고착되고, 근대철학의 허무주의를 반복하게 될 것이다.

니체의 몸과 동일한 의미에서 다양성과 다원성으로서 대지의 부분으로 로컬리티는 다른 로컬리티와 관계에서 상대적으로 각각 자신의 정신성과 물질성을 규정할 수 있다. 다양한 로컬리티에 하나의 의미를 부여하는 대지의 의미를 읽어낼 때 진정한 의미에서 로컬의 로컬리티

를 발견할 수 있다. 태양처럼 차라투스트라의 상승·하강운동은 산과
도시의 대립을 극복하는 생성하는 대지의 의미를 형성한다. 마찬가지
로 이성과 몸·산과 도시의 경계는 경계 짓기와 경계 풀기를 반복하면
서 내재적으로 몸과 대지의 단일한 의미를 형성한다. 이러한 “경계 짓
기”와 “경계 풀기”는 근대에서 탈근대로 이행과 일치한다.[57]

만약 우리가 니체의 몸과 대지를 근대 국민국가에서 탈근대 세계화
로 이행에 적용한다면, 근대 국민국가의 경계 짓기에서 탈근대 세계화
의 경계 풀기로의 이행은 종국에는 경계 짓기와 경계 풀기를 반복하면
서 몸과 대지와 마찬가지로 내재적으로 전 지구라는 하나의 의미를 형
성할 것이다. 대지로서 전 지구에서 각각의 로컬은 경계 짓기에서 로
컬리티의 전통과 정체성을 형성하고, 경계 풀기에서 다른 로컬과 경
쟁·소통·연대 속에서 역동적 로컬리티를 구현한다. 생성의 바다에서
우리는 로컬리티를 중앙 대 지방의 대립에 고착시키지 않고, 경계 짓
기와 경계 풀기를 반복하면서 중앙과 지방을 하나의 의미를 가진 다양
성으로 구성해야 한다.

이제 우리는 니체 사상이 주는 로컬리티에 관한 커다란 방향성과 더
불어 세계화라는 변화된 지형에서 로컬리티에 관한 세부적인 측면에
서 반성을 필요로 한다. 로컬은 자연·일상·정치·경제·문화적인 활
동반경을 기점으로 자신의 로컬리티를 가진다.[58] 다섯 가지 활동반경

---

57) Markus Schroer, *Räume, Orte, Grenzen*, 2006, S.291.

58) 이러한 다섯 가지 행동반경을 고찰할 수 있는 분과와 관련해서 헤트너의 견
    해는 유용한 참고가 된다. “헤트너(A. Hettner, 1859~1941)는 특수한 공간학,
    자연학, 정신학, 역사학(공간분과, 시간분과, 사물분과)으로 새로운 학문체계
    의 설립을 통해서 연구체계 속에서 지리학에 견고한 지위를 부여할 수 있을
    뿐만 아니라, 그 외에 개념들과 명제들의 정제를 통해서 지리학에 논리적 질
    서와 인식 이론적 확정(온건한 실증주의 속에)을 줄 수 있다”(*Historisches
    Wörterbuch der Philosophie*, Band 3, S.323). 헤트너는 지리학의 학적인 위치를 확고

은 각각 외연과 내포를 달리하고 있다. 그러나 세계화가 됨으로 인해서 지리적 자연성·역사적 일상성·국민국가의 행정력이 로컬의 개인에게 미치는 영향력은 상대적으로 감소되고, 이에 반해 세계적인 경제·문화가 개인에게 미치는 영향력은 절대·상대적으로 증대되고 있다. 이러한 측면에서 로컬리티의 정체성 형성과 경계 짓기는 점점 어려워지고 있고, 로컬리티의 경계 풀기는 다국적 기업과 국제기구의 영향력에 의해서 점점 쉬워지고 있다. 그러나 우리는 세계화의 이분법적 대립을 통해서 로컬인의 자율성·창의성을 상승시키는 방향에서 지리적 자연성·역사적 일상성·국민국가의 행정력으로 세계화의 파고를 조절하고, 또한 세계화의 파고를 경제·문화에 활력을 주는 에너지원으로 사용할 수 있도록 로컬리티 간의 소통과 연대를 통해서 로컬리티의 지리적 자연성·역사적 일상성의 다양성을 내면화해야 한다.

참고문헌

1. 니체의 저서

KGW=Nietzsche, *Werke*, Kritische Gesamtausgabe, Giorgio Colli und Mazzino Montinari(Hg.), Walter de Gruyter, Berlin/New York, 1967 ff.

Nietzsche, Friedrich, *Unzeitgemässe Betrachtung*, KGW Ⅲ 1, 1972.

Nietzsche, Friedrich, *Die fröhliche Wissenschaft*, KGW Ⅴ 2, 1973.

Nietzsche, Friedrich, *Morgenröthe*, KGW Ⅴ 1, 1971.

Nietzsche, Friedrich, *Also sprach Zarathustra*, KGW Ⅵ 1, 1968.

Nietzsche, Friedrich, *Jenseits von Gut und Böse*, KGW Ⅵ 2, 1968.

Nietzsche, Friedrich, *Götzen-Dämmerung*, KGW Ⅵ 3, 1969.

Nietzsche, Friedrich, *Nachgelassene Fragmente. Herbst 1884 ~Herbst 1885*, KGW Ⅶ 3,

---

하게 하려는 열망을 보여준다. 그러나 세계화와 관련해서 로컬리티에 대한 현실적인 파악과 전망을 위해서 우리는 헤트너의 견해를 넘어서야 할 것이다.

1974.

Nietzsche, Friedrich, *Nachgelassene Fragmente. Anfang 1888 bis Anfang Januar 1889*, KGW Ⅷ 3, 1972.

Nietzsche, Friedrich, 이진우 옮김, 『반시대적 고찰 외』, 『니체전집』 2, 책세상, 2005.

Nietzsche, Friedrich, 박찬국 옮김, 『아침놀』, 『니체전집』 10, 책세상, 2004.

Nietzsche, Friedrich, 홍사현·안성찬 옮김, 『즐거운 학문 외』, 『니체전집』 12, 책세상, 2005.

Nietzsche, Friedrich, 정동호 옮김, 『차라투스트라는 이렇게 말했다』, 『니체전집』 13, 책세상, 2006.

Nietzsche, Friedrich, 김정현 옮김, 『선악의 저편 외』, 『니체전집』 14, 책세상, 2005.

Nietzsche, Friedrich, 백승영 옮김, 『우상의 황혼 외』, 『니체전집』 15, 책세상, 2005.

Nietzsche, Friedrich, 김정현 옮김, 『유고(1884년 가을~1885년 가을)』, 『니체전집』 18, 책세상, 2004.

Nietzsche, Friedrich, 백승영 옮김, 『유고(1888년 초~1889년 1월 초)』, 『니체전집』 21, 책세상, 2006.

2. 기타 저서

이창재, 『니체와 프로이드』, 철학과 현실사, 서울 2000.

부산대학교 한국민족문화연구소, 「로컬리티의 인문학」(이 문건은 2007년 한국학술진흥재단의 인문한국사업에 선정된 아젠다 계획서이다)

안네마리 피이퍼, 정영도 옮김, 『니이체의 짜라투스트라에 대한 철학적 해석』, 문출판사, 서울 1994.

하용삼·김준수, 「니체, 철학의 해체와 재구성」, 『大同哲學』 제48집, 大同哲學會, 2009. 9.

Gerhardt, Volker, *Friedrich Nietzsche*, C. H. Beck Verlag, München, 1999.

Gerhardt, Volker, "Die 'gorosse Vernuft' des Leibes", in Volker Gerhardt (Hg.), *Also sprach Zaraturtra*, Akademie Verlag, Berlin, 2000.

Günzel, Stephan, *Geophilosophie, Nietzsches philosophische Geographie*, Akademie Verlag, Berlin, 2001.

Himmelmann, Beatrix, "Zarathustras Weg", in Volker Gerhardt (Hg.), *Also sprach Zaraturtra*, Akademie Verlag, Berlin, 2000.

Pieper, Annemarie, "Ein Seil geknuepft zwischen Tier und Uebermensch", Philosophische *Erlaeuterungen zu Nietzsches erstem "Zarathustra"*, Klett-Cotta, Stuttgart, 1990.

Ritter, Joachim · Gründer, Karlfried(Hg.), *Historisches Wörterbuch der Philosophie* Band 3, Schwabe & Co. AG Verlag, Basel/Stuttgart, 1973.

Ritter, Joachim · Gründer, Karlfried(Hg.), *Historisches Wörterbuch der Philosophie* Band 5, Schwabe & Co. AG Verlag, Basel/Stuttgart, 1980.

Ritter, Joachim · Karlfried Gründer · Gottfried Gabriel(Hg.), *Historisches Wörterbuch der Philosophie* Band 11, Schwabe & Co. AG Verlag, Basel, 2001.

Schroer, Markus, *Räume, Orte, Grenzen*, Suhrkamp, Frankfurt a. M., 2006

Welsch, Wolfgang, Vernunft, Suhrkamp, Frankfurt a. M., 1996.

로컬리티에서 탈중심성을 읽다

Ⅰ. 향토(성), 발견과 전유의 논리

문 재 원

1. 탈중심의 포자(들)

로컬리티는 특정 로컬이 나타내는 장소성, 역사성, 권력성 등을 포함한 다양한 현상과 관계성의 총체이며, 여기에 추상적인 인간의 인식을 경계지우는 주변성, 소수성을 포함한 확대된 개념[1]이며, 이를 구성하는 요소는 다양하고 복잡하다. 여기에는 지리적 환경, 역사적 경험, 사람들의 정서적 기질, 언어, 사회적 관계, 제도 등이 복합적이고 중층적으로 작용하여 구성된다. 이러한 로컬리티는 고정된 실체로 확정되는 것이 아니라 관계적 상황에 따라 가변적으로 사용될 수 있다. 이런 점에서 '제국의 지도'에서 벗어날 수 없었던 식민지 조선의 로컬리티가 확정된 고정체로만 이해되어야 하는 시선체계에 문제를 제기하고자 한다. 식민지 향토의 재현에서 로컬, 로컬리티를 보고자 하는 것이 국가와 민족의 정체성에 대한 근대적 담론으로 회귀하여, 제국의 지방, 지방의 향토성의 발견으로 절대화하자는 것은 아니다. 식민화의 과정 속에서 타인종과 민족을 타자화하면서 열등화하는 방식으로 타자를 구성하는 식민의식을 벗겨내는 작업[2]에서부터 식민지 조선의 로컬리

---

1) 이상봉, 「인문학의 새로운 지평으로서 로컬리티 인문학의 전망」, 『로컬리티 인문학』 창간호, 부산대학교 한국민족문화연구소 로컬리티의인문학연구단, 2009, 51쪽.

티를 새롭게 구성할 수 있는 지점을 발견하고자 하는 것이다.

식민지 공간에서 향토는 일반적으로 조선, 지방, 농촌 등으로 서로 혼재되며 거의 동일한 의미로 사용되었다. 이들은 일차적으로 미개, 낙후, 야만의 표지들을 가지며 식민자들에게 포섭과 배제의 대상으로, 때로는 식민지 지식인들의 내면화된 오리엔탈리즘의 시선에 들어오기도 하였다. 어쨌든, 1930년대 조선문화담론에서 재현된 식민지 향토는 '조선적인 것', '지방색'을 대표하는 표상 중의 하나가 되었다. 그러나 여기에는 제국의 오리엔탈리즘이 빚어낸 식민지의 고착된 이미지와, 식민지 지배담론의 효과로 내면화된 식민지인의 착종된 의식과, 조선 고유의 '조선적인 것'이 존재하는 생활 현장 등 여러 겹의 공간적 질서가 겹쳐져 있다. 이처럼 다양한 시선과 욕망이 교차하면서 재현되었던 공간이 식민지 조선의 향토 공간이다. 그러므로 복합적으로 교차되는 시선들이 혼융되어 있는 '조선적인 것'에 대한 상상은 식민과 탈식민의 관념을 상상적으로 재구성할 수 있는 공간으로 확대한다.

2. 향토 발견의 이중성

식민지 시기 조선의 문화담론은 일차적으로 제국주의의 재현체계 내부로 포섭될 수밖에 없었다. 동아협동체론의 근거들이 다양한 층위에서 지속적으로 생산되고 있던 1930년대 조선은 일본에 대한 이념적 저항선을 지니지 못한 채, 제국의 논리를 반복 생산하게 되었음은 부인할 수 없는 사실이다.[3] 특히 1930년대 후반 조선은 제국 일본의 로

---

2) 이창남, 「글로벌 시대의 로컬리티 인문학」, 『로컬리티 인문학』 창간호, 부산대학교 한국민족문화연구소 로컬리티의인문학연구단, 2009, 93쪽.
3) 이예림, 『1930년대 후반 몰락/재생의 서사와 미의식』, 연세대학교 박사학위논

컬(지방)에 배치되었다. 일본이라는 중앙과의 관계 속에서 조선은 하나의 지방이었고, 조선문학은 일본문학의 한 지류인 국민문학으로서의 사명을 완수해야 했다. 그리하여 대동아문화권 내 조선문화의 위치와 관련해 조선문화의 지방성, 지방색이 화두에 오르면서 지방적인 것에 대한 관심이 고조되었다. 이러한 점에서 식민지 조선은 당시의 로컬담론으로 사유될 수 있었다. 당시 지배담론 안에서 지방적인 것으로의 조선(문화)은 그 자체의 고유성이나 독립성을 인정받지 못하고 언제나 중앙 일본과의 관계 속에서 의미를 부여받을 수밖에 없었다.[4] 그러나 여기에서 간과할 수 없는 것이 지배담론의 인식 규칙들 내부에서 생산되는 양가성의 효과[5]이다. 바바의 양가성이론은 서구의 상징계적 시선, 담론의 권력이 타자의 저항에 부딪혀 분열되면서 실재계를 드러내게 됨을 논의하고 있다. 양가성의 순간은 타자를 서구의 상징계 내부에 가두려는 권력으로부터 벗어나는 순간이기도 하며, 바로 그 분열의 틈새에서 타자의 저항 계기가 만들어진다. 식민지적 지배는 역사적 정치적 진화론의 목적론적 서사 속에 지배의 동일성의 권위를 보존하기 위해 '왜곡'으로서의 간섭과 탈구된 현존의 혼란을 부정하는 부인의 과정을 통해 성취된다. 여기서 부인의 전략은 분열을 낳으며 따라서 양가성을 지니게 된다. 이런 점에서 1930년대 식민지 조선이 제국의 로컬로 확정되면서 로컬 정체성에 대한 논의들은 동일성을 지향하는 듯하나, 단순한 논리로 환원될 수만은 없다는 사실을 알 수 있다. 특히 로컬리티가 중심과 주변, 제국과 식민지 간 관계의 성격이나 메커니즘

문, 2002, 21쪽.

4) 오태영, 「1930년대 후반 향토(鄕土) 연구」, 동국대학교 석사학위논문, 2005, 23쪽.

5) Homi K. BhaBha, *The Location of Culture*, London and NewYork : Routledge, 1994, pp.85~92 참조.

에 의해 달라질 수 있는 것이며, 문화 생산의 주체나 매체에 따라서도 굴절되거나 균열이 생길 수 있기 때문이다.[6]

1930년 후반 향토는 문학작품뿐만 아니라. 조선미술전람회 출품작을 중심으로 한 회화의 '향토색',[7] 영화의 '로칼 칼라'[8] 등 문화의 전 영역에서 조선적인 것을 대표하는 소재였다. 1930년 후반 조선적인 것이 다시 발견되는 과정에서 향토는 여러 문화담론에 호명되면서 그 외연을 확장한다.

1930년대에 접어들면서 향토에 대한 연구는 1920년대까지의 국학자

6) 김진희, 「1930년대 조선문화의 정체성과 로컬리티」, 부산대학교 여성연구소 춘계학술대회 자료집, 2009, 22쪽.

7) 조선미술전람회는 1922년에서 1944년까지 조선총독부 주최로 개최되었다. 뿐만 아니라 이후 대만미술전람회, 만주미술전람회가 각각 개설되면서, 일본 식민지 관전의 방향성을 '로칼 칼라'의 발현으로 내세웠다. 특히, 제1회 조선미술전람회 심사원원의 발언("이 전람회의 장래는 재래의 조선 그림도 아니고, 내지 그림도 아닌, 지방색이 아니면 안 될 운명")에서 '로칼'의 성격을 알 수 있다. 조선미술전람회가 내지연장주의(內地延長主義)에서 출발되었음에도 내지와 구별하며, 또한 조선이라는 민족의 기표도 용납하지 않으며, 철저하게 지방 조선의 위치를 분명히 하고 있다. 이러한 현상은 지방의 미술동호회에도 반영되었다(김현숙, 「일제시대 동아시아 官展에서의 地方色-조선미술전람회를 중심으로」, 『한국근대미술사학』 12, 2004, 47쪽; 이외 식민지 시기 미술에 나타난 '로칼 칼라'의 정치적 의미에 대해서는 박계리, 「일제시대 조선 향토색」, 『한국근대미술사학』 4, 1996을 참고할 것).

8) 1930년대 후반 조선영화가 '조선적인 것'으로 농촌공간을 반복적으로 재현하고 있는데, 이때 농촌의 발견은 조선영화의 '향토색'이라는 모호한 개념 속에 포획됨으로써 식민지 상황 속에서 가장 정치적이면서 가장 비정치적인 공간으로 재현되었다. 조선에서 영화제도가 형성되고, 조선영화가 이론화되는 시기에 농촌은 원시적이고 가난하고 낙후되고 미개한 공간으로 담론화되었다. 1930년대 후반 조선영화에서 농촌의 재현은 제국과 식민지의 관계를 경/향(京/鄕), 도/농(都/農)의 공간적 구도 속에서 상상하고 공간적 차원들의 위계 속에서 민족 이야기를 구성했다(이화진, 「식민지 영화의 내셔널리티와 '향토색'」, 『상허학보』 13집, 2004, 384쪽; 강성률, 「1930년대 로칼칼라 담론 연구」, 『영화연구』 33호, 2007).

들의 작업을 일정 정도 계승하면서 '조선적인 것'에 대한 관심과 탐구로 나갔는데, 저널리즘 주도의 고전부흥운동 및 『문장』파에 의한 '향토'에 대한 관심과 탐구는 식민 지배담론으로 변질되어 가면서 동일화/차별화의 전략으로 유포되었다. 그것은 제국의 지배 권력에 포섭되는 일개의 지방으로 식민지 조선의 위치를 제한하면서 조선 그 자체를 향토로 바라보게 하였다. 당시 조선의 지식인들 역시 향토의 의미가 '조선적인 것'에서 '지방적인 것'으로 변질되어 감에 따라 지배 담론의 이데올로기를 일정 부분 수용할 수밖에 없었을 것이다. 당시 지식인에 의해 발견된 향토에 깔려 있는 가장 일반적인 논리는 시간적으로는 과거에, 공간적으로는 때 묻지 않은 순수한 공간, 즉 계몽의 기획과 이성의 추구를 바탕으로 계획되어진 도시공간에 대한 위로와 대안의 지점에 있었다. 이러한 향토발견의 논리에는 내/외부의 시선이 교차될 틈이 만들어지지 않으며, 극단적으로 외부의 시선에 의해 고착화될 지점을 반복적으로 생산할 뿐이다.

그러나 1930년대 향토에 대한 논의가 일방적인 시선의 작동으로 발견되는 지점이 아닌, 내/외부의 시선이 교차되고 충돌하면서 탄생되는 공간임을 주시해야 한다. 이 자리에서 추상적이고 심미적인 향토가 아닌 구체적인 로컬을 발견할 수 있는 여지를 확인할 수 있을 것이다. 특히 식민지배 질서에 구획된 지방이 아닌, 조선 혹은 조선의 로컬을 상정하는 자리야말로 '발견'에서 '전유(appropriation)'의 가능성을 읽어낸다. 이처럼 식민지 향토는 일차적으로 제국의 지방으로 지방색을 강요당하며 미몽과 야만의 표지로 발견되었던 공간이면서, 한편으로 제국의 시선에 포획당하지 않는 또 다른 상상을 해 볼 수 있는 공간이기도 했다. 이는 국가(제국)/로컬(식민)의 관계에서 중심화와 탈중심화의 길항관계를 읽어낼 수 있는 대목이기도 하다.

3. 향수의 사회학과 '영서의 기억'

향토담론이 활발하게 유통되는 지점에서 김유정, 이효석이 향토를 상상하고 구성하는 방식은 어떠했을까. 강원도 영서 지역을 장소화하고 있는 김유정과 이효석은 강원도 지역에 혈연적 연고를 두고 있고, 이들의 작품 안에서 강원도의 향토성이 잘 드러나며, 이 향토색은 시공을 초월하여 지역의 표상으로 작동된다는 일반적인 평가는 이들을 향토성과 매개시키는 주된 이유이다. 1930년대 김유정과 이효석의 경우, 근대의 프리즘을 통해 발견된 강원도 영서지방에 대한 향수가 이들이 향토를 발견하는 일차적 원리로 작용되는데, 이들에게 향토는 도달할 수 없는, 사라져 가고 있는 '과거'의 현재에 대한 소명으로 작동했던 것이다.

1936년 『조광』에 '나의 복지(卜地) 그리는 땅'이라는 기획특집9)을 보면, 재미있는 부분이 발견된다.

산은 근심으로쌓여 울멍줄멍 솟아둘리고/ 물은 여흘여흘 눈물받아 흐르는나라/ 가서내 살고싶은곳 거기는또내 죽어무칠곳// 그땅엔 씨뿌려도 거두어 띠글만남고/ 땀흘려 방울방울 미움과怨望이 될뿐인나라/

---

9) 이 기획기사는 '어디가서 내 一生을 보내나'라는 부제를 달고 있다. 홍난파, 권덕규, 차상찬, 도봉섭, 김용준, 박길용, 박태원, 이일, 장덕조, 모윤숙, 박기채, 현철, 김동명 등 각계 인사들을 필진으로 하여 가보고 싶은 곳에 대해 자신의 견해를 피력하도록 하고 있다(『조광』, 1936. 2).; 이후 연속으로 고향 특집을 마련한다. '내 고향의 봄'(김진섭, 이효석, 이석훈, 임화), 『조광』, 1936. 3; '내가 그리는 新綠鄕'(김진섭, 김영희, 전무길, 임화, 김유정, 김문집, 안회남), 『조광』, 1936. 5; '내 고향의 深秋'(양주동, 이효석, 모윤숙, 장덕조, 윤성산), 『조광』 1936. 11. 김유정과 이효석은 각각 이 지면에서 고향인 강원도 영서지방에 대한 기억을 환기하면서 「五月의 산골작이」(1936. 5), 「영서의 기억」(1936. 11)을 발표한다.

가서내 살고싶은곳 거기는또내 죽어무칠곳// 봄이오면 꽃은피어도 꽃
아래 놀사람없고/ 아름다운 새소리도 오히려역중나는 괴로운 나라/ 가
서내 살고싶은곳 거기는또내 죽어무칠곳// 적막하야 누구나 버리고 돌
아서도/ 나는 거기박게 찾을곳없는 因緣의나라/ 가서내 살고싶은곳 거
기는또내 죽어무칠곳// 가려노라 못잊겟네 지금곳어서 가야것네/ 내 손
과발을 기다려 기름질나라/ 가서내 살고싶은곳 거기는또내 죽어무칠곳

위에 인용한 부분은 기획의도를 밝혀놓은 편집자 글이다. 현실적으
로 나에게 근심, 눈물, 미움, 원망 괴로움, 이별의 고통만을 주었을 뿐
이지만, 나는 거기밖에 찾을 곳이 없고, 내가 죽어 묻힐 곳 역시 그곳
이라는 것이다. 묻지도 않고 따지지도 않고 수렴되는 원형의 고향. 그
리고 그 고향에 대한 그리움으로 이어지는 수사학에서 고향은 언제나
미화되고 추상화될 수밖에 없다. 여기에서 화자가 고향을 말하는 위치
를 보자. 고향의 개념은 공간적인 이동과 그 곳을 기점으로 이야기되
기 시작한다는 시간적 사후성을 지닌다.

고향에서 발견할 수 있는 또 하나의 문제계는 '고향'이 실체로서 존
재하는 것이 아니라, 구성되고 이야기되는 것에 의해 드러나는 공간이
라는 점이다. 고향은 '부모', '죽마고우'라는 인간관계와 겹쳐짐과 동시
에 체험이나 기억 속의 풍경으로 이야기된다. 이때 '고향'은 그것을 말
하는 자에게 시원의 시공간으로 여겨져 회고적이며 회귀하는 시공간
으로 제시된다. 그것이 바로 구성되고 상기되는 고향이다. 즉 허구를
통한 아이덴티티의 회복을 추구하는 것이다. 이때 고향의 풍경은 그것
을 묘사한 사람의 눈앞에 실재하는 것이 아니라, 개념으로서 묘사되고
구성된 것이었다. 이때 풍경은 상투어가 중첩되어 표현된다. 고유명사
는 보통명사로 전환되며, '특정의 장소'로부터 이탈하여 마치 보편적으
로 존재하는 것과 같은 풍경이다.10) "계절유전의 천연적 절태(節態) 각

기는 어데든지 그 궤를 같이 할 것이요 구타여 내 고향의 봄 풍경에 이(異)를 구할 수 없음은 물론이다"는 김진섭의 진술[11]은 고향에 대한 상상이 구체적이고 특수한 체험 위에서 발동되는 것이 아니라, 얼마나 추상적으로 구성되는가 하는 점을 보여준다. 또한 식민지공간에서 고향은 국가, 민족의 알레고리로 등장하기 일쑤였다. 국가, 민족의 알레고리가 실현되면서 고향의 장소는 조선심(朝鮮心), 조선혼(朝鮮魂)으로 성소화되고 절대화된다. 이렇게 순정의 공간으로 절대화시켜 놓는 방식은 오히려 부재를 강하게 역설하는 형국으로 치닫게 되고 여기에 식민자의 시선이 쉽게 침투할 수 있다.

당대의 대중 잡지가 고향담론을 끊임없이 생산해 내고 그것들을 유포하는 것으로 미루어 '향수', '고향'은 단순히 개인적 차원이 아니라 사회적 현상으로 작용하고 있음을 알 수 있다.[12] 이러한 자리에서 김

---

10) 나리타 유이치, 한일비교문화세미나 옮김, 『고향이라는 이야기』, 동국대출판부, 2007, 26~37쪽.

11) 김진섭, 「내 고향의 연금술 安東五美골의 봄」, 『조광』, 1936. 3.

12) 고향, 국토 등의 제재들이 1930년대 잡지들에서 많이 발견된다. 이는 식민지라는 특수한 역사적 상황과 근대화의 과정을 겪으면서 이향의 체험이라든가 여러 가지 요인들이 복합적으로 작용했기 때문이다. 이 시기에 발표된 서인식의 글을 주목해 볼 필요가 있다. "鄕愁란 哀愁의 一種으로서 故鄕에 關聯한 '페-소스'이다. 한데 哀愁란 것은 追憶作用에 隨伴하는 정서로서 그 表象 內容으로서는 특히 과거에 한번 있었던 것으로서 現在에 이미 잃어버린 事實 또는 事物을 요구함으로써 이루어지는 法이다. 그럼으로 原則的으로는 故鄕을 떠난 사람 또는 故鄕을 잃어버린 사람들만이 가질 수 있는 感情이다.……한 社會 한 時代에 있어서의 鄕愁가 범람하는 것 같은 現象은 單純한 '人間的 現象'으로만 볼 것이 아니고 동시에 社會的現象으로 취급하지 않으면 안된다. 그리고 한낫의 '社會的現象'으로서의 鄕愁의 根據는 그 時代 그 社會 客觀的 歷史的인 諸條件諸情勢의 분석과 解明을 통하여서만 理解할 수 있는 것이다. 現代는 향수가 지나치게 汎濫하는 時代이다.……현대를 싸고 도는 鄕愁의 汎濫은 현대사회의 諸條件諸情勢가 現代的人間으로 하여금 一般的으로 自己場所에 대하여 離心的으로 生存하지 않으면 안되도록

유정과 이효석도 각각의 고향에 대한 기억을 피력한다.

> 나의 故鄕은 저 강원도 산골이다. 춘천읍에서 한 이십리가량 산을
> 끼고 꼬불꼬불 돌아 들어가면 내닷는 조고마한 마을이다. 앞뒤左右에
> 굵찍굵찍한 山들이 삑 둘러섯고 그속에 묻친 안윽한 마을이다. 그山에
> 묻친 모양이 마치 옴푹한 떡시루같다하야 洞名을 실레라 부른다. 집이
> 라야 大槪 씨러질듯한 헌 草家요 그나마도 五十戶밖에 못되는 말하자
> 면 아주 貧弱한 村落이다.
>
> 그러나 山川의 風景으로 따지면 하나 흠잡을데 없는 귀여운 전원이
> 다.……주위가 이렇게 詩的이니만치 그들의 생활도 어데인가 詩的이
> 다. 어수룩하고 꾸물꾸물 일만 하는 그들을 對하면 딴 世上사람을 보
> 는 듯 하다.……"아 잘먹었다. 이렇게 먹어야 허리가 안휘어" 이것이
> 그들의 가진 知識이다. 일에 과로하야 허리가 아픈 것을 모르고 그들
> 은 먹은 밥이 삭어서 창자가 홀쭉하니까 허리가 휘는즐로만안다. 그러
> 니까 빈 창자에 연실 밥을 메꿔서 꼿꼿이 만들어야 따라 허리도 펴질
> 걸로 알고 굳이 먹는 것이다.13)

위의 글은 잡지 『조광』의 '내가 그리는 신록향(新綠鄕)'이라는 기획
기사에 발표된 김유정의 글이다. 유정은 1931년 서울에서 생활하다가
고향 강원도 실레마을로 내려와 들병이와 어울리기도 하고 '금병의숙'
이라는 야학도 운영한다. 그리고 1933년 다시 서울로 올라가 창작활동
에 전념하는 것으로 전해진다. 위의 「五月의 산골작이」는 2년 남짓 기
거한 고향 실레마을에 대한 이야기다. 도회와 거리가 멀어 생기는 우
편 에피소드, 농촌의 인심, 농사 품앗이, 식습관 새참풍경, 모내기 풍

마련되었다는 것을 표현한다"(서인식, 「鄕愁의 社會學」, 『조광』, 1940. 11).
13) 김유정, 「五月의 산골작이」, 『조광』, 1936. 5, 전신재 편, 『원본 김유정 전집』,
강, 2007, 423~427쪽 재수록. 이하 김유정 작품은 여기에서 인용함.

경, 새참나르기, 소몰 때 부르는 노래, 송이 따기 등등 '산골작이'의 일상을 세세하게 묘사한다. 고향에 대한 서술에서 기억을 통한 재구성의 방식은 동일하나, 무엇을, 어떻게 기억하는가 하는 대상과 서술방식에 있어서 효석과 유정이 드러내는 차이를 발견할 수 있는 부분이기도 하다. 여기에는 시간적 차이나─유정이 4년 전의 고향을 기억하고 있다면 효석은 이미 20년이 지난 고향을 기억해 내고 있다─개인적 취향 등 여러 요소가 작용했을 것이다. 이외에도 "헤여진 옷에 뚫어진 버선, 惑은 맨발로 칠떡칠떡 돌아다니며 어디 하나 끄릴데 없는 無關한 表情"으로 상기되는 강원도 여성에 대한 묘사[14]라든가, "서울 사람이 시골을 憧憬하야 산이잇고 내가잇고 쌀이 열리는풀이잇고……. 이러케 單調로운 夢想으로 哀傷的詩興에 잠갈고때 저- 쪽 촌띄기는 쌀잇고 옷잇고 돈이 물밀 듯 질번거릴법한 서울에 오고십퍼 몸살을"[15] 하는 '촌띄기' 농민의 현실과 심리를 적확하게 묘사하고 있는 유정의 시각은 농촌을 '막연한 동경'으로 바라보던 '서울 양반'들의 시선과는 사뭇 다른 양상을 드러내고 있음을 보여준다. 또한 강원도에 대한 기억은 「조선의 집시」[16]에서도 고향에서 경험한 들병이들과의 체험이 잘 드러나, 이들을 살펴보면 아련한 애수의 정조를 불러일으키기보다 오히려 장소의 현장감을 전달해주는 듯하다.

한편, 효석의 경우를 보자.

나의 고향이 어디인가를 규정하여 보아야겠기에……고향에 관한 시절의 글을 부탁을 맡을 때마다 나는 언제든지 잠시간은 어느 곳 이야

---

14) 「강원도 여성」, 『여성』, 1937. 1.
15) 「닙히 프르러 가시든 님이」, 『조선일보』, 1935. 6.
16) 『매일신보』, 1935. 10. 22~29. 27·28 양일은 결간.

기를 썼으면 좋을까를 생각하고 망설이고 주저한다. 나의 반생을 푸근히 싸주고 생각과 감정을 그 고장의 독특한 성격에 맞도록 눅진히 길러준 고향이 없기 때문이다. 현대인에게는 고향의 관념이 거개는 희박하고 찾아야할 진정한 고향을 잃어버리기는 하였다. 세계주의의 세례를 받은 까닭도 있거니와 고향이 모두 너무도 초라한 까닭이다.……고향이라고 해야 할 곳은 강원도 영서 지방이나 네 살 때에 일가는 서울에 옮겨가 살았고, 일단 내려가 보통학교 시절을 마치고 나는 다시 서울에서 지금까지의 거의 전부터 반생을 지내게 되었다. 그동안의 지리적 변동이라고는 몇 해 동안 경성에 있던 일과 지금 평양에 살고 있는 일뿐이다. 잔뼈가 이토록 굵어진 것은 서울에서이나 서울에―사람은 푸근한 고향의 느낌을 품을 수 있던가. 굳이 기억 속을 들추어 너덧 살 때의 아름다운 부분을 찾아낼 수는 있다.

　……다시 시골로 돌아가 영서에 내려가 볼 때 거기에 또한 뿌리깊은 두고온 친척은 없는지라 여남은 살까지의 들에 뛰놀던 시절과 보통학교 시절과 철든 후 서울서 가끔 내려가 한철씩 지낸 때의 일과―이것이 영서에서 보낸 생활의 전부이다. 눅진하고 친밀한 회포가 뼈 속까지 푹 젖어들 여가가 없었던 것이다. 고향의 정경이 일상 때 떠오르는 법이 없고, 고향 생각이 자별스럽게 마음을 녹여준 적도 드물었다. 그러므로 고향없는 이방인 같은 느낌이 때때로 서글프게 뼈를 에이는 적이 있었다. 우연히 백석시집 <사슴>을 읽은 것은 다행이라 생각한다. 잃었던 고향을 찾아낸 듯한 느낌을 불현듯이 느꼈기 때문이다. 시집에 나오는 모든 소재와 정서가 그대로 바로 영서의 것이며 물론 동시에 이 땅 전부의 것일 것이다. 나는 고향을 찾은 느낌에 기쁘고 반갑고 마음이 뛰놀았다. 워즈워드가 어릴 때의 자연과의 교섭을 알뜰히 추억해낸 것과도 같이 나는 얼마든지 어린 때의 기억을 풀어낼 수 있게 되었다. 고향의 모양은―그것을 옳게 찾지 못했을 뿐이지―늘 굵게 피 속에 맥치고 있었던 것을 느끼게 되었다. <사슴>은 나의 고향의 그림일뿐만 아니라 참으로 이땅의 고향의 일면이다. 소재의 나열 감쯤은 덮어놓을 수 있는 것이며, 그곳에는 귀하고 아름다운 조선의 목가적 표

현이 있다.[17)

위의 글 「영서의 기억」은 효석이 고향을 상상하는 기제에 대해 잘 보여준다. 첫째, 효석에게 고향은 일차적이고 즉물적으로 다가오는 것이 아니라, 어떤 매개를 통해 성립된다는 것을 알 수 있다. 평소 고향에 대한 생각이 별 없다가 백석의 시를 읽고 고향을 발견하였다는 그의 말은 이를 잘 반증한다. 여기서 효석에게 고향을 떠올린 직접적인 매개는 백석의 「사슴」이라는 시집이다. 특히 「가즈랑집」, 「여우난곬족」, 「모닥불」, 「주막」에 대해 '모든 고향'의 이야기가 포함되어 있다며 극찬한다.

둘째, 고향에 대한 수식어의 반복성이다. 효석은 보통학교를 마치고 14세에 경성 제일고등보통학교로 올라간다. 이때 서울에서 지낸 어린 시절이 고향으로 환기되는 대목은 "전설같은 아름다운 풍경"에 있다. 오히려 시기적으로 기억의 재생이 더 뚜렷할 것 같은 '학교마당'의 생활에서는 고향의 느낌은 없어졌다고 이야기 한다. 그러면서 그가 '굳이 기억 속을 들추어 너덧 살 때의 "아름다운" 부분을 찾아낼 수는 있다'고 한다. 효석에게 고향의 풍경은 "귀하고 아름다운"이라는 수식어가 동반되는 고향이어야 이야기가 가능해진다는 것을 말해주는 대목이다. 「그때 그 항구의 밤」[18)에서도 마찬가지다. 시나리오 제작(1931 <출범시대> 추정)을 위해 C항을 출입하면서 특히 어느날 항구극장에서 맛본 '살구'와 그로 인해 환기되는 고향에 대한 정조를 이야기한다. 이곳에서 말하는 고향이 국가의 알레고리가 아닌 구체적 장소를 의미한다면 그의 고향인 강원도 지역을 의미한다고 볼 수 있다. 아름답고

---

17) 이효석, 「영서의 기억」, 『조광』, 1936. 11, 『이효석전집』 7권, 창미사, 2003, 105~106쪽 재수록. 이하 이효석의 작품은 여기서 인용함.

18) 『조광』, 1936. 8.

귀한 맛=고향의 맛이라는 등치관계를 만들어 내는 것을 볼 때 효석의 기억 속의 고향은 "아름답고 귀함"으로 재구성됨을 알 수 있다.

셋째, 「사슴」의 독해에서도 나타나듯이 고향은 구체적 실지(實地)라기 보다 보편적 심상(心象)으로 재현된다. 생활이 아니라 풍경으로, 이미지로 그려지는 이 자리에서 영서의 기억이 재생된다는 사실은 이효석의 '영서 삼부작'을 읽어내는 데 중요한 문제가 된다. 고향이라 상정하고 함경도 경성 등지를 소재로 한 글에서도 그곳의 구체적 실재를 그려내기보다 몽환적인 풍경의 발견에 초점을 맞추고 있음으로 미루어보건대, 효석에게 고향은 실생활보다는 하나의 이미지, 풍경의 발견이다. 유정과 효석은 '강원도 산골'에서 생활하고(생활경험 방식의 차이가 있다 하나) 그곳을 고향으로 기억하고 또한 그 기억을 서사화한다는 점에서는 일차적으로 닮은 점이 있다. 그러나 앞에서 살펴보았듯이 이들이 고향을 기억하는 방식에는 차이가 있다. 농촌의 실상에 대해 다소 구체적인 기억을 동원하고 있는 유정에 비해, 효석은 고향을 심미화하고 있음을 알 수 있다. 이러한 기억방식의 차이는 이들이 '강원도 산골'을 소설 작품 안에 형상화하는 방식과도 무관할 수 없다. 근대 문학사에서 향토는 도시라는 대타적인 공간을 상대하며 자연, 농촌, 고향 등으로 환치되며 호출되었다.

4. 향토의 재현과 탈식민적 상상력

김유정과 거리의 미학

강렬한 이념의 시대가 가고 새로운 중심의 부재 속에서 부유하던 1930년대 식민지 지식인들에게 고향(농촌)은 도시의 오염에 훼손되지 않은 순수한 원형공간이면서 동시에 개조되고 변형되어야 할 미래의 공간,[19] 나아가 누추한 자신들의 현재를 망각할 만큼 유토피아적 비전으로 충만한 공간으로 발견된다. 재현 주체들의 욕망과 재현의 시대적 맥락 속에서 농민은 때론 민족으로, 프롤레타리아 전위로, 또는 황국 신민으로 거듭난다. 이때 농촌, 혹은 고향은 식민지 후반기 지식인들의 시선에 의해 줄곧 발견된 식민지 엘리트들의 다양한 욕망이 들끓고 쟁투하는 문제적 공간, 말하자면 식민지 지식인이 발견한 처녀지 곧 그들의 새로운 식민지가 바로 농촌 혹은 고향이었던 것이다.[20] 이처럼 계몽의 공간으로 보건, 유토피아 낙원의 공간으로 보건 개조와 갱생의 공간으로 농촌을 바라보는 자리에서 농촌은 언제나 주체에 의해 대상화된다. 외부/내부의 경계가 분명하고 주체와 대상의 위계적 관계가 분명히 설정되는 자리에서 내부 차이들의 목소리는 억압당할 수밖에 없다. 이런 점에서 김유정이 농촌을 서사화 하는 방식은 당대 주류 담론과는 거리가 있다. 김유정의 소설에 담겨있는 농촌은 당대 주류담론 속의 '거리두기'와는 달리, 그 속에서 살고 있는 자의 눈으로 본 그것이다.[21] 일반적으로 김유정 소설의 배경은 농촌이다. 특히 작품 안에서 강원도 춘천 실레마을이 주요한 장소의 의미를 지니고, 현재 소설 안팎에서 장소성을 지니는 작품으로는 「산골 나그네」, 「총각과 맹꽁이」, 「봄봄」, 「동백꽃」, 「솟」 등이 있다.

　김유정이 재현해내는 농촌은 봉건과 근대, 근대와 탈근대의 이질적인 세계들이 충돌하며 불협화음을 발생시키고 있다. 특히 작가가 선택한 인물들은 한결같이 만무방, 들병이, 유랑민, 잠채꾼, 룸펜프롤레타

---

19) 김철, 「프롤레타리아 소설과 노스탤지어의 시공(時空)」, 동국대학교 문화학술원 한국문학연구소 편, 『'고향'의 창조와 재발견』, 역락, 2007, 172쪽.

20) 김경연, 「1930년대 농촌·민족·소설로의 회유-심훈의 상록수론」, 『한국문학논총』 48집, 한국문학회, 2008, 205쪽.

21) 김상태, 「김유정과 해학의 미학」, 전광용 외, 『한국현대소설사연구』, 민음사, 1984, 318쪽.

리아 등 이들 자체가 금기의 밖에 놓여 있는 '잉여' 혹은 '쓰레기가 되는' 존재들이다. 이들이 마을 공동체에 들어와 공동체에서 존속하는 방식은 공동체의 질서에 순응하여 공동체 내의 주체로 구성되어 가는 것이 아니라, 기존의 사회질서나 성도덕, 신분질서, 그리고 근대자본주의 사회의 자기보존 논리인 '노동'이라는 항목에 대한 전복과 조롱을 일삼고 있다.22) '강원두춘천군신남면증리아랫말에 사는 김덕만입니다'(「총각과 맹꽁이」)라며 들병이 앞에서 '두 손을 비비며' 인사하고 밤새 그 언저리에 머물다 혼인에 대한 꿈이 물거품으로 돌아가는 서사는 덕만이 근대적 행정구역에 배치되어 있되, 그러한 제도적 삶과는 여전히 배리되어 있는 생활을 보여준다. 번번이 제도적 질서에 밀려나는 존재나 상황의 형상화에서 부각되는 향토성을 통해 향토(농촌)는 상대적으로 미개, 낙후, 야만의 표지를 입는다. 이때 향토 공간은 계몽의 대상으로 수렴될 충분조건을 갖추고 있다. 그러나 서사의 현재성을 통해 과거 미래 안에 통합되는 오늘이 아닌, 오늘의 현재성을 강조하는 서사방식은 미래를 선취하고자 하는 계몽담론과 거리를 유지한다. 「봄·봄」에서 '점순이와 혼례'가 예정된 미래는 다가오지 않고 끊임없이 유보의 상태가 진행될 뿐이다. 「산골 나그네」에서도 비녀를 훔쳐 병든 남편에게 돌아간 들병이에 대한 물질적 제도에 근거한 도덕적 판단보다 이들의 일상을 지배할 전통적 윤리를 승인함으로 공동체의 인정이 우위에 놓여 있게 하는 서사장치들은 당시 근대화 담론을 구축하려는 제국의 담론과는 거리가 있다고 볼 수 있다.

강원도 송화리골을 서사 무대로 설정하였다는 「솥」에서는 들병이와 주변의 '따라지'들의 생존방식을 그려내고 있다. 들병이를 따라 다니며, 무위도식할 '새로운 생활'의 꿈에 잔뜩 부풀어있는 '근식'의 행보

---

22) 김유정 소설에 나타난 위반의식의 양상에 대해서는 강심호, 「김유정 문학의 위반의식 연구」, 서울대학교 석사학위논문, 2001을 참고할 것.

를 막아선 것은 '안해'였다. 그러나 정작 안해가 발악을 하며 막아선 것은 자식과 아내를 버리고 들병이를 따라나선 남편이 아니라, 들병이의 손에 들려 있는 '솟'이다.

> "왜 남의 솟을 빼가는거야 이도적년아-"
> 하고 연해 발악을 친다. 그러지 마는 들뺑이 두 내외는 금세 귀가 먹었는지하나는 짐을 하나는 아이를들러업은채 언덕으로 늠늠히나려가며 한번돌아보는 법도업다. 안해는 분에 복닫치어 고만 눈우에 털썩 주저안즈며 체면모르고 울음을 놓는다. 근식이는 구경꾼속으로 시선을 흘낏거리며 쓴 입맛만 다실 따름- 종국에는 두 손으로 눈우의 안해를 잡아 일으키며 거반울상이되엇다.
> "아니야 글세. 우리솟이 아니라니깐그러네 참-"[23]

작가는 마을에서 들병이를 몰아내는 것이 아니라, 오히려 들병이가 '솟'을 챙겨들고 마을을 떠나는 형국을 만들어 버린다. 남편과 들병이의 관계, 들병이에게 솟을 준 남편 등은 문제되지 않는다. 오직 '솟'만 문제될 뿐이다. 여기서 '솟'이 상징하는 것은 생존의 문제이다. 생존의 방식들이 저마다의 방식으로 견지되는 곳. 솟을 들고 유유히 마을을 떠나는 들병이 가족, 울부짖으며 솟을 내놓으라 절규하는 아내, 우리 솟이 아니라며 이를 말리는 남편이 한 무대에 올라 있는 전도된 상황은 참으로 웃지못할 상황이다. 유정은 봉합의 서사로 호출된 농촌이 아닌, 상황의 아이러니가 발생하는 곳. 이별과 만남, 분리와 결합, 이러한 이항들이 혼재하며, 그러나 여전히 저마다의 삶의 층위가 혼재하는 농촌의 현장을 포착하고 있다.

1930년대 식민지 조선사회는 일제에 의해 이식된 근대적인 제도와

---

23) 『원본 김유정전집』, 155쪽.

정책이 상당한 저항에도 불구하고 자리 잡기 시작한 시점이었다. 이와
함께 전통적 사회질서와 경제구조를 가지고 있는 농촌사회도 변화하
기 시작했다. 그러나 근대적 요소가 농민들의 삶의 질을 높여주지는
못했다. 특히 생산, 유통, 소비 전 부문에서 자본주의 체제에 편입되어
간 조선 농촌사회는 세계대공황과 농업공황의 파도에 휩쓸리게 되었
다. 그 여파는 대다수 영세 조선농민들에게 가장 크게 영향을 주었다.
한편 일제는 강점 이래 농촌사회에 대한 식민지지배체제를 확립하기
위해 기존 촌락의 자치적 공동체적 관계를 타파하여 지배의 걸림돌이
될 수 있는 요소를 제거하거나 이를 활용하여 통치의 기반을 넓히려고
했다. 1920년대 이후 식민권력과 개개 농가의 연결고리인 촌락조직은
행정동리(行政洞里) 혹은 촌락을 단위로 설치되었으며 점차 농민과 촌
락을 대상으로 관제조직화가 추진되었다. 총독부의 농촌사회에 대한
조직과 통제정책은 1920년대 모범부락정책, 1930년대 농촌진흥운동 하
의 농촌진흥회, 1937년 이후 전시체제기 국민정신총동원운동 등으로
나타났다. 이러한 정책은 조선사회 내부의 자치적 공동체적 질서를 해
체시키고 새로운 식민지배의 협력자를 육성하여 보다 안정적이고 영
구적인 지배체제를 수립하려는 것이었다. 특히 1933년 시행된 '농가경
제갱생계획'을 살펴보면, 당시 농민들의 가난은 농민들의 게으름과 무
식 때문이라는 사사화(私事化) 이데올로기에 입각하고 있으며 이의 해
결방안 역시 근검, 검약이라는 농민들의 개별적인 노력에 의존하는 것
이었다.24) 김유정은 내면화된 지배담론의 반성적 기제에서 출발하고
있는 것이 아니라, 구체적 현장과 경험적 진술로 농촌을 서사화하고
있으며, 이러한 점이 당시 식민지의 제도와 규율에서 벗어날 수 있는
공간을 만들어 낸다. 결국 김유정의 소설들은 지배이데올로기가 제공

---

24) 이송순, 「1930년대 식민 농정과 조선 농촌사회 변화」, 『현대문학의 연구』 25,
   2005, 202~207쪽.

하는 지식의 지배적 가치와 체계들로는 설명 가능하지 않는 그들만의 독특한 경험의 세계를 담아낸다. 근대적 제도로서의 억압적 지배 장치들이 채 미치지 못한 일상성 속의 삶의 논리, 즉 전통적 농촌공동체가 그것이며, 이를 통해 당시의 식민지 민중들은 근대적 가족체계와 개인을 주체로 호출함으로써 달성되는 식민지배의 논리로부터 상대적으로 자유롭게 자신들의 전통적인 일상적 삶을 유지, 존속해 갈 수 있다.[25] 이처럼 소위 향토, '향토스러움'으로 규정되어온 것들이 오히려 근대적인 지배질서에 수렴되지 않고 오히려 이러한 것들을 조롱하며 줄타기하고 있지 않은가.

이효석, 미몽과 혼종의 사이에서

영서 지역을 서사화하고 있는 이효석의 작품에는 「모밀꽃 필 무렵」 (1936), 「개살구」(1937), 「산협」(1941) 등이 있다. 이효석의 작품 중 가장 많이 알려져 있는 「모밀꽃 필 무렵」에 대해서 서정적인 향토소설의 분류는 이견이 없다. 특히 허생원과 조선달, 동이가 봉평장을 파하고 대화장으로 넘어가는 '70리'길은 '향토적 서정'[26]의 백미로 꼽힌다. 그런데 이 풍경은 거리두기를 통해 양산된 심미적 대상으로서 작동되고 있다.[27] 이곳저곳을 돌아다니는 장돌뱅이 허생원은 이곳저곳을 넘나드는

---

25) 박훈하, 「비동시대성의 동시성과 김유정의 소설미학」, 『한국문학논총』 34집, 2003, 488~489쪽.

26) 『조선일보』, 1938. 4. 7.

27) 김유정의 경우를 보자. 「봄·봄」에 묘사된 한낮의 풍경이다. "밭가생이로 돌 적마다 야릇한 꽃내가 물컥물컥 코를 찌르고 머리 위에서 벌들은 가끔 붕, 붕, 소리를 친다. 바위틈에서 샘물 소리밖에 안 들리는 산골짜기니까 맑은 하늘의 봄볕은 이불 속같이 따스하고 꼭 꿈꾸는 것 같다. 나는 몸이 나른하고 몸살(병을 아직 모르지만)이 날려구 그러는지 가슴이 울렁울렁하고 이랬다." (『원본 김유정전집』, 160쪽) 여기서 「모밀꽃 필 무렵」과 가장 큰 차이는 무엇

유랑민의 이미지보다는, 돌아다니면서도 그의 의식은 늘 20년 전의 '그날 그곳'에 머물러 있는 인물로 재현된다. 서정적 향토의 극점은 이처럼 시공을 초월한 고착지점에서 최대 효과를 발산한다. 이처럼 이효석은 「모밀꽃 필 무렵」에서 구체적 실체를 사산(死産)시키고 향수에 의해 유인된 과거의 상상적 공간으로 고향을 재현한다. 이때 탄생한 공간은 짙은 서정성과 전원적이고 목가적인 아름다움을 지닌, '근대적인 것'과 대비되는 되는 공간으로 그려진다. 또한 고향은 물질적 궁핍과 그로 인한 고통조차 뛰어넘는 소중한 가치들, 즉 인간과 자연의 조화, 공동체의 유대가 보장되는 공간으로 나타난다.[28] 근대적 주체에 의해 재구성되는 향토는 로컬의 구체성과 사실성은 문제되지 않는다. 이국적 취향, 근대적 체험 등으로 주조된 의식 위에서 고향을 바라보는 눈은 태고적 원형으로서 고향, 혹은 서정적 향토의 공간으로 머무를 수밖에 없는 것이다.[29] 현재가 들어설 자리가 없는 회귀, 순수 욕망으로 재구성되는 향토(성)는 오히려 로컬리티에 대한 왜곡된 시선을 유포시킬 수 있다.

한편, 『삼천리』에 실린 향토문화를 위한 좌담회에서 이효석은 고향이 대관령이서(大關嶺以西)임을 분명히 밝히면서, 「영서의 기억」과는 다른 방식으로 고향에 대한 진술을 한다. 여기서 주목되는 것은 이전

일까. 감각의 전이현상이다. 시각에서 청각, 촉각으로의 전이는 인물과 동떨어진 풍경을 제시하는 것이 아니라, '내'가 경험하는 한 낮의 밭으로 만들어낸다. 그러므로 이러한 형식은 현장감을 부각시키고, 주체와 대상의 분리가 아닌, 포괄의 형식을 내재한다.

28) 오성호, 「「향수」와 「고향」, 그리고 향토의 발견」, 『한국시학연구』 7호, 2002, 164쪽.

29) 근대적 체험과 이로 인한 상실 피로감을 대신할 위로와 대안의 공간으로 작용하는 향토에 대한 논의는 박헌호, 『한국인의 애독작품-향토적 서정소설의 미학』, 책세상, 2001을 참고할 것.

의 추상적 고향이 아닌 실지의 고향을 서사화하는 방법에 대한 고민이 구체화되어 감을 알 수 있다. "제 고향은 엄밀히 말하면 嶺西 즉 大關嶺以西입니다. 수려한 산하라고 해야 五臺山줄기의 山들과 거기에서 솟아 흐르는 江들이 어릴 때 친히 사귄 것인데 그곳의 자연을 그다지 많히 작품 속에 넣어오지 않았습니다. 「모밀꽃 필무렵」 「고사리」 「柘榴」등의 소설과 몇 편의 가을수필이 그곳을 제재 삼아 쓴 것이요 中의 용어는 대개 표준어에 準據했습니다. 앞으로의 작품에는 좀더 고향을 그려볼까 생각하고 있습니다. 故 金裕貞의 고향이 어디였든지 作中의 인물과 풍물이 江原道지방의 것을 방불시키는데 그런 특색의 강조로든지 또 문학으로서의 된 품으로든지 그분의 문학이 가장 큰 수확이 아니였을까 생각됩니다."30)

　이후 발표된 「개살구」, 「산협」에서 재현된 향토는 앞의 「모밀꽃 필무렵」과 다소 다르게 나타난다. 「산협」에서는 추수기가 되어 공동의 습속된 방식으로 일 년의 먹거리를 준비하며 마을 사람들이 흐뭇해하는 장면묘사가 나타나는데, 이를 통해 자족적 공간의 가능성을 보여준다. 또한 봉평 현지 조사에 따르면 이효석의 조상은 그 조부 대에 함경도 함흥(함주군 동천면)에서 영서 일대(평창군 봉평, 홍천군 내면, 대관령 용산 등지)로 이주, 정착하였다31)고 전해진다. 이러한 가족의 이력은 현지 구술조사와 거의 동일하게 「산협」에서 서사화된다. "조부 대에 어딘지 북쪽 땅에서 이 산골로……족보 한 권만을 신주같이 위해 가지고 있었다.……한번 일군 가산은 좀체 흔들리지 않아서 두 아들을

---

30) 「嶺南, 嶺東 出身 文士의 『鄕土文化』를 말하는 座談會」(第三回), 『삼천리』, 1940. 7. 이때 金東里(慶南泗川), 嚴興燮(京城), 李泰俊(京城), 李孝石(平壤), 張赫宙(東京), 鄭寅燮(京城) 등이 참석하였다.

31) 서준섭, 「태기산 주변지역 문화조사-구비문학 부문」 중, "소설가 이효석에 대한 현지 조사", 『강원문화연구』 6집, 강원대학교 강원문화연구소, 1986.

낳고 이 고을에서의 삼대째 재도의 대에 이르게 되매 집안은 더욱 굳어졌다"[32]라는 이야기 구성으로 보아 이 작품은 막연한 관념만으로 만들어낸 구성이라기보다 구술이나 이야기의 전승도 일정부분 있을 것으로 추정된다. 또한 '강원도 영서지방의 풍속을 제대로 재현한 소설'로 평가받고 있는 「산협」에서는 공동체 단위에서 콩을 소금으로 바꾸어 일년을 나는 생활상이나 소같이 튼튼한 아들을 낳으라는 뜻으로 외양간에서 첫날밤을 보내는 속신, 단오날 씨름대회, 겨울철 사냥 등 강원도 지역의 토속적인 면모를 여실히 보여준다. '지역적 과거'[33]가 지속적으로 행사되는 과정에 한편에서는 '문명의 찌꺼기'도 함께 뒤섞이고 있다.

그해 가을은 예년에 없는 풍년이 들어 추수는 어느 때보다도 흡족했다. 마당에는 볏단과 조단의 낟가리가 덤덤이 누른 산을 이루었고 뒤주간에는 잡곡이 그득 재어졌다. 낟이 굵은 콩도 여러 섬이 되어서 내년 봄 소금받이에도 흔하게 싣고 갈 수 있을 것이다. 밤 대추의 과실도 제사에 쓰고도 남으리만치 뜯어 들였고 현씨는 마을 여자들과 날마다 먼 산에 가서는 서리맞은 머루, 달래 돌배에다 동백을 몇 광주리 따왔다. 집 안에는 그 열매 냄새와 함께 잘 익은 오곡 냄새가 후끈후끈 풍기고 두 사람의 아내는 부를 대로 부른 배에 진종일 머루를 먹었다. 반년 동안 신공한 덕이라고는 해도 배를 두드리며 지낼 한가한 겨울이 올 것을 생각할 때 재도는 몸을 흐붓이 적시어주는 행복감에 마음이 깨나른해짐을 느꼈다.[34]

---

32) 『이효석전집』, 139~140쪽.

33) 신형기, 「주변부 모더니즘과 분열적 위치의 기억」, 부산대학교 한국민족문화연구소 로컬리티의인문학 연구단 제1회 국제학술심포지움 자료집, 2009, 152쪽.

34) 『이효석전집』 3권, 151쪽.

원주는 근방에서 제일 개화한 읍이었다. 문명의 찌꺼기가 원줏집을 통해서 이 궁벽한 두메에까지 튀어온 것이다. 원줏집은 세수를 할 때 팥가루 대신에 비누라는 것을 썼고, 동그란 갑에 든 향내나는 분가루는 창말 장에서 파는 매화분 따위는 아니었다. 무명지에는 가느다란 쇠반지를 꼈고 시모의 눈 닿지 않는 곳에 숨어서는 뒤안같은 데서 흰 권연을 태웠다. 엽초밖에는 모르는 마을 사람들에게 그 향기는 견딜 수 없이 좋아서 사랑에 머슴을 살고 있는 박동이는 증근을 추켜서는 그 하이얀 권연 한 개를 제발제발 빌곤 했다.35)

흰 회벽의 집이 야청으로서 밖에는 소용이 없다고 생각하였던 동리 사람들은 그 깍은 듯이 아담한 집 격식에 눈을 굴렸다. 뜰 안에 라디오의 안테나가 들어서고 유성기의 노랫소리가 밤낮으로 흘러나오게 되었을 때에는 혀를 말았다. 박달나무가 가져온 개화의 턱 찌꺼기에 사람들은 온통 혼을 뽑히웠던 것이다.36)

‘비누’, ‘분가루’, ‘쇠반지’, ‘흰 권연’ 등 소위 문명의 찌꺼기는 산골의 생활을 변화시켰다. 형택이 원주읍에서 소금과 바꾸어 온 첩은 문안/밖의 경계에 있고, 이러한 경계는 선망과 질시의 관계망을 만들어 낸다. 이러한 문명의 수입은 도시와 상대적인 공간에 향토 공간을 배치시키며, 고정된 향토 공간질서에 균열을 가져온다. 더군다나 도시문명의 매개자는 아이러니하게도 원주집이다. 근대제도의 희생자이기도 한 그녀는 ‘덜 개화된’ 농촌으로 들어가 문명의 전도사가 되고, 또 한편으로는 봉건제도의 울타리에 갇혀 있다. 언제나 미개, 미몽, 야만의 풍경화로 고정된 소실점 안에서 만들어내던 강원도 산골의 향토색은 원주집의 등장으로 봉건/근대, 문명/미개 등의 이분법에 균열의 조짐을

---

35) 『이효석전집』 3권, 140쪽.
36) 『이효석전집』 2권, 163쪽.

형성한다.

「산협」의 경우 '공재도'는 마을의 '족보있는 지주'였으나, 결국 마을을 떠나게 되는 것으로 암시된다. 아들을 얻어 가문을 잇고자 하는 '핏줄공동체'의 욕망으로 서사는 시작되었으나, 첩과 본부인의 연이은 혼전, 혼외임신 사건은 이러한 욕망이 달성되는 것을 방해한다. 즉 행위주체의 유혹과 포섭의 도구로 들어온 문명의 도구(제도)들이 종결점을 찍지 못하고 유예되는 곳. 그러나 이것들로 인한 공동체의 변화 또한 무시할 수 없다. 이런 점에서 「개살구」와 「산협」이 놓여있는 지점은 식민지 근대와 농촌 공동체의 전근대적 양식이 동시에 놓여있는 공간이다. 근대문명으로 둘러싸인 첩과 미신에 기대고 있는 정실이 공존하고, 축첩의 봉건적 제도와 면장 선거라는 근대적 제도가 공존하며, 근친상간의 위반과 수락이 허용되는 곳. 외부/내부, 근대/전근대, 식민/피식민의 항들이 서로 혼재되어 공존하는 곳. 이곳이 이효석이 발견한 또 하나의 향토 공간이다. 이 공간의 질서는 풍경의 발견이 만들어낸 심미적인 공간도 아니며, 외부의 시선이 부여하는 균질화된 공간에도 완전 포섭되지 않는다. 특히 제도의 완성은 습속의 형태로 일상의 내부를 장악하는 것이라면, 이들 작품이 보여주는 생활 방식은 그것과는 거리가 있음을 보여준다.

「모밀꽃 필 무렵」, 「개살구」, 「산협」에는 공통된 서사장치가 있다, '고향'이라는 항과 자연스러운 만남을 만들어낼 수 있는 '핏줄'을 아주 주요한 서사장치로 설정하고 있다. 「모밀꽃 필 무렵」에서는 만남과 회귀로 작용하던 것이, 「개살구」, 「산협」에 이르면 이것은 오히려 떠남(전통적 가족의 해체)을 촉발시키는 계기로 작용한다. 회귀와 떠남. 이것이 만들어낸 거리가, 작가가 향토공간을 바라보는 시선의 거리가 아닐까. 아니면, 향토를 바라보는 당대 사회의 표상체계의 거리일까. 근대의 표상체계가 작동하는 향토를 벗어난 '문란한 뒤섞임'의 공간, 이

지점이 상상되고 발견되는 향토의 전유가 가능한 지점이 될 것이다.

그런데 한편, 일제말기 내선일체의 탈민족 대국가주의의 관점으로 볼 때 일본 중심의 국가주의(nationalism) 틀 내에서 조선 민족의 토속(ethnic)은 결코 상충되는 것이 아니었다. 일제말기 "國民總力朝鮮聯盟 內에 이번 文化部가 設置되여서 率先하여 朝鮮의 鄕土藝術과 農, 山, 漁村의 健全한 娛樂을 振興"시킨다. 1941년『삼천리』에는 '鄕土藝術과 農村娛樂의 振興策'이라는 기획기사가 실린다. "國民總力朝鮮聯盟內에 이번 文化部가 設置되여서 率先하여 朝鮮의 鄕土藝術과 農, 山, 漁村의 健全한 娛樂을 振興시키기로 盡力하고 있다. 이제 本社에서도 民間에 계신 民俗學者 諸氏에게 청하여 수백년 래로 내려오든 鄕土藝術의 復興 又는 새로운 民藝의 創造와 振興策에 대해서 그 高見을 드러 이 운동에 拍車를 가하려 하노라."라는 편집자주 아래 전통 민속, 오락에 관한 여러 편의 기획이 실린다(『삼천리』, 제13권 제4호, 1941. 4. 1). 문제는 이러한 향토에 대한 문제제기에서 정치적 맥락을 빠트리고 문화로만 소통될 경우 이 역시 민속지의 발견과 동일시의 습속(식민지의 내면화)으로 함몰될 수 있는 지점을 쉽게 발견할 수 있다. 그러므로 일제말기 조선 농촌의 전통 민속, 향토예술 등이 이러한 차원에서 계발, 유통[37]된다. 강원도 지역의 전통 습속을 재현하고 있는 「산협」도 일면 이러한 맥락에서 읽어낼 수도 있다. 그러나 전통적 양식들이 자생적으

---

37) 식민지 시기 향토 관련 담론들은『동아일보』,『조선일보』,『별건곤』,『조광』, 『삼천리』등의 신문 잡지를 통해 상당히 유포된다. 지방, 향토, 농촌, 고향 등으로 변주되면서 다양하게 재현되며, 특히 지방의 풍물, 특색, 여성, 향토기행 등의 형식으로 소개되기도 했다.『삼천리』의 경우 1940년 6월호부터 관서, 기호, 영남, 관북 영동의 다섯 지역으로 나누어 <향토문화좌담회>를 개최하고 향토시, 기행문 등을 문예면에 싣는 등, 30년대보다 40년대 들어오면서 향토 담론의 유포는 더욱 활발해진다. 이것은 이 잡지가 가지고 있는 정체성과도 고려되어야 할 문제이다.

로 이어지는 공간, 이것은 식민자의 것이 아닌 조선의 민중들에 의해
자생적으로 생산, 보존, 유포되며, 또한 식민/피식민 사이에서 발생하
는 모방의 층위가 복잡미묘하게 작동한다는 점을 감안할 때, 「산협」에
나타나는 농촌공동체의 재현은 미약하나마 지배담론의 향토문법을 거
스르는 방법으로도 볼 수 있다. 이를 호미 바바의 모방담론과 연결해
생각해 볼 수 있다. 바바는 양가성을 둘러싸고 구성되는 모방담론을
식민지적 모방으로 설명한다. 여기서 모방은 한편으로 개명과 규칙, 규
율의 복합적 전략의 기호이며, 이때의 전략은 권력을 가시적으로 드러
내면서 타자(the Other)를 전유한다. 그러나 모방은 또한 부적합의 기호
이기도 하며, 식민권력의 지배 전략적 기능에 조응하고 감시를 강화하
게 하면서, 또한 규범화된 지식과 규율권력에 내재적인 위협이 되는
차이와 반항의 기호이기도 한 것이다.[38] 그러므로 식민담론의 권위에
미치는 모방의 효과는 심화와 방해의 이중성을 지닌다. 동시대에 식민
지를 경험한 식민지지식인 유정과 효석이 동일한 공간을 서사화하면
서 하나는 포섭되는 공간의 질서 밖에서 그것을 전복적으로 상상하며,
다른 하나는 공간 내부에서 포섭하는 질서들과 갈등하며 때로는 수락
으로 때로는 일탈의 시선을 확보하고자 하고 있다. 효석의 경우도 적
극적이지는 않으나, 당시 근대적 욕망을 추인하고 작동시키는 것이 제
국을 향하는 식민지 주체의 그것이라고 볼 때, 그것에 대한 유혹과 곤
혹스러움이 동시에 작동하며 파장을 만들어내는 서사적 공간을 주시
해볼 필요가 있다. 식민지 조선의 문화형성에 있어서 제국 일본문화와
의 상호 교호 측면이 반드시 고려되어져야 한다고 했을 때, 1930년대
후반 조선문화의 지형도 안에서 향토의 창출이 식민지 지배 담론과의
헤게모니 투쟁 과정 속에서 다양한 스펙트럼을 경유하여 양산되었던

---

38) Homi K. BhaBha, *op.cit.*, pp.85~86.

측면에 주목해야 한다. 여기에서 간과할 수 없는 문제는 주체의 자기 구성 방식에 있어서 식민지 규율 권력과의 조응관계이다.[39] 식민지를 지방화, 위계화, 주변화시켜 나가는 식민제국의 논리를 정면으로 응수하거나 해체할 수 있는 단계까지 나아가지 못한다하더라도, 제국이 상상하는 지도 안에서 구성된 향토공간의 기획을 끊임없이 유보시켜 나가는 전략은 제국의 중심에 균열을 일으키는 지점이 될 수 있을 것이다.[40]

5. 향토의 전유와 로컬리티

향토를 호출하는 방식이 어떻게 구성되어야 로컬의 과거/현재 소통의 진정성이 확보될 수 있는가. 사라져 가는 과거의 시간에 머물러 지금 여기가 삭제되어서도 안 될 것이고, 현재의 관념이 그때 그곳을 정지(整地)해서도 안 될 것이다. 그때와 지금, 그곳과 이곳이 상호규정력을 지니며 작동되는 원리 안에서 발견되어야 할 것이다.

1930년대 식민지 조선에서 재현된 향토는 내부/외부, 토착/이주, 정주/유목, 주체/타자, 과거/현재 등의 시선들이 복합적으로 교차되며 다양한 형식으로 변주되었다. 식민지 조선은 일본제국의 한 지방으로 통합되어 나갔다. 이 과정에서 조선의 각 지역은 다시 '조선'이라는 외연

---

39) 오태영, 앞의 논문, 51쪽.

40) 이진경은 일제 말기 '동아신질서'의 담론에 대해 식민지 조선의 지식인들이 대응하는 양상에 대해서 '동일시와 모방'의 전략, '이탈'의 전략, '내파'의 전략, '횡단'의 전략 등으로 설명한다(이진경, 「식민지 인민은 말할 수 없는가? : 동아시아 질서론과 조선의 지식인」, 『사회와 역사』 71집, 2006, 32~44쪽). 김유정과 이효석이 식민지 향토를 상상하면서 제국의 질서에 합일되지 않고 미끄러지는 지점을 그려낸다면 이러한 전략은 '이탈(secession)'과 '내파(implosion)'의 전략과 가깝다고 볼 수 있을 것이다.

뿐 아니라, 제국을 외연으로 한 지방으로서도 사유된다. 이처럼 로컬리티의 중첩은 많은 착종의 현상을 낳는다. 식민지 시기 향토담론에 내장되어 있는 향토=지방=조선으로 이어지는 관계역학에서도 이러한 분열과 혼란의 지점이 드러난다. 우선, 제국이 상상하는 지도 안에서 구성된 향토공간은 세계의 일부분으로 통합됨으로써 균질화되고 위계화되었다. 그러나 식민지 지식인들의 문화담론에서 향토가 내지의 지방이 아닌 조선으로 전유되는 과정에는 식민제국의 중심논리를 거부하는 모종의 전략을 부정할 수 없다. 특히 '전통의 창안'과 밀접한 관련을 맺는 향토를 주목하는 시선에는 일차적으로 순종(順從)적이며 순종(純種)의 혈통을 내장한 공간을 상정한다. 그러나 발견의 대상이 아닌 구체적 장소로서 향토를 주목할 때 저항과 혼종(混種)의 공간을 상상해 볼 수 있다.

그렇다면, 문제는 이러한 '조선'의 재현방식이다. 추상화된 관념의 논리로 발견된 고향 산천, 기의가 괄호 쳐진 채 기표만 남은 향토색, 조선색 등의 재현방법은 오히려 식민제국의 틈입 경로만 확장해 줄 뿐이다. 로컬의 구체성이 소멸되는 순간 조선의 로컬리티도 모호해진다. 로컬리티가 장소를 기반으로 하여 발생하는 관계성의 맥락을 갖는다면, 구체적 장소가 소거되면 관계성은 폐쇄적이거나 위계화의 방식으로 구성될 수밖에 없다. 이렇게 되면 '조선'의 로컬리티는 오히려 '로칼리티의 강박'에서 벗어나지 못하며, 이는 제국의 논리에 포섭될 수 있는 소지가 만들어진다. 또한 로컬의 향토성 역시 기원으로서의 향토로 환원되거나 보편의 중심을 지향할 때, 결국 타자성이 승인되지 않는다는 점에서 동일한 폭력의 지점이다. 향토가 창안되는 지점에서 그 경계에 대한 재사유는 동일성 폭력의 지점을 비틀기가 될 것이다. 이 때 제국과 식민의 관계에서 '번역불가능한', '통약불가능한' 지점을 확보하는 일이 먼저다. 식민지 향토에 대한 상상의 한 지점에서 그 가능

성을 발견하는 일 즉, 향토의 전유는 '번역불가능한' 작업으로 작동될
것이다. 여기서 식민제국의 중심논리를 거부하는 이탈과 횡단 전략의
가능성을 발견할 수 있다.

참고문헌

1차 자료

전신재 편,『원본 김유정 전집』, 강, 2007.
이나미 편,『이효석전집』1~8, 창미사, 2003.
『조광』,『삼천리』,『동아일보』,『조선일보』.

2차 자료

강성률,「1930년대 로칼 칼라 담론 연구」,『영화연구』33호, 한국영화학회, 2007.
강심호,「김유정 문학의 위반의식 연구」, 서울대학교 석사학위논문, 2001.
김경연,「1930년대 농촌·민족·소설로의 회유-심훈의 상록수론」,『한국문학
            논총』48집, 한국문학회, 2008.
김병구,「고전부흥의 기획과 '조선적인 것'의 형성」,『민족문학사연구』31집,
            민족문학사연구소, 2006.
김양선,「1930년대 소설과 식민지 무의식의 한 양상-김유정 소설에 나타난 향토
            의 발견과 섹슈얼리티를 중심으로」,『한국근대문학연구』10, 한국근
            대문학회, 2004 하반기.
김양선,「소설에 나타난 식민지 무의식의 양상」,『현대소설연구』27, 한국현대
            소설학회, 2005.
김 철,「프롤레타리아 소설과 노스텔지어의 시공(時空)」, 동국대학교 문화학술
            원 한국문학연구소 편,『'고향'의 창조와 재발견』, 역락, 2007.
김현숙,「일제시대 동아시아 官展에서의 地方色-조선미술전람회를 중심으로」,
            『한국근대미술사학』12, 한국근대미술사학회, 2004.
김화경,「모더니티가 구성한 농촌과 고향」,『현대소설연구』39, 한국현대소설학
            회, 2008.
나리타 유이치, 한일비교문화세미나 옮김,『고향이라는 이야기』, 동국대출판부,
            2007.

문재원, 「문학담론에서 로컬리티의 구성과 전략」, 『한국민족문화』 32집, 부산대
　　학교 한국민족문화연구소, 2008. 10.
박계리, 「일제시대 조선 향토색」, 『한국근대미술사학』 4, 한국근대미술사학회,
　　1996.
박헌호, 『한국인의 애독작품-향토적 서정소설의 미학』, 책세상, 2001.
박훈하, 「비동시대성의 동시성과 김유정의 소설미학」, 『한국문학논총』 34집,
　　한국문학회, 2003.
서준섭, 「이효석 소설에 나타난 고향과 근대의 의미-영서 삼부작을 중심으로」,
　　『강원문화연구』 19집, 강원문화연구소, 2000.
신형기, 「이효석과 발견된 향토-분열의 기억을 위하여」, 『민족이야기를 넘어서』,
　　삼인, 2003.
오성호, 「「향수」와 「고향」, 그리고 향토의 발견」, 『한국시학연구』 7호, 한국시학
　　회, 2002.
오태영, 「1930년대 후반 문학의 향토(鄕土) 연구」, 동국대학교 석사학위논문,
　　2004.
이상봉, 「인문학의 새로운 지평으로서 ‘로컬리티 인문학’ 연구의 전망」, 『로컬
　　리티 인문학』 창간호, 부산대학교 한국민족문화연구소 로컬리티인문
　　학연구단, 2009.
이송순, 「1930년대 식민 농정과 조선 농촌사회 변화」, 『현대문학의 연구』 25,
　　한국현대문학회, 2005.
이예림, 『1930년대 후반 몰락/재생의 서사와 미의식』, 연세대학교 박사학위논
　　문, 2002.
이진경, 「식민지 인민은 말할 수 없는가? : 동아시아 질서론과 조선의 지식인」,
　　『사회와 역사』 71집, 한국사회사학회, 2006.
이창남, 「글로벌시대의 로컬리티 인문학-개념과 과제를 중심으로」, 『로컬리티
　　인문학』 창간호, 부산대학교 한국민족문화연구소 로컬리티인문학연
　　구단, 2009.
이화진, 「식민지 영화의 내셔널리티와 ‘향토색’」, 『상허학보』 13집, 상허학회,
　　2004.
한기형, 「서사의 로칼리티, 소실된 동아시아-심훈의 중국체험과 동방의 애인」,
　　『대동문화연구』 63집, 대동문화연구원, 2008.

한만수, 「1930년대 '향토'의 발견과 검열 우회」, 『한국문학이론과 비평』 30집, 한국문학이론과 비평회, 2006.
허병식, 「조선과 '신라'의 심상지리」, 『신라의 발견』, 동국대출판부, 2008.
BhaBha, Homi K., *The Location of Culture*, London and NewYork : Routledge, 1994.

Ⅱ. 주변부 모더니즘과 분열적 위치의 기억

신 형 기

1. 중심과 주변부의 역학, 혹은 불균등성

중심에 의해 규정된, 중심이 아닌 구획을 가리키는 '주변부'는 우리 사회의 면모를 역사적으로 살피려 할 때 참조해야 할 용어임이 틀림없다. 주변부란 여러 동기로 인해 촉발된 제국의 팽창에 따른 산물이다. 제국의 팽창은 주변부를 확대함으로써 이루어졌다. 그러나 팽창하는 제국이 주변부를 확대시키고 지역(local)을 분획(分劃)하면서 그어졌던 중심과 주변 간의 경계는 오늘날 점차 흐려져 가고 있다. 중심의 정치적이고 경제적인 지위가 도전을 받는 경우를 목도한다든가, 주변부에서 기왕의 중심이나 다른 주변부로 문화송출이 일어나는 예를 드는 것도 이제 어려운 일은 아니다. 중심에 의해 주변부가 규정되는 역학이 작동한 오랜 시간은 과연 역사가 되려 하는 것인가? 구획에 의한 차별과 위계화의 경계를 허무는 실천으로 모색된 것이든, 지구화하는 자본주의의 발전에 의한 것이든, 이러한 저간의 변화는 중심/주변에 대한 비판적 사색을 필요로 하는 것임이 분명하다.

이 글에서는 내가 주변부 모더니즘(modernism on the periphery)이라고 명명한 1930년대 식민지 조선의 모더니즘 소설텍스트들을 되돌아보려 한다. 식민지로 관철된 모더니티를 문제시한 일단의 모더니즘 소설들은 모더니티를 보편적인 것으로 만든 중심을 바라봄으로써 주변부의 위치를 또한 확인했다(이것이 주변부 모더니즘이라는 명명을 한 이유이다). 모더니티가 중심과 주변부의 역학을 통해 관철되었기 때문에 중심과 주변부 사이의 위계적 거리를 주목할 수밖에 없었다는 뜻이다. 그러나 모더니티가 관철됨으로써 주변부는 중심과 이어진 곳이 되었다. 중심은 주변부를 규정하고 구획의 선을 그었지만 주변부와 이어져 있지 않은 중심은 중심일 수 없었다. 나는 주변부 모더니즘이 확인한 주변부의 위치가 위계적 격절과 연속의 모순된 이중성을 갖는 것이었다고 생각한다.

모더니즘 소설은 주변부의 위치를 중심과 주변부의 역학을 통한 모더니티의 작용 속에서 파악하려 했다는 점에서, 중심과 주변부의 관계를 제국과 식민지 혹은 지배와 피지배 관계로 환원시키고 이 문제를 해결하는 혁명의 길을 전망한 프롤레타리아 문학과 입장을 달리했다. 대체로 주변부 모더니즘 소설에서 모더니티와 그것의 작용은 정치적으로 통어하거나 변혁할 수 있는 것이 아니었다. 또 모더니즘 소설은 주변부가 별도의 지역이 아니라 중심과 분리되지 않는, 흉내내기를 통해 증식된 공간임을 인식한 점에서, '민족의 강토(疆土)'를 구획하고 근대화에 의해 교란되지 않은 특별한 문화자원(흔히 '민족정신'을 표상하고 또 그것의 소산으로 여겨진)에 눈을 돌려 이를 본질화하려 한 대항 민족주의 문학과도 구분된다. 민족주의 문학은 주변부를 중심으로부터 떼어냄으로써 중심과 주변부의 역학을 외면하거나 주관적으로 그것의 전도를 기대했다. 그러나 민족의 구획이나 주변부의 역전(逆轉)이라는 주제는 모더니즘 소설에서 발견되지 않는다.

오늘날 중심과 주변부의 관계에서 감지되는 변화의 양상은 계급혁명이 예견한 미래의 모습이 아니며 민족의 독립을 외친 성과로 보기도 어렵다. 모더니티가 관철되었던 데 따른 '갖가지 문제들'이 계급의 해방을 외치거나 민족을 구획하려는 기도를 통해 해결될 수 있는 것이었던가 하는 의심은 이제 불가피하다. 주변부 모더니즘이 중심과 주변부의 역학을 통해 작동한 모더니티의 양상을 주시하였고 그럼으로써 주변부의 분열적 위치를 확인하지 않을 수 없었다면, 그것은 중심과 주변부의 관계를 성찰하기 위한 하나의 사례일 수 있다고 나는 생각한다.

제국의 팽창─주변부의 확대가 중심과 주변부의 균등화를 지향하지 않았음은 다시 말할 필요도 없다. 대개의 경우 제국의 팽창은 종속된 주변부를 만들려는 근대 식민주의에 의거했는데, 중심과 주변부의 불균등한 경사(傾斜)를 절대화하는 것이야말로 식민주의의 목표였다. 주변부를 중심에 종속되게 만드는 것이 식민지를 필요에 따라 변형시키기 위한 조건이었기 때문이다. 중심에 종속된 주변부가 되는 과정은 식민지가 기왕의 역사적 맥락으로부터 탈각되는 과정이기도 했다. 중심은 모더니티의 보편성이 작동하는 장소였고 주변부는 그렇지 못한 이상한(eccentric) 곳이 되고 만다. 중심과 주변의 격차가 우열의 위계로 고착됨으로써 중심의 군림과 권력적 지배는 마땅한 것으로 여겨질 수 있었다.

중심과 주변부의 역학은 식민지 내부로도 작용할 것이었다. 중심과 주변부의 불균등한 경사를 통해 식민지로 관철된 모더니티는 지역적 과거(local past)와 질적으로 차별되는 시간을 폭력적으로 이식시킨다. 속도와 효율 등을 앞세운 모더니티가 지역적 과거에 대한 절대적 우위를 갖고 그것을 절단했던 것이다. 모더니티의 시간은 지구적 당대성(contemporaneity)을 환기하고 갱신하는 것이었다. 그것은 제국의 메트로폴리스와 주변부 도시를 당대성을 통해 연결시켰으며, 주변부에도 당대적인 공간을 만들어냈다. 그럼으로써 주변부에서는 지역적 과거의

절단된 단면 위에 지구적 당대성이 엇갈려 놓이는, 다른 시간과 공간
이 불균등하게 공존하는 상황이 노정되었다. 중심과 주변부의 불균등
한 관계를 반영한 주변부의 불균등성은 주변부를 분열적 장소로 만들
었다. 분열은 중심이 아니면서 중심과 이어져 있는 주변부의 모순된
위치를 알리는 증상이었다.

주변부의 불균등성은 모더니티가 선택적으로 관철된 결과라고 할
수도 있다. 물론 선택적 관철은 중심과 주변부의 위계적 관계를 통해
서 이루어졌을 것이다. 그렇다면 위계적 관계가 극단화될수록 주변부
의 불균등성은 심화될 가능성이 있었다. 사실 주변부의 불균등성은 중
심에 의한 지배의 산물이면서 또한 지배를 용이하게 하는 조건이었다.
주변부가 분열의 장소가 되었기 때문이며, 지역적 과거에 대해 갖는
지구적 당대성의 우위가 주변부에 대한 중심의 우위를 확인시킬 것이
었기 때문이다. 그러나 모더니티가 영역을 넓혀간 과정에서 지구적 당
대성의 작용은 식민주의의 전략에 앞서거나 그에 의한 구획을 넘어설
수 있는 것이기도 했다. 모든 지역들을 하나의 시간과 공간으로 묶는
당대성의 작용은 새로운 앞날을 바라보게 하는 것이었다. 불균등성 또
한 어떤 양상으로든 혼종화(hybridazation)가 불가피함을 말하고 있었다.
지구적 당대성이 예고한 것은 모든 정체성의 경계를 무너뜨리는 '동시
화'의 미래였다.

주변부 모더니즘은 지구적 당대성을 호흡하려 했다. 모든 것을 바꾸
어 가는 모더니티의 시간은 그것의 주제였다. 그러나 주변부에서 당대
성은 역설적이게도 잔존하는 과거를 의식하지 않을 수 없게 하는 것이
었다. 모더니티의 시간이 지역적 과거와 불균등하게 공존하고 있었기
때문이다. 모더니티를 주목한 주변부 모더니즘은 당대성과 파열된 과
거의 불균등한 공존이 일으키는 소란을 또한 기록하지 않을 수 없었

다.

기왕의 문학사적인 설명에서처럼 모더니즘 문학의 위상은 민족주의 문학이나 프롤레타리아 문학과의 비교를 통해 어느 정도 드러날 것이다. 흔히 모더니즘 문학은 역사적 현실을 외면한 문제점을 갖는다고 지적되었다. 나는 이러한 견해를 반박하기보다 주변부에서 주권을 획득하련다는 기도가 '향수'의 메커니즘에 빠지고 만 사례를 설명함으로써, 식민지 시대의 민족주의 문학이나 프롤레타리아 문학으로부터 주변부 모더니즘 문학을 차별화해내려 한다. 향수가 근원적인 기원의 기억에 대한 의문을 오히려 불가피하게 했고 한편으로는 진보의 시간관을 희화화함으로써 그와 관련된 주권의 이상을 뒤집었다고 생각하기 때문이다. 물론 모더니즘 문학의 의미는 모더니티와의 관련을 통해 논의해야 할 것이다. 그렇기 때문에 주변부라는 분열적인 위치에서 파악된 모더니티의 모습에 대해서도 간략히 언급해야 할 듯싶다. 이 글에서 또 내가 거론하려는 것은 모더니즘 소설텍스트들이 그려낸 불균등성의 소란들, 특히 모더니티—지구적 당대성이 폭력적으로 관철되는 과정의 '비극'들을 읽는 독법의 문제이다. 이 비극들은 대체로 주변부의 원한을 상기시키는 것으로 읽혔다. 과연 이러한 해독이 타당한 것인지 검토할 필요가 있다. 그리고 모더니티의 관철에 따른 혼종화의 의미와 가능성을 묻는 것으로 글을 마치려 한다.

2. 향수의 문학을 넘어서

식민지(주변부)에서 민족의 발견을 긴급한 사업으로 만든 것은 '국권의 상실'이었다. 민족의 발견이 '빼앗긴' 국가의 합법적 근거를 확보하는 의의를 가질 수 있었고, 그런 만큼 국가주권의 회복을 위한 필수적이고 필연적인 과제로 인식되었기 때문이다. 민족을 발견하는 여러 방식 가운데서도 민족적 성소(聖所)를 시각화하고 그와 관련된 이야기를 공동의 기억으로 만드는[commemoration] 방법은 대중에게 상당한 호소력을 발휘했던 듯하다. 예를 들어 '백두산'은 1920년대에 들어 특권적 도상(icon)이 되는데, 민족의 강토를 대표하는 이 정점은 주변부에 속한 것일 수 없었다. 그것이 민족의 아득한 기원에 대한 기억을 담고 있는 신성한 장소가 되었기 때문이다. 백두산이 표상하는 기원의 기억은 근본적인 시간과 초월적인 대지를 상정하는 것이었다. 민족을 이 시공간에 기원한 것으로 상상함으로써 민족주의는 중심과 주변부의 역학을 자의적으로 전도시키려 했다.

민족적 자각이 근대를 따라잡기 위한 '계몽'의 중요한 과제로 여겨졌음에도 불구하고, 민족주의적 상상력은 흔히 회고적인 것이 될 수 있었다. 아득한 기원의 기억을 '되찾고' 보전하려는 향수에 빠지는 것이다. 아득한 기원의 기억을 향한 향수는 식민지라는 현재의 훼손을 넘어 온전한 민족의 탈환―민족으로의 귀환을 꿈꾸는 형식이었다. 기원의 기억은 민족적 주권성(sovereignty)의 뿌리로 여겨졌다. 그런데 기원의 기억을 향한 향수가 근대에 의해 오염되지 않은 시공간을 그리워하는 한, 향수의 대상으로서 탈환하고 귀환해야 할 민족의 터전은 근대적 보편성을 갖지 않은 특별한(particular) 곳이 된다. 사실 향수는 보편성(universality)과 지역성(locality)의 구분을 내면화한 현상이며, 그런 가운데 보편을 쫓기보다 특별한 지역적 과거로 돌아가려는 감정이다. 식민지는 제국의 한 지역으로 편입됨으로써 지방화되었다. 식민화를 통해 부각된 지방색(local color)은 역설적이게도 민족주의적 향수가 그리워하는 오염되지 않은 시공간에 대한 상상을 충족시켰다. 물론 민족주의는 중심을 외면하고 배제했지만, 민족주의적 향수는 민족의 강토를 지방화하는 것이었다. 그런 까닭에 향수의 시선은 지방색을 특별한 것으로 부각하는 중심의 시선에 편승할 수도 있었다.

민족주의적 향수가 '향수'로 되어야 했던 까닭은 사실 식민지에서도 기원의 기억을 매개하는 민족적이거나 전통적인 것들이 빠르게 사라져 가고 있었다는 데 있다. 모더니티가 관철된 식민지 도시는 급격히 바뀌어 갔던 것이다. 지역적 과거를 향한 연민어린 향수는 실제의 일상에서 당대성을 갖는 새로운 보편(중심지향의)을 서둘러 쫓아가야 했던 군상들의 우울한(melancholy) 소회였을 것이다(사라져 가는 것들에 대해 페이소스 가득 찬 조사(弔辭)를 읊은 이태준의 소설들이 1930년대에 널리 읽혔던 이유는 이렇게 설명될 필요가 있다). 민족적이고 전통적인 것들이 점차 낯설게 되어 간 가운데 특별한 지방색은 또 다른 이국취향의 대상이 되기도 한다(나는 이효석의 소설 「메밀꽃 필 무렵」 등에서 서정적으로 그려진 '향토'가 이국취향의 메커니즘에 의해 발견된 것이라는 의견을 제시한 바 있다). 서구나 제국을 바라보는 이국취향이 그러하듯 기원의 기억이 스민 향토의 발견은 소원한 대상을 심미화하는 방식으로 이루어졌다. 이국취향에 의해 상상된 이국(異國)이 손에 닿지 않는 먼 데 있는 것이듯 향수는 '아름다운' 향토를 액자 속에 담아냈다. 이 뒤집힌 이국취향에 의해 고향은 특별한 장소가 된다. 고향으로의 귀환은 고도의 심미적 상상을 필요로 하는 일이 됨으로써 그것의 불가능성을 알렸다.

1920년대에 들어 새로운 사상으로 확산된 계급혁명론 역시 식민지가 된 약소민족의 해방을 외침으로써 중심과 주변부의 역학을 문제시한다. 제국의 식민주의를 무너뜨릴 혁명은 중심과 주변부의 역학 또한 해소시킬 것이었다. 예를 들어 1920년대 중반 스탈린 등이 제기한 민족형식론은 혁명을 달성한 사회주의 국가에서 어떻게 주변부가 사라질 수 있는가를 예고한 본보기로 받아들여지기도 했다. 연방을 구성하는 여러 민족은 나름의 '형식'을 통해 동일한 사회주의적 '내용'을 실현해야 한다는 민족형식론이 연방 결속의 원칙으로 제시되었던 것인데, 해방기(1945~1948)의 진보적 논자들에게 이 원칙은 제국의 지배를 타도한 프롤레타리아가 민족 단위로 국제적 연대를 이루는 데서 따라야 할 과도적 모델이 되었다. 제가끔 사회주의적 내용을 실현하는 여러 민족이 동등한 지위를 갖고 통합되는 공동체를 상상했던 것이다.

중심과 주변부의 역학이 해소되는 역사의 새로운 국면에서 제국과 식민지의 모순을 심화시킨 모더니티는 질적인 변화를 맞게 될 것이었다. 계급혁명론은 새로운 역사를 열 혁명을 모더니티의 발전적인 행로로 보았다고도 말할 수 있다. 모더니티를 발전시킬 것은 정치(혁명)였던 것이다. 계급혁명론이 모더니티의 헤게모니에서 사상(교육)의 헤게모니를 특별히 강조했던 점 역시 이런 맥락에서 이해되어야 한다. 혁명의 필연성에 대한 인식을 확대하는 정치가 모더니티의 첨단을 장악할 수 있다는 생각이었다. 계급혁명론은 아직 다가오지 않은 미래를 예견하고 그 미래를 실현하는 길을 가야 한다고 가르쳤다. 혁명은 당대성을 정치적으로 전유하는 방법이 된다. 혁명이 당대성을 창출할 것이었다면 혁명이 이루어지는 곳이 곧 세계의 중심이었다. 혁명은 주변부를 세계사적 장소로 만들 것이었다.

혁명적 실천을 위해 (정치적으로) 성장하고 내면의 각오를 다지는 이야기는 프롤레타리아 문학이 반복한 테마였다. 계급적 각성을 통해 자신을 변혁하는 것은 성장의 일반적 방식이었는데, 대체로 이는 적극적인 자기계몽의 양상을 보였다. 그렇지만 정치활동이 금압된 가운데 정치란 것이 의식이나 상상 안에 머물 때, 실천은 확인되지 않고 미래는 막연하지 않으면 요원한 것이 되기 십상이었다. 특히 1930년대 중반을 넘기며 식민지에서도 사상통제가 본격화됨에 따라 전향(轉向)은 하나의 유행이 되었고, 이는 프롤레타리아 문학에 큰 영향을 끼친다.

미래에 대한 기대를 버리지 않으려 한 경우에도 혁명의 전망은 요원하고 추상적인 것이 될 수밖에 없었던 것이다. 미래가 아득히 물러서면서 미래는 실천해 가기보다 그리워해야 할 것, 곧 향수의 대상이 된다. 미래로 나아가는 구체적 도정이 가늠되지 않는 상황에서 미래에 대한 신념은 미래에 대한 향수로 바뀐다.

민족주의적 향수가 기원의 시공간과 당대성이 지배하는 현재의 상거(相距)를 메우기 위해 편집적인 착각과 환상을 요구하면서 성사되지 않을 귀환을 외쳤듯이, 미래를 향한 퇴행적 향수는 지방색이 입혀진 낙관적인 혁명의 로망스에 빠져들기도 한다. 미래를 향해 가는 오늘의 모습을 그린다는 입장에서 미래의 단초를 이상화하는 낭만적 경향은 프롤레타리아 문학이 일찍부터 노정했던 문제점이었다. 이는 흔히 미래의 주인공인 민중의 긍정적 자질을 도덕화하는 것으로 나타났다. 리얼리즘의 성취를 보였다고 평가된 이기영의 『고향』(1933)에서조차 민중들의 농촌은 지역적인 공동사회(gemeinschaft)로 구획되었다. 그들이 보여주는 품성의 발전은 지역적 과거—공동사회로의 귀환이라는 향수의 로망스를 예고한 것으로 읽힌다. 품성의 발전을 지방화의 상상력을 통해 조명하는 방식은 이기영의 경우, 『대지의 아들』(1940)과 같은 '생산소설'로 이어지는 것이었다.

프롤레타리아 문학이 이른바 '지도성'을 잃으면서 작가들은 아예 과거로 눈을 돌리기도 했다. 과거는 현재에 이른 인과적 과정을 설명하려는 구성적 인식의 대상이기보다 회고의 대상이 된다(식민지 이전 구한말과 조선 후기 풍속의 세계로 '돌아간' 한설야의 장편소설 『탑』(1940)은 그 한 예일 것이다). 특별한 지역적 과거에 대한 회고 역시 향수를 소비하는 형식일 수 있었다.

제국에 저항한다는 민족주의적 입장에서 볼 때 민족의 균등한 일체화는 제국의 지배를 물리치기 위한 조건이자 달성해야 할 목표였다. 제국의 지배를 통해 민족 안에 부식된 모든 '불순물'들을 제거하는 일은 정당하고 또 불가피한 과제가 된다. 계급혁명론에서도 혁명은 민족(민중)이 균등한 일체가 될 때 가능한 일이었다. 민족 안에서부터 제국을 철저히 몰아낼 때 해방은 완수될 수 있었다. 제국에 맞서기 위해 무엇보다 먼저 일체화된 통합이 필요하다는 생각은 주변부가 그만큼 내부적으로 불균등성이 심화될 수밖에 없는 곳이었다는 증거다. 과연 민족(혹은 민중)을 구획하는 것은 중심(제국)과의 불균등한 관계를 척결하는 열쇠였던가?

제국 일본에서도 전간(戰間)은 서구적 모더니티를 수용한 결과인 '아이노코 문명'을 척결하고 정신의 주권을 되찾으려는 '전형기의 철학'이 유행하였고, 동양이 새롭게 통일을 이루어 서구의 주변부가 아니라 세계사의 새로운 중심이 되어야 한다는 이른바 '동아신질서—동아협동체'론이 회자된 시기였다. '부도덕한' 서구 모더니티를 배격하고 동양의 역사와 문화적 자원에서 세계사의 새 국면을 열 동력을 찾는다는 야심만만한 기획은 동양을 구획하여 서구로부터 해방시킨다는 명분을 앞세웠다. 서구를 배제한 새로운 중심의 확보가 필요하다는 논의가 진행되던 가운데, 식민지의 한 논자는 조선의 지방성을 살리는 것이 동양을 구획하는 방도라는 주장을 펴기도 했다. 서구라는 중심이 주변부를 '오염'시킨 전철이 반복되어서는 안 된다는 뜻이었고, 새로운 중심은 이 오염으로부터 상대적으로 자유로운 지방성을 통해 구성되어야 한다는 주장이었다. 주변부로 내쳐진 지역의 특성을 보존하는, 이를 통한 통합의 구상이 과연 중심과 주변부의 역학을 거부한 것인지, 혹은 다른 방식으로 지속시킬 것이었는지는 알 수 없다. 그러나 제국 일본에서 동양의 구획은 일본을 중심으로 한 경제적 블록화와 전시동원체제의 강화에 따른 것이었다. 식민지에서도 동양이 운위되던 무렵,

내선일체의 슬로건 아래 동원은 전면적으로 강화된다. 새로운 구획을 통한 통합의 요구는 동원의 전략이었다. 나아가 분명한 것은 새로운 구획이 또 다른 중심의 작용을 통해서만 가능했다는 점이다.

주변부를 중심으로부터 구획해내는 데서 향수의 역할은 컸다고 보인다. 기원의 기억, 혹은 그리운 미래를 향한 향수는 진정한 전통을 갖는 상실한 낙원을 상상하게 함으로써 주변부를 원한과 약속의 장소로 만들었다. 낙원을 잃은 주변부는 원한의 장소였지만 귀환의 약속은 언젠가 이루어질 것이었다. 향수에 의해 주변부는 '특별한 중심'이 되었다. 그러나 향수에 의한 장소본질화는 안팎을 차별적으로 구획하여 자신을 중심에 놓고 타자를 배제하는 중심의 논리를 반복한 것이다.

내가 생각하는 주변부의 모더니즘은 향수에 빠지지 않은 것이다. 이는 내가 주변부 모더니즘에 대해 말하려는 이유이기도 하다. 모더니티가 관철된 식민지에서 그로부터 절연된 어떤 신성하고 특별한 장소라든가 식민지 근대를 상대화할 문화자원(흔히 대안적 정체성을 확보하기 위한 근거로 여겨진)을 발견하지 못한 것이 주변부 모더니즘이었다. 대체로 주변부 모더니즘은 모더니티의 보편성이 지배적이 된 1930년대 식민지 도시의 일상을 터전으로 했는데, 그 일상은 향토가 하나의 소비적인 스펙터클일 뿐임을 확인시키는 것이었다. 민족의 구획은 뜨거운 심정이라든가 원한 속에서만 가능했다.

주변부의 모더니즘은 혁명(정치)을 통해 새로운 당대성을 창출하려는 전망이 불가능해진 와중에서 모더니티가 당대성을 갱신해 가는, 모든 것이 과거로 밀려나며 소진되는 국면(aspect)을 목도한다. 특히 모더니티의 시간이 지역적 과거의 폐허 위에 겹쳐지며 나타나는 불균등한 무질서(anarchy)는 주변부의 경제적이고 문화적인 위치를 새삼 확인시켰다. 현재가 혼란스러운 만큼 미래에 대한 기대도 쉽지 않았다. 그러나 모더니티의 시간을 초월하거나 그로부터 도피할 방도는 없었다. 이런 상황에서 어떤 것도 온전히 놓아두지 않는 속도와 예감되는 파국에 대한 공포를 떨치기는 어려웠다. 나는 주변부 모더니즘이 주변부의 분열적 위치에 섬으로써 모더니티와 대면할 수 있었다고 생각한다. 중심과 주변부의 역학이 모더니티가 관철된 방식이었고 모더니티의 얼굴은 이를 통해서 드러날 수 있었기 때문이다. 향수에 빠지는 것은 이 역학에 맞서는 방식이 아니었다. 주변부 모더니즘은 불균등성을 증언함으로써 모더니티, 혹은 중심과 주변부의 역학을 문제시했다.

3. 주변부의 풍경, 모더니티의 얼굴

시속(時速) 50 몇 키로라는 특급 차창 밖에는, 다리쉼을 할 만한 정거장도 역시 흘러갈 뿐이었다. 산, 들, 강, 작은 동리, 전선주, 꽤 길게 평행한 신작로의 소와 말. 그렇게 빨리 흘러가는 푼수로는, 우리가 지나친 공간과 시간 저편 뒤에 가로막힌 어떤 장벽이 있다면, 그것들은 칸바스 위의 한 텃취, 또한 텃취의 '오일'같이 거기에 부디쳐서 농후한 한 폭 그림이 될 것이나 아닐까?고 나는 그러한 망상의 그림을 눈앞에 그리며 흘러갔다. 간혹 맞은 편 홈에, 부플 듯이 사람을 가득 실은 열차가 서 있기도 하였다. 그러나 무시하고 걸핏 걸핏 지나치고 마는 이 창 밖의 그것들은, 비질 자국 새로운 홈이나 정연히 빛나는 궤도나 다 흩으러진 폐허 같고, 방금 뿌레익되고 남은 관성과 새 정력으로 피스톤이 들먹거리는 차체도 폐물 같고, 그러한 차체에 빈틈없이 나붙은 얼굴까지도 어중이떠중이 뭉친 조란자(遭難者 : 인용자)같이 보이는 것이고, 그 역시 내가 지나친 공간 시간 저편 뒤에 가로 막힌 칸바스위에 한 텃취로 묻어버릴 것 같이 생각되었다.

아내를 잃은 마음의 방랑객이 국제도시 하얼빈을 찾는 최명익(崔明

翊)의 단편소설 「심문(心汶)」(1939)은 달리는 열차에서 지나쳐가는 풍경을 보며 빠지는 '망상'의 묘사로 시작된다. 그는 밀려가는 산과 들이 '어떤 장벽'에 부딪혀 자국으로 남는 그림을 상상하지만, 지나치는 순간 풍경은 색과 생명을 잃는다. 풍경은 더 이상 자연적인 것으로 보이지 않는다. 뒤로 흘려보내는 속도에 의해 모든 것이 폐허나 폐물로 변하며 사람들조차 조난자로 나타나는 것이다. 열차는 폐허와 조난자들을 만들며 달려가고 있었다. 열차를 멈출 수 없는 한 이 놀랍고 무자비한 변화 역시 그치지 않을 것이었다.

속도는 모더니티의 핵심이다. 모더니티란 질적으로 새로운, 스스로 부정하고 갱신하는 시간성으로서의 당대성을 끊임없이 생산하는 것이었다. 그런 점에서 앞으로 내닫는 열차는 당대성의 은유로 읽을 만하다. 폐허와 조난자들을 만드는 것은 당대성이었다. 모든 것을 뒤로 밀어내는 속도의 충격은 당대성의 효과였기 때문이다. 당대성을 따르지 못하는 모든 것들이 순간 탈색되고 마는 속도의 충격이 반복될 때 과거는 지속되거나 기억될 수 없다. 찢겨 사라지는 것은 그것의 운명이었다.

「심문」에서 위에 인용한 '망상의 그림'은 방랑객이 하얼빈에 도착해 만나게 되는 두 인물, 한때 '좌익 이론의 헤게모니를 잡았던' 젊은 투사와 그의 연인이 아편 연기에 찌든 폐인으로 전락한 사정을 예고하는 것이다. 과거의 존재가 되고 만 그들은 모든 것을 잃고 파괴되어간다. 방랑객은 쓸쓸하고 담담하게 이 조난자들의 행로를 기록하며, 투사의 열정에 감격하고 그런 열정이 흠모되던 시대 또한 사라졌다고 진단한다. 그러나 폐허와 조난자들을 만드는 속도의 충격은 식민화(혹은 근대화) 과정을 통해 거듭되어온 것이다. 당대성을 수용함으로써만 새로운 기회를 얻거나 경제적인 이득을 취할 수 있는 것이 식민지의 일상이었다고 할 때 유효하지 않은 과거를 외면하는 것은 불가피했다. 더구나

과거를 표상하고 기억하는 방법 자체를 이미 상실한 상태라면 속도의
충격은 가중될 수밖에 없었다. 질주하는 당대성이 폐허를 만드는 과정
은 의식 안에서도 진행될 것이었다. 과거를 외면하고 묻어야 했던 만
큼 폐허는 식민지적 의식형상(intellectual physiognomy)의 특징이 된다.
이 소설이 조난자들을 통해 부각한 것은 폐허의 절망적 형상이었다.

박태원(朴泰遠)은 식민지 도시 경성의 사회적 인상학(social physio
gnomy)을 제시하고자 했다. 익숙한 거리를 거니는 만보객(漫步客,
flâneur)의 하루를 그린 「소설가 구보씨의 일일(一日)」(1934)은 식민지의
일상에 대한 일종의 탐사보고서다. 1930년대 중반의 서울에서도 계급
이나 민중이 아닌 일단의 소비대중이 등장했다고 할 때, 이 대중은 보
다 직접적인 대면을 요구하는 존재임이 분명했다. 그들은 더 이상 이
념적이지도 도덕적이지도 않았기 때문이다. 구보의 만보를 추동한 것
은 아마도 이러한 사회적 변화였을 것이다. 그러나 그가 걸어야 하는
거리는 '살풍경하고 어수선'할 뿐이며 맞닥뜨리는 군상은 병자거나 속
물들이다. 주변부 도시는 어떤 희망도 갖기 어려운 낙후한 곳으로 드
러난다. 거리 곳곳에서 만보객은 속도의 충격이 남긴 폐허를 본다. 백
화점과 은행, 철도역과 다방의 서울은 한편으로 무너져가는 도시였다.
이 폐허 속에서 그는 이내 지치고 만다.

만보의 여정을 통해 구보가 마주치는 과거의 것은 초라하지 않으면
우스꽝스럽다. 우연히 만나는 보통학교 동창의, '모시두루마기에 흰 고
무신을 신은' 모습은 그의 영락한 처지를 알린다. 아무런 힘도 갖지 못
한 과거의 것은 조롱의 대상이 되기도 한다. 단편소설 「피로」(1933)의
작가적 화자가 담담히 옮겨내는 버스 안의 정경은 도시의 일상에서 과
거가 얼마나 희화화될 수 있는지를 보여준다.

　　나의 앉아 있는 바로 앞에가 어떤 시골사람이 한 명 서 있었다. 그는
뻐스가 정류장에 가 서고 또 움즉이고 할 때마다, 뒤로 나가자빠지려
다, 내 머리 위로 어프러지려다 하면서, 그 때마다 엄청나게 질겁한 소
리로 「어그마! 어그마!」하고 외쳤다.
　　그가 그렇게 외칠 때마다 승객들은 모멸과 흥미가 혼화한 웃음을 웃
으며, 그들의 머리를 들어 그 시골사람의 뒤로 제켜 쓰인 갓과, 또 갓
속의 조그만 상투를 보았다.

　　'시골사람'이 승객들의 웃음거리가 되는 이유는 모두가 익숙한 버스
타기에 익숙지 못해서이지만, '제켜 쓰인 갓'과 '조그만 상투' 때문이
기도 하다. 식민지 도시는 이미 갓 쓴 시골사람이 단번에 우스꽝스런
촌뜨기가 되는 곳이었다. 그러나 도시민이라고 해서 세련된 당대성에
충분히 익숙했던 것도 아니었다. 박태원의 다른 소설에는 '양복쟁이'가
'아이노꾸'로 불리는 장면이 그려지기도 한다. 양복조차 익숙지 못한
주변부에서 당대성을 받아들인다는 일 또한 모험이었을 것이다. 그럼
에도 불구하고 당대성을 따르지 못한 결과가 전락뿐이었다면, 당대성
을 쫓는 외에 다른 선택의 여지는 없었다. 갓과 상투는 도시민의 불균
등한 내면을 일깨우는 안쓰러운 폐허의 형상이 되고 만다. 이를 향한
도시민의 모멸은 전락에 대한 공포와 더불어 과거에 대한 회한을 숨긴
매우 분열적인 반응일 수 있었다.
　　박태원에게 경성은 시종 우울할 수밖에 없는 곳이었다. 그는 동경의
아름다운 추억을 돌이키며 우울한 변두리에서의 탈출을 꿈꾼다. 동경
은 피곤하지도 우울하지도 않을 곳이었다. 과연 동경은 경성과 동떨어
진 특별한 장소였던가? 식민지인들에게 동경의 이미지는 일상적 욕망
을 수렴하는 스펙터클일 수 있었다. 그러나 모더니티가 작동한 관계
안에서 식민지 도시 경성은 제국의 수도 동경과 분리되지 않는 곳이었

다. 특히 경성의 빈약한 엠포리움(emporium)은 제국과 연결된 제국의
공간임이 분명했다. 경성의 거리에 병자와 속물들이 늘어서 있었다면,
동경이 아름다운 추억으로만 채워진 곳이기는 힘들었다. 물론 경성과
동경은 여러 면에서 불균등한 경사를 보이게 마련이었지만, 두 도시는
당대성이 관철된 하나의 공간 속에 있었다. 폐허의 경성과 스펙터클로
서의 동경이 유기적으로 얽힌 것임을 읽을 때 식민지 도시 경성의 위
치뿐 아니라 제국의 수도 동경의 위치 또한 가늠될 것이었다.

　이상(李箱)에게도 동경행(東京行)은 낙후한 식민지 도시 경성을 벗어
나는 탈출이었다. 식민지의 지식인들에게 메트로폴리스 동경은 모더니
티에 의한 '새로운 변화'의 진정한 모습을 볼 수 있는 장소로 여겨졌기
때문이다. 그러나 동경에 도착한 이상은 실망하고 만다. 동경 또한 '표
피적인 서구의 분자식(分子式)을 겨우 수입한 속빈 강정'으로 보였기
때문이다(「사신 7」). 자신이 생각한 '마루노우찌 삘딩'이 눈앞에 있는
실물보다 '네 갑절은 되는 굉장한' 것이었음을 고백하면서, 그는 '뉴육
(紐育) 브로-드웨이에 가서도 똑같은 환멸을 당할는지'라는 소감을 덧
붙인다(「동경」). 이상이 표한 소감은 뉴욕이라고 해서 과연 중심일까
하는 의혹을 담은 것으로, 흉내내기의 위계를 따라 소급되는 중심이
결국 정체가 없는 것일 수 있다는 생각을 표현한 것이었다. 동경이 모
조품이고 뉴욕 또한 그러할 것이라고 할 때 모더니티의 작용에서 원점
이나 사표(師表)를 찾으려는 시도는 무망한 일이 된다. 주변부에서 중
심이라고 생각한 것이 구심적(球心的)인 착시가 만들어낸 하나의 상상
적 효과(effect)에 불과하다면, 중심을 좇음으로써 주변부의 '결여'를 채
울 수 있으리라는 기대 또한 잘못된 것이 되고 만다. 온전하고 진정한
모습의 모더니티라는 것은 없을 것이었다.
　이상은 동경이 '치사한' 도시인데 비해 경성은 '한적한 농촌'이란 소

감을 밝힌 바 있다. 그러나 경성 역시 남의 땅을 밟지 않고는 '일보의 반보(半步)도 옮겨 놓을 수 없는' 도시였다(「조춘점묘」). 사실 「날개」 (1936)를 비롯한 그의 소설들은 물신이 군림한 세속의 파탄을 그리지 않았던가. 이상에게 모더니티와 당대성은 매혹적인 것이었다. 그는 '전기기관차의 미끈한 선'이나 '강철과 유리'로 된 건축미를 예찬했고 새로운 생활 시스템의 변화에 발맞춘 의식의 변화가 필요함을 역설하기도 했다. 당대성을 호흡하는 '세기(世紀)의 인'이 되는 것은 그의 목표였다(「예의」). 그러나 「날개」의, 피로와 공복에 지친 '나'는 혼구(昏衢)의 여정 끝에 어지러운 '회탁(恢濁)의 거리'를 내려다본다. 경성은 주변부의 낙후한 전원(田園)이지만 그냥 전원이 아니라 '초근목피도 없는 콩크리-트 전원'(「파첩(破帖)」)이었다. 콘크리트로 뒤덮인 전원이란 거칠고 빠른 도시화가 진행되는, 결코 목가적일 수 없는 전원일 것이다. 이 전원은 모더니티와 전원의 불균등한 공존이 어지러운 파괴의 양상으로 나타날 것임을 보여주고 있었다. 아마도 그것은 박태원의 경성이 피곤하고 우울한 장소인 이유였을 것이다.

이상의 경우, 백부에게 입양되었다가 성인이 되어 친부모에게로 돌아 온 이적(移籍)의 경험은 결정적인 트라우마가 되었다. 자전적인 데뷔작 「12월 12일」(1930)은 자신이 훼손되고 조각났다는 혼란스러운 상실감을 새겨내고 있다. 그런데 신상의 문제가 사회적 문제이자 시대의 문제일 수 있다면, 이적의 트라우마는 모더니티의 관철이 속도의 충격을 거듭하면서 초래한 일단의 사회적 조난을 비추는 것으로 읽을 필요가 있다. 이적의 트라우마가 강요한 분열은 불균등한 주변부의 내면적 구조였다. 분열된 정체성이 끊임없이 흔들리며 급기야 자신의 부재(不在)와 조우하게 될 것이듯, 불균등한 교란을 불가피하게 한 모더니티는 마침내 모든 것이 소진되고 용해되는 임계점에 이르고 말 것이었다. 막다른 골목을 향한 질주는 그 자체로 무서운 일이 아닐 수 없다. 동경

에 간 이상은 모더니티의 사표를 찾는 대신 모더니티의 질주가 가 닿
을 끝을 목도한다.

그는 신주쿠(新宿)의 '박빙(薄氷)을 밟는 듯한 사치'에 불안해 하며
긴자(銀座)의 '허영'을 냉소한다. 모두가 '하다못해 자동차라도 신고 드
나드는' 거리에서는 '동경 시민의 체취가 자동차와 비슷해'지리라 예
측하기도 한다. '별을 잊은 지 오래인' 그들은 스스로 과거의 기억을
지운 '카인의 후예'들이었다. 임립한 빌딩 사이를 내달리는 자동차들
의, '20세기를 영영(營營)히 유지하'려는 속도에 어지러움을 느끼는 이
상은 '19세기의 쉬적지근한 냄새가 썩 많이 나는' 자신의 도덕성을 확
인하기에 이른다(「동경」). 그렇지만 누구도 20세기라는 시간의 질주를
멈추게 하거나 과거로 되돌아 갈 수는 없었다. '카인의 후예들'에게서
나타나는 무서운 변이(變異)는 그의 결핵이 그러했듯 이미 제어의 선
을 넘어선 것이었다. 변이가 자본화(capitalization)의 한 양상이라면 질주
의 속도가 환기하는 공포는 자본화가 일상의 세부에 미치면서 모든 것
을 바꾸어가는 권력으로 군림한 데 대한 공포이기도 했다. 이 권력이
절대화되었고 따라서 인간이 사라져버린 소외의 시간을 돌이킬 수 없
다는 무력감이야말로 공포의 감정을 불가피하게 한 요인이었을 것이
다. 주변부의 분열적 위치에서 대면한 모더니티는 공포로 가득 차 있
었다. 공포의 얼굴과 맞닥뜨려야 했던 것이 분열적 위치였다.

4. 불균등성의 비극

앞서 나는 당대성을 호흡하려 한 주변부 모더니즘이 그것과 불균등
하게 공존하는 지역적 과거를 또한 외면할 수 없었고, 그럼으로써 모
더니티에 의한 소란을 기록했다고 지적한 바 있다. 성격을 달리하는

것들의 동시적 공존에 대한 지각은 대조되는 이미지들의 아이러니한 겹침으로 표현되기도 한다. 이상의 경우 그가 잠시 기거한 농촌은 도시적이거나 이국적인, 혹은 인공적인 이미지를 통해서 파악된다. 다른 시공간에서 적출된 이미지들의 대비된 결합은 흥미롭기까지 하다. 그에게 '벼쨍이'가 우는 소리는 '도회 여 차장의 차표 끊는 소리'로 들린다. 수수깡 울타리에 연 유자의 빛깔은 '오렌지' 빛이며, 호박꽃에 앉은 꿀벌의 모습에서는 '세실 B. 데밀의 영화에서와 같은 화려한 황금색 사치'를 본다. 벌의 잉잉대는 소리에서조차 '르넷산스 응접실의 선풍기 소리'를 연상하는 것이다(「산촌여정」).

이미지의 겹침은 자연적인 것을 상품형식과 대조함으로써 아이러니한 효과를 더한다. '구식 수염'이 난 염소의 동공(瞳孔)을 바라보면서 '세루로이드로 만든 정교한 구슬을 오브라-드(사탕 등을 싸는 투명한 전분 종이 : 필자)로 싼 것 같이 맑고 투명하다'고 한다든지, 물동이를 인 젊은 촌색시의 '하도롱(hard-rolled, 포장지, 누런 색깔임 : 필자) 빛 피부에서 푸성귀 내음새가 난다'고 한 것은 그 예다. 또 '머루와 다래로 젖은' 그들의 입술은 '코코아 빛'이며, 자신을 바로 보지 않는 그들의 눈에는 '정제(精製)된 창공(蒼空)이 간쓰메가 되어 있'다는 식이었다(「산촌여정」). 농촌의 풍경과 사람들이 상품형식의 이미지를 통해서 파악된다는 것은 농촌이 구획된 자족적 공간이 아니라는 뜻이기도 하다. 도시인 이상에게 농촌은 멀고 먼 곳이었지만 그는 식민지의 한적한 주변부에서도 '전신주가 산을 넘고' 있음을 보았다. 모더니티는 전원의 끝까지 관철될 것이었다. 근대의 시간이 지구적 당대성의 영향으로부터 절연된 '순수한' 지역을 남기지 않을 것이었다면, 농촌은 모더니티의 프리즘을 통해 보일 수밖에 없었다. 이상은 농촌의 운명을 예고한 것이다. 그런데 이상의 '화려한 고향' 식민지 도시 경성 역시 콘크리트로 뒤덮인 '초근목피도 없는 전원'이지 않았던가. 도시의 스냅 컷은 문득 전원의 이미지를 소환하고 있었다('M 백화점의 화장품 스위-트 걸이 신은 양말은 소맥(小麥) 빛'이다). 그에겐 식민지 도시, 콘크리트의 전원이야말로 모더니티와 지역적 과거의 관계를 일깨우는 장소였다.

지각이 기억에 의한 것이며 기억의 상기를 통해 이루어진다는 입장에서 이미지를 지각-기억의 형식으로 볼 때 이상이 구사한 대조적 이미지의 겹침은 대상에 대한 지각이 다른 기억을 불러내며 그에 의해 간섭되고 있다는 표식이다. 농촌 여성의 '오점(汚點)이 없이 튼튼'한 '자연의 피부'를 예찬하기도 했지만, 이 자연 속에서 그의 미각은 '향기로운 MJB' 커피를 상기한다. 상품형식은 이미 그의 육체 안에 스며들어 있었던 것이다. 이상에게 농촌은 상품형식의 기억을 통해 구체화될 수 있는 곳이었지 지역적 과거의 기억을 상기하게 하는 곳이 아니었다. 그로선 향수를 위한 기억이 없었던 것이다. 따라서 그는 지역적 과거로부터 근원적 시간과 초월적 대지의 기억을 살려내려는 기도를 이미 육체의 수준에서 부정하고 있었다. 대신 그는 불균등성이 지각의 틀이자 존재적 기반임을 밝힌 것이다.

이상이 구사한, 시공간을 달리하는 이미지들의 겹침은 낯설게 하기 효과 때문에 인상적이고 발랄해 보이기까지 하지만, 중심과 주변부의 역학이 빚어낸 불균등성은 흔히 비극을 초래했다. 중심과 주변부, 도시와 농촌의 고도차를 통해 모더니티가 폭력적으로 관철된 과정은 꿈과 기대를 뒤집는 것이었다. 도시를 중심으로 이적(移籍)에 의한 변이가 진행된 과정에서 농촌 또한 이 충격을 피할 수는 없었다. 무엇보다 농촌은 떠나야 할 곳이 되었고 다시는 돌아가지 못할 곳이 되었다.

최명익의 「봄과 신작로」(1939)는 불균등성의 비극이 진행된 구조를 보여주는 소설이다. 신작로 끝의, '사꾸라가 한창'인 도시에서의 화려한 삶을 꿈꾼 농촌색시에게 신작로를 오가는 운전수의 '알락달락한 하이카라 손수건'은 행복의 징표로 보인다. 그러나 운전수는 그녀를 도시로 데려가지 않는다. 운전수에게 농락당한 색시는 성병을 얻어 죽고 만다. 이 소설은 도시에 의해 농촌이 유린된다는 익숙한 주제를 다루고 있지만, '사악한' 도시에 '순박한' 농촌을 대비시키고 있지는 않다. '밤이 깊어가도 새훤한 화광이 서리우는' 도시의 변두리, 농촌은 인습의 무게와 지루한 노역에 시달려야 하는 희망 없는 곳일 뿐이다. 이러한 고도차야말로 모더니티가 폭력적으로 관철되게 한 조건이었다. 시골색시가 도시에서의 행복을 꿈꾼 것은 불가피했다. 그러나 유혹의 덫에 걸린 시골색시는 어떤 도움도 받지 못한 채 횡사하고 만다. 누구도 그녀를 지키지 못한 것이다. 그녀가 죽자 '본디 아메리카 소산이라는' 아카시아 껍질을 먹은 송아지도 죽는데, 색시의 상여를 따르던 마을사람들은 '이전에 없던 병이 다 서양서 건너 왔다'고 탄식한다.

농촌이라고 해서 모더니티의 관철을 피할 특별히 예외적인 공간이 아니었다는 것은 귀향이 궁극적으로 불가능했던 이유였다. 모더니즘 소설들이 그려낸 조난자들은 다시 고향에 돌아갈 수 없음을 알리는 존재들이기도 했다.

비탈을 찍어 핀 손바닥만한 붉은 마당에 오지항아리 몇 개가 섰고 구구자나무 그림자가 짙은 한편에는 볕이 단양하다. 아들을 땅바닥에 주저앉히고 아버지는 묵묵히 바라보기만 한다. 장독 뒤로 한 포기 억새가 적은 바람에 쏴쏴하고 어디서 귀뚜라미도 운다. 몰랐더니 여기는 흡사 고향집 울안 같은 생각이 났다.

추석 가까운 날 맑은 어느 날 어린 노마가 양지짝에 터벌거리고 앉아 흙장난을 하는 그런 장면인상 싶은 구수한 땅내까지 끼친다. 지금 아내는 종태기에 점심을 담어 뒤로 돌려차고 뒷산으로 칡넝쿨을 걷으러 갔거니—

세궁민(細窮民)이 넘쳐나던 식민지 도시 언저리의 조난자들을 비춘

현덕(玄德)의 소설 「남생이」(1938)의 한 부분이다. 노역 끝에 병들어 누운 사내는 도시가 내려다보이는 토막의 좁은 마당에서 예전 고향집의 '구수한 땅내'를 맡으며 부두의 들병이로 나선 아내가 '칡넝쿨을 걷으러' 갔다고 착각하는 것이다. 사내의 환상은 도시의 이미지를 삭제하면서 푸근한 고향의 기억을 불러낸다. 그러나 귀향은 환상 속에서나 가능하다. 그의 백일몽은 간절한 바람의 소산일 터이지만, '성냥갑 붙이는 일로 돈을 만들고 두 달이면 몸을 추슬러 새끼 꼬는 기계를 들여 한 밑천 마련하겠다는' 계획만큼 한갓된 꿈일 뿐이다. 그에게 자신의 죽음과 아내의 출분을 돌이킬 수 있는 장소는 없었다. 그를 병들게 한 모더니티는 이미 고향으로도 관철되고 있었기 때문이다.

'자동차를 타고 온' 성병과 이국종(異國種) 아카시아가 안겨준 것은 죽음이었다. 「봄과 신작로」는 색시와 송아지를 죽게 한 모더니티의 발원지를 지목했다. 그러나 이 소설은 주변부의 대응을 촉구하고 있지 않다. 흔히 외부의 침탈에 맞서기 위한 도덕적 준거로 동원되었던 지역적 과거의 기억 역시 불러내지 않았다. 불균등성의 비극을 그리는 작가의 입장은 담담하다고 할 만큼 객관적이어서, 어떤 전통적 가치나 특별한 문화자원을 동원하더라도 이 비극을 막을 수는 없다고 말하는 듯하다. 무수한 조난자들의 희생을 불가피하게 한 것이 주변부의 운명이었다면, 그에 대해 과연 무엇을 해야 했던가?

주변부의 모더니즘은 이 물음에 답하지 못했다. 주변부 모더니즘에 대한 오랜 비판은 궁극적으로 여기에 귀착하는 것이었다. 그러나 모더니티가 관철된 구조로서의 불균등성을 지각의 틀이자 존재적 기반으로 여겼다는 점은 주변부 모더니즘 소설을 유의해 읽어야 할 이유일 수 있다. 모더니티의 물결을 피할 곳은 없다고 할 때 불균등성 또한 피할 수 없는 조건이 되는 것이다. 불균등성의 비극은 시골색시나 토막의 사내를 구할 어떤 장소의 구획도 가능하지 않다는 것을 인식한 상황에서 이를 표현하기 위해 선택된 장르였다. 주변부의 비극적 운명을 증언하는 것이 그에 대응하는 한 방법일 수 있다면, 나는 이 비극이 그야말로 비극으로 묘출되어야 했다고 생각한다. 모더니티가 관철된 필연성을 조난자들이 파괴되는 과정의 필연성으로 제시하는 것은 불균등성의 비극을 비극으로 만드는 요건이었을 것이다. 일반적으로 비극에서 프로타고니스트에게 닥치는 운명은 그의 잘못 때문에 비롯된 것은 아니지만, 그렇다고 해서 그와 전혀 무관한 것도 아니다. 그의 성격이라든가 행동은 그가 운명적 파국을 맞는 과정에서 인과적인 요인으로 작용한다. 그는 결코 무죄(無罪)하지 않은 것이다. 자신 또한 자신에게 닥치는 운명에 관여했음을 일깨움으로써 비극은 운명에 대한 윤리적 성찰을 가능하게 한다.

불균등성의 비극에서도 모더니티가 관철된 파괴의 과정을 오직 밖으로부터 강제된 것으로 그릴 때 그에 대한 성찰은 제한될 것이다. 조난자들이 단지 무구한 희생자로 제시되는 경우, 불균등성의 비극은 비극이기 어렵다. 무구한 희생자는 자신을 자신에게 닥치는 운명으로부터 소외시킴으로써 모더니티가 관철된 과정에 대한 원한을 환기하거나, 훼손되지 않은 시공간에 대한 향수를 소비하는 데 그칠 공산이 크다. 불균등한 폐허를 내면적 특징으로 하는 조난자들이라면 얼결에 희생당하는 무구한 존재로 그려질 수 없다. 그러한 내면이 그들이 파괴되는 필연적 과정의 인과적 계기로 작용할 터이기 때문이다. 내면화된 불균등한 폐허는 분열적 위치의 표식일 터인데, 이 조난자들에게 비극은 그들이 선 분열적 위치에서 이미 시작되고 있었던 것이라고 보아야 옳다.

나는 불균등성의 비극을 증언하는 조난자들의 행로가 주변부의 분열적 위치에서 시작되어야 했고, 결과적으로 그 위치를 기억하게 해야 했다는 것을 말하고 싶다. 조난자들은 분열적 위치를 표하는 기억의 형상이 됨으로써 애매한 희생자가 아니라 이 역사적 과정의 증인일 수 있었다는 뜻이다. 중심과 주변부의 역학이 중첩적으로 작용하고, 단절된 동시에 연속되어 있는, 지구적 당대성과 지역적 과거가 공존하는 주변부의 분열적 위치를 통해서만 모더니티가 관철된 과정을 돌이켜 볼 수 있다면, 분열적 위치를 기억해야 할 필요는 절실하다. 분열적 위치의 기억 없이는 이 과정이 여전히 지속되고 있다는 사실도 깨닫기 어려울 것이 분명하다.

5. 혼종화의 길―분열적 위치의 기억

몇몇 식민지의 모더니스트들은 1945년의 해방을 맞아 새로운 변신을 꾀했다. 예를 들어 최명익은 인민의 편에 서서 민족의 독립을 전망하는 적극적인 자세를 취하며, 이제 과거의 '세기말적 우수'에 빠져서는 안 될 것이라고 스스로 다짐하고 있다. 그의 다짐은 민족으로의 귀환이 새 시대를 여는 당위적 과제로 여겨진 해방의 격앙된 분위기를 좇은 것이었다. 많은 사람들이 염원한 민족의 독립이란 더 이상 중심에 의해 규정되지 않는, 내부적으로 어떤 불균등성도 불식된 새로운 영토의 확보를 뜻했다. 민족의 독립은 민족으로의 귀환을 완성하는 조건이었다. 이후로도 민족으로의 귀환은 저버릴 수 없는 꿈이 되지만, 민족의 새로운 영토를 확보하는 것이 실현가능한 일은 아니었다.

해방과 더불어 과거의 식민지에는 세계분할의 경계선이 그어졌다. 이후 남북한 어느 쪽도 세계질서의 변화로부터 독자적인 길을 갈 수는 없었다. 태평양전쟁은 종식되었지만 미구에 닥칠 한국전쟁을 앞둔 짧은 전간(戰間)의 시기에서, 해방 조선을 분할한 두 승전국의 존재는 이

지역에서 좌우의 극한 대립을 초래한 결정적 원인이었음이 분명하다. 민족을 구획하려는 맹렬한 노력에도 불구하고 오히려 민족은 좌우로 나뉘고 만다. 그러나, 혹은 그렇기 때문에 민족의 구획─민족으로의 귀환은 절대적 목표인 듯 반복해 시도되었다. 귀환의 시도 가운데 아마도 가장 극단적인 경우는 스스로 세계의 새로운 중심임을 선언한 북한의 '작은 대국(大國)'론과 같은 것이 아닐까 싶다. 제국주의의 위협과 맞선다는 입장에서 민족의 영토를 구획해온 북한은 소련의 붕괴 이후, 북한이야말로 사회주의를 지키는 유일한 성새(城塞)라고 주장함으로써 세계의 이념적 중심임을 자처하기에 이른다. 이념적 종주국이 된 북한은 작지만 큰 나라라는 주장이었다. 물론 이 작은 대국론에서 민족의 영토를 이념적 중심으로 만든 것은 김일성의 주체사상이었다. 북한은 주체사상에 의해 일색화된 이념적 영토로 민족을 구획함으로써 주체사상을 충실히 따르는 것이 민족으로 귀환하는 방법임을 강변한 것이다. 민족의 영토가 곧 세계의 중심이었으므로 민족으로의 귀환은 더 이상 흔들리지 않는 중심에 정착하는 것이 된다. 그러나 이런 식의 이념적 장소본질화는 편집적 고립이 만들어낸 북한식 망상이었다고 해야 옳다. 세계의 중심임을 자처할수록 고립이 불가피해져간 상황은 가히 역설적이다. 고립된 중심이란 것이 있을 수 없다면 민족으로의 귀환을 요구한 중심화 프로젝트는 실패했다고 말할 수밖에 없다.

주변부가 중심을 배제하거나 또 다른 중심임을 자처하는 것이 과연 중심과 주변부의 역학에 맞서는 방법인가는 의심해 보아야 한다. 중심을 향한 주변부의 원한이 중심을 극복하려는 욕망으로 표출되는 경우, 이 역학의 폭력성을 되풀이할 가능성은 커진다고 보인다. 중심과 주변부의 경계를 그음으로써 주변부가 배제된 메커니즘이 재연될 수 있다는 뜻이고, 주변부의 분열적 위치를 부정함으로써 그것의 역사성을 외면하거나 조작하게 된다는 뜻이다. 대항적인 입장에서 민족을 구획하려 할 때 역시 마찬가지일 것이다. 민족의 구획은 민족의 영토를 특별한 곳으로 만드는 장소본질화를 피할 수 없다. 더구나 민족의 구획은 내부의 불균등성을 훼손의 표식으로 여김으로써 그것의 척결을 요구하게 마련이었다. 그러나 근대의 시간 속에서 온전하고 순수한 민족의 영토라는 것이 있을 수 없다면, 민족 아닌 것을 배제한다는 노력은 자의적인 폭력으로 나타나기 십상이었다.

주변부 모더니즘은 모더니티가 주도한 균질한 시간의 불균등한 이면을 일깨웠고 이런저런 장소본질화를 거부했다. 주변부라는 분열적인 위치에서는 단일하고 수미일관한 기억이란 있을 수 없는 것이다. 나는 주변부 모더니즘이 주변부의 분열적 위치를 드러냄으로써 혼종화의 길을 가리켰다고 본다. 분열적 위치는 혼종성으로 반영될 것이었다. 즉 지구적 당대성과 지역적 과거가 불균등하게 공존하는 주변부의 분열적 위치에서, 어떤 방식으로든 양자의 '협상'이 일어나게 마련이라면, 혼종화가 필연적이었다는 뜻이다.

중심의 지배와 간섭이 주변부를 분열의 장소로 만들었고 그 결과 혼종화가 불가피했다고 할 때 혼종화는 주변부적인 현상이다. 사실 혼종성은 중심과 주변부, 지구적인 것과 지역적인 것의 권력관계가 중립화되는 지점에서 형성되는 것이 아니다. 오히려 그것은 이 권력관계를 은밀하게 다시 새기는 형식일 수 있다. 그런 점에서 혼종화 자체가 중심과 주변부의 역학을 과거의 것으로 만드는 근본적 해결책이라고 보기는 어렵다. 혼종화의 조건이 되는 분열은 불균등성의 폐허에서 시작되었다. 분열적 위치는 불안과 절망, 공포로 가득 찬 것이었다. 마치 이상에게 이적(移籍)의 기억이 고통의 근원이었던 것처럼, 불균등한 폐허에서 환원 불가능한 변이를 진행시킬 혼종화의 시간은 결코 구원의 시간이지 못했다. 혼종화를 통해 분열은 더욱 깊어질 것이었다. 그러나

지구적 당대성과 지역적 과거가 서로 매개되고 교차하는 것이 불가피했다면, 중심의 지배라든가 간섭이 일방적이기는 힘들다. 이렇게 볼 때 분열의 필연성, 혼종화의 필연성을 제어하는 장소는 있을 수 없었다. 분열－혼종성은 어떤 구획도 절대적이지 않음을 말함으로써 역설적이게도 중심의 위치에 대한 의문을 제기하게 할 수 있었다. 과연 중심은 이 운명으로부터 벗어난 곳인가 하는 물음이었다.

중심과 주변부의 역학을 통해 모더니티가 관철된 과정을 비판적으로 돌이켜 보기 위해 필요한 것은 새로운 구획의 노력이 아니라 어떤 구획도 결코 절대적일 수 없다는 것을 깨닫는 일이다. 분열적 위치와 그에 따른 혼종화의 과정을 기억하지 않고는 모더니티의 얼굴과 대면할 수 없을 것이다. 주변부 모더니즘 소설은 그 기억을 일깨우는 전거로 재독되어야 한다.

참고문헌

박태원, 『소설가 구보시의 일일』, 문장사, 1938.
최명익, 『액령』, 북조선문학예술총동맹, 문화전선사, 1947.
최명익, 『장삼이사』, 을유문화사, 1947.
현 덕, 『남생이』, 아문각, 1947.

김 철, 「프롤레타리아 소설과 노스탤지어의 시공」, 『고향의 창조와 재발견』, 동국대학교 한국문학연구소, 2007.
신형기, 「이효석과 발견된 향토」, 『민족이야기를 넘어서』, 삼인, 2003.
신형기, 「지방에서 중심으로」, 『사이(SAI)』 4, 국제한국문학문화학회, 2008.
신형기, 「이상, 공포의 증인」, 『민족문학사연구』 39호, 민족문학사연구소, 2009.
崔載瑞, 「朝鮮文學の現段階」, 『國民文學』, 人文社, 1942.

Bergson, Henri, *Matter and Memory*, Cosimo, Inc., 2007.
Boym, Svetlana, *The Future of Nostalgia*, Basic Books, 2001.

Edensor, Tim, *National Identity, Popular Culture and Everyday Life*, Berg, 2002.

Harootunian, Harry, *Overcome by Modernity : History, Culture, and Community in Interwar Japan*, Princeton university press, 2000.

Kraidy, Marwan M., "The Global, the Local, and the Hybrid : A Native Ethnography of Glicalization", *Critical Studies in Mass Communication*, vol.16, 1999.

Osborne, Peter, *The Politics of Time*, Verso, 1995.

Osterhammel, Jürgen, *Colonialism*, Shelley L. Frisch trans., Princeton : Markus Wiener Publishers, 1997.

Ⅲ. 로컬 언어 다시 보기

차 윤 정

1. 탈근대적 사유와 언어 인식

1990년대 이후 탈근대 담론의 영향 아래, 한국 사회에서도 '다양한 것, 다른 것(차이)'에 대한 관심이 높아져 가고 있다. 이러한 관심은 지방자치 시대의 개막과 함께 더욱 가속화 되어, 각 지역별로 중앙중심적, 획일적 사고에서 벗어나려는 다양한 논의와 활동들이 전개되고 있다.

이러한 움직임은 언어와 관련해서도 나타나는데, 지역말 연구모임인 '탯말두레'가 2006년 표준어 정책에 대해 제기한 헌법소원이 대표적인 예이다.[1] 뿐만 아니라 학계에서도 표준어 정책에 대한 반성과 함께 표준어 중심의 국어정책이 시행되면서 배제되고 소외되었던 방언에 대한 새로운 논의들이 이루어지고 있다.[2] 하지만 대부분의 논의가 국어

---

1) 『중앙일보』, 2008. 11. 11. 탯말두레에서는 표준어규정 제1장 1항에서 표준어는 교양 있는 사람들이 두루 쓰는 현대 서울말로 규정하고 있고, 국어기본법과 초중등교육법은 공문서와 교과서에는 표준어만을 사용하도록 하고 있어서, 지역어를 보전하고 지역 실정에 적합한 기준과 내용의 교과를 편성하지 않아 행복추구권, 평등권, 교육권 등의 기본권을 침해하고 있다고 밝히고 있다.

2) 대표적인 논의들은 다음과 같다. 이상규,『방언의 미학』, 살림, 2007; 국립국어원,『방언 이야기』, 태학사, 2007; 허만길,『한국 현대국어 정책연구』, 홍익대 박사학위논문, 1994; 김정대,「지방분권화시대의 어학 연구」,『한민족어문학』

정책을 다루고 있어서 다양한 분야로까지 확대되지 못하고 있다. 물론 국어정책 부분이 이러한 논의의 핵심에 자리한 것은 분명하지만, 국어 정책의 수립이 학문적 사조나 경향과 밀접한 관계를 가진다는 점에서 학문적 사조나 경향에 대한 연구도 필요하다고 하겠다. 따라서 본 연 구에서는 학문적 경향과 관련한 논의를 전개하고자 한다.

앞으로 논의의 전개 과정에서 기존에 사용되던 방언이나 사투리라 는 용어 대신, 로컬 언어라는 용어를 사용하기로 한다. 이는 앞선 용어 들에 표준어와의 관계 속에서 인식된 부정적 가치가 묻어 있다는 점, 그리고 본 연구가 로컬[3] 속의 언어에 주목한다는 점에서 로컬 언어라 는 새로운 용어를 사용하고자 한다.

본 연구는 로컬 언어의 올바른 이해와 가치 인식을 위한 연구 방법 과 방향에 대해 논의하는 것을 목적으로 한다. 이를 위해 그동안 국어 학계에서 구조주의가 언어 연구의 중심을 이루어 왔던 배경을 토대로, 구조주의 이론에 내포된 근대성을 밝히고 이것이 로컬 언어의 가치에 대한 부정적 인식과 로컬 언어 연구가 소외되었던 하나의 원인이 되었 음을 밝힌다.[4] 또 로컬 언어의 정당한 가치를 인식하고 로컬 언어의

45호, 한민족어문학회, 2004; 민현식, 「국어정책 60년의 평가와 반성」, 『선청 어문』 31집, 서울대학교 국어교육과, 2003; 박갑수, 「표준어 정책의 회고와 반 성」, 『새국어생활』 제14권 1호, 국립국어원, 2004; 김보경, 「표준어 표준어의 망상, 사투리의 망상」, 『당대비평』 제26호, 생각의 나무, 2004; 조태린, 「표준 어 정책의 문제점과 대안 모색」, 『한말연구』 제20호, 한말연구학회, 2007.

3) 이상봉, 「탈근대, 공간의 재영역화와 로컬·로컬리티」, 『한국민족문화』 32집, 부산대학교 한국민족문화연구소, 2008, 2쪽. 로컬은 전체에 대한 국지적 영역 을 의미하는 말로 지역 또는 지방이라는 용어와 유사하게 사용된다. 지역이 라는 말이 비교적 가치중립적으로 사용된다면, 지방이라는 용어는 국가 내지 중앙과 대비되어 위계성을 나타내는 개념으로 사용되는 경향이 있지만 이러 한 구분 역시 학문 분과에 따라 뒤섞여 사용되고 있다. 로컬은 양자를 포괄하 는 용어로서 사용한다.

4) 이러한 논의가 구조주의가 로컬 언어 연구에 전혀 기여하지 못했다는 것을

특징을 올바로 이해하기 위해서는 로컬 언어의 체계를 밝히는 구조주의뿐만 아니라 언어와 인간, 사회, 문화를 함께 연구할 수 있는 사회언어학 등의 연구방법이 같이 적용되어야 함을 밝히고자 한다. 끝으로 울릉도의 로컬 언어를 대상으로, 사회언어학적 연구방법과 함께 언표 주체의 인식을 고려한 연구방법을 적용해 로컬 언어의 특성을 살펴보고자 한다.

2. 구조주의와 로컬 언어

보편성의 추구와 특수성의 배제

소쉬르의 구조주의는 19세기 말에서 20세기 초에 형성되었다. 19세기는 과학적 방법론의 우세로 학문에서도 객관성과 효율성, 거대담론 등이 지배하던, 근대학문이 정점을 이루던 시기였다. 과학적 방법론의 승리는 언어학에도 영향을 미쳤다. 스스로 인문학을 연구하기보다는 언어과학을 연구하기를 원했던 언어학자들은 언어 연구방법을 물리학과 생물학에서 도입했다. 언어학자들은 개별 단어의 연구를 벗어나 언어 전 영역에 일률적으로 적용되는 법칙에 의해 나타나는 음 변화의 역사를 기술하는 방식과 언어를 동식물과 같은 자연적인 유기체로 간주하여 언어의 친족관계를 수립하는 데에 힘을 쏟게 되었다. 하지만 언어의 친족관계를 밝히기 위한 연구가 지나치게 미시적인 연구로 기

의미하지는 않는다. 구조주의의 공시적 연구 방법이나 체계 탐구는 로컬 언어의 연구에도 적용되어 그동안 많은 성과를 이루어 냈다. 하지만 여기서 논의하고자 하는 것은 그러한 구조주의의 공헌에도 불구하고, 큰 테두리에서 보면 로컬 언어를 외적 언어학으로 분류하여 연구 대상에서 배제하거나 학문의 과학성을 추구하는 과정에서 로컬 언어 연구를 상대적으로 소외시키는 결과를 초래했다는 점 등에 초점을 둔 것이다.

울어지게 되면서 작은 마을의 방언까지 연구대상으로 삼게 되었다. 이처럼 원자론적이고 자료 중심적인 언어 연구방법은 결국 언어학의 새로운 패러다임의 전환을 가져오게 되었다. 이것이 소쉬르에 의한 구조주의이다.

이러한 구조주의의 탄생 배경은 구조주의 언어학의 연구목적에서도 분명하게 드러난다. 언어학의 과제는 "모든 언어에서 항구적이고 보편적으로 작용할 수 있는 힘을 찾아보고, 역사의 모든 독특한 현상을 포괄할 수 있는 일반적인 법칙을 추출해 내는 것"5)이라는 소쉬르의 기술에서 보듯이, 구조주의 언어학은 언어의 보편적 구조, 체계를 세우는 데 목적을 두었다.

보편적 체계에 대한 탐구라는 거대담론의 추구는 합리주의, 이성중심주의에 바탕을 둔 근대학문의 두드러진 특징의 하나다. 보편적 체계를 탐구하기 위해서는 다양한 현상들을 하나의 설명적 개념 아래 포함시키려는 총체주의적 개념의 설정이 필연적이다. 총체주의적 개념의 설정은, 많은 현상들을 보편적 개념 아래 포함시켜 설명할 수 있는 장점은 있으나, 개별 현상들이 가진 특징이나 다른 현상들과의 차이는 무시될 수밖에 없다는 단점도 있다. 이렇게 언어의 보편적 체계 탐구가 목적인 구조주의는 태생적으로 다양성과 특수성의 제거를 동반할 수밖에 없다는 점에서 양가적 가치를 가진다.

언어의 보편적 체계 탐구라는 목적에서 보면 분포가 좁고 사용자의 수가 적은 언어는 연구 대상에서 제외되기 쉽다. 표준어와 비교해 볼 때 분포 면이나 사용자의 수적인 면에서 열세인 로컬 언어는 보편성을 획득하기 어렵다. 이런 점에서 보편적 체계의 탐구가 목적인 구조주의 중심의 언어학에서는 로컬 언어에 대한 연구가 상대적으로 활성화되

---

5) F. de Saussure, *Cours de linguistique generale*, 최승언 옮김, 『일반언어학 강의』, 민음사, 2006, 10쪽.

기 어려웠다고 할 수 있겠다.

객관성 추구와 구조주의의 기획

언어학을 '과학'으로 확립하고자 했던 구조주의는 가장 우선적으로 언어학의 대상을 재정립하고자 했다. 구조주의의 연구 대상에 대한 태도는 소쉬르의 다음과 같은 글에서도 잘 나타난다.

> 대상이 관점을 선행하기는커녕, 대상을 만들어 내는 것이 관점이다. 더구나 문제의 현상을 고찰하는 여러 방식 중, 그 어느 것이 나머지에 비해 선행하거나 우월하다고 예견할 수 있는 근거는 전혀 없다.[6]

소쉬르는 과학적 사실들은 과학적 조사 방식과는 무관한 객관적인 실체가 아니라 관찰자가 선택한 특정한 관점에 의해 만들어진 것이라고 보았다.[7] 이러한 생각 뒤에는 당시의 언어에 대한 역사적 서술에서 흔히 나타나는 언어외적 요소들, 이를테면 생물학적 진화론에 입각한 생성, 진화, 소멸 등의 개념으로 언어를 설명하려는 관행, 분트식의 민족심리학을 근간으로 하는 입론을 제거하고자 하는 생각이 깔려 있었다.[8]

소쉬르의 대상에 대한 생각은 언어를 새롭게 정의하는 것으로 명시화 되었다. 전통적 인문학에서는 실세계가 존재하며 인간은 합리적 정신을 통해 실세계를 이해할 수 있고, 언어는 실세계를 묘사할 수 있다

---

6) 위의 책, 13쪽.

7) Olga Amsterdamska, *Schools of Thought*, 임혜순 옮김, 『언어학파의 형성과 발달』, 아르케, 1999, 337~338쪽.

8) 문경환, 「소쉬르와 촘스키 : 두 유형의 구조주의」, 『기호학 연구』 21집, 한국 기호학회, 2007, 428쪽.

고 보았다. 또 언어는 그것을 사용하는 인간의 정신이나 자유의지를 표현하며 결과적으로 인간의 본질을 표현한다고 보았다. 이러한 생각은 언어가 세계를 완벽히 표상할 수 있다는 생각, 언어와 지시 대상 사이에 완벽한 상응이 존재한다고 할 때 가능한 것이다.

구조주의에서는 언어와 지시 대상 사이의 관계를 자의적이라고 본다. 실세계는 언어에 그대로 반영되는 것이 아니라 언어에 의해 분절되고 재단된다. 언어의 구조 자체가 현실을 생산해 내며, 인간이 세계를 인식하고 해석하는 방식은 언어에 달려 있다고 본다. 이런 입장에서 보면, 인간은 오직 언어를 통해 사유할 수 있으며 실세계에 대한 지각은 언어의 구조에 의해서 규정된다. 그래서 언어 연구도 인간의 심리적 특성을 반영하는 것으로서가 아니라 그 자체를 하나의 자립적 현상으로 연구해야 한다고 보았다.

하지만 언어를 이렇게 인간과 분리된 자율적인 것으로 이해할 수 있을까? 언어를 선택하고 사용하는 인간의 심리나 의도는 아무런 의미가 없는 것일까? 처음 만난 두 사람이 날씨에 대한 대화를 나눌 경우, "날씨가 정말 좋아요"라는 발화는 명제적 의미 전달이 목적이 아니라 두 사람의 관계 유지가 목적이라는 것은 이미 일반적인 사실이 되었다. 이와 같은 친교적 기능으로서의 언어 사용의 경우, 문장의 의미는 언어 체계만으로는 설명할 수 없다. 언어의 의미가 기본적으로 기호 체계에서 나온다 하더라도 사회적 관계 유지와 같은 인간에 의해 사용되면서 발생되는 의미나 기능, 즉 인간이 관여된 또 다른 의미기능을 무시할 수는 없다. 결국 인간을 배제시킨 언어 연구란 한계를 가질 수밖에 없다.[9]

---

9) 언어를 자율적·유기적 조직체로 보는 구조주의의 언어관은 기능주의, 담화주의, 인지주의 등에 의해 비판되고 극복되었다고 할 수 있다. 그럼에도 불구하고 본 논의에서 인간과 사회를 배제한 구조주의의 자율적 언어관을 다시

인간과 언어가 밀접한 관계를 가지고 있음에도 불구하고 구조주의에서 언어로부터 인간과 실세계를 배제 시킨 것은, 언어학의 과학화를 위한 기획이었다. 언어학의 과학화를 목적으로 객관성을 위해 연구대상을 조작한 것이다.

연구대상의 조작은 근대적 학문 정신과 밀접하게 관련된다. 근대적 주체는 주체와 타자를 구분하고, 타자를 자기 지배 아래 두고자 한다. 이를 위해 근대적 주체는 타자를 사물화, 대상화하고 계산을 통해 측정하려고 하는데[10] 이것이 곧 근대적 학문의 연구 방법이기도 하다. 소쉬르가 언어로부터 인간과 실세계를 분리한 것은 연구 대상으로서의 언어를 철저히 주체와 분리하여 타자화 시킴으로써 객관적으로 연구할 수 있다고 본 것이다. 이런 점에서 구조주의가 연구 대상을 언어 체계로 한정한 것은, 곧 언어학을 근대적 학문으로 세우기 위한 방편이며 근대정신의 실현이었다.

언어에서 인간을 배제시키고 언어를 단순히 자율적인 체계로만 보게 되면, 언어의 가치란 그 언어 체계 자체가 얼마나 잘 구조화 되고 체계화 되어 있는가에 따라 결정된다. 물론 구조주의가 언어의 가치를 평가하거나 평가하려고 한 것은 아니다. 하지만 학문적으로 구조주의가 객관적인 관점에서 밝혀 놓은 언어 체계는, 실세계에서도 객관적으로 존재한다고 보기 어려운 경우가 많다. 연구의 결과는 실세계의 상황과 결합되어, 언어에 대한 인식에 영향을 주어 언어의 가치 평가에 관여하게 되고, 결국은 그것이 언어 체계에 변화를 주기도 한다. 우리

언급한 것은 구조주의 언어관 자체에 대한 비판에 목적이 있는 것이 아니라, 이러한 언어관이 로컬 언어의 배제와 어떻게 관련되는지를 밝히기 위해서이다.

10) 김석수, 「포스트모던 담론과 로컬리티의 인문학」, 부산대학교 한국민족문화연구소 콜로키움 발표자료, 2008.

말의 인칭대명사의 체계가 변한 것이 그 한 예이다. 우리말에는 원래 3인칭 여성대명사가 없었다. 그런데 3인칭 대명사에 여성과 남성의 구분이 있는 영어의 어휘체계와 비교하게 되면서, 우리말의 인칭대명사는 체계에 빈칸을 가진 것이 되었고 그것은 결핍으로 인식되었다. 따라서 체계의 빈칸을 채우기 위해 '그미, 그네, 그녀' 등의 어휘를 만들어야 내게 되었고 대명사의 어휘체계가 변하게 되었다. 이처럼 어휘체계에 빈칸이 생겼을 때, 빈칸이 생긴 언어는 부족한 언어, 결핍의 언어로 인식된다. 이 언어가 문화적, 경제적으로 주변부에 위치한 언어일 경우는 더욱 그러하다.

이런 연장선상에서 볼 때, 주변부의 언어인 로컬 언어는 정당한 가치를 인정받기 어렵다. 국가적 차원에서 인공적으로 다듬어진 표준어는 상대적으로 로컬 언어에 비해 체계화 된 언어다. 뿐만 아니라 국어정책을 통해 중심어의 자격을 부여받음으로써 다른 언어에 대한 전범과도 같은 역할을 담당하고 있다. 이처럼 체계성과 중심성을 가진 표준어에 비해 상대적으로 체계성이 부족하고 주변부에 놓인 로컬 언어는 그 가치가 평가절하되고 소외될 수밖에 없다.

또한 구조주의에서 실세계를 언어 연구에서 배제한 것은 언어를 시공간과 분리, 시공간의 의미를 무화시킨다. 시공간의 의미를 무화시키는 것은 로컬 언어의 중요성과 가치에 영향을 끼친다. 왜냐하면 로컬 언어는 로컬의 시공간의 특성을 반영하기 때문에, 시공간이 무화된 상태에서는 로컬 언어가 특별한 의미를 갖지 못하게 된다. 결국 구조주의에서 실세계를 제외시키는 것은, 로컬 언어가 가지는 의의를 약화시키는 것이다.

외적 언어학의 배제

구조주의에서는 언어학을 내적 언어학과 외적 언어학으로 이분하고 언어학은 내적 언어학이어야 한다고 밝히고 있다. 내적 언어학은 언어의 체계와 관련된 연구를 하며 랑그를 연구 대상으로 삼는다. 외적 언어학은 언어의 조직, 체계의 변화와 무관한 모든 것을 다룬다.

소쉬르는 외적 언어학의 영역에 속하는 것으로 다음과 같은 것들을 든다. 먼저 언어학이 민속학과 만나는 지점으로서 한 언어의 역사와 한 종족 또는 한 문화와 역사 사이에 존재할 수 있는 모든 관계를 말한다. 둘째 언어와 정치사 사이에 존재하는 관계로 식민지화와 관련된 언어 현상, 또는 국가 내의 언어 정책을 포함한다. 셋째 한 언어의 문화적 발달과 밀접하게 연결되어 있는 분야, 넷째 언어의 지리적 확장과 방언(로컬 언어)의 세분에 관계 되는 모든 것을 외적 언어학의 영역에 포함시킨다.[11]

소쉬르가 방언을 외적 언어학에 포함시킨 이유는, 지리적 현상이 언어와 밀접하게 관련되기는 하나 실제로 그러한 지리적 현상은 언어의 내부 구조에 영향을 미치지 않는다고 보았기 때문이다. 그는 일반적으로 언어가 발전하게 된 환경을 안다는 것이 언어 체계를 파악하는 데 절대적으로 필요불가결한 것은 아니며, 외부의 언어 현상에 대한 연구 없이는 내부 언어조직을 알 수 없다는 생각은 잘못이라고 보았다.

구조주의에서 방언을 외적 언어학의 영역에 포함시킨 것은 결국 방언에 대한 연구를 위축시키는 결과를 초래했다. 그리고 설사 방언에 대한 연구가 이루어진다고 하더라도 그 연구는 방언의 체계 탐구만으로 한정될 수밖에 없었다.[12] 이런 구도 속에서는 로컬 언어가 하나의

---

11) F. de Saussure, 앞의 책, 29~31쪽.

12) 이러한 서술이 로컬 언어의 체계 탐구가 중요하지 않다거나 로컬 언어에 대한 다른 이론적 접근이 없었다는 의미는 아니다. 단지 이 논의에서 말하는 로

언어로서 갖는 중요성이나 가치는 올바르게 평가되고 인식될 수 없었다.

내적 언어학 중심의 구조주의의 학문적 전통은, 결과적으로 오늘날 외적 언어학으로 분류됐던 영역에 대한 연구의 필요성을 제기하는 논의들을 등장시켰다. 이런 영역에 속하는 논의들로는 사회언어학, 언어심리학, 인지언어학 등이 있다.

3. 로컬 언어 연구를 위한 새로운 모색

인간과 실세계의 복원

표현의 측면에서 보면 언어는 표상체계다. 그런데 이 표상체계는 인간(언표주체)이 다양한 실세계를 어떻게 인식하느냐에 따라 달라진다. 따라서 표상체계인 언어를 연구하기 위해서는 언표주체와 실세계에 대한 논의가 함께 이루어져야 한다.

언표주체와 실세계가 연구 대상에 포함되면 언어 연구는 보편성의 추구에서 다양성, 특수성을 포함하는 방향으로 나아가게 된다. 언표주체와 실세계가 복원됨으로써, 하나의 보편적인 표상체계 속에는 포함되지 못했던 차이를 가진 특수한 것, 다양한 것들이 의미를 찾게 된다. 인식의 차이에 따라 다양한 표상체계가 존립 가능해지기 때문이다. 물론 여기서 말하는 다양성이나 특수성은 규칙화가 불가능한 개인별 인식의 차이를 의미하는 것은 아니다. 적어도 같은 문화를 공유하는 집단이 가진 인식이 차이를 말한다. 이것은 언어가 본질적으로 사회성을 가지기 때문이다.

컬 언어의 기능이나 중요성에 대한 연구가 이루어지지 못했음을 의미한다.

다양성이나 특수성이 인정될 때, 로컬 언어의 올바른 가치가 드러난다. 로컬 언어는 언표주체인 로컬인들이 실세계인 로컬에서 삶을 영위하면서 경험하고 사유한 것들을 담은 표상체계로, 그 속에는 다른 로컬과 구별되는 로컬의 특성이 반영되어 있다. 그러므로 로컬 내의 언표주체에게는 그들의 생각과 경험을 가장 적절하게 표현할 수 있는 표상체계가 로컬 언어인 것이다. 이런 점에서 로컬 언어의 가치와 중요성을 찾을 수 있다.

일상어로의 전환

사용의 측면에서 보면 언어는 의사소통의 수단이다. 따라서 언어의 기능이나 중요성은 의사소통의 맥락에서 논의될 수 있다.

일반적으로 언표행위가 이루어지는 담화 상황은 공식적인 담화 상황과 비공식적인 담화 상황으로 나누어진다. 강윤희는 제주도에서의 방언 사용에 관한 연구를 통해, 담화 상황과의 관계를 다음과 같이 밝히고 있다. 표준어는 일반적으로 육지 사람에게 또는 공식적인 상황에서, 친밀하지 않은 사람에게 사용된다. 이에 반해 제주방언은 제주사람에게, 상황이 비공식적일 때, 친밀한 사람과의 상호작용에서, 또한 상대방과의 지위관계가 강조되지 않는 상황이거나, 청자의 사회적 지위가 낮을 때 사용된다. 그리고 언어 사용전환의 측면에서 표준말의 사용은 사회적 거리의 확대와 상황의 공식적 재조정, 위장의 효과를 가져 오는 반면, 표준어를 제주방언으로 전환하는 경우는 사회적 거리의 축소, 상황의 비공식화, 감정 표현 등의 효과를 가져 온다.[13]

이러한 연구를 통해 다음과 같은 결과를 추출할 수 있다. 로컬인이

---

13) 강윤희, 「제주사회에서의 두 방언사용에 대한 민족지적 연구」, 『제주도연구』 11집, 제주학회, 1994, 83~89쪽.

비공식적 담화에서 로컬 언어를 사용하는 것으로 보아, 일상생활의 대부분의 담화에서 로컬 언어가 사용됨을 알 수 있다. 로컬의 의사소통에서 표준어보다 로컬 언어가 더 빈번하게 사용된다는 것은, 로컬 내의 의사소통 수단으로서 로컬 언어의 중요성을 보여준다. 또 로컬인이 상대방을 심리적으로 가깝게 느끼거나 감정 표현을 해야 할 경우 로컬 언어를 사용한다는 것은, 관계 유지의 측면에서 로컬 언어가 표준어보다 더 적절하다고 생각하는 로컬인들의 의식을 보여준다.

이러한 결과는 로컬 언어가 로컬인들이 가장 먼저 배우는 언어라는 것과 관련 있다. 로컬인들은 로컬에서 태어나 그 사회적 환경에서 가장 지배적인 지위를 가진 로컬의 언어를 습득한다. 즉 로컬 언어는 로컬인들에게는 모어와 같은 역할을 하는 제1언어다.[14] 제1언어로서 로컬 언어는 나중에 습득하게 되는 제2언어로서의 표준어보다 일상적으로 사용될 뿐만 아니라, 담화 상황에서도 더 섬세하고 적절하게 의사소통할 수 있는 것이다. 로컬 언어의 가치와 중요성은 여기에서 찾을 수 있다.

로컬 언어가 의사소통의 주된 수단이라는 점을 생각할 때, 로컬 언어 연구는 담화 단위[15]로 확대될 필요가 있다. 기능문법이나 인지언어학, 사회언어학에서는 구조주의적 방법으로 해결하기 어려운 여러 문법 현상들을 담화의 차원에서 설명하려고 하였다. 기능문법에서는 언어를 어떤 목적을 수행하는 것으로 간주하고, 언어 사용에서 각각의

---

14) 미우라 노부타카·가스야 게이스케 엮음, 『言語帝國主義とは何か』, 이연숙 외 옮김, 『언어 제국주의란 무엇인가』, 돌베개, 2000, 36쪽. 루이 장 칼베는 모어라는 단어가 자칫 말이 어머니로부터 유전된다는 오해를 불러일으킬 수 있다는 점, 아이들이 사용하는 언어는 그 사회적 환경에서 지배적인 지위를 가진 언어가 대부분이지만 그 언어가 아버지나 어머니와 상관없이 제3의 언어일 수도 있다는 점 등에서 모어라는 말 대신 제1언어라는 말을 사용한다.

15) 담화는 자연스러운 상황에서 발생되는 한 문장 이상의 언어 단위를 말한다.

언어 성분들이 각각 어떤 역할을 하며 다른 것과 어떤 관계를 가지는 지를 밝히고자 했다. 인지언어학에서는 담화적 지식이 실제 언어 사용에서 어떤 형태로 원용되고 활성화 되는가를 설명하려 했다.[16] 사회언어학에서는 담화연구를 통해 사회문화적 상황과 언어변이의 문제에 대해 설명하고자 했다.

하지만 로컬 언어 연구에서는 이러한 논의가 최근에야 제기되기 시작하고 있다. 이기갑은 방언 연구의 새로운 길로 구술 발화에 근거한 방언 연구의 필요성과 방언 담화론의 연구 가능성에 대해 다음과 같이 밝히고 있다. 구술발화는 제보자의 자연스런 표현들로 이루어진 담화이기 때문에 질문지 조사에 의해 이끌어낸 방언형보다 자연스러우며 그 지역의 언어적 특성을 재대로 반영하는 방언형을 얻기 위한 가장 효과적인 방법이다. 그리고 구술발화의 녹취와 전사를 전제로 방언 담화론이라는 새로운 영역을 구성할 수 있을 것이라고 밝히고 있다.[17]

사회언어학적 관점에서 볼 때 담화는 행위자의 활동이나 정체성을 표현하기 위한, 특정 장소에서의 언어 사용을 의미한다. 따라서 담화를 분석하는 것은 인간들이 언어공동체 내에서 역사, 사회, 문화적 삶을 영위하기 위해서 어떤 방식으로 언어를 사용하고 의사소통하는지를 연구하는 것이다.

특정 언어공동체에서 나타나는 언어 사용 규칙의 유형은 그 집단 구성원들이 공유하는 독특한 문화를 반영한다. 언어공동체 안에서의 언어 사용 연구는 맥락 분석, 언어적 적절성에 대한 규범 분석, 언어 지

---

16) 예를 들어 인지언어학에서는 현저성의 차이에 따라 참여자를 탄도체와 지표로 나누어 설명한다. 그런데 이 참여자 중 어느 쪽을 탄도체로 선택하고 어느 쪽을 지표로 선택하는가는 화자가 참여자에 대해 가지고 있는 화용론적 지식에 따른다고 보는 것이다.

17) 이기갑, 「국어 방언 연구의 새로운 길, 구술 발화」, 『어문논총』 제49호, 한국문학어문학회, 2008, 13~19쪽.

식 및 언어 사용을 분석한다. 이러한 분석은 그 집단의 심층적 문화모
형18)을 드러내고, 공동체 구성원들을 통합해 주는 인지적, 개념적 연결
고리를 찾아내는 것이 된다. 로컬 언어의 사용을 분석해 보면 로컬인
들이 공유하고 있는 심층적 문화모형을 찾을 수 있을 것이다. 의사소
통과 언어의 사용, 문화의 관계에 대한 연구는 대표적으로 민족지학적
연구와 사회언어학적 연구를 통해서 이루어지고 있다.

로컬 언어와 사회언어학

앞에서 로컬 언어의 중요성과 가치를 올바로 인식하기 위해서는 구
조주의가 지닌 근대성을 극복하고, 언어 연구에 인간과 실세계를 복원
시키고 담화로서의 일상어 연구를 포함해야 한다는 것을 살펴보았다.
여기에서는 이러한 관점에서 로컬 언어 연구를 수행하기 위한 대표적
인 이론으로 사회언어학에 대해 살펴보겠다.19)

1960년대 중반에 발생한 사회언어학은 언어 자체를 사회와 관련된
체계로 봄으로써, 언어 체계만을 독립적으로 연구하는 것이 아니라 인

---

18) Nancy Bonvillain, *Language, Culture, and Communication*, 한국사회언어학회 엮음,『문
화와 의사소통의 사회학』, 한국사회언어학회, 2002, 2쪽 참조. Bonvillain은 문
화모형은 한 집단의 구성원에 의해 창조되고 공유되고 전달되는 실재의 구성
물(construction of reality)이라고 정의한다. 그리고 이 문화모형은 참여자에 의해
명시적으로 표현되지 않을 수 있으나, 행위를 안내하고 평가하는 데 사용되
며, 사람들은 문화모형을 공유하고 용인하고 있기 때문에 이 모형은 자연스
럽고 논리적이며, 필요하며, 적법하다고 생각한다. 문화모형이 행위의 배경이
되어감에 따라 사람들은 모형이 문화적으로 구성되었다고 인식하기보다는 오
히려 자연스러운 삶의 질서라고 간주하게 된다.

19) 이러한 논의가 로컬 언어 연구에서 구조주의를 배제한다는 의미는 아니다.
로컬 언어의 체계를 연구하는 분야는 여전히 구조주의적 방법이 유용하다.
하지만 이러한 연구만으로는 로컬 언어의 특성이나 기능을 온전히 밝히기 어
렵다는 차원에서 사회언어학의 연구방법론의 도입을 논의하는 것이다.

간-언어-사회의 관계 속에서 언어를 연구하는 학문 분야이다.

　사회언어학의 연구 분야는 연구 단위에 따라 언어공동체를 국가로 보고 한 국가의 언어정책, 중앙어, 이중언어 정책 등의 문제를 다루는 분야와 더 작은 언어공동체를 대상으로 언어의 사회문화적 의미를 파악하려는 분야로 나뉜다. 후자는 다시 언어공동체의 언어 체계를 다루는 분야와 사회구성원인 인간(언표주체)의 언어 사용 문제를 다루는 분야로 나누어진다.[20]

　구조주의 언어학이 언어를 본질적으로 독자적인 추상체계로 보기 때문에 연구자의 머릿속에서 만들어진 자료를 바탕으로 언어를 기술하고 설명하려 했던 데에 비해, 사회언어학에서는 실제 언어 자료를 통해 사회적 맥락 속에서 언어를 체계화하고 연구하고, 언어가 어떻게 사용되는지, 인간의 심리나 다른 문화적 양식들과 어떤 관계를 가지는지 등을 연구한다. 이러한 연구는 언어공동체의 다양성과 이질성 등이 그대로 담겨있는 언어 자료를 연구함으로써 구조주의 연구에서 간과했던 다양한 언어의 문제, 특히 인간과 사회와 관련된 문제에 대한 새로운 기술과 설명을 제공한다.

　사회언어학에서는 언어 인류학의 발전에 큰 영향을 끼친 사피어(Sapir)와 워프(Whorf)의 논의를 수용하여 언어와 인간 사회, 문화의 관계가 역동적임을 설명하고 있다.[21] 물리적, 사회적 환경에서의 어떤 대상이나 영향력은 문화적 의미를 가질 때만, 즉 그 사회의 관심과 주의

---

20) 김혜숙, 「사회언어학의 이론과 전개」, 『사회언어학』 12권 1호, 한국사회언어학회, 2004, 110~112쪽.

21) 김진우, 『인지언어학의 이해』, 한국문화사, 1999, 149쪽. 이와 관련한 논의는 인지언어학에서도 이루어지고 있다. 언어는 문화적인 소산물이기 때문에 단어나 문장이 나타내는 의미에도 문화적 요소가 많이 들어 있다. 그런데 단어나 문장이 갖는 사전적 의미가 아닌 심리나 가치적 의미는 문화적 지식에 속하며, 이를 인지언어학자들은 백과사전적인 지식이라고 한다.

를 끌 때만 언어로 표현된다. 그리고 일단 언어가 어떤 대상이나 행위에 단어를 부여해 주면 그 대상이나 사건은 문화적으로 중요한 의미가 된다. 어휘와 문화적 가치 간의 관계는 다중 방향적 성격을 갖는다. 언표주체들은 자기가 속해 있는 물리적, 사회적 세계의 중요한 개체나 사건에 이름을 붙이는데 일단 이름이 붙여지면 그 개체와 사건은 문화적으로나 개인적으로 인식되고 경험된다. 이와 같은 상호 의존적 과정을 통해 독특한 문화모형이 만들어지고 강화된다.[22]

사회언어학적 조사, 연구 방법으로는 계량적 방법뿐만 아니라 참여관찰, 통찰, 문헌자료, 인터뷰, 설문지 등의 다양한 방법이 사용된다. 이 중 문화인류학(민족지학)에서 받아들인 참여관찰과 통찰의 방법은 로컬 언어 연구에 시사하는 바가 크다. 참여관찰은 조사자가 타문화를 기술할 때 자신이 그 공동체의 일원이 되어 문화 의식을 공유하는 것으로, 자민족 중심주의적 편견을 없애는 데 도움이 된다.[23] 통찰은 조사자 자신이 속한 공동체 구성원들이 갖는 가치관과 행동 양식을 언어를 통해 분석하는 방법이다. 참여관찰과 통찰은 로컬 언어를 조사하고 연구할 때, 로컬 내부의 언표주체의 시선으로 언어를 바라보아야 할 필요성을 보여준다. 로컬 언어의 기능을 올바로 이해하고 그 중요성과 가치를 발견하기 위해서는 무엇보다도 우선적으로 로컬 내부의 언표주체의 입장에서 로컬 언어를 보아야 한다는 것이다.

---

22) Nancy Bonvillain, 앞의 책, 59~82쪽 참조. 여기에서는 Sapir의 파이유트어와 영어의 비교 연구의 예를 들어 두 언어가 어휘를 분화하는 전략의 차이는, 언표주체들이 주변 환경에 대해 부여하는 상대적 관심과 중요성의 차이라고 언급하며, 서로 다른 언어의 어휘가 특정 분야에서 전문화가 어느 정도 이루어졌는지에 따라 그 문화의 태도에 대해 결론을 내릴 수 있다고 한다.

23) Julia G. Crane · Michael V. Angrosino, *FILED PROJECTS IN ANTHROPOLOGY : ASTUDENT HANDBOOK*, 한경구 · 김성례 옮김, 『문화인류학 현지조사 방법』, 일조각, 1996, 94~111쪽.

이외에도 사회언어학에서는 일상의 담화를 분석하거나 문체, 어조의 분석을 통해 언어에 반영된 실재 이데올로기 등을 분석하기도 하고 화용론적 접근을 통해 언어와 사용자와의 관계를 연구하기도 한다.

4. 로컬 언어 연구의 적용

앞 절에서 로컬 언어 연구를 위해서는 인간과 실세계를 복원하고 일상 담화를 분석에 포함시키는 방향으로 연구가 이루어져야 한다는 점과 이러한 논의를 적용할 수 있는 방법으로 인간과 언어, 사회의 관계 속에서 언어를 연구하는 사회언어학의 가능성을 다루었다.

이 절에서는 인간, 실세계의 복원과 관련하여 사회언어학적 방법을 적용해 울릉도 로컬 언어를 분석해 보기로 한다. 울릉도의 자연환경, 생산물, 문화, 로컬인들의 체험 등이 로컬 언어와 어떻게 관련되는지, 또 어휘분화와 어휘삭제의 원리와는 어떤 관련이 있는지를 논의하고, 이를 통해 문화모형 즉 로컬인들이 문화적으로 공유하고 있는 세계를 바라보는 태도에 대한 언급을 시도해 보기로 한다. 또 사회언어학이 민족지학의 연구방법에서 받아들인 참여관찰과 통찰의 방법을, 언어 연구에서의 인간과 관련한 언표주체의 문제와 관련하여 다루기로 한다. 여기에서는 로컬의 특성과 언표주체의 인식이 가장 잘 드러나는 부분이 로컬 언어의 어휘라는 점에 착안하여 어휘만을 다루기로 한다.[24]

---

24) 3절에서 로컬 언어 사용을 분석해 보면 심층적 문화모형을 찾을 수 있을 것이라고 논의했다. 4절에서도 이러한 논의를 바탕으로 담화 분석을 통한 언어 사용 분석과 심층문화모형을 찾아가는 논의가 이루어져야 한다. 하지만 현재로는 논의를 전개할 수 있는 자료 확보의 한계와 본인의 한계로 인해 본고에서는 다루지 못하고 어휘를 대상으로 부분적으로 문화모형을 찾는 시도를 해

자연환경과 생산물의 표상

울릉도 로컬 언어에는 눈, 벼랑, 소라, 오징어 등에 대한 어휘가 세분화되어 있다. 눈을 가리키는 어휘는 크기에 따라 '넙디기눈, 똥골눈, 진갈비' 등으로 세분화되며, 벼랑을 가리키는 어휘도 경사의 완만에 따라 '청석(완만), 절방(급경사), 뱅치(급경사), 산삐알/산빈달(보통)로 세분화 된다. '소라'를 가리키는 어휘는 크기에 따라 '뿔고디(대), 새고디(중), 비단고디(소)' 등으로 세분화되며, '오징어'를 가리키는 어휘는 잡는 시간에 따라 '이까(오징어를 통칭할 때), 아시이찌(아침에 잡은 것), 요이찌(저녁에 잡은 것), 낮바리(낮에 잡은 것) 등으로 세분화된다.[25]

이처럼 세분화된 어휘들은 울릉도의 특수한 자연환경적 조건을 반영한다. 울릉도는 강수량의 40%가 겨울에 집중되어 있는데 대부분이 눈이다. 그리고 평균적설량은 100㎝내외이나 최심적설량은 2m가 넘어 전국 제일의 심설지역이다. 그 중에서도 나리분지의 심설은 이곳 주민들의 생활에 많은 영향을 주어 우데기집이라는 특이한 가옥 형태를 낳았다.[26] 눈이 많이 내리는 자연환경은 울릉도 로컬인들의 주업인 어업에도 영향을 줄 뿐만 아니라, 가옥의 형태까지 결정할 정도로 생활에 중요한 영향을 끼친 것이다. 이런 자연환경적 특성은 울릉도의 언표주체들이 '눈'이라는 대상을 다른 로컬의 언표주체들과 달리 인식하게 만들었다. 눈에 관한 다양한 어휘의 분화는 언표주체들의 눈에 대한

본다. 문화모형에 대한 구체적인 논의는 풍부한 자료의 확보와 이론의 적용을 통해 이루어지는 것이므로 다음 기회로 미루기로 한다.

25) 남경란, 「경북 동해안 방언의 어휘적 특징-울릉군 지역의 방언 어휘를 중심으로」, 『민족문화연구총서』 27집, 영남대학교 민족문화연구소, 2003, 250쪽.

26) 김태원, 「울릉도민의 이주와 정착과정」, 『민족문화연구총서』 27집, 영남대학교 민족문화연구소, 2003, 328~329쪽.

인식을 반영하는 것이다.

또 울릉도는 지형이 매우 험준하여 지역의 대부분이 산과 구릉으로 이루어졌고 침식곡이 발달하였으며 해안 지형은 급경사를 이루고 있다. 험준한 지형과 벼랑이 많은 자연환경적 조건은 벼랑의 경사도에 따라 밭농사를 지을 수 있는 곳과 없는 곳을 구별해야 했다. 그러므로 로컬 내에 거주하는 언표주체들에게 모든 '벼랑'을 하나로 표상하는 것으로는 부족하다는 인식을 갖게 했다. 언표주체들은 벼랑을 경사도에 따라 구분하여 인식하였고 그것이 어휘의 분화로 표상되었다.

이처럼 자연환경을 표상하는 어휘의 경우, 그것이 생활에 영향을 끼치는 정도가 높을수록, 즉 '생활 관여성'이 높을수록 로컬인들은 이것에 대한 어휘를 분화시켜 사용한다. 이로 보아 울릉도 로컬인들의 공유인식 속에는 '생활 관여성'이라는 것이 어휘를 분화시키는 하나의 원리로 자리잡고 있음을 알 수 있다.

그런데 언표주체가 대상에 관한 어휘를 분화시킨다는 것은 대상을 구분하여 인식한다는 것이다. 따라서 자연환경을 표상한 어휘분화를 통해, 울릉도 언표주체들의 자연환경 인식에 대한 문화모형, 생활 관여성이 높은 대상에 대해 그 차이를 인지하고 그것을 세분화하여 인식한다는 문화모형을 찾을 수 있다.

바다로 둘러싸인 울릉도에서 로컬인들은 어업을 생업으로 하는데, 주된 생산물이 소라와 오징어이다. 그런데 울릉도의 로컬 언어에는 다른 어종과는 달리 소라와 오징어에 대한 어휘가 세분화되어 있다. 이러한 어휘의 분화는 섬이라는 자연환경적 조건에 따라 어업을 생업으로 삼는 언표주체들의 생활을 반영하고 있다.

그런데 같은 어업 생산물이지만 소라와 오징어에 관한 어휘는 어휘분화 방식에서 차이를 보인다. 어휘분화의 차이는 울릉도의 언표주체들이 어업 생산물이라도 대상에 따라 인식하는 방식에 차이가 있다는 것을 보여준다. 언표주체들은 잡히는 시간이 대상의 경제적 가치에 특별한 영향을 끼치지 않는다고 생각한 소라는 단순히 크기에 따라 어휘를 분화시켰지만, 잡히는 시간과 신선도가 밀접한 관련이 있는 오징어의 경우는 잡히는 시간에 따라 어휘를 분화시켰다. 연안 어업이 주인 오징어잡이는 배가 저녁에 출어하는 이유로 저녁에 잡히는 오징어보다는 아침에 잡히는 오징어가 신선하여 높은 값을 받을 수 있다고 한다. 그래서 이를 구분한다. 그리고 낮에는 오징어가 잘 잡히지 않으므로 이것도 구분한다.[27] 오징어의 신선도, 경제적 가치와 관련하여 오징어가 잡히는 시간은 언표주체들에게 중요하게 인식되었고 이러한 인식이 어휘분화로 표상되었다.

울릉도 로컬 언어에서 어업의 주생산물인 소라와 오징어에 관한 어휘가 세분화되어 나타난다는 것은, 그것이 경제활동과 관련하여 중요한 것일수록 어휘분화 된다는 사실을 보여준다. 이는 자연환경 관련 어휘들이 생활 관여성이 높을수록 어휘분화 될 가능성이 높다는 것과 일맥상통하는 것이다.

그런데 앞에서 살펴본 것처럼 같은 주요 생산물이라 하더라도 소라는 크기에 따라 어휘분화 되고 오징어는 잡히는 시간(신선도와 관련)에 따라 어휘분화 된다. 소라와 오징어의 이러한 어휘분화 방식의 차이는, 화폐교환적 가치 즉 '경제적 가치'에 따른 것이다. 즉 생산물을 나타내는 어휘는 어휘분화의 기준이 '경제적 가치'가 된다는 것이다.

생산물과 관련된 어휘의 분화의 고찰을 통해, 울릉도의 로컬 언어에서는 경제생활에 중요한 영향을 끼치는 것일수록 어휘분화 될 가능성이 높으며, 또 어휘가 분화될 때 경제적 가치가 기준이 된다는 것을 알 수 있다. 생산물과 관련된 어휘분화의 모습은 울릉도 로컬의 언표주체

---

27) 이러한 사실은 울릉도 천부 어촌계의 정상배님을 통해 확인한 것이다.

들이 대상에 대해 갖는 문화적 태도, 즉 경제적 가치가 생산물을 구분하여 인식하는 데에 중요한 원리로 작용한다는 문화모형을 반영한다고 할 수 있다.

이렇게 독특한 어휘분화를 보이는 울릉도 로컬 언어는, 로컬의 자연환경과 생산물 같은 로컬의 특성에 대한 설명이 수반될 때 그 의미와 중요성이 더욱 명확하게 설명될 수 있다. 또 다른 로컬 언어와의 차이는 언어공동체 속의 언표주체들의 인식의 차이, 문화모형의 차이를 반영한 것이라는 점에서 볼 때, 로컬 내부의 언표주체들에게는 이러한 어휘의 분화가 반드시 필요에 의한 것이며 지극히 유의미한 것이다. 하지만 언표주체가 로컬 외부인으로 치환되면, 이러한 어휘분화는 필요 없는 것이며 무의미한 것이 된다.

이런 점으로 볼 때, 로컬 언어는 로컬 내부의 언표주체와 로컬의 관계 속에서 연구될 필요가 있다. 로컬 내부의 언표주체들이 공유하고 있는 공동의 언어의식을 바탕으로 로컬 언어 연구가 이루어질 때, 로컬 언어의 특성을 가장 잘 밝힐 수 있으며 그를 통해 로컬 언어의 중요성과 가치가 드러난다.

문화와 체험의 표상

울릉도에는 나리분지 외에는 평지가 거의 없고, 나리분지도 화산의 분화구이자 고산지대이기 때문에 논농사는 거의 지을 수 없다. 이런 자연환경적 조건에 맞추어 울릉도 사람들은 논농사보다 밭농사를 주로 짓고 있다. 생산되는 농작물의 대부분은 감자, 옥수수 등이며 약간의 쌀, 보리, 콩 등과 약초 등의 특용작물이 재배된다.

논농사를 거의 짓지 않는 농경문화의 특징은 울릉도의 로컬 언어에도 반영되어 있다. 박종갑에 의하면 울릉도 천부리와 태하리 지역의 노년층을 대상으로 어휘를 조사한 결과, 표준어에서 사용되는 호미씻이, 볏, 번지, 벼훑이 같은 논농사와 관련된 어휘들에 대해서 모르거나 잘 쓰지 않는다고 답한 경우가 많았다.[28] 울릉도의 초기 이주민들 대부분이 이주하면서 농기구를 가지고 온 것으로 보아[29] 언표주체들이 울릉도에 이주할 당시에는 벼농사와 관련된 어휘들을 사용했을 것이다. 하지만 120여 년 동안의 세월을 거치면서 그들의 농경문화에서 벼농사가 차지하는 비중이 미약함에 따라, 벼농사에 꼭 필요한 것들만 어휘로 남아 전승되고 나머지는 기억에서 사라지고 어휘체계에서 삭제된 것이다.

울릉도에서는 자연환경 때문에 벼농사를 거의 지을 수가 없다는 사실은, 벼농사 문화가 로컬인들에게는 생활 관여성이 낮다는 것을 의미한다. 이는 앞의 자연환경의 표상에서 살펴본 어휘분화 원리에 비추어 볼 때, 어휘분화와는 역방향의 작용이 발생할 것으로 예측되는 것이다. 실제로 앞에서 살펴본 것처럼 울릉도 로컬 언어에서는, 생활 관여성이 낮은 벼농사 관련 어휘가 어휘분화와 반대되는 현상인 어휘소멸 또는 어휘삭제 현상을 보인다. 이로 보아 울릉도 로컬 언어의 어휘체계에서 어휘삭제의 원리는, 생활의 관여성이 낮은 어휘일수록 어휘체계에서 소멸, 삭제될 가능성이 높다는 것으로 추론될 수 있다.

이처럼 생활 관여성이 낮은 어휘가 삭제되는 현상을 통해 볼 때, 울릉도 로컬인들의 공유인식 속에는 생활 관여성이 낮은 대상은 인식의 세계에서 소멸, 삭제되는 문화모형이 자리잡고 있음을 알 수 있다.

또한 울릉도 로컬 언어에는 명이, 깍새와 같은 독특한 어휘가 존재

---

28) 박종갑, 「울릉도 지역의 방언에 대한 실태 조사」, 『한민족어문학』 3집, 한민족어문학회, 1998, 93쪽.

29) 김태원, 「울릉도민의 이주과정에 대한 인구사회학적 고찰」, 『한국인구학』 제27권 제1호, 2004, 164쪽.

한다. 명이, 깍새는 벼농사를 거의 지을 수 없을 뿐만 아니라 어업 기술도 발달하지 못해 식량부족 때문에 굶주림을 체험을 했던 울릉도 로컬인들의 생활과 관련하여 주목할 만한 어휘다. 울릉도 개척 당시, 긴 겨울동안 굶주림에 시달리던 사람들은 눈이 녹기 시작하면 산에 올라가 눈을 헤치고 나물을 캐어 끼니를 이었다고 한다. 이때 먹은 나물의 이름이 명이인데, 이것을 먹고 생명을 이었다고 해서 붙여진 이름이라고 한다. 또 어두운 밤 장작불을 피워 놓으면 새들이 날아드는데 사람들은 이것을 잡아먹고 굶주림을 채웠다고 한다. 깍새라는 이름은 이 새들의 울음소리 때문에 붙여진 이름이라고 한다.[30]

대상에 대한 명칭 붙이기와 사용에는 언표주체의 인식이 반영된다. 대상에 대한 명칭이 특정 로컬에서 독특하게 나타나는 경우, 그 명칭은 로컬인들의 인식을 살펴보는 중요한 자료가 될 수 있다. 앞에서 언급한 명이의 경우가 이러한 대표적인 예이다.

명이의 학명은 산마늘이다. 산에서 나는 마늘이라는 의미의 산마늘과 비교해 볼 때, '생명을 이었다'라는 의미가 들어 있는 명이는 명칭을 붙인 언표주체들의 삶의 체험이 그대로 묻어나는 표현이다. 개척 당시 식량부족으로 인한 굶주림의 체험은 울릉도 로컬인들의 삶과 의식 속에 강하게 각인되었던 것으로 보인다. 이는 나리분지의 나리라는 이름이 개척민들이 산야에서 흔히 자라는 섬말나리의 뿌리를 캐 먹으며 허기진 배를 채웠다 하여 '나리골'이라고 불리어졌다는 것과 울릉도의 몇 안 되는 전설 중 촛대바위 전설[31] 같은 것도 그 배경에 식량부족 문제가 자리하고 있음을 통해서도 알 수 있다. 이처럼 울릉도 로컬인들은 식량부족에 따른 굶주림의 체험을 명이라는 어휘로 표상하였다. 이것은 육지인들이 '보릿고개'라는 어휘로 굶주림의 체험을 표상

---

30) http : //www.ulleung.go.kr (검색일 : 2009.1.22).

31) http : //www.ulleung.go.kr (검색일 : 2009.1.22).

했던 것에 비교될 수 있다.

'명이'라는 명칭 붙이기와 사용을 통해 울릉도 로컬인들의 삶과 공유인식 속에는 식량부족이라는 공동의 체험이 얼마나 뿌리 깊게 각인되었는지를 알 수 있다. 세계를 인지하는 태도에 식량부족 체험이 중요한 공유인식 즉 문화모형으로 자리한다는 것을 보여준다.

벼농사에 관한 어휘체계를 다른 로컬의 언어(특히 표준어)와 비교하거나, 로컬 외부의 언표주체의 시선으로 보게 되면, 울릉도 로컬 언어는 결핍되고 부족한 어휘체계를 가진 것으로 보인다. 하지만 내부 언표주체의 시선으로 보면 자신들의 생활과 문화에 없는 것을 표상하지 않는 것에 불과하다. 또 명이와 깍새라는 로컬 언어는 언표주체들의 체험과 관련시켜 보아야만 의미를 올바르게 이해할 수 있다. 따라서 로컬 언어의 연구는 그것을 만들어내고 그것으로 의사소통하는 로컬 내부의 언표주체 그리고 문화, 생활, 체험 등과 함께 연구됨으로써 올바르게 연구될 수 있다.

5. 맺는말

지금까지 언어학의 과학화를 완성하기 위해 노력했던 구조주의의 언어이론 속에 다양성과 특수성을 배제하는 근대적 특징이 내포되어 있다는 것을 살피고, 이러한 구조주의의 근대성이 로컬 언어 연구를 배제하고 로컬 언어의 중요성과 가치를 인식하는 데 부분적으로 걸림돌이 되었음을 밝혔다. 그리고 로컬 언어의 특징과 가치를 올바로 이해하기 위해서는 연구대상에 인간과 실세계를 포함시켜야 한다는 점, 언어 분석 대상이 문장을 넘어 담화로 확장되어야 한다는 점을 밝혔다. 로컬 언어를 분석하는 언어연구방법론 역시 구조주의뿐만 아니라 언어와 인간, 사회, 문화를 함께 연구할 수 있는 사회언어학 등의 연구 방법이 같이 적용되어야 함을 밝혔다.

끝으로 울릉도 로컬 언어 어휘들을 대상으로 사회언어학적 연구 방법을 적용해 보았다. 그 결과 울릉도의 로컬 언어 어휘에는 로컬의 자연환경, 문화, 로컬인들의 체험 등이 반영되어 있다는 사실과, 이들 어휘들의 분석을 분석해 보면 로컬인들이 공유하고 있는 문화모형을 추론해 볼 수 있다는 것을 부분적으로 살펴보았다. 이러한 결과들을 통해 볼 때, 로컬 언어 연구를 위해서는 이런 다양한 학문분야의 공동 연구가 필요하다는 것, 그리고 로컬 언어를 로컬인의 입장에서 바라보고 연구하는 것이 로컬 언어 연구의 또 다른 가능성을 보여주는 것임을 알 수 있었다.

참고문헌

강신항, 「경북 안동, 봉화, 영해 지역의 이중 언어생활」, 『논문집』, 성균관대학교, 1976.

강윤희, 「제주사회에서의 두 방언 사용에 대한 민족지적 연구」, 『제주도 연구』 11집, 제주학회, 1994.

강희숙, 「언어의 변화와 보존에 관한 사회언어학적 연구」, 『한국언어문학』 47집, 한국언어문학회, 2001.

국립국어원, 『방언 이야기』, 태학사, 2007.

권재일 외, 『언어학과 인문학』, 서울대학교 출판부, 1999.

김광현, 「소쉬르와 구조주의 : 인식론적 및 방법론적 고찰」, 『한국프랑스학논집』, 한국프랑스학회, 2002.

김보경, 「표준어 표준어의 망상, 사투리의 망상」, 『당대비평』 제26호, 생각의 나무, 2004.

김석수, 「포스트모던 담론과 로컬리티의 인문학」, 부산대학교 한국민족문화연구소 콜로키움 발표자료, 2008.

김정대, 「지방분권화시대의 어학 연구」, 『한민족어문학』 45호, 한민족어문학회,

2004.

김진우, 『인지언어학의 이해』, 한국문화사, 1999.

김태원, 「울릉도민의 이주와 정착과정」, 『민족문화연구총서』 27집, 영남대학교 민족문화연구소, 2003.

김태원, 「울릉도민의 이주과정에 대한 인구사회학적 고찰」, 『한국인구학』 제27권 제1호, 한국인구학회, 2004.

김형효, 『구조주의 사유체계와 사상』, 인간사랑, 2008.

김혜숙, 「사회언어학의 이론과 전개」, 『사회언어학』 12권 1호, 한국사회언어학회, 2004.

김희숙, 「21세기와 한국의 사회언어학」, 『한국어학』 31집, 한국어학회, 2006.

남경란, 「경북 동해안 방언의 어휘적 특징-울릉군 지역의 방언 어휘를 중심으로-」, 『민족문화연구총서』 27집, 영남대학교 민족문화연구소, 2003.

문경환, 「소쉬르와 촘스키 : 두 유형의 구조주의」, 『기호학 연구』 21집, 한국기호학회, 2007.

민현식, 「국어정책 60년의 평가와 반성」, 『선청어문』 31집, 서울대학교 국어교육과, 2003.

박갑수, 「표준어 정책의 회고와 반성」, 『새국어생활』 제14권 1호, 국립국어원, 2004.

박육현, 「언어 갈등에 관한 연구-표준어와 방언을 중심으로-」, 『독일어문학』 26집, 한국독일어문학회, 1997.

박종갑, 「울릉도 지역의 방언에 대한 실태 조사」, 『한민족어문학』 3집, 한민족어문학회, 1998.

이기갑, 「국어 방언 연구의 새로운 길, 구술 발화」, 『어문논총』 제49호, 한국문학어문학회, 2008.

이상규, 『방언의 미학』, 살림, 2007.

이상봉, 「탈근대, 공간의 재영역화와 로컬·로컬리티」, 『한국민족문화』 32집, 부산대학교 한국민족문화연구소, 2008.

이익섭, 「전라도 동북부지역의 언어 분화」, 『어학연구』 6-1, 서울대학교 어학연구소, 1970.

이익섭, 『방언학』, 민음사, 2006.

이정민, 『언어 이론과 현대과학 사상』, 서울대학교 출판부, 1986.

조태린, 「표준어 정책의 문제점과 대안 모색」,『한말연구』제20호, 한말연구학회, 2007.

최명옥, 「경북동해안 방언 연구」,『민족문화총서』 4, 영남대학교 출판부, 1980.

한성일, 「사회언어학 연구사」,『한말연구』 17집, 한말연구학회, 2005.

허만길,『한국 현대국어 정책 연구』, 홍익대학교 박사학위논문, 1994.

미우라 노부타카·가스야 게이스케 엮음,『言語帝國主義とは何か』, 이연숙 외 옮김,『언어 제국주의란 무엇인가』, 돌베개, 2000.

Nancy Bonvillain, *Language, Culture, and Communication*, 한국사회언어학회 엮음,『문화와 의사소통의 사회학』, 한국사회언어학회, 2002.

F. de Saussure, *Cours de linguistique generale*, 최승언 옮김,『일반언어학 강의』, 민음사, 2006.

Olga Amsterdamska, *Schools of Thought*, 임혜순 옮김,『언어학파의 형성과 발달』, 아르케, 1999.

Wetherell et al., *Discourse theory and practice : A reader*, The Open University Press, 2006.

『중앙일보』, 2008. 11. 11.

http : //www.ulleung.go.kr (검색일 : 2009.1.22)

찾아보기

필자 소개(논문 게재순)

김석수 경북대학교 철학과 부교수. 서강대학교 철학박사. 서양근대독일철학 및 서양현대철학의
흐름들을 연구하고, 이를 한국현실에 적용하여 재창조하는 작업에 관심을 기울이고 있
다. kimssu@knu.ac.kr

장세룡 부산대학교 한국민족문화연구소 HK교수. 영남대학교 문학박사. 서양역사이론 및 프랑
스근현대지성사 전공. 현재 공동체 이론을 로컬리티 담론과 연관시키는데 관심을 기울
이고 있다. jdragon@pusan.ac.kr

이상봉 부산대학교 한국민족문화연구소 HK교수. 부산대학교 정치학박사. 국제정치전공. 지역
사회의 공공성과 디아스포라 공간 등 지역정치 및 문화정치를 로컬리티와의 관련하에서
연구하고 있다. sanbolee@pusan.ac.kr.

신승환 가톨릭대학교 인문학부 교수. 독일 레겐스부르그대학 철학박사. 서양철학 전공.
한국하이데거학회 회장. 현재 근대성을 극복하기 위한 철학에 몰두하고 있다. 이를 위해
생명에 대한 해석학적 원리, 학문함의 특성 등에 대한 철학적 작업을 진행하고 있다.
sehanul@catholic.ac.kr

이명수 부산대학교 한국민족문화연구소 HK교수. 성균관대학교 철학박사. 중국철학전공. 연구
의 주요 분야는 동아시아적 가치의 현대적 변용이며, 중심, 주변, 욕망, 통(소통)을 중요
주제로 삼고 있다. Rheems@pusan.ac.kr

배윤기 부산대학교 한국민족문화연구소 HK연구교수. 부산대학교 영문학 박사. 미국소설 및
흑인문화전공. 식민성과 타자의 공간, 그리고 로컬리티의 연관성을 연구하고 있다.
bygwind@pusan.ac.kr

하용삼 부산대학교 한국민족문화연구소 HK연구교수. 독일 브레멘 대학교 철학박사. 독일근대
철학 전공. 니체와 포스트모던 그리고 전지구화 시대에 있어서 로컬리티의 의미에 관심
을 갖고 있다. ugenblick@pusan.ac.kr

문재원 부산대학교 한국민족문화연구소 HK교수. 부산대학교 문학박사. 한국현대문학 전공. 지
역문학과 문화연구를 주된 연구과제로 삼고 있다. mjazz@pusan.ac.kr

신형기 연세대학교 국어국문과 교수. 연세대학교 국문학 박사. 문학비평 전공. 민족이야기
(nation narrative)를 비롯한 이야기의 역능(力能)에 대한 역사론적 분석에 관심을 갖
고 있다. hkshin@yonsei.ac.kr

차윤정 부산대학교 한국민족문화연구소 HK교수. 부산대학교 문학박사, 국어학 전공. 언어나
매체를 대상으로 로컬리티의 재현 메커니즘과 양상 연구에 주된 관심을 두고 있다.
greencha@pusan.ac.kr

출 전

제1부 로컬에서 탈근대의 대안을 찾다
김석수, 「21세기 사회에서 로컬리티와 인문학-포스트모던 담론과 연계하여-」, 『哲學硏究』
　　　第107輯, 2008.
장세룡, 「헤테로토피아 : (탈)근대 공간 이해를 위한 시론」, 『大丘史學』 제95집, 2009.
이상봉, 「대안적 공공공간으로서의 로컬의 전망」, 『호남인문사회과학』 제26집, 2010.

제2부 로컬에서 탈중심을 사유하다
신승환, 「탈중심성 논의의 철학적 지평」, 『로컬리티 인문학』 창간호, 2009.
이명수, 「동아시아 근대 탈중심의 모색」(이명수·이상봉, 「동아시아 근대 중심주의의
　　　성찰」, 『한국사상과 문화』 제49집, 2009를 변형).
배윤기, 「전지구화 시대 로컬의 탄생과 로컬 시선의 모색」, 『미국학논집』 40-3, 2008.
하용삼, 「니체사상에서 몸, 대지, 로컬리티」, 『대동철학』 제45집, 2008.

제3부 로컬리티에서 탈중심성을 읽다
문재원, 「향토(성), 발견과 전유의 논리」, 『우리어문연구』 35집, 2009.
신형기, 「주변부 모더니즘과 분열적 위치의 기억」, 『로컬리티인문학』 2집, 2009.
차윤정, 「로컬 언어 다시 보기」, 『한국민족문화』 33집, 2009.

로컬리티 연구총서 2

탈근대·탈중심의 로컬리티

부산대학교 한국민족문화연구소 편

2010년 4월 30일 초판 1쇄 발행

펴낸이·오일주
펴낸곳·도서출판 혜안

등록번호·제22-471호
등록일자·1993년 7월 30일

☞ 121-836 서울시 마포구 서교동 326-26번지 102호
전화·3141-3711~2 / 팩시밀리·3141-3710
E-Mail hyeanpub@hanmail.net

ISBN 978-89-8494-390-2 93300

값 27,000 원